道术融合 研教相长

——四川大学教学学术创新探索与实践

主　编／张红伟

副主编／兰利琼

Mutual Promotion of
Teaching and Research:
Exploration and Practice on Academic Innovation in Teaching in Sichuan University

四川大学出版社
SICHUAN UNIVERSITY PRESS

图书在版编目（CIP）数据

道术融合 研教相长：四川大学教学学术创新探索
与实践 / 张红伟主编 . — 成都：四川大学出版社，
2022.8
ISBN 978-7-5690-5283-1

Ⅰ. ①道… Ⅱ. ①张… Ⅲ. ①本科—教学改革—研究
—成都 Ⅳ. ① G649.21

中国版本图书馆 CIP 数据核字（2022）第 000776 号

书　　名：道术融合 研教相长——四川大学教学学术创新探索与实践
　　　　　Dao-shu Ronghe Yan-jiao Xiangzhang——Sichuan Daxue Jiaoxue Xueshu Chuangxin Tansuo yu Shijian
主　　编：张红伟
副 主 编：兰利琼

选题策划：曾益峰　李金兰
责任编辑：李金兰
责任校对：曹雪敏
装帧设计：墨创文化
责任印制：王　炜

出版发行：四川大学出版社有限责任公司
　　　　　地址：成都市一环路南一段 24 号（610065）
　　　　　电话：（028）85408311（发行部）、85400276（总编室）
　　　　　电子邮箱：scupress@vip.163.com
　　　　　网址：https://press.scu.edu.cn
印前制作：四川胜翔数码印务设计有限公司
印刷装订：成都新恒川印务有限公司

成品尺寸：170 mm×240 mm
印　　张：30
字　　数：516 千字

版　　次：2022 年 8 月 第 1 版
印　　次：2022 年 8 月 第 1 次印刷
定　　价：88.00 元

本社图书如有印装质量问题，请联系发行部调换

四川大学出版社
微信公众号

编写说明

　　卓越学术是高等教育的灵魂，以卓越学术引领教学是落实立德树人根本任务，回答好"培养什么人、怎样培养人、为谁培养人"这一教育根本问题的关键，是坚持以本为本，推进四个回归，建设好中国特色、世界一流水平的本科教育的重要前提。

　　近年来，四川大学不断推进以卓越学术为引领的教育教学改革，创新人才培养模式，探索教学方法革新，以专业建设和课程建设夯实高等教育新基础，引导教师开展探究式教学，将学科学术与教学学术有机融合，促进了教育教学水平的不断提升，营造了教师爱教、乐教、善教，学生勤学、悦学、会学的良好氛围。

　　《道术融合 研教相长——四川大学教学学术创新探索与实践》汇集了四川大学教师在教学学术创新领域开展探索与实践的研究成果，内容涉及调查与思考、人才培养模式、教学方法探索、专业与课程建设、实验与实践等五个方面。

　　本书由四川大学教务处组织编写。张红伟担任主编，负责全书的选题策划和统稿工作；兰利琼担任副主编，负责栏目策划和稿件遴选；李晶莹、蒋明霞和卿培亮也参与了本书的编写和出版工作。

目　录

| 调查与思考 |

| 人才培养模式 |

| 教学方法探索 |

目录

| 专业与课程建设 |

｜实验与实践｜

调查与思考

Diaocha yu Sikao

学科交叉培养经济类拔尖创新人才的机理、模式与实践[①]

龚勤林[1]　白佳琦[2]　王舒鹤[1]

（1. 四川大学经济学院；2. 中共温州市委党校经济学教研部）

【摘要】经济、社会和科技发展的深化细化带来了越来越多、越来越复杂的跨学科领域的问题，要解决这些问题，迫切需要多学科跨领域联合攻关。学科交叉背景的拔尖创新人才，日趋成为经济社会和科技发展的新需求，学科交叉拔尖创新人才的培养也因此成为高校教育教学改革的重要内容。探究交叉学科人才培养模式，对于形成成熟的创新人才模式具有重要意义。基于此，本文探究了学科交叉培养拔尖创新人才的理念和方法，并在总结国内实践经验的基础上，聚焦四川大学学科交叉人才培养，尤其是四川大学经济学院的数学—经济学创新班、计算机—金融创新班和"可持续发展环境经济项目"三个学科交叉培养拔尖创新人才的实践，探讨了新时代拔尖创新人才的素质特征、学科交叉培养拔尖创新人才的作用机理与基本路径，总结了研究型综合大学学科交叉人才培养的实践模式，并形成了可示范推广的模式框架。

【关键词】学科交叉；拔尖创新人才；培养模式；研究型综合大学

---

　　① 本文系四川省 2018—2020 年高等教育人才培养质量和教学改革项目和四川大学新世纪教育教学改革工程（第八期）研究项目"研究型大学学科交叉培养经济类拔尖创新人才的探索与实践"的研究成果之一。

一、引言

当今社会加速朝着智能化、复杂化、综合化方向演进，当代社会重大的科技、经济和社会问题都具有高度的交叉性、综合性和复杂性。可以说，任何单学科、技术或专业都不可能系统认识问题并提供完整解决方案[1-2]，我们需要使用学科交叉的理论和方法来认识和解决复杂问题。当下，中国经济结构已经呈现重大变革。一方面，服务业逐渐成为经济增长的主动力，现代服务业对劳动者的知识与能力要求越来越高，迫切需要高等院校培育出更多的高学历人才。另一方面，数字技术、人工智能等加速融合，给产业带来深刻变化，也对劳动者提出了更高的要求。因此，学科交叉是时代发展和解决复杂现实问题的内在要求。可以说，经济社会发展趋势和现实复杂问题的出现，迫切需要大学，尤其是研究型综合大学，肩负起历史时代使命[3-4]，积极推动高等教育教学改革，突破传统的单学科人才培养模式，加快学科交叉拔尖创新人才培养的探索与实践，满足新时代对高层次复合型拔尖创新人才的需求。

四川大学作为研究型综合大学，学科门类齐全、专业领域丰富且高层次人才集聚、教学和科研水平高，开展学科交叉培养拔尖创新人才探索的条件得天独厚。四川大学经济学院在学科交叉拔尖创新人才培养上已经开展了长达 11 年的实践。基于这两个优势，本研究及成果至少具备两点推广价值：一是可为研究型综合大学提供直接应用于实践的学科交叉培养模式借鉴；二是可为专业性院校（如财经类院校）开展跨校合作的学科交叉人才培养提供模式参考。

二、学科交叉拔尖创新人才的素质特征及其培养机理与路径

（一）新时代拔尖创新人才的素质特征

1996 年，国际 21 世纪教育委员会提出了创新型人才的七条标准：第一，积极进取开拓的精神；第二，崇高的道德品质和对人类的责任感；第三，较强的适应能力和创造能力；第四，宽厚扎实的基础知识和广泛联系实际与解决实际问题的能力；第五，终身学习的本

领，能适应综合化的发展趋势；第六，丰富多彩的个性；第七，具有和他人协调及进行国际交往的能力。王英杰、刘宝存（2005）指出创新型人才的基本特征是：宽厚的文化积淀和人文精神、健康的心理和身体、强烈的求知欲、清晰的判断力、丰富多样的实践经验和团队合作意识、扎实的科技创新和解决实际问题的能力。2018 年，中国工程院院士、华中科技大学原校长李培根在《中国经济大讲堂》中提出，创新型人才应有"超越意识"、善意的情怀和批判性精神。

一言以蔽之，创新型人才的第一个特征是"新"，是超越现实的、原始的，具有颠覆性的、引领性的创新，是当前我们时代所需要的；第二个特征是"专"，在专业知识上有一定的深度，能深入挖掘理论背后的规律性；第三个特征是"博"，博览群书，掌握知识的丰富性、广泛性、综合性；第四个特征是"善"，用善意看待和关注问题，有情怀地、纯粹地探索真理和真谛。在经济全球化、新一轮科技和产业革命的背景下，更需要具有创新性和前沿技术的人才，即拔尖创新型人才，这要求创新型人才在"新""专""博""善"的基础上还要具备强烈的创新意识、综合的创新思维、突出的创新能力和良好的创新人格，这样创新型人才才能成为高水平、高素质、高层次的创新型交叉学科人才[5]。

（二）学科交叉培养拔尖创新人才的作用机理

针对创新型人才"新""专""博""善"的特点，学科交叉可以从三个途径促进拔尖创新人才培养。

一是制度和政策引导。学科交叉会为拔尖创新型人才的培养提供沟通、交流、合作、共研和学习的平台，能够汇聚强大的师资力量引导、指导学生，能够促成教师及学生良好的团队建设。平台能以制度和政策的形式保护平台中各方的利益，保证成果能够实现共享，形成良性的激励机制和项目驱动机制。

二是课程体系改革。交叉学科不仅要求学生掌握特定专业的应用，更要求他们了解不同类型技术与理论基础及其背后所蕴含的实施的策略与方式。学科交叉背景下，学生可以根据自身的能力和需求，从不同的课程体系选择相关的课程。不同于传统教材，学科交叉的知识内容按照问题起源、有关背景、对策与解决方案、对策的比较、案例分析等逻辑发展顺序重新组合。

三是面向新经济新产业，实现产教融合，培养理论性和实践性兼备的新型人才。学科交叉人才培养是面向新经济新产业，依赖新兴信息科学技术来达成的[6]。另外，学科交叉型人才培养一般有多元利益主体，这凸显了未来大学超学术企业发展的逻辑思路，也将为学生培养创造更多资金支持、政策支持和技术支持，比单一学科人才培养拥有更多保障。

（三）学科交叉培养拔尖创新人才的基本路径

目前国内外交叉学科研究生培养主要存在三种基本路径[7]，即课程、课题和跨学科研究平台，形成了四种主流模式，即课程模式、项目模式、跨学科科研组织模式和国家重点实验室模式。

1. 课程模式

课程模式是以课程为主要突破点进行交叉学科培养的模式。这种培养模式有三种实现途径。一是课程与教师的知识体系产生无形的交叉，学生所接受的知识成为一种隐性的跨学科内容；二是在通识教育背景下学生必须选修多学科领域的核心课程组合，交叉学科知识便成了知识基础；三是设置专门的交叉学科课程，不再按照之前单一学科的知识结构和逻辑体系进行课程设置。

2. 项目模式

项目模式，又称课题模式，是科研单位或学校根据选定的交叉学科研究问题或承接的相关项目，独立或联合组建起来的交叉学科研究生培养的临时组织。通过让学生参与项目研究，实现交叉学科创新人才的培养，有效利用了高校的人力、物力及资源优势，比较灵活，对于学生培养的针对性强，也能得到更多利益主体的帮助。这种模式的缺点是项目一旦结束，交叉学科学生培养工作也将终止，缺乏深入研究。

3. 跨学科科研组织模式

跨学科科研组织模式，是建立实体组织，规范跨学科学生管理。它赋予跨学科学生与传统学生同等的法律地位和身份，规范了跨学科学生的管理。这种模式只有在学科较完整的研究型大学才有存在的条件和必要性，所以这种模式要求的条件较高。

4. 国家重点实验室模式

国家重点实验室模式，目前国内的实践并不多，因为它对高校的综合实力有很高的要求，成立的起点就是高标准、高要求，聚焦的是社会前沿问题。它是由科研力量雄厚的高校在国家财政扶持下建立起来的，主要依托国家的重大科研项目开展跨学科的研究。这种模式存在两个弊端：第一，只适用于实践性较强的学科，以工学和医学为主，文史类的学科无法采用；第二，对本科人才培养的贡献不突出，重点实验室的研究人员容易"重科研，轻教学"。

三、国内高校学科交叉培养拔尖创新人才的模式与特色

国内高校通过学科交叉培养拔尖创新人才已经有所探索，并取得一定成绩。本文选取北京大学、清华大学以及南京大学的典型案例（三校的拔尖创新人才培养简况见表1）进行分析，总结交叉学科的培养模式，为接下来提出研究型大学学科交叉培养拔尖创新人才的对策建议提供经验借鉴。

表1　北京大学、清华大学、南京大学的拔尖创新人才培养简况

学校	北京大学	清华大学	南京大学
计划名称	元培学院	学堂计划	"三三制"
培养理念	注重能力、方法及思维方法	"领跑者"理念，注重素质教育	"宽基础""重交叉""高水平"
培养目标	加强基础、淡化专业、因材施教、分流培养	宽口径、厚基础、强实践	通识教育＋个性化培养
特色	宽基础，注重培养"大文科"或"大理科"思维	发展学生对专业的兴趣，顺着专业的方向延伸	基础先行，多元培养

（一）北京大学元培学院拔尖创新人才培养特色分析

元培学院是北京大学本科教育改革的实验基地，该计划以全校教育资源为依托，整合全校师资力量和课程资源，打造社会发展所需的交叉学科专业体系，为学生提供交叉学科学习机会。

元培学院的交叉学科培养创新人才的实践有三点特色。一是全方位导师制。导师制是元培计划的基本制度，是保障元培学生能根据自己的兴趣和能力选择专业、课程的重要制度。二是住宿制学院。配备的住宿条件包括图书室、讨论室和公共休息区，同时利用住宿学院的特点，进一步加强思政工作和对学生学习和生活方面的辅导工作。三

是国际交流平台。元培学院是北京大学国际交流的实验基地，实行与留学生混住的制度，鼓励学生积极参加国际交流，借助各种渠道，为学生的国际交流牵线架桥。

（二）清华大学学堂计划拔尖创新人才培养特色分析

学堂计划是清华大学于 2009 年根据党和国家的人才总体战略和清华大学的发展定位，为努力满足国家和社会发展对拔尖创新人才的迫切需要而创立的。学堂计划的总体目标是遵循基础学科拔尖创新人才成长的规律，构筑基础学科人才培养特区，为国家培养一批学术思想活跃、国际视野开阔、发展潜力巨大的基础学科领域未来学术领军人才。

学堂计划的交叉学科培养创新人才的实践有三点特色。一是优势转化。通过学堂计划，把优秀生源、学科建设、科学研究、师资队伍等多方面的办学优势，集中到人才培养这一根本任务上来，转化为人才培养质量的优势。二是以拔尖人才培养未来的拔尖人才。学堂计划实行首席教授负责制，聘请在各自学术领域的国际一流学者担任首席教授和项目主任。学堂计划为首席教授搭建了交流平台，研究讨论拔尖创新人才培养战略，交流拔尖创新人才培养经验，共同创造更加优异的育人成就，形成了鼓励创新、潜心育人的良好氛围。三是尊重并调动大家的积极性和创造性。学堂计划充分尊重学科特点、人才培养模式之间的差异，调动院系和教师人才培养的积极性和主动性，鼓励院系实行多样化的措施和选择。

（三）南京大学"三三制"拔尖创新人才培养特色分析

南京大学于 2009 学年秋季学期正式实施以"三三制"本科人才培养方案为核心的新一轮本科教学改革，并提出"创办中国最好的本科教育"这一宏伟目标。"三三制"对传统教育理念的僵化训练模式进行改革，将其转变为更加灵活的菜单式、可定制的自主学习模式。

"三三制"的交叉学科培养创新人才的实践有四点特色。一是推进通识教育，鼓励学科交叉。"三三制"下，本科生在前期学习阶段接受多元化基础知识的通识教育，注重学生多元化基础知识构建。二是尊重个性选择，实施多元培养。"三三制"制定"专业准入准出标准"，提高专业选择之前对学生知识能力素养的要求，建立分阶段培养和多元化发展路径的"人才培养分流机制"，充分尊重学生个性化学习需求，给学生自主学习的机会。三是增强计划弹性，优化学分设置。学校通过适度压缩必修课程学分和提高选修课程学分的措施，增强教学计划弹性。四是加强实践教学，提高职业能力。根据不同人才培养路径需求，为学生提供多种类型活动，为不同类型的学生有针对性地增加学术讲座、职业规划等活动。

四、四川大学学科交叉培养拔尖创新人才的实践与探索

四川大学在文、理、工、商和医学等门类具有多学科优势，这为交叉学科建设和培养交叉学科人才奠定了雄厚的基础。经济学科作为一个历史悠久的学科，在其发展过程中不断与其他学科互相交融影响。本文从四川大学经济学院学科交叉培养拔尖创新人才的探索与实践入手进行分析。目前，四川大学经济学院已经与数学学院、计算机学院、建筑与环境学院开展了学科交叉培养经济类拔尖创新人才的实践，交叉的学科如表 2 所示。

表 2　四川大学经济学院学科交叉一览表

项目	涉及的主要学科	培养方式
数学－经济创新班	数学与应用数学、经济学	双学位制（课程模式）
计算机－金融创新班	计算机科学与技术、金融工程	双学位制（课程模式）
"可持续发展"环境经济项目	建筑与环境、经济学	项目制（项目模式）

（一）数学－经济创新班

四川大学数学－经济创新班（以下简称"数经班"）由经济学院与数学学院于 2009 年联合创办，学生自愿报名，择优录取。入选数经班的学生第一、第二学年在数学学院强化数学基础学习，从第三学年开始转入经济学院，并结合前两学年的数理基础和经济学基础，加强经济学思维和应用技能训练。跨学院、跨专业的学科交叉式培养，既强化了学生数理基础和逻辑分析训练，又使学生具备了开展经济学思考和科研训练的基本能力，为学生进一步深造提供了优良条件。

跟数学与应用数学专业、经济学专业的培养计划和教学计划对比

（见表3），数经班在培养目标上具有注重复合型人才，注重科研能力与实践能力培养的特点。在培养要求方面，数经班既表现出了理工科的特点、还表现出了社会科学的特点。

表3 数经班与数学班和经济班培养特点的对比

专业	培养特点
数经班	培养目标：培养精通多门学科的、科研能力和实践能力并重的复合型人才 培养要求：掌握数学以及经济学的基本理论和基本知识及思想方法，掌握计量软件、数学编程软件；具有运用数学方法解决经济问题的能力
数学与应用数学专业	培养目标：精通数学、注重科研能力的专业型人才 培养要求：掌握数学科学的思想方法，具有以数学方法解决与数学相关实际问题的能力
经济学专业	培养目标：精通经济学、注重实践能力的专业型人才 培养要求：熟练掌握马克思主义政治经济学、当代西方经济学的基本理论和研究方法，熟悉中国特色社会主义经济理论与实践；掌握现代经济学的主要分析方法与工具

（二）计算机—金融创新班

随着计算机和互联网的普及，大数据和人工智能技术的迅速发展，量化交易、算法交易、程序化交易等新兴金融交易方式受到业界越来越多的关注，需要更多拥有计算机和金融知识背景的复合型人才。四川大学计算机—金融创新班（以下简称"计金班"）由经济学院与计算机学院于2014年联合创办，是一个顺应时代发展、极具应用性的新尝试。计算机和金融学学科交叉培养的拔尖创新人才是指擅长大数据分析、智能信息处理，能够解决金融业实际问题并进行金融创新的复合型高素质人才。

与计算机科学与技术专业、金融工程专业的培养计划和教学计划对比（见表4），计金班在培养目标上的跨学科交叉复合程度所具备的融合性和复合专业性更强，在培养要求上呈现出显著的学科交叉融合性以及"新工科"属性。

表4 计算机—金融创新班与计算机班和金融班培养特点的对比分析

专业	培养特点
计算机—金融创新班	培养目标：培养既掌握计算机和数学建模，又具备金融学基础的，可以从事大数据时代新兴金融行业的交叉复合型高素质人才 培养要求：具备理论基础、实践能力，同时要求学生具备科研能力、国际交流能力、团队协作能力；具有显著的学科交叉融合性以及"新工科"属性
计算机科学与技术专业	培养目标：培养以计算机为主，以数学等自然科学为辅的，可从事计算机相关专业的复合型人才 培养要求：具备理论基础、实践能力，同时要求学生具备科研能力、国际交流能力、团队协助能力；具有显著的传统工科属性
金融工程专业	培养目标：培养以金融学为主，数学和计算机为辅的，可从事金融相关专业的复合型人才 培养要求：具备实践能力和一定的数理基础

（三）"可持续发展"环境经济项目

"可持续发展"环境经济项目（Sustainable Urban System Program，SUSP）是在数学—经济创新班所形成的相关理念和方法指导下的教学实践，是经济学院联合建筑与环境学院，围绕"可持续发展城市"的研究主题，尝试以项目制的教学方法，开设的为期一年的共同课程。经济学院和建筑与环境学院大三、大四的本科生在选修此课程后，在两院教师的共同指导下，选择适当的研究主题，运用各自在本专业所学到的基础知识与技能，共同发现问题、分析问题、解决问题。以具体项目为引导的跨学科、跨专业的知识交流与科研合作，有利于学生提高多学科合作交流的能力，增强团队合作的意识。同时，以项目制作为设计手段的教学实践方法，加强了理论与实际的结合，充分调动了学生自我学习的积极性，实现了学生实践和创新能力的提升。目前，该项目已开展四届，每一届的具体研究内容和项目成果如表5所示：

表5 历届SUSP项目

项目	时间	研究内容	项目成果
第一届SUSP	2015—2016	成都市高新南区的可持续发展情况	对该区域的发展规划提出建议，并前往斯坦福大学汇报获得好评

项目	时间	研究内容	项目成果
第二届 SUSP	2016—2017	四川大学江安校区的可持续发展情况	引起了很多领导及部门的关注与支持
第三届 SUSP	2017—2018	"校园可持续发展"问题	校园宿舍垃圾回收的OBAG 项目已落地试运营
第四届 SUSP	2018—2019	"可持续城市系统"问题	项目完成，并在四川大学与斯坦福大学进行总结、汇报和交流

（四）小结

通过以上三个学科交叉培养拔尖创新人才的实践案例剖析，以及搜集的数据，可以发现四川大学开展和推进学科交叉培养经济学拔尖创新人才的一些特点。

首先，四川大学经济学院的三个交叉学科项目与北京大学、清华大学、南京大学的交叉学科项目有所不同，四川大学经济学院的交叉学科项目是以院系为主导，具体落实到经济、金融专业与其他专业的交叉，而北大、清华、南大的项目是以学校为主导，专业限制少的学科交叉项目。

其次，四川大学学科交叉培养创新人才是有成效的。从课程模式和项目模式的对比来看，课程模式的优势在于具有系统化、制度化的特征，配套的相关机构设施能够保证各项制度的有效实施，有利于学生系统化地学习，促进学科间知识的整合。数经班、计金班交叉学科的学习内容都是由两个相关学院进行研究制定的，且交叉学科学习贯穿整个本科时期，是一套整体的、全方位的学科交叉培养模式。

最后，与课程模式对比，项目模式的优势在于开展的学科交叉教育与科研活动具有很强的灵活性、应用性、实质的交叉融合性。项目制通常是结果导向型的，其设立的初衷就是解决复杂的现实问题。"可持续发展"环境经济项目就是围绕城市可持续发展问题而开展的学科交叉活动，旨在解决实际问题，每一届的探讨主题也都与现实中的问题息息相关。项目制不会受到很多规章制度的限制约束，有很强的灵活性和可行性，但这也为项目制带来了不可持续的缺点，一旦问题得到解决，项目可能就无以为继。项目模式可学习学位制的系统性，注重结果导向。

五、学科交叉培养经济类拔尖创新人才的模式总结与推广

目前，关于我国研究型大学学科交叉培养模式的研究尚处于探索和起步阶段，需要更多的理论研究和实践探索，本文仅是这种探索的初步反映。特别是本文的探索还仅停留在经济学本科阶段，未来，这种卓有成效的人才培养模式将进一步扩展应用于跨学科—贯通式拔尖创新人才培养，以期为社会培养更多经济学高层次综合人才。

（一）优化架构，政策跟进，解决学生教师身份尴尬问题

我国目前高校研究生交叉学科培养中，普遍存在教师或者学生身份归属不清，导致出现项目最终流于形式甚至无法进行的现象。四川大学在建设数经班、计金班和"可持续发展"环境经济项目时，在该问题上颇有成效，充分说明不管是采取什么样的模式，学科交叉项目建设之初，学校和学院就必须建设好明确的组织架构和政策制度来保障学生和教师的权益，以确保项目的可持续性。也说明在实施学科交叉时，学校的相关政策保障要及时跟上，学院也要定期关心项目师生。未来，为使学生教师的身份更加明确，学院应持续改进，使学科交叉的组织体系更加完整。

（二）多管齐下，多种模式，扬长避短

学科交叉的项目模式会以短期课程、课题、论文等方式进行培养，优势在于灵活；而跨学科模式则以课程、人才培养模式等方式深入且全面地培养。经济学院在这些不同的交叉学科模式中不断探索与尝试，扬长避短，以各种模式将交叉学科对于拔尖创新人才培养的优势展现出来，同时，在探索中也不断对比各种模式所适用的专业。比如数学、计算机本身作为经济学中重要的必修课程，与经济的结合已非常成熟，可以说已经有成为新兴学科的基础，采用跨专业的模式会更适合，更有利于学科之间的交叉碰撞。

（三）紧跟时事，对接产业，培养新时代拔尖创新人才

交叉学科培养拔尖创新人才的机理是通过课程建设锻炼创新人

才的思维，通过学科建设给创新人才提供更多资源，通过面向新兴行业培养创新人才的实践性。所以，交叉学科一定要紧跟当前时事，对接新兴和前沿产业培养新时代的拔尖创新人才，而不是凭空想象，将两个专业生硬结合，这样既没有意义，对人才的培养也毫无帮助。

（四）学生为主，教师为辅，充分发挥学生的创新性

现行教学中，教师的讲授仍然是最主要的培养方式，长期下来，学生总是被动接收信息，缺乏自我思考的能力。所以，在"可持续发展"环境经济项目中，我们采用学生主导负责制，即学生自主负责项目的每个环节。这种方式能够发挥学生的自主性，让学生带着问题去寻找答案，培养"发现问题、解决问题"的学习习惯，这一习惯是拔尖创新人才应该具备的基本素养。

各个科学领域孤立的研究已经不再满足当今世界科技发展的需要，传统学科之间不断交叉与渗透，经济学也不能原地踏步，要进一步对目前新兴行业和领域所需要的交叉学科进行尝试。要从"成物"和"成己"的双重视角全面认识交叉学科的地位和价值，使交叉学科发展由自发走向自觉，由个别零散走向规范普遍。当今世界的拔尖创新型人才也应该是具有这种视角的人才，所以，高校采用交叉学科的人才培养方式能够满足社会对于拔尖创新型人才的需要。

参考文献

[1] 陈凯. 世界高科技人才培养工作的新趋势：重视跨学科人才的培养 [J]. 自然辩证法研究，1996（10）：61—62.

[2] 赵鹏大. 加强研究生教育改革 促进多学科交叉复合型人才的培养 [J]. 中国地质教育，1996（4）：6—9.

[3] 高磊. 研究型大学学科交叉研究生培养研究 [D]. 上海：上海交通大学，2014.

[4] 高磊，王彦彦. 美国宾夕法尼亚州立大学学科交叉研究生培养模式及成效 [J]. 世界教育信息，2015，28（22）：33—37.

[5] 何刚，陈孝杨. 对交叉学科研究生培养的认识与思考 [J]. 学位与研究生教育，2005（12）：20—23.

[6] 张清俐. 创新发展新兴学科和交叉学科 [EB/OL]. （2016—07—20）.

http://marx. cssn. cn/zx/201607/t20160720_3127548_2. shtml.

[7] 李雪飞，程永波. 交叉学科研究生培养的三种模式及其评析 [J]. 学位与研究生教育，2011（8）：10—15.

基于本科教学改革中"强基计划"实施的几点思考

韩文博

［四川大学历史文化学院（旅游学院、考古文博学院）］

【摘要】"强基计划"是适应新的形势需要，培养有志于服务国家重大战略需求且综合素质优秀或基础学科拔尖的人才的重要举措。本文在了解强基计划相关政策规定等方面的基础上，在强基计划推行前后，结合笔者所在学科，就教学目标、教学方法及考核标准等方面应作出的调整和补充进行了反思，提出了几点不成熟的看法，仅供参考。

【关键词】教学目标；教学方法；考核标准

2020年1月15日，教育部下发《关于在部分高校开展基础学科招生改革试点工作的意见》的文件，简称"强基计划"。这一计划的首要任务是"选拔有志于服务国家重大战略需求且综合素质优秀或基础学科拔尖的学生"。文件要求"突出基础学科的支撑引领作用……重点在数学、物理、化学、生物及历史、哲学、古文字学等相关专业招生"，随后即公布了初步试点的19所高校。正如文件指出的那样，强基计划是新的形势之下，探索教育体制改革，完善人才培养机制，支撑人才强国战略，夯实文化自信基石的重要途径。

一、传统教学目标的反思

《礼记·学记》有云"学然后知不足，教然后知困"，自有庠序之校以来，教与学的问题成为教育之根本问题。这一根本问题的源头就是"为谁培养人才、培养什么样的人才"的问题，而人才又是关乎国家兴衰的重要资源。正如晚清名臣张之洞所言"穷维古来世运之明晦，人才之盛衰，其表在政，其里在学"。

不论是古代社会，还是现代社会，人才的培养都有其特定的目标。有了明确的目标，才可以尽可能地避免教育资源的浪费，但有一不足之处，就是在既定的目标范围内难以周全兴趣、知识积累、学识等有差异的学生。尽管能让大部分学生按照既定的目标努力奋斗，但往往又会忽视部分学生在其他方面的专长或技艺。因此，教学目标的设置，应该是因人而异的，且必须是动态化的。

教学目标是指通过教学实践活动，期待受众（主要指学生）得到一种什么样的学习结果的具体表述。根据现行教学目标的内涵、外延，教学目标主要分为三个层次，即课程目标、课堂教学目标、教育成才目标，三个层次分别从总体、具体、长远对实际教学活动所要达到的目的进行了严格规定。但为了适应现行的考核标准、评价体系，绝大多数教师只能将目光和重点投入对具体目标的落实，而总体目标随着教育层次的提高，也会有所涉及。但长远目标的落实不仅缺乏足够的时间投入，也缺乏足够的认识，因为应试教育往往将知识的传授作为首要目标。诚然，这种现象在高等教育中已大有改观。

关于教学目标，早在唐代就有十分明确的表述，如韩愈在《师说》一文中指出，"师者，所以传道授业解惑也"。传道、授业、解惑三个层次分别对应现代教学目标中的教育成才目标、课程目标、课堂教学目标，但韩愈将传道放在首位，可见其对理论方法传授的重视，对师者言传身教的严格要求。《大学》云"大学之道，在明明德，在亲民，在止于至善"。可见，大学的教育已经远非传递基本的知识，达到解惑的目的那么简单，而是要着重培养学生的道德素质和人文关怀，以达到立德树人的终极目标。然而，如今的本科教学，正如李学勤先生指出的，存在"学习时间、课程扣得太死，学时太多，没有时间去业余读或者去考虑别的"问题①。因此，高等教育，具体地说，本科教育教学目标的设置，更应该侧重于培养学生掌握理论方法的能力，最终达到让学生运用掌握的理论方法解决实际问题的目标。总之，培养学生动手能力，应作为高等教育改革中的重点工作。就强基

---

① 温新红：《访清华教授李学勤：功利化是现在教育最大的问题》，《科学时报》2005年4月19日。

计划中的基础学科（也是冷门学科）——古文字学而言，教学目标就不能只限于释读几个古文字，读得懂《说文解字》，熟练地掌握古代汉语，有坚实的古书基础，而至少应该将对古文字研究理论方法的培养与基础知识的掌握放在同等重要的位置。古文字学作为一门交叉学科，其所涉及的学科门类至少包括语言学、历史学、考古学和文献学四门，因此，古文字学的学习在古文字学之外。

古人云因材施教，这里的"材"不仅包括了知识的受众，还包括了我们所说的学科。学科不同，其所适用的教学方法当因时因势而异。

二、教学方法的革新

教学目标的变化，必然会导致教学方法的革新。随着我国教育体制改革的深入发展，教学方法已经发生了巨大的转变，从以前的灌输式教学转变为灵活多样的探究式、研讨式、反转式教学等。

教学方法是达到教学目标的主要途径，得其门径则事半功倍，否则事倍功半。因此，在教学改革中，教学方法的改革一直都是重中之重。然而，方法的改革并不能一蹴而就，往往一种新的教学方法的产生所用时间很短，却有着较长的探索期、适应期和调整期。

强基计划推行后，将取消自主招生，由试点高校向教育部提出相关专业的招生和人才培养一体化方案的申请，由教育部组织专家讨论研究，决定招生专业、规模等。而更为重要的是，强基计划相对"自主招生"方面实现了三个突破：一是摒弃了功利化做法；二是破除了"唯分数"窠臼；三是突破了"学科化"倾向，支持高校探索综合能力测试，积极引导高中教育走出知识学科本位[1]。可见，在人才培养模式和考核评价机制方面迈出了坚实的改革步伐。

强基计划强调，要"推进科教协同育人，探索建立结合重大科研任务的人才培养机制"，这一点笔者十分赞同。本科教育已经远非义务教育、高中教育那样重视学生课程知识的掌握，而应该是对其实践能力的提升。换言之，就是要培养学生发现问题、解决问题的能力，而这些能力的培养和提升最为简便的路径就是"以项目促进人才培养"，让学生直接参与科研项目，逐步引导他们掌握本学科的研究理

---

① 张志勇对"强基计划"的解读，《中国青年报》客户端。

论和方法，了解本学科的研究动态。

在教学方法上，不仅要突出导师的引领作用、监督作用，而且还应深入挖掘学生的学习兴趣。除探究式、研讨式的教学方法外，报告式、演讲式的教学方法也是不可或缺的。此外，除课堂教学方法外，实践性强的学科，还应该充分结合调研、走访、实习等方法，以增强学生的直观认识，激发学生学习的兴趣。

三、多学科高素质专业指导教师队伍的组建

教师是教学活动的主要承担者，教师素质的高低直接关乎教育水平的高低。近几年来，国家不断加强对师德师风、学养学风的建设，这正是提升教育水平，培养德智体美劳等综合素质俱佳、专业基础扎实、思想积极进步人才的必由之路。

强基计划指出，凡在强基计划内的学生，要"单独制定培养方案，采取导师制、小班化等培养模式"。可见，其培养模式与一般的本科学生已大不相同。就古文字学的相关情况而论，笔者认为可以施行"1+X"导师制，遴选一位教授作为总导师，然后遴选若干位不同年龄、知识水平、学术专长的从导师。总导师只能为一人，从导师则由总导师推荐、学生自由选择，导师与学生可实现双向选择。

古人云"闻道有先后，术业有专攻"。随着基础学科的不断发展，必然产生很多分支学科，这就要求在师资队伍的配备上必须做到贯通和广博。如古文字学，至少形成四大分支，甲骨学、青铜器及金文学、简帛学和战国文字。由于每一位学者知识背景不同，或长于甲骨学、简帛学，或长于青铜器及金文学、战国文字，因此，在师资队伍中至少应配备一位擅长以上四个研究方向的教师。

除以上四大分支学科必须完全掌握外，还应给予学生较多的时间用于阅读。此外，由于有些学科属交义学科，还可以尝试跨院系、跨专业组建一支基础雄厚、知识广博、年龄结构合理的师资队伍，以便学生融会贯通，及时掌握和理解本学科的研究理论和方法。

四、多维度考核标准的制定

强基计划指出，要"积极探索多维度考核评价模式，逐步建立基础学科拔尖创新人才选拔培养的有效机制"。目前我国本科教育大多

施行四年制，基础学科拔尖创新人才的考核可以分为两个阶段。入学第一年和第二年为第一阶段，对学生在专业基础知识、学养学风、研究能力等方面进行初步考核，了解其短板，知悉其主要兴趣和专长，以便在培养过程中做到有的放矢。入学第三年再次对基础学科拔尖创新人才进行考核，依据考核内容可以界定为不合格、合格、良好、优秀四个等级，多次考核不合格者可以申请中止培养，转入其他专业进行学习。

学校需组建基础学科评价委员会，具体负责对基础学科人才的考核事宜。为体现公平公正的原则，评价委员会除本专业教师外（比如历史），还应包括其他科目（文学、哲学、古文字学）的教师，但在评价比重上应略有不同，整体上，本专业教师和非本专业教师权重各占一半。考核标准的制定，应着重考虑以下几个方面。

第一，专业知识的掌握程度。由于现行高中教育科目分类不像大学分得那么细致，因此，需要检验学生在这些基础学科知识的掌握上是否真的远远高于其他同学，要避免那些仅仅将其作为进入大学的敲门砖而缺乏长远兴趣的学生混迹其中。只有有浓厚的兴趣，才能够坐得住"冷板凳"，才能在学术研究上有所建树。

第二，学养学风的考察。风清才能气正，一个善于投机取巧的人是很难取得很高成就的，尤其是在基础学科领域。关于学养的考察，笔者以为可以从以下三方面着手。一看是否诚信，诚信不仅关乎道德品质，而且也是学风端正与否的表现。二看学习是否勤奋，古语云"业精于勤，荒于嬉；行成于思，毁于随"。只有不怕吃苦，肯下功夫，才能有所收获，才能做得出真学问。三看是否细心，老子云"天下难事，必作于易。天下大事，必作于细"，教导我们要成就大事，必须从细小之事开始。做学问、读书都要细心，要于不疑处有疑，细心才能发现问题，才能有新的创见。

第三，研究能力的考察。培养基础学科人才正是顺应国家科技发展的需要，所以研究能力的考察必不可少。研究能力是指在经过较长期的积累后所形成的发现问题、解决问题的能力。研究能力的考察，可以通过考察学年论文、课程论文、专题报告等多种方式进行。

五、建立基础学科人才就业效益中长期追踪反馈系统或数据库

强基计划的主要目标是"选拔培养有志于服务国家重大战略需求且综合素质优秀或基础学科拔尖的学生"。目前，已有数十所高校公布了强基计划招生简章，招生人数从几十到几百不等。这是我国在探索多元教育模式、完善教育体制改革中迈出的重要一步，无疑对推动教育事业赶超世界先进水平具有重要意义。

我们认为，强基计划虽然只是在某些高校试点，但其推行当是一个长期的过程。只有坚实的基础学科的支撑，才能为科学技术的发展提供源源不断的人才资源，才可以让我们在科技创新、发明专利上创造更多的从无到有。因此，为长远计，必须建立完善的基础学科人才信息追踪系统和数据库，以便及时对这些人才的就业情况、贡献力、创新能力等进行了解。通过其所反馈的信息，派遣专人实地调研，将相关信息及时反馈给国家有关部门，以便为完善这一制度提供决策参考。

参考文献

[1] 教育部在部分高校试点"强基计划"[J]. 中国民族教育，2020
（2）：6.

[2] 陈志文. "强基计划"不是自主招生的升级版[J]. 中国民族教育，2020（2）：8.

[3] 姜朝晖. "强基计划"接棒，利在长远[N]. 环球时报，2020—01—16.

[4] 杨朝清. "强基计划"是有益探索[N]. 河南日报，2020—01—17.

[5] 何学港. "强基计划"来了，如何应对[N]. 绍兴日报，2020—01—20.

高校国际组织人才培养与输送机制调查研究

——以四川大学为例①

文　铭

（四川大学国际关系学院）

【摘要】努力培养国际组织人才，加快培养高校毕业生到国际组织实习任职是增强中国在国际组织代表性和话语权的重要工作，是高校服务国家发展战略的光荣使命和重大责任，具有重大现实意义。国内高校应围绕国际组织人才培养进行更多探索，跟踪国际组织人才选聘标准的动态变化；同时，要重视非政府组织的作用，加强建设国际关系等学科的专业性培养体系；利用智库平台，拓展国际组织实习机会，探索符合我国实际的国际组织人才培养与输送机制。

【关键词】国际组织人才；联合国；全球治理

据统计，世界上现在共有 6 万多国际组织。国际组织在国际事务中起着越来越重要的作用。随着"一带一路"倡议的提出，中国要想在国际舞台上有所作为，国际组织无疑是一个极佳平台。党的十九大报告明确指出，"中国特色大国外交要推动构建新型国际关系，推动构建人类命运共同体。"这为我国政府充分利用现有国际规则参与全球事务治理提供了政治保障，指明了努力方向。

---

①　本文系四川大学新世纪教育教学改革工程（第八期）研究项目"国际组织人才培养推送机制研究"的研究成果之一。

一、建立国际组织人才培养输送机制的意义

国际组织起源于欧洲，是西方资本主义经济发展的产物，这种制度上的一致性、文化上的趋同性使发达国家在国际组织的建立和运作中占据主导地位[1]。中国很长一段时间都只是国际规则的遵守者而非制定者。近年来，中国的综合实力不断增长，面临着文化输出的迫切需求，而与此相对的国际社会要求中国承担更多责任的呼声日益高涨。国际组织是提升国家影响力、展示大国力量的绝佳平台。虽然近年来国际组织中中国籍职员数量有所增长，但占总人数的比例仍然很小，且职位普遍偏低。

以联合国秘书处为例，其国际职员比例取决于各会员国所缴纳会费以及人口分布情况。2016—2018 年，中国分摊联合国会费比例为7.921％，仅次于美国和日本，按照学者测算，中国在联合国秘书处的理想职员人数是 164～222 人，但实际上仅有 81 人[2]。2014 年，联合国秘书处一级主管以上的高级别官员总数为 357 人，中国籍官员仅为 11 人[3]。而根据新华社报道，按照联合国大会全体会议决议，中国 2019—2021 年的分摊比例已达到 12％，跃居全球第二[4]。上文所提及中国籍职员在国际组织中比例偏低、级别不高、领域集中的现象与中国国际地位极不匹配。

加强国际组织人才培养是高校服务国家发展战略的光荣使命和重大责任。加强国际组织人才培养，与四川大学的奋斗目标高度契合，是四川大学推进人才强校战略、建设世界一流大学的重要任务。"办成一个培养具有全球竞争力人才、胜任未来发展挑战的大学""影响世界和人类进步的大学"等奋斗目标都要求加强国际化和国际影响力人才的培养。四川大学的战略构想包括以一流人才培养为核心，以高端国际交流合作为重点，建设全球人才的汇聚地、高端平台和教育园区，这就必然要求加强与包括国际组织在内的国际机构交流合作，加强国际组织人才培养则为题中应有之义，也是川大毕业生未来实习、就业和发展的必然方向之一。对于四川大学来说，系统培养国际组织人才尚属起步阶段，也是一项前瞻性、储备性和战略性的重要工作，时不我待。

二、国内高校国际组织人才培养的探索

在全球化浪潮的背景之下，国际组织已经成为各国参与国际治理、开展公共外交的重要舞台。在国际组织人才培养方面，国际、国内的高校竞争激烈。在国际上，西方发达国家的高校、智库和研究机构早已在国际组织人才培养方面取得领先地位。100 多年前，英国、美国等国家的高校已经成立了国际关系专业，建立了各种机构，旨在培养能胜任国际组织任务的人才。多年来，西方高校和其他机构培养和输送的人才主导当今主要的国际组织，包括联合国系统和其他组织，牢牢把持着话语权。相比之下，很多发展中国家的国际组织人才缺乏，在国际舞台上缺乏代表性和话语权，无法有力地发出自己的声音，也未能有效改善国际秩序。中国作为一个负责任的大国，应该在应对全球性问题上扮演重要的角色。因此，近年来在中央的重视和支持下，一些顶尖高校也开始加强国际组织人才培养。2013 年对外经济贸易大学在全国率先推出本科阶段独立成班的国际组织人才基地实验班；2015 年，四川外国语大学与英国埃塞克斯大学合作开办了国际组织人才教改实验班；2015 年，上海财经大学开办了三年制的培养国际高端财经人才的本硕连读国际班；中国人民大学法学院联合清华大学法学院、北京大学法学院和武汉大学法学院等国内法学教育机构，于 2015 年设立了创新型人才国际合作培养项目——中欧欧洲法项目；2017 年广东外语外贸大学创办国际治理创新研究生项目。还有一些高校设立短期培训项目，例如，北京大学启动引领未来国际组织人才启航计划；华中科技大学开办国际组织后备人才班；浙江大学外语学院开办国际组织精英人才班等[5]。四川省内部分高校虽已开设相关课程，但是缺乏对这一命题的系统深入研究。以课程设置为例，有学者对当前国内国际组织人才培养项目进行了梳理，梳理总结出培养体系的知识构成[2]，如表 1 所示。

表 1　国际组织人才的通识知识体系构成一览表

序号	知识分类	课程名称
1	宏观史论	人类学、国际关系史、外交史、外交理论、国际关系理论、国际政治等
2	国际组织	全球治理、多边外交、国际组织与制度、联合国知识与术语等
3	经济管理	政治经济学、世界经济、微（宏）观经济学、国际贸易、国际金融、商务谈判、国际市场营销、国际危机管理等
4	国际法	国际法与规则制定、国际经济法、国际争端解决等
5	交流艺术	社会学、公共外交、跨文化交流、辩论与谈判技巧、涉外礼宾礼仪、外语沟通力、翻译理论与实践、应聘技巧、涉外工作素养、形体塑造等
6	业务实训	国际组织人事制度、国际职员队伍建设、公文写作等

作为对照物，我们选取美国最早设立国际关系专业的乔治·华盛顿大学的国际事务专业硕士课程[6]进行比较研究，如表 2 所示。

表 2　乔治·华盛顿大学国际事务专业硕士课程一览

序号	专业方向	专业课程
1	经济与发展事务	政策分析经济学，环境与自然资源经济学，发展经济学，国际贸易理论与政策调查，国际微观经济实践调查，拉美经济发展，城市经济学，拉美经济研究专题，工业化亚洲的政治经济学，中国经济和日本经济
2	性别与发展事务	人类学，人口与卫生，性别与发展，性别、灾难与政策，全球女性主义，全球/国内劳动力研究
3	金融与发展事务	全球金融框架，金融发展战略，发展中国家金融管理，国际商务金融，全球视野下的公司金融
4	发展项目管理	国际发展项目管理，国际发展 NGO 管理，国际发展管理流程及工具，公共与非营利项目评估
5	教育与发展	国际与比较教育，国际教育的区域研究，国际教育的政策与项目，国际教育的问题与挑战，教育与发展中国家发展

通过比较表 1、表 2，我们发现国内的国际组织人才培养课程设置明显过于笼统，问题的聚焦度不够，缺乏全球性的热点问题作为切入点，不利于培养学生解决问题的能力。与此相对，乔治·华盛顿大学的国际事务专业硕士课程根据全球范围内的热点问题进行细分，学生可以根据自己的兴趣选择一个全球性或者区域性的议题来推进专业学习，而每个议题所对应的若干个国际组织就自然成为学生的研究样

本和未来就业的明确目标。

必须承认的是，目前国内各高校虽然开始了积极的探索，但仍缺少对国际组织的精准理解，人才培养缺乏整体战略和配套政策，课程设置脱离了国际组织实际运作模式，人才的培养与选拔滞后于发达国家。虽然西方的经验有一定借鉴意义，但一味复制追赶恐不符合我国国情，更重要的是要探索符合我国实际的国际组织人才培养与输送机制。

三、加强国际组织人才培养的改革方向

（一）关注国际组织人才选聘标准

我国有着迫切的国际组织人才培养需求，但是由于对国际组织的整体研究不足，缺乏对国际组织运行机制、人才选聘标准的了解，国内现有的人才培养项目普遍存在目标定位不清晰、课程设置过于宽泛、与国际组织对人才的实际需求脱钩的情况。为此，有必要对主要国际组织的人才选聘标准进行全面系统的梳理，明确立足于现阶段我国国际组织人才培养可以取得较大提升的方面。

有学者就联合国专门机构的聘人标准进行了分析，梳理出五个方面的基本素养：一是正直、尊重多样和崇尚专业的价值观；二是结果取向、客户取向和团队取向的思维方式；三是灵活开放、抗压、外向、尽责、敏锐与注重细节的个性特质；四是包含交流技能、人际交往与合作技能、计划与组织技能、科技技能、学习技能和管理技能在内的核心胜任力；五是由个人知识与组织知识构成的专业知识[7]。上述基本素养中，有些是与生俱来的个人气质或者已经成型的价值文化，能够得到较大提升的素养主要在思维方式、核心胜任力与专业知识三个方面。

第一，在价值观方面，对多样性的要求取决于联合国系统本身的全球性特质，其员工必须保持开放的心态来处理国际事务，避免用个人的固有价值观念来衡量别人的反应。这一标准在选聘过程中体现为面试官更看重应聘者的国际教育背景。在研究一国国际人口比例与本国国民在国际组织人员任职情况关系的过程中，我们注意到一组看似矛盾的数据：联合国秘书处公布的 2017 年数据，美国在联合国任 P2 以上职务的人员理想幅度为 373～504 人，而其实际任职人数为 357

人，尚处于代表性不足的国家范畴[2]。另一方面，有学者对14个著名国际组织2017年公布的160位高级官员履历进行了分析，发现其中63人（39.4%）拥有美国高校的教育背景，在这63人中仅有29人为美国公民，剩下的34名国际人才由于深受美国文化和价值观熏陶，在代表自己国家到国际组织任职时，无疑也会扩大和强化美国在国际组织中的影响力[2]。上述两组数据带给我们的启示是，要加强教育国际化程度，一是要送出去，二是要请进来。对于前者，发达国家比较完善的国际组织人才培养体系也可作为中国籍人才入职国际组织的跳板；对于后者，国际人才经过在中国长时间的学习生活，必然会受到中国文化和价值观的影响，对中国产生更深的了解与感情。完全本土化培养的人才在国际组织人才选聘中面对多样性标准时劣势明显。

第二，在课程设置方面，必须坚持结果导向，从思维方式、核心胜任力与专业知识三个方面进行科学规划。必须明确的是，国际化人才的培养不是一蹴而就的，需要对其进行全面的能力培养与知识提升。我国目前的国际组织人才培养体系还着重于以传统的"知识传授"为核心，不能很好适应国际组织的选材标准。在国际化教育程度较高的英美国家，一般从能力培养、专业知识和工具方法三个方面进行课程设置，并强调案例教学。正如前文所述，课程的设置需要结合当前全球性热点问题进行细化，增强研究学习的针对性和实践性。同时重视案例教学对知识的整合与巩固作用：在国际组织参与全球化治理过程中，国际组织的雇员往往会面临各种情况，承受巨大压力，因此，在人才培养环节中就需要模拟类似的场景，激发学生设身处地去考虑问题，审慎进行权衡，掫出解决方案并评估影响。对此，肯尼迪政府学院的教学方法中专门提道："最好的教育是通过自我奋斗的自我教育，许多有效的理解和判断不是来自别人的说教，二是来自亲身的实践经验"[8]。

第三，重视知识谱系本土化。当今各国之所以重视国际组织人才的培养，是因为国际组织职员在工作的开展过程中能够将本国的文化、价值观融入公共外交的日常工作，提升本国在全球性事务中的影响力。国际组织是西方的产物并长期由发达国家占据主导地位，在全球环境治理、难民问题等领域暴露出原有发展思路的短板。中国在参与全球公共事务的过程中逐渐形成了正确的义利观，坚持"授人以渔"的原则和旨在破除发展瓶颈问题的中国特色理念。在全球化的背景下，为了将中国经验推向世界，塑造我国正面的国际形象，国际组织人才的培养也必须结合本土特色和优势，将本民族特有的知识和文化提供给世界。

（二）重视非政府组织

按照成员类型，国际组织可以分为政府间国际组织（International Governmental Organization，IGOs）和非政府国际组织（International Non-Governmental Organizations，NGOs），二者均为全球化治理的重要参与者。一直以来，国内对国际组织人才的培养主要还是集中面向 IGOs，对数量庞大的 NGOs 提供的就业机会选择性视而不见。对本校国际关系学院 192 名在读本硕博学生的问卷调查显示，38.2％的受访学生更关注 IGOs，49.44％的受访学生觉得二者皆可，更关注 NGOs 的学生比例仅为 12.36％，学生的国际组织就业倾向明显偏向 IGOs，在实际走访中，我们发现这种倾向可能更严重。在全球治理过程中，NGOs 已经成为各国开展公共外交和民间合作的主要力量，如国际红十字会、世界自然基金会、国际绿色和平组织等。根据联合国 2018 年的年鉴数据，全球共有国际组织 619858个，其中 NGOs 为 496063 个，是 IGOs 的 4 倍[9]。很多 NGOs 在价值传播、舆论引导方面具有巨大的国际话语权，并提供了数量庞大的就业机会，也应该被纳入国际组织人才培养体系的目标组织中。

（三）加强学科与专业性建设

国际组织人才的培养要重视岗位与专业的匹配。目前，四川大学的国际组织人才训练营是基于校内各现有专业进行短期培训。根据对国际关系学院学生的调查问卷反馈，有 45.31％受访者表示效果并不明显。与此相对应，欧美在国际组织人才培养方面更具有专业性，主要是以国际关系、经济、教育等相关专业为基础。以美国为例，哈佛大学 2013 年国际关系专业毕业生 68 人，进入大型国际组织工作的占38.5％，乔治·华盛顿大学 2013 年国际事务专业硕士毕业生 103 人，进入国际组织工作的占 52％。其他高校国际关系专业进入国际组织工作的学生都占较大比例[6]，例如耶鲁大学、普林斯顿大学、塔夫茨大学等。而且，在以学历教育为主的国际组织人才培养体系的课程设置中，往往以国际关系、经济、政治与文化等课程为主。因此，加强学科与专业性建设有助于提高就业的针对性。

（四）加强智库建设，拓展国际组织实习机会

赴国际组织实习能够弥补书本知识的空缺，帮助学生亲身参与组织运作，加深其对国际规则的理解，促进其提升专业能力。日本自1974年开始实施"初级专业人员派遣计划"，推荐优秀青年赴国际机构实习并提供资助。40年来，日本在国际机构担任P级以上职务的765名国际雇员中，有330人是通过这一计划在国际组织任职的。

除了专门的经费和政策支持，还需要有合适的渠道。除了公开招募实习生，主要还是通过国家、政府和高校与各国际组织签订合作协议派遣实习生。在这方面，四川大学国际关系学院具有得天独厚的优势，依托院内多个高端智库或国别区域科研平台，与众多国际机构建立了联系，使学生们能够较早接触国际组织，对国际事务有比较深入的理解。如2018年7月，国际关系学院协助学校与亚欧基金会建立联系，成功举办了"亚欧论坛模拟外长会议"，为川内各高校学生提供了近距离了解国际组织运作的平台。

四、结语

加快培养毕业生到国际组织实习任职是增强中国在国际组织中的代表性和话语权的重要工作，是高校服务国家发展战略的光荣使命和重大责任。我国要深度参与全球治理，需要加强全球治理人才队伍建设。四川大学作为国家"双一流"建设高校，服务国家发展战略，加强国际组织人才培养和推送，是我们的光荣使命和重大责任。本文旨在搭建在校大学生与国际组织之间的桥梁，坚持"立足川大、强化特色、创新引领、世界一流"理念，探索一条契合国家"一带一路"倡议需要、符合川大鲜明特色和优势的道路，为我校国际组织人才培养的教学改革提供理论支撑。

参考文献

［1］张海滨，刘莲莲．服务国家战略，积极推进中国国际组织人才培养——2019年北京大学国际组织人才培养论坛综述［J］．国际政治研究，2019（6）：124．

［2］郦莉. 国际组织人才培养的国际经验及中国的培养机制［J］. 比较教育研究，2018（4）：39—44.

［3］阚阅. 全球治理视域下我国的国际组织人才发展战略［J］. 比较教育研究，2016（12）：16—21.

［4］联合国正式决定预算分摊比例中国为第二位，如何解读？［EB/OL］.（2018－12－25）［2021－09－20］. https://www. sohu. com/a/284316771_574008.

［5］刘宝存，肖军. "一带一路"倡议下我国国际组织人才培养的实践探索与改革路径［J］. 高校教育管理，2018，12（5）：2.

［6］闫温乐，张民选. 美国高校国际组织人才培养经验及启示——以美国10所大学国际关系专业硕士课程为例［J］. 比较教育研究，2016（10）：46—52.

［7］滕珺，曲梅，朱晓玲，等. 国际组织需要什么样的人？——联合国专门机构专业人才聘用标准研究［J］. 比较教育研究，2014（10）：78—84.

［8］徐梦杰，张民选. 美国大学国际组织高层次人才培养研究——以哈佛大学肯尼迪政府学院为例［J］. 比较教育研究，2018（5）：36.

［9］Country participation in international organizations by type of organization［Z/OL］.［2021－09－20］. https://ybio. brillonline. com/system/files/pdf/v5/2020/3_1. pdf.

"双一流"综合性大学经济类专业本科生法学课程教学改革研究①

余　澳　　管瑞阳

（四川大学经济学院）

【摘要】本文选取九所具有代表性的"双一流"综合性大学相关学院作为研究样本，对其经济类专业课程体系建设中的法学课程教学情况进行了专门研究，发现样本高校本科课程设置皆重视法学课程教学，开设课程针对性强，课程性质主要属于选修课，开课时间主要集中在高年级段，授课教师多具法学背景。在针对四川大学的专门研究中，发现经济类专业课程具有学生学习兴趣高、课程设置针对性强和讲授内容丰富、授课教师专业化水平高等优点，但也存在单科课时数少、课程不丰富、教学模式单一、考试不具弹性以及班级学生人数较多等缺点。针对当前情况，本文提出了相关具体改革建议。

【关键词】"双一流"综合性大学；"金课体系"；经济类专业；法学课程

一、引言

教育部 2019 年 10 月发布的《关于一流本科课程建设的实施意见》，从总体要求、建设内容、"双万计划"，以及组织管理等方面为课程建设指明了总体方向。"双一流"是我国高校建设的目标和方向，

---

①　本文系四川大学新世纪高等教育教学改革工程（第八期）研究项目的成果。

"双一流"高校代表着我国高等教育的最高水平。本文将重点聚焦具有代表性的"双一流"综合性大学，以这些高校的经济类专业"金课体系"建设中的法学课程教育教学改革为样本进行研究，以弥补当前理论研究缺乏对"双一流"综合性大学的整体情况分析及研究对象仅聚焦于某一门课程改革且缺乏充分调查研究等的不足[1—3]。

二、代表性高校总体情况

为了解我国"双一流"综合性大学经济类专业本科生法学课程教育教学开展情况，本文选取了北京大学经济学院、清华大学经济管理学院、中国人民大学经济学院、复旦大学经济学院、上海交通大学安泰经济管理学院、浙江大学经济学院、武汉大学经济与管理学院、中山大学岭南学院、四川大学经济学院等九所高校相关学院作为研究样本，从官方网站等渠道①收集了其经济类专业本科生法学课程开设的基本情况，经梳理后形成表1。

表1 "双一流"综合性大学经济类专业本科生法学课程开设情况汇总

序号	学校名称	课程门数	开课名称	课程性质	学分	开课时间	主讲教师是否具有法学背景
1	北京大学经济学院	3	保险法	选修	2	大二下学期	是
			税法与税务会计	必修/选修	2	大二下学期	是
			民商法	选修	3	大三下学期	是
2	清华大学经济管理学院	1	商法原理与实务	选修	2	大二下学期	是
3	上海交通大学安泰经济管理学院	1	商法	选修	3	大三下学期	是
4	中国人民大学经济学院	2	金融法	选修	2	大三下学期	是
			保险法	选修	2	大三下学期	是

① 信息来源于各校最新修订的本科教学计划。

序号	学校名称	课程门数	开课名称	课程性质	学分	开课时间	主讲教师是否具有法学背景
5	浙江大学经济学院	3	税法	选修/必修	3	大三上学期	是
			经济法	选修/必修	3	大三下学期	是
			国际商法	必修	3	大四上学期	是
6	复旦大学经济学院	3	法理学导论	选修	3	大一下学期	是
			保险法	选修	2	大三下学期	是
			税法	选修	3	大三下学期	是
7	武汉大学经济与管理学院	2	民商法	选修	2	大三上学期	是
			经济法	选修	3	大二上学期	是
8	中山大学岭南学院	1	国际商法	选修	3	大三下学期	是
9	四川大学经济学院	4	经济法	选修	2	大一下学期 大二上学期	是
			国际商法	必修	2	大二下学期	是
			合同法	选修	2	大二上学期 大三下学期	是
			金融法	选修	2	大二下学期 大三下学期	是

通过以上基本情况的梳理汇总，可以初步将我国"双一流"综合性大学经济类专业本科生法学课程的实践情况总结如下：

（一）重视法学教育

经统计，九所样本高校开设的法学课程以经济法学课程为主，如经济法、金融法、商法、税法、国际商法等，这是一个重要的导向，传递出以下教育理念：

（1）引导学生重视法学知识学习。党的十八届四中全会作出了全面推进依法治国的重大决定。对当代大学生加强法学教育，才能让当代大学生懂法、知法、守法和用法。

（2）增强学生的多元知识结构。经济学与法学是社会科学中接近的两门学科，在现实生活中又总是彼此相连。因此，经济学学习应当融入恰当的法学学习，这样才能促进知识的融会贯通，扩大学生的知识面。这将为多学科背景人才的培养进而促进学科交叉发展创造重要基础条件[4]。

（二）课程面向高年级段且以选修为主

九所样本高校的法学课程性质主要为选修课。这充分体现了当前各大高校课程设置的基本要求，即保留主干核心专业课程、增加通识教育课程、适当控制总学分。在开课时间方面，样本高校的法学课程主要集中在大二下学期到大三下学期的三个学期中。大一、大四开设法学课程的样本高校并不多，基本符合非法学专业学生对非主干课程的认知能力。因为这个阶段的学生对经济学专业课程之外的其他非主干课程理解力更强，更具将其与本专业知识融会贯通的基础。

（三）主讲教师以具有法学背景为主

本文在梳理总结样本高校信息时，特别注意到这九所综合性高校经济类专业本科生法学课程的主讲教师基本都具备法学背景。所谓具备法学背景主要是指这些主讲教师要么接受过法学教育并获得了相应学位，要么当前正从事法学研究。这些教师有的来自开课学院自身的教师队伍，有的是法学院教师。具有法学背景的教师担任授课教师，更有助于保证法学知识传授的专业性和准确性。

三、实践现状与存在问题

为了更深入了解经济类专业本科生法学课程教学情况，本文以四川大学为例进行专门研究。在研究中采用了与学生座谈、对学生与授课教师进行访谈、向学生发放问卷①等方式收集了一线信息，具体调查情况如下：

---

① 共发放问卷300份，收回有效问卷253份。

（一）实践现状

1. 经济类专业本科生对法学课程学习兴趣高

第一，多数学生对法学课程学习兴趣较高。接受问卷调查的253名学生中，有86人选择"非常感兴趣"，占总人数的33.99%；有137人选择"比较感兴趣"，占总人数的54.15%。这两项比例共计88.14%，可见被调查的多数学生对法学课程学习保持了较高兴趣。这与个别研究认为的经管类专业学生不重视法学课程学习的研究结论正好相反[5]。

第二，多数学生认为法学课程对经济学专业学习有帮助。在253名接受问卷调查的学生中，有122人选择了"非常有帮助"，占总人数的48.22%；有119人选择了"比较有帮助"，占总人数的47.04%。两项合计占比95.26%，可见绝大多数学生认为法学课程对于经济学专业学习具有较好的促进作用。

第三，原因分析。在座谈和访谈中，了解到学生们对法学课程感兴趣和认为有助于经济学专业学习的原因主要是当前党和国家强调全面依法治国，法律学习对于提高个人的法律认知、自觉做到守法，以及用法律保护自身权益等十分重要；法学与经济学联系紧密，法学学习有助于增强经济学专业知识在实践中的运用；法学学习中有较多案例，这些案例具体形象、贴近学生们的实际生活，等等。

2. 课程设置和讲授内容针对性强

第一，多数学生认为法学课程设置合理。有81人选择了"非常合理"，占比32.02%；有117人选择了"比较合理"，占比46.25%。可见大多数学生认为本校经济类专业本科生法学课程的设置是合理的，与此相对应的是该学院为本科生开设了包括经济法、金融法等在内的四门法学课程。

第二，多数学生认为教学内容丰富、难易适中。问卷以经济法课程为例询问了课程内容的丰富性，结果有127人选择了"内容较丰富"，占比50.2%；有74人选择了"内容丰富"，占比29.25%。两项合计占比79.45%。与实际情况对照的是，经济法课程的内容以公司法、合同法及市场秩序法为主，因此实际上是以"涉经济类法律"为主的架构，典型地体现了"非法学专业的经济法教学仍将其定位为广义的经济法，即'与经济有关的法'"[6]。在关于经济法课程难易度的调查中，有200人选择了"难度适中"，占比79.05%；有50人选择了"较难掌握",占比 19.76%;有 2 人选择了"没有难度",占比 0.79%;只有 1 人选择了"很难掌握",占比 0.4%。总体而言,近 80%的学生认为样本课程经济法教学难度适中。

第三,原因分析。在座谈和访谈中了解到,学生们认为所在学院的法学课程设置偏重于涉经济类法学,这样的课程设置非常有助于经济学本专业的学习。专门、集中地学习几门与经济学专业相关联的法律课程,具有较高的学习效率。主讲教师皆为本学院教师,他们更了解本学院学生的实际情况,能够针对学生们缺乏法学基础的实际情况,把握好教学的总体难易程度。由于这些教师同时也在从事经济学研究工作、承担了经济类本科课程,因此,他们能够结合学生们更熟悉的经济学知识进行讲解。

3. 授课教师的法学背景十分重要

在对"法学专业课程的授课教师是否有必要具备法学背景"的调查中,有 157 人选择了"非常有必要",占比 62.06%;有 84 人选择了"比较有必要",占比 33.2%,可见 95.26%的学生认为授课教师需要具备法学背景。在座谈和访谈中了解到,学生们认为如果授课教师接受过法学教育或从事法学研究,专业素养较高,对法律的认识更深刻,那么教学将更专业、更准确,能够让学生们不用跨学院就享受到专业的法学教学质量。

(二)存在的问题

1. 单一课程课时较少

在对是否希望增加法学课程学习时间的调查中,参与调查的学生中有 27.27%表示"非常希望"增加法学课程学习时间,58.89%表示"比较希望"增加法学课程学习时间。

2. 课程不丰富

在对是否希望增开法学课程的调查中,有 110 人(占比 43.48%)选择"非常希望",有 119 人(占比 47.04%)选择"比较希望",两项合计占比 90.52%。在最想学习的法学课程调查中(多选题),选择商法与经济法的学生人数几乎相当,前者占比 81.03%,后者占比 80.24%,接着是民法,占比 62.06%,然后是刑法、诉讼法、行政法、法理学,分别占比 44.27%、44.27%、23.32% 和 17.79%。

3. 教学模式单一

调研中了解到，部分学生认为教师的课堂教学模式较单一，主要以课堂讲授为主，缺乏一些创新教学模式，如翻转课堂以及实践环节。原因主要是授课教师对授课方式的创新意识不够，还停留在传统教学模式；受制于非经济类专业主干课程因素，对创新教学模式强调不够；选修课教学时间少，但教学内容多，学生选课人数多且多数学生缺乏法学基础，导致探究式、启发式教学面临困难；实践环节缺乏助教支持，面对较大规模学生人数，教师负担较重等。

4. 考试不具弹性

参与座谈调研的一些学生提出，当前考试方式较单一，仍然是传统的期末笔试，考试内容也主要属于传统考试题型，考核方式不丰富。事实上，近年来随着学校对过程考核要求的提高（平时成绩占期末总成绩的一半），在法学类课程教学中，授课教师也按照学校过程考核的要求增加了课堂讨论、平时作业、课后讨论等。但可能因为每次课教学时间短、教学内容较多以及缺乏助教等因素，反而降低了平时考核的实施效果。

5. 班级人数偏多

调研中还值得关注的一个问题是授课班级人数较多。仍然以经济法课程为例，近年来，单个授课班级人数基本在 100 人左右，多的达到了 130 人，这确实与当前小班化教学的发展方向相矛盾，不利于教学过程中与更多学生开展现场的、及时的互动交流。

四、改革建议

基于当前"双一流"综合性大学经济类专业本科生法学课程开设的总体情况以及通过调研了解到的情况，本文对如何加强"双一流"综合性大学经济类专业本科生法学课程教学改革提出如下对策建议：

（一）坚持经济类院系独立开设法学课程的传统

经济类院系独立开设法学课程有利于自身"金课体系"的打造完善。学生在本专业课程体系设计基础上自主选择有针对性的法学课程，有助于实现经济类专业学生的培养目标和教学目的。在总学分控制的前提下优化通识课程、基础课程、专业课程，拓展"金课体系"设计，既不冲击经济类专业主干课程的主体地位，同时又能够引导学

调查与思考

生在以本专业课程学习为主的前提下，有针对性地选择法学课程进行学习，从而有助于加强对学生法学课程学习的方向性引导，提高学生学习的效率，避免学生选课时出现本末倒置、方向偏差等问题。

（二）丰富涉经济法学课程设置、适当增加课时

对于已经有三门以上法学课程的院系可在充分调研论证的基础上研究是否增加开设课程的门数。但法学课程设置不能过多，因为这将可能影响专业主干课程的设置以及受到师资力量的约束。对于当前只有一门甚至没有法学课程的院系可考虑适当增加经济法学课程。个别法学课程如经济法、合同法、国际商法、税法等可由选修课的 2 学分提升为必修课的 3 学分。同时，建议经济类专业本科生的法学课程在开设时间上安排在大一以后，这符合本科生在高年级段对非本专业课程学习的领悟力得到增强的逻辑发展。

（三）尝试小班化、探究式、多样化教考模式

在现有师资力量与学生人数出现供需矛盾的背景下，可先推出一门代表性法学课程的小班化教学尝试。授课教师可由一名有经验且教学时间相对宽裕的教师担任或由该门课程的全体授课教师组成联合授课组，在教学过程中要注重探究式、启发式教学，可考虑增加"小组协作案例分析""法律思辨""模拟法庭"等受学生欢迎的翻转课堂模式。坚持期末考试与平时考核相结合的考核方法；平时考核手段应多样化，可尝试将翻转课堂教学与平时考核结合进行，期末考试增加非标准答案命题等。

（四）加强以法学课程组建设为导向的师资力量建设

课程组建设应当由一名有经验的教师牵头，通过集体备课、集中讨论、互相听课、集体出题与阅卷等方式进行建设。课程组组成可采用多元模式，有条件的院系可以本学院的教师为主并邀请法学院等相关院系的教师参加。如完全依赖法学院教师承担授课任务，也应当加强课程组建设，尤其要注意加强定期研讨，围绕经济类专业学生的具体情况提升教学针对性和教学效果。

（五）促进经济学与法学交叉培养模式

增强新兴学科和交叉学科才是我国"双一流"建设的新增长

点[7]。在现有交叉培养模式基础上，可尝试推出经济学与法学人才交叉培养模式。首先，确定学生选拔条件（例如，是在高考时报考还是进校后选择）。其次，在培养方式上，低年级段以数学、英语、经济类课程学习为主，高年级段增设涉经济类法学核心课程。再次，在教学团队方面，可由两个学院组建以"经济学＋法学"为核心的教学团队。为拓宽该批学生的毕业出路，可在研究生招生专业中增设法律经济学专业，并对学生加强法律职业资格考试的训练指导等。

参考文献

［1］解德渤. 如何打造"金课体系"：大学课程改革的框架设计与制度创新［J］. 四川师范大学学报（社会科学版），2020，47（1）：96－101.

［2］李萍. 浅论《国际商法》在经管类专业教学中的地位和作用［J］. 教育理论与实践，2007，27（S2）：66－67.

［3］成天柱. 经管类专业"经济法"课程教学改革的思考与实践［J］. 长春理工大学学报，2011，6（11）：164－166.

［4］刘献君. 学科交叉是建设世界一流学科的重要途径［J］. 高校教育管理，2020，14（1）：1－7，28.

［5］邵朱励. 经管类专业法学课程教学效果优化路径探析［J］. 科教导刊（下旬），2017（27）：94－96.

［6］汪莉. 经济法学教学的现实困境与理性选择［J］. 中国大学教学，2014（4）：52－58.

［7］谌群芳，陈积明. 交叉学科发展是"双一流"建设的新兴增长点［J］. 中国高等教育，2018（10）：42－43.

国际综合性大学西班牙语本科专业建设研究与启示①

吴　恙

（四川大学外国语学院）

【摘要】应新时代本科教育改革及本科"一流""国际化"专业建设的要求，本文搜集世界排名前100位高校的西班牙语本科专业信息，从专业名称、学位分类、课程设置、教师团队、交流项目、学术活动及新闻公告等方面进行横向分析对比。针对国内综合性大学西班牙语本科专业发展的普遍问题及四川大学的具体情况归纳总结国际名校专业建设具有可借鉴性的优势及特点。

【关键词】西班牙语；本科专业建设；综合性大学

一、引言

西班牙语20世纪60年代在我国作为"小语种"专业初建，2000年以后由于对西语人才的极速需求而呈现出"井喷式"[1]发展。虽然业界提出带有高校自身特色的专业建设及高素质复合型外语人才的培养目标，却仍然存在整体发展速度快、调控缺失，分类单一、区分度低[2]的问题。在现今创建一流高校和学科的大趋势下，西班牙语专业的发展要努力拉近与国际一流高校、学科之间的距离，首先就需要对

① 本文系四川大学新世纪教育教学改革工程（第八期）研究项目"基于大数据技术西班牙语专业建设国际化探索与研究"的研究成果之一。

国际一流高校的西班牙语专业学科有充分了解，比如掌握课程设置、教师结构、学术活动、国际合作等方面的相关信息。以此把握西班牙语专业建设和人才培养的国际化院校发展动向，为国内西班牙语专业学习、借鉴名校专业建设的经验提供有效的途径，以国际化办学思路拓展资源、发展专业建设[3]。

二、国际综合性大学西班牙语本科专业的设置

在设有西班牙语本科的国际名校（世界排名前 100 位高校）中，从专业名称和内容设置上大致划分为四大类：第一，与中国大部分高校（包括四川大学）的专业设置相似，以西班牙语语言、文化及文学为主要方向（共 54 所高校）；第二，由同一院系提供西班牙语、西班牙语区域研究等两种以上专业选择（共 13 所高校）；第三，将西班牙语与拉丁美洲研究或其他专业合并设置为复合型专业（共 14 所高校）；第四，将西班牙语语言课程归属到拉丁美洲研究专业（共 1 所高校，荷兰莱顿大学）①。另外，巴塞罗那大学由于西班牙语为其官方语言，故不算在研究范围内。

（一）西班牙语相关专业名称及设置

从专业名称上看，北美高校的西班牙语相关专业分类主要有语言教学与研究、文学文化研究、区域研究和族裔研究。比如，西班牙语，拉丁美洲及拉美裔研究（哈佛大学、杜克大学）；西班牙语社群和文化、西班牙语和语言学（如加利福尼亚大学伯克利分校和洛杉矶分校）；西班牙语和拉丁美洲研究（斯坦福大学、阿尔伯塔大学）；加勒比和拉丁美洲研究（如麦吉尔大学），拉丁美洲和伊比利亚研究（加利福尼亚大学圣巴巴拉分校）以及拉丁美洲、加勒比和伊比利亚研究（威斯康星大学麦迪逊分校）。其中一个较为突出的特点是美国许多高校均设有研究西语族群（latino/a）和奇卡诺（chicano/a）文化研究的专业方向。本科之后的课程，美国的大学通常会将葡语及相关文化研究一起并入，其中哈佛大学更是要求精通三门语言。

英国设有西班牙语专业本科的知名高校中大部分均配备西班牙语

---

① 由于各地区各高校专业设置、命名方式不同，此处"双专业""双学位"或"复合专业"的分类数据不完全准确。

与其他文科、商科及艺术学科专业复合的选择。以伦敦大学学院为例，可供本科生选择的与西班牙语相关的专业分类有：西班牙语和拉美研究；双语言复合专业，如西班牙语＋其他现代语言，西班牙语与拉丁语；非语言复合专业，如西班牙语与艺术史，西班牙语与哲学，西班牙语与管理研究，西班牙语与电影研究；融合型专业，如比较文学，语言与文化。而爱丁堡大学的本科设置则更为灵活，西班牙语可以单独作为本科专业，也可以与其他语言、专业复合。其中较为突出的跨专业非语言型复合专业有：西班牙语与政治、西班牙语与历史、国际商务与西班牙语、法律与西班牙语（法学学士学位）。老牌名校牛津大学和剑桥大学的西班牙语语言专业，都要求学生必须学习两门外语，而且国际交流（一学年）为必修学分。德国柏林自由大学也设置了复合型专业——西班牙语哲学和拉丁美洲研究（文学学士）。

事实上，在本科与研究生项目的衔接上，自欧洲推动了博洛尼亚进程改革计划以后，博士阶段之前需要有至少 5 年的高等教育学习经历，所以不管本科与硕士阶段的时间如何划分，欧洲各国高校都设置了灵活多样的本科及研究生项目供学生根据自身兴趣和人生规划进行选择。

（二）师资配备及科研方向

与国内高校师资职称对应看，北美高校西班牙语专业中，主要承担教学任务的讲师（Lecturer）人数最多，平均一个学校是 5～10 名；助理教授、正（副）教授为 2～3 名；荣誉教授（Distinguished Professor）一般不超过 4 名。学术研究上，主要分为四大类：一是不同时期的伊比利亚半岛和拉丁美洲文学；二是美学、哲学、文学和批评理论跨学科结合；三是西语世界社会环境、政治生态或与其他语言文化环境的比较研究；四是拉美殖民历史研究，如"耶鲁大学的后殖民社会本土文化与西语文化之间的相互影响"研究项目。从顶尖高校的个例来看，哈佛大学罗曼语言和文化研究方向的教授占大部分，其余则是宗教和拉美（裔）研究以及比较文学方向。斯坦福大学、加利福尼亚大学伯克利分校、芝加哥大学等的教授则以伊比利亚和拉丁美洲文化为主要研究方向。

与美国大学相比，英国顶尖大学中剑桥和牛津的教授（Reader）和助理教授（Associate Professor）数量相对较多，其中教授分别有 5 名和 7 名。英国高校西班牙语专业教授同时还擅长加泰罗尼亚语或加利西亚语（西班牙地区方言），学术上则以文学研究为主，以不同地区、时期、体裁等作为具体研究方向，如黄金时期文学、中世纪西班牙语文学、拉美文学等。目前比较流行的拉丁美洲研究，几乎每所大学都有所涉猎。英国大学的另一科研特点是侧重欧洲研究，如伦敦国王学院的西班牙和欧洲研究、批判性欧洲研究。

荷兰乌得勒支大学和格罗宁根大学的助理教授和讲师人数最多，分别是5名、3名和2名、6名。科研上相对传统，如语言学、教学法、西语世界的移民研究、文化身份及神话。德国慕尼黑大学的西班牙语隶属于罗曼语专业，其师资及科研的突出特点是多语言能力。如"西语＋法语"的文学（比较文学）研究，西语、"葡语＋意大利语"的相关文化研究，或意大利语、法语和罗马尼亚语的语言学研究。赫尔辛基大学则专注于语言本身的研究，如阿拉伯语和西班牙语关系、语言历史、语言间的影响、拉丁美洲白人后裔克里奥尔（criollo）语言、词汇学等。

在亚洲范围内，韩国国立首尔大学师资优势明显，有6名教授和2名副教授，研究方向分别有当代拉美小说、经典西班牙语文化、当代拉美诗歌、西班牙语语言、西班牙语句法、拉美文学批评。

（三）海外交流项目

北美高校的国际交流项目一般有几种类别：暑期课程、学期课程和学年课程。项目组织机构有大学自己的海外办事处，如斯坦福大学在圣地亚哥（智利）、马德里、巴塞罗那（西班牙）都分别设立了自己的办事处；普林斯顿大学在西班牙托雷多和阿根廷布宜诺斯艾利斯也会组织项目。大部分高校采取的是校际合作或与海外留学机构合作方式，如美国国际教育交流学会（CIEE）、海外留学学院（IFSA）、国际培训学院（SIT）等。个别高校如普林斯顿大学与康奈尔大学也会增设以实习为主的交流项目。哥伦比亚大学也有一个项目是选修阿根廷三所大学的课程，自由搭配。这三所大学分别是阿根廷天主教大学、布宜诺斯艾利斯大学和托尔夸托迪特利亚大学。如果对学校现有项目不满意，学生也可以自主挑选学校和课程，再经过国际交流处审核。

英国大学的西班牙语相关专业本科第三年一般默认是出国交流。途径有三种：一是做英语助教，二是交换学习，三是参加工作。前往的国家必须是以西语为官方语言之一的，并对时长也有一定要求，例如，剑桥大学规定总时长必须大于等于八个月，并在结束海外学习期后，提交一份语言学相关主题论文，或一份翻译作品加心得体会，或一份语言学研究分析报告。牛津大学西班牙语专业的学生可以选择去西班牙语国家或者自己学习的另一门外语的母语国家，交流形式也比较灵活，到当地大学学习、做英语助教或者自己安排其他工作；项目组织和参与方式一般为校际交流项目或欧盟伊拉斯谟斯项目（Erasmus），具体事宜和计划会由专人为学生提供咨询辅导，帮助他们选择合适的项目并审核他们对交流学习或工作的计划安排。

（四）活动与新闻

1. 美国高校的学术活动

美国高校的西语专业相关学术活动，如讲座、工作坊（workshop）等，比较偏重拉丁美洲研究（历史、社会、文化）及本土拉丁美洲裔/混血种族/非洲裔等少数人群的问题，也会有与西班牙国内少数族裔文学/文化相关的主题，以及从电影及视觉艺术角度切入的各类主题，跨学科融合特点非常突出。较有特色的活动如下：

（1）对话：《西班牙语诗人，英语人生：缺席写作》①，玛乔丽·阿戈辛、艾玛·罗梅乌和克拉拉·龙德罗斯的对话，哈佛大学。

（2）讲座：《如何合法构建公民，公民和外国人？——对委内瑞拉及南美洲的影响》，哥伦比亚大学。

（3）讲座：《合法性危机：加泰罗尼亚的独立公投和西班牙的宪法压力》，斯坦福大学。

（4）讲座：《奇卡纳：文学、理论及电影》，斯坦福大学。

（5）讲座：《巴西电影发展史研究成果展示》，芝加哥大学。

（6）讲座：《洛杉矶城市标牌中的西班牙人：语言态度和语言社区》，加州大学伯克利分校。

（7）讲座：《21世纪拉丁美洲激进主义和爱丽儿主义的左翼突变》，康奈尔大学。

2. 英国高校的学术活动

英国高校的学术活动更偏向对西班牙本土的研究（语言、文学、

---

① "Poetas en español, vida en inglés: Escribir desde la ausencia". A colloquium with three Latin American poets and academics who write in Spanish after many years of working and living in the US.

历史、社会及文化），也会涉及拉丁美洲文化相关的主题。例如：

（1）研讨会：《加利西亚跨学科研究》，爱丁堡大学。

（2）工作坊：《后独裁的阿根廷的文学、电影和"民族志"》，爱丁堡大学。

（3）讲座：《西班牙民主过渡时期的妇女和视觉印刷媒体》，剑桥大学。

（4）研讨会：《哥伦比亚的自然、资本与冲突》，剑桥大学。

（5）讲座：《西班牙黄金时代的舞台世界》，牛津大学。

（6）学术座谈：《西班牙语文本及手稿》，牛津大学。

（五）课程大纲：以剑桥大学为例

剑桥大学的西班牙语本科为四年学制，一学年三个学期（10 个月）。本科一年级提供 A 和 B 两个课程计划，分别面向零基础和具备一定语言水平的学生。需要特别说明的是，零基础录取并不等于零起点入学。学校会提供零基础新生假期提前自学的书目和章节，其规定内容相当于我国高校西班牙语专业本科一年级上学期的所有语法知识。第一学年结束时，参加 A 计划的学生须达到欧洲通用语言框架的 B1 水平，相当于国内西班牙语本科专业二年级结束的水平。

A 计划第一学年的课程有三门：SPA1 西班牙语运用、SPA2 西译英和口语初级、SPA3 西语文学入门。其中，SPA1 西班牙语运用课程采用大小班结合的授课模式，SPA2 西译英和口语初级，以及 SPA3 西语文学入门则采用小班教学模式，文学课还会配备相关文学著作的讲座（共 8 次）。

B 计划第一学年的课程包含三门基础课：SPB1 西班牙语运用、SPB2 西译英、SPBO 西班牙语口语 B，以及一门公共课 SP1 西班牙语世界语言、文学及文化导读。SPB1 西班牙语运用仍然是大小班结合，小班分为语言及口语两类课堂；SPB2 西译英为大班教学；SPBO 西班牙语口语 B 为小班教学。而公共课程的教学模式由讲座、阅读课和小班教学组成，其教学的具体内容并不会完全固定，鼓励学生在开学前尽可能多地阅读公布于网页上的相关材料。①

第二学年开始，A 计划学生学习 B 计划第一学年的三门基础课程。B 计划学生的必修课程为 SPB3 英译西和西班牙语视听说，融合

---

① 参见剑桥大学网页：https://www.mmll.cam.ac.uk/sp1/reading。

语法、词汇、听力、写作及语言表达能力的综合训练课程，增强社会文化知识及批判性思维。大课授课结合翻转课堂模式。选修课程（A和B计划同选）共有7门（要求选择一门提交期末考核论文），分别是：SP3中世纪伊比利亚，现代早期西班牙和拉丁美洲文化；SP4现代西班牙语文化和历史；SP5拉丁美洲文化和历史；SP11西班牙语裔语言（The Hispanic Languages）；SP6加泰罗尼亚语言及文学导读；PG3葡萄牙语世界语言，文学和文化导读；CS1罗曼语言。由于剑桥大学现代中世纪语言学系要求学生选择两门外语同时学习，又有零基础和非零基础的分流，所以可供选择的课程很多，可搭配的组合也非常灵活。第二学年开始要求学生选择一门选修课以论文形式代替期末笔试，这有利于为接下来的国际交流研究论文和毕业论文做准备。

第三学年为海外交流，是必修，学生在海外期间保证每学期有4个学时的线上指导，并在交流结束后按照要求提交作业。

第四学年的语言必修课程共三门：SPC1英西互译，采取大课模式；SPC2西班牙语原文文本和文化，采取大小班结合模式；SPCO西班牙语高级口语，这是对海外交流的考核，采取口语展示结合对话模式进行。公共选修课程有：SP7西班牙及拉丁美洲早期现代文学及文化；SP9 1820年后西班牙文学、思想及历史；SP11西班牙裔语言；SP12拉丁美洲文化；SP13当代拉丁美洲文化；SP14前沿：中世纪西班牙文学及文化；IL1伊比利亚美洲电影；SP10当代加泰罗尼亚文化及语言；PG3葡萄牙语世界语言、文学和文化导读；CS1罗曼语言；CS5"身体"研究；CS6欧洲电影。

剑桥大学西班牙语课程大纲总体特点：一是零基础学生的学业压力大，对自学能力及效果要求高；二是所有课程、教材、考试（样题）、阅卷报告、考核标准、扩展阅读及资源信息均在网络公布；三是课程内容丰富，涵盖多种语言、文学、文化、艺术、历史、政治及区域研究；四是海外交流强制性纳入学制，提供多个对象国家供学生选择，并提供学习、就业、科研等多个方向的交流计划及辅导。

三、对四川大学西班牙语本科专业建设的启示

（一）专业名称及设置

首先，世界名校都不再将一门外语的语言学习、翻译训练和文学

文化作为单独的专业。如果学生对语言感兴趣，需要系统学习两门以上外语及相关文化背景和语言学理论。两门外语虽有主修/辅修的轻重区分，但对学生的能力水平要求都非常高，这与我们第二外语课程的设置完全不同。其次，语言专业功能已被弱化，"语言＋专业"的双学位设置非常值得借鉴。四川大学现已开设的类似国外"外语＋专业"项目为"世界史＋西班牙语"或"西班牙语＋世界史"，可以按此模式，继续摸索发展"外语＋哲学/艺术史/传媒/工商管理"的复合专业。再次，拉丁美洲区域国别研究在世界名校西语相关专业的突出地位也与国内的拉美研究"热"相符合。不管是搭配西班牙语的双专业模式，还是将语言与拉美研究融合的复合专业模式，都表明系统深入的拉丁美洲研究将会成为未来西班牙语专业发展的重要支撑。

（二）课程内容

目前，四川大学西班牙语专业的课程内容与国际名校相比，差距主要体现在专业西语（法律、商务、医学）和西班牙语变体（方言/土著语）课程的欠缺上。这个差距并不影响整体框架的完整度和课程质量，但无法凸显特色和专业性。另外，课程完成需要相应师资的匹配，就目前院系内部及国内高校整体情况来看，此两类课程的教学任务均需要由相应资质的外籍教师来承担。

（三）教师队伍

世界名校西语专业教师结构基本上都非常成熟稳定。教授、副教授和讲师的数量丰富，比例均衡。四川大学西班牙语专业教师结构与名校相比差距较大。主要由以下几方面的因素导致：第一，西班牙语在国内使用、认知和教学上一直属于新兴小语种，各方面发展较英语、日语、俄语等专业相对滞后。教师团队存在国内非通用语专业的普遍问题，即年纪轻、职称低、科研弱[4]。第二，国外名校将语言教学和科研考核相分离，承担零起点、低年级、语言能力训练等教学任务较重的教师被划分到教学岗；讲授少量高年级、公共课等，或者教学任务轻的教师被划分到科研岗。根据岗位不同，分开进行科研要求和考核。从而避免了国内诸多高校西班牙语教师面临的课程任务重、科研压力大的尴尬。让教师能集中精力投入到工作中，更好地发挥教学、科研的主观能动性。

（四）科研方向

四川大学西班牙语专业的科研学术方向相对传统，主要集中在语言学、（比较）文学研究和文化研究，但也有目前比较热门的拉丁美洲研究。就本文研究所取得的国际名校中科研方向信息看，国际趋势与区域研究、性别研究、民族学研究、戏剧/视觉艺术研究是当前国际高校西班牙语专业科研的前沿领域，有较好的发展前景。首先，对于四川大学西班牙语系来说，可以在引进高端人才时，参照以上的研究方向。其次，对于目前在科研兴趣和方向仍不明确的青年教师，此数据也具有一定的参考价值，关注以上领域的西班牙语相关研究有利于自身学术的长期发展。此外，部分世界名校还开展了跨专业的研究项目，如语言与媒体、智能技术的联合项目等，也值得国内学界调研参考。

（五）学术活动

四川大学西班牙语专业在教研上突出了汉语母语以及结合西部地区情况的西语教学特点，另外借助拉丁美洲研究所的平台组织参与了多次拉丁美洲文化、西语专业毕业生拉丁美洲就业导向的讲座、研讨/座谈会。就目前国际高校的发展形势看，以跨学科合作为手段，为专业教师和学生提供除语言、文学、翻译以外更为丰富的学术活动，有利于为提高未来的科研学术国际化水平打基础。

事实上，"语言＋"在国内高校西语界已经被讨论多时，但由于普遍认为专业复合改革的前提是师资"外语＋"复合能力的成熟，而国内西语发展起步晚，既懂语言又懂专业的教师屈指可数，导致改革进程缓慢。不过多元文化的课堂内容（即把世界介绍给中国的同时，也将中国介绍给世界）[5]已经全方位融入课程中。四川大学目前还组织开展了"语言＋国际史"双拼式的课程学位设置，已属国内率先迈出"复合"之步的高校之一。相信我们只要及时关注国际名校的发展动态，结合高校自身的情况（所处地区、相关历史、校级资源平台等），突破传统观念，定位专业优势，从寻求创新和长远发展的视角设立学科方向及目标，努力向国际化一流专业建设迈进，定能取得优异的成果。

参考文献

[1] 郑书九，刘元祺，王萌萌. 全国高等院校西班牙语专业本科课程研究：现状与改革 [J]. 外语教学与研究，2011，43（4）：574—582，640—641.

[2] 丁超. 对我国高校外语非通用语种类专业建设现状的观察分析 [J]. 中国外语教育，2017，10（4）：3—8，86.

[3] 陆经生. 大学非通用语种专业人才培养策略和实践 [J]. 中国大学教学，2012（11）：24—26.

[4] 王雪梅，赵双花. "一带一路"背景下我国高校非通用语种专业建设：现状、问题与对策 [J]. 外语电化教学，2017（2）：91—96.

[5] 文秋芳. 新中国外语教育 70 年：成就与挑战 [J]. 外语教学与研究，2019，51（5）：735—745，801.

"探究式—小班化"教学在医院药事管理教学中的应用

易秋莎　　徐佩佩　　张　川　　李海龙

伯贞艳　　陈　敏　　张伶俐

（四川大学华西第二医院药学部）

【摘要】本文尝试将"探究式—小班化"教学应用于四川大学华西临床医学院开设的 2019 年秋季"医院药事管理"课程，将教学方法分为"探究式—小班化"及大课讲授，采用自制满意度调查问卷，从教师语言表达、课堂节奏、师生互动、授课形式、教学材料、教学环境、自身兴趣、自身注意力、知识掌握程度几个方面收集学生的课程评价。"探究式—小班化"教学方法教学效果较好，学生满意度高，与传统的"大课讲授"对比，师生互动更多，课堂教学气氛更融洽。希望本研究能够为今后医药学"探究式—小班化"教学改革提供借鉴。

【关键词】探究式；小班化；医院药事管理

一、背景

"探究式—小班化"医学课程以培养医学生的临床能力和职业素质、促进医学生胜任力全面发展为目标，教学过程以教师为主导、学生为主体，通过更新教学内容、改革教学方法，促进教与学的深度互动，实现教学资源的优化配置和利用，激发学生的好奇心与主动学习的热情，让学生充分享受学习过程，提升学习能力和解决问题的能力[1-3]。"探究式—小班化"教学方法包括：翻转课堂、讨论教学、案例教学、问题驱动教学法（Problem-Based Learning，PBL）、小组合作学习（Team-Based Learning，TBL）、混合式教学等。为进一步深化本科教育改革，医学相关课程已逐步开始应用"探究式—小班化"教学方法[4-6]。研究显示，"探究式—小班化"教学方法在医学相关课程中效果显著，实现了课程组织形式、教学方法与课程考核改革的多样化，教学质量得到明显提高。学生成绩和医学专业的综合能力均有所提高，对教学的积极性和满意度也大幅提高[2-3,7]。

医院药事管理是对医院药学事业的综合管理，是应用管理科学基本原理和研究方法对医院药学事业各部门的活动进行研究，总结其活动管理的规律，并用以指导医院药事管理健康发展的实践活动[8]。医院药事管理是药学的重要分支学科，是五年制临床药学本科学生的必修课程，四年制药学本科学生的选修课程。目前尚未有相关研究报道医院药事管理课程应用"探究式—小班化"教学方法的效果。因此，本研究拟评价"探究式—小班化"教学方法的教学效果，并与传统"大课讲授"教学方法进行对比，为优化"医院药事管理"教学资源配置提供参考。

二、方法

（一）课程设计方案

建设"探究式—小班化"课程是践行先进教学理念、提升教学质量的重要举措。因此，本研究考虑授课教授个人意愿及可行性，将翻转课堂、混合式教学的"探究式—小班化"教学方法应用于医院药事管理部分章节的教学，其余仍采用大课讲授，授课表见表1。授课教师共8名，其中正高级职称3名、副高级职称4名、中级职称1名，均有5年以上授课经验。同时配备教学秘书2名，研究生助教2名，辅助完成教学。

表 1 授课表

教学内容	教学形式	教师职称
医院制剂管理	混合式教学	副主任药师
静脉用药调配管理	大课讲授	主任药师
临床药学与临床药师管理	翻转课堂	副主任药师
临床药学技术服务与管理		
临床用药管理	大课讲授	副主任药师
特殊管理药品的管理		
药物利用与评价	大课讲授	主管药师
药物经济学在医院药事管理的应用		
药物临床试验管理与药品上市后再评价	大课讲授	主任技师
药品不良反应监测	翻转课堂	副主任药师
医院药学电子信息系统	混合式教学	副主任药师
医院药学科研管理	大课讲授	教授

（二）满意度调查

采用自制满意度调查问卷收集学生的课程评价，满意度问卷分为两个部分：第一，课前学生基本情况，即专业、课程已学比例及课程难易程度评价；第二，课后满意度评价，即教师语言表达、课堂节奏、师生互动、授课形式、教学材料、教学环境、自身兴趣、自身注意力、知识掌握程度及总体评价（整体满意度、建议及意见）。采用5级李克特评分量表（5-Point Likert Scale）进行评分，问卷评价条目见表2。每堂课结束后通过问卷星发放与回收问卷，首次填写时为学生讲解调查目的、填写方法、注意事项，回收后剔除重复作答的无效问卷。

表 2　问卷评价条目

领域		条目
课前学生 基本情况		• 你的专业
		• 在本堂课之前，你自学或在其他课程中已学习本堂课相关内容的比例
		• 在本堂课之前，你认为本堂课的难易程度
课后满意度评价	课堂评价	• 你认为本堂课教师语言表达是否清晰易懂？
		• 你认为本堂课课堂节奏是否得当？
		• 你认为本堂课教师是否与学生积极互动，课堂教学气氛融洽？
		• 你认为本堂课采取的授课形式是否得当？
		• 你认为本堂课提供的教学材料是否适宜？
	环境评价	• 你对本堂课教学环境是否满意？
	自我评价	• 你对本堂课所学内容是否感兴趣？
		• 你是否能够认真听讲，并积极与老师互动？
		• 你对本堂课知识掌握程度如何？
	总体评价	• 你对本堂课的整体满意度是？
		• 你对本堂课是否有其他建议及意见？

（三）统计分析

采用均数、标准差、中位数、四分位数间距、最小值、最大值等指标描述计量资料。采用 Shapiro-Wilk 检验来判断评分是否符合正态分布。若评分满足正态分布，则采用独立样本 t 检验评价不同教学形式评分的差异；若评分不满足正态分布，则采用 Mann-Whitney U 检验，$P \leq 0.05$，则差异有统计学意义。使用 SPSS 22.0 软件进行统计分析。

三、结果

（一）调查对象及问卷回收情况

调查对象为 2016 级四年制药学专业学生 92 名，及 2016 级五年制临床药学专业学生 29 名，选课性质均为必修。共回收 893 份问卷，剔除重复问卷 30 份，有效问卷 863 份，有效回收率为 79.2%。其中，回收药学专业学生的"探究式—小班化"教学方法问卷 292 份，大课讲授问卷 350 份，回收临床药学专业学生的"探究式—小班化"教学方法问卷 103 份，大课讲授问卷 118 份。

（二）满意度调查结果

根据正态性检验结果及比较均数和中位数可判断各评分不服从正态分布，故以中位数和四分位数描述评分的集中和离散趋势，采用 Mann－Whitney U 检验。因药学和临床药学专业的学生选课性质不同，专业基础不同，故分组分析。

1. 药学专业学生满意度调查结果

（1）课前学生基本情况。

药学专业的学生每次课前较熟悉课程内容，课程难易程度适中。不同教学方式的课程之间两项得分的差异均无统计学意义（$P>0.05$），授课前，药学专业学生的课程基础一致（见表 3）。

（2）课后满意度调查。

课堂评价方面，两组教师的语言表达清晰易懂、课堂节奏及授课形式得当、教学材料选择适宜，两组得分差异无统计学意义（$P>0.05$）；"探究式—小班化"教学方法师生互动更多，课堂教学气氛更融洽，差异有统计学意义，$U=46933.000$，$Z=-2.046$，$P=0.041$。环境评价方面，学生对两组的教学环境均满意，得分差异无统计学意义（$P>0.05$）。自我评价方面，学生对本堂课所学内容均感兴趣，能够认真听讲并积极与老师互动，且能够掌握课堂知识，得分差异无统计学意义（$P>0.05$）。

总体评价方面，整体满意度评价的中位数得分分别为"探究式—小班化"教学方法 4.00 分，大课讲授 4.00 分，表明学生对不同教学方法的课堂均满意。两组得分差异无统计学意义（$P>0.05$）（见表 3）。

表 3 药学满意度问卷得分

评价内容		"探究式—小班化"教学方法（n=292）				大课讲授（n=350）				秩和检验	
		均数±标准差	中位数（四分位数间距）	最小值	最大值	均数±标准差	中位数（四分位数间距）	最小值	最大值	Z值	P值
课前情况	课程已学比例	3.22±1.07	3.00(2.00,4.00)	1.00	5.00	3.23±1.08	3.00(2.00,4.00)	1.00	4.00	-0.087	0.931
	课程难易程度评价	3.04±0.60	3.00(3.00,3.00)	1.00	5.00	3.09±0.66	3.00(3.00,3.00)	1.00	3.00	-0.936	0.349
课堂评价	教师语言表达	4.04±0.69	4.00(4.00,4.00)	1.00	5.00	4.06±0.70	4.00(4.00,4.25)	1.00	4.25	-0.257	0.798
	课堂节奏	4.03±0.66	4.00(4.00,4.00)	1.00	5.00	4.11±0.63	4.00(4.00,5.00)	2.00	5.00	-0.445	0.656
	教师互动	4.17±0.63	4.00(4.00,5.00)	2.00	5.00	4.07±0.64	4.00(4.00,4.00)	1.00	4.00	-2.046	0.041
	授课形式	4.17±0.61	4.00(4.00,5.00)	2.00	5.00	4.11±0.57	4.00(4.00,4.00)	3.00	4.00	-1.431	0.152
	教学材料	4.05±0.70	4.00(4.00,4.00)	2.00	5.00	4.06±0.64	4.00(4.00,4.00)	2.00	4.00	-0.169	0.866
环境评价	教学环境	4.19±0.62	4.00(4.00,5.00)	1.00	5.00	4.19±0.60	4.00(4.00,5.00)	2.00	5.00	-0.193	0.847
自我评价	自身兴趣	3.99±0.61	4.00(4.00,4.00)	2.00	5.00	3.97±0.61	4.00(4.00,4.00)	3.00	4.00	-0.449	0.653
	自身注意力	3.90±0.60	4.00(4.00,4.00)	2.00	5.00	3.87±0.65	4.00(3.00,4.00)	2.00	4.00	-0.761	0.446
	知识掌握程度	3.82±0.58	4.00(3.00,4.00)	2.00	5.00	3.82±0.60	4.00(3.00,4.00)	3.00	4.00	-0.095	0.924
总体评价	总体满意度	4.16±0.60	4.00(4.00,5.00)	2.00	5.00	4.14±0.59	4.00(4.00,5.00)	2.00	5.00	-0.480	0.631

2. 临床药学专业的学生满意度调查结果

（1）课前学生基本情况。

临床药学专业的学生每次课前较熟悉课程内容，课程难易程度适中。不同教学方式的课程之间两项得分的差异均无统计学意义（P>0.05），授课前，药学专业学生的课程基础一致（见表4）。

（2）课后满意度调查。

课堂评价方面，两组教师的语言表达清晰易懂、课堂节奏及授课形式得当、教学材料选择适宜。两组得分差异无统计学意义（P>0.05）；"探究式—小班化"教学方法师生互动更多，课堂教学气氛更融洽，差异有统计学意义，U=5157.500，Z=−2.116，P=0.034。环境评价方面，学生对两组的教学环境均满意，得分差异无统计学意义（P>0.05）。自我评价方面，学生对本堂课所学内容均感兴趣，能够认真听讲并积极与老师互动，且能够掌握课堂知识，得分差异无统计学意义（P>0.05）。

总体评价方面，整体满意度评价的中位数得分分别为"探究式—小班化"教学方法 4.00 分，大课讲授 4.00 分，表明学生对不同教学方法的课堂均满意。两组得分差异无统计学意义（P>0.05）（见表4）。

表4 临床药学专业的学生满意度问卷得分

	评价内容	"探究式—小班化"教学方法（n=103）				大课讲授（n=118）				秩和检验	
		均数±标准差	中位数（四分位数间距）	最小值	最大值	均数±标准差	中位数（四分位数间距）	最小值	最大值	Z值	P值
课前情况	课程已学比例	2.91±1.02	3.00(2.00,4.00)	1.00	5.00	2.86±1.10	3.00(2.00,4.00)	2.00	4.00	-0.380	0.704
	课程难易程度评价	3.30±0.62	3.00(3.00,4.00)	2.00	5.00	3.27±0.62	3.00(3.00,4.00)	3.00	4.00	-0.323	0.746
课堂评价	教师语言表达	4.29±0.57	4.00(4.00,5.00)	3.00	5.00	4.15±0.58	4.00(4.00,4.25)	4.00	4.25	-1.743	0.081
	课堂节奏	4.22±0.67	4.00(4.00,5.00)	2.00	5.00	4.09±0.64	4.00(4.00,4.25)	4.00	4.25	-1.663	0.096
	教师互动	4.17±0.65	4.00(4.00,5.00)	3.00	5.00	3.95±0.78	4.00(3.00,5.00)	3.00	5.00	-2.116	0.034
	授课形式	4.27±0.56	4.00(4.00,5.00)	3.00	5.00	4.19±0.61	4.00(4.00,5.00)	4.00	5.00	-0.981	0.327
	教学材料	3.86±0.90	4.00(4.00,4.00)	1.00	5.00	3.92±0.87	4.00(4.00,4.00)	4.00	4.00	-0.378	0.705
环境评价	教学环境	4.29±0.59	4.00(4.00,5.00)	3.00	5.00	4.25±0.62	4.00(4.00,5.00)	4.00	5.00	-0.395	0.693
自我评价	自身兴趣	4.05±0.73	4.00(4.00,5.00)	2.00	5.00	3.97±0.72	4.00(4.00,4.00)	4.00	4.00	-0.945	0.345
	自身注意力	4.02±0.74	4.00(4.00,5.00)	2.00	5.00	3.89±0.71	4.00(3.00,4.00)	3.00	4.00	-1.347	0.178
	知识掌握程度	3.95±0.60	4.00(4.00,4.00)	3.00	5.00	3.85±0.67	4.00(3.00,4.00)	3.00	4.00	-1.123	0.261
总体评价	总体满意度	4.25±0.62	4.00(4.00,5.00)	2.00	5.00	4.12±0.71	4.00(4.00,5.00)	4.00	5.00	-1.364	0.173

四、讨论

医院药事管理是药学科学与药学实践的重要组成部分，是药事管理、医药市场营销、临床药学等专业学生的必修课程，其他医药相关专业的选修课程。"探究式—小班化"是践行先进教学理念，提升教学质量的重要举措。为响应国家、学校、学院的号召，医院药事管理课程首次引入"探究式—小班化"教学方法，并采用自拟满意度问卷进行评价，初步探讨了"探究式—小班化"教学方法在医院药事管理的应用情况，为医院药事管理及药学相关课程教学改革提供了研究数据及方法学参考。

大多数学生在学习课程之前，已学习 40%～60% 的相关内容，认为课程内容的难易程度适中。调查结果显示，大多数参与调查的药学和临床药学专业的学生对"探究式—小班化"教学方法的满意度较高，各条目得分中位数均为 4 分，并且相较于大课讲授，师生互动更多，课堂教学气氛更融洽（$P<0.05$）。但仍存在不满意的情况，这可能有以下几种原因：①本研究为医院药事管理首次探索"探究式—小班化"教学方法，可能在研究方法设计和教师对"探究式—小班化"教学方法的熟练掌握上，尚有待提高。②选课学生均为大四学生，且药学专业的学生选课人数最多，他们处于毕业季，有较大的考研压力和求职压力，对课程重视程度不高。③具体哪些章节更合适进行课程改革，尚无定论。

另外，学生对"探究式—小班化"教学课程主观评价显示，课程教学形式多样、生动有趣，课堂气氛活跃，学习效果好。但同时，学生针对本课程提出了自己的意见与建议，如适当延长翻转课堂和混合式教学的汇报时间、教师加强与学生互动、小组分组由直接分配改为自由组合、给予更多的时间预习及准备小组展示材料、减少问卷的发放频次等。针对这些意见，我们拟采取以下办法：①课程分组的合理化。本研究在采用"探究式—小班化"教学方法时，为达到每组学生基线特征基本均衡采用随机数进行分组。学生表示分组差距过大，各专业分布不均匀，建议自由组合。考虑到本课程学生构成复杂，来自不同专业与不同选课形式，学生的知识背景和对课程的需求存在差异，教研室将采取更科学的分组方式，如分层随机方法。②适当延长小组汇报时间。本研究在采用"探究式—小班化"教学模式时，小组汇报的时间一般为 15～20 分钟，学生表示时间过于紧凑，难以更深入细致地汇报。教研室将综合考虑课程时间和课程内容，适当调整小组汇报时间。③每位教师的评价结果及学生的建议也将整理后发送给对应教师，并组织备课会，讨论如何进行课程的持续改进，以便能够呈现更优质的课堂。

本研究评价了"探究式—小班化"教学方法的教学效果，研究显示"探究式—小班化"教学方法教学效果较好，学生满意度高，与传统的"大课讲授"相比，师生互动更多，课堂教学气氛更融洽。同时，本研究为日后医院药事管理课程改革提供了方向，也为类似教学效果评价提供了方法学参考。

参考文献

［1］华西临床医学院探究式—小班化课程建设指南（2017 年版）［EB/OL］.
［2017－08－25］. https://wcsm. scu. edu. cn/cms/jwb/contents/256/4466. html.

［2］高晓琳，杨凡，母得志，等. "探究式—小班化"教学改革在儿科学教学中的应用［J］. 重庆医学，2014，43（34）：4697－4698.

［3］蒋金，贺庆军，卿平. "探究式—小班化"课程建设实践与探索［J］. 中国循证医学杂志，2018，18（4）：388－391.

［4］聂玲，赖亚宁，蒋莉莉. 以病理学为例浅谈医学"探究式—小班化"教学之路［J］. 中华病理学杂志，2020，49（12）：1358－1360.

［5］郑翔，彭谨，周雪. 探究式小班化教学模式下"医学教学方法"课程的教改经验［J］. 西北医学教育，2015，23（5）：820－822.

［6］胡凯猛，杨玲，熊俊，等. 小班制组织学与胚胎学课程考试改革的实践与探讨［J］. 西北医学教育，2013，21（1）：136－138.

［7］曾羿，江媛，陈惠铃，等. "探究式—小班化"教学模式在骨骼运动系统疾病本科教学中的教学效果调查［J］. 四川生理科学杂志，2020，42（2）：214－218.

［8］杨世民. 医院药事管理［M］. 北京：人民卫生出版社，2006.

牙拔除术教学的现状和发展趋势

芮孟瑜　刘孝宇　王　了　胡海琨

（四川大学华西口腔医学院）

【摘要】牙拔除术是口腔医师必须掌握的临床操作技能，目前牙拔除术教学中主要采用理论课学习、教师示范教学、实验室模拟练习和临床实习来帮助学生理解牙拔除术的基本原理与常用方法。本文通过总结现有牙拔除术教学方法，结合当前临床教学中广泛使用的以问题为基础的教学方法（PBL）和以案例为基础的教学方法（CBL），结合仿真头模练习、虚拟仿真实验教学、计算机辅助设计/计算机辅助制造（CAD/CAM）和3D打印，对未来牙拔除术教学进行展望。

【关键词】牙拔除术；临床技能训练；虚拟仿真实验

牙槽外科（oral surgery）是口腔颌面外科的重要分支，牙拔除术（exodontia）是牙槽外科最古老也是至今应用最广的临床操作技术。从公元前1800年至今，牙拔除术从一种残忍的惩戒罪犯的官方刑法演变为经过专业训练的医师在严格的无菌、麻醉下以治疗为目的的微创、无痛操作，不管是在理念、器械和方法上都有很大的发展[1]。

严格的口腔临床技能训练是口腔医学生毕业后成为合格口腔医生的基础，学生在理解牙拔除术理论的基础上，通过实验室和临床实操训练在进一步明确原理的同时，训练手法，形成精确的手感，最终掌握该项技术[2]。目前，牙拔除术教学方法主要包括：理论课教学、教师示范教学、实验室模拟练习和临床实习。各种教学方法各有侧重，下面就每种教学方法的具体内容一一介绍，也对未来牙拔除术教学模式做展望。

一、理论课教学

牙拔除术在以强调保存牙为首要目标的当代口腔医学中仍作为某些牙病的终末治疗手段广泛应用，该项技术也是口腔医师必须掌握的基本技术。在教学大纲中，要求学生掌握牙拔除术的适应证、禁忌证；知道如何进行术前准备，包括如何选择和实施麻醉、如何使用拔牙器械；通过各种示意图、照片、动画等方式认识牙拔除术的三大基本原理，即杠杆原理、楔的原理和轮轴原理，再通过临床示教和学生后续的临床实习逐步理解牙拔除术的原理，并能通过原理选择合适的方法[3]。由于牙拔除术是实践要求比较高的口腔基本操作，多数学生单纯通过理论课的学习并不能很好地完成学习的目标，特别是在缺乏临床实践机会的前提下，很难理解其中的原理，教学效果常不理想。

以问题为基础的教学方法（problem-based learning，PBL）是以学生为中心、以问题为基础、以教师为指导的教学模式，目前在医学教育中应用较为广泛[4]。为研究 PBL 教学法在牙拔除术教学中的效果，王荃等[5]设计对照试验对比试验组和对照组学生的考试成绩，发现 PBL 教学模式组学生取得更高的成绩，但教学效果还受到学生主观能动性影响，个别学生不认真搜集资料、不积极参与讨论、不深入思考问题，导致教学效果欠佳；李自良等[6]制定的学习内容与评分标准更细致，对比 PBL 教学法和传统教学法的效果差异，也得出 PBL 法在牙钳识别、牙挺识别及使用、模拟拔牙中有积极意义；罗三莲等[7]的实验不仅得出 PBL 法在牙钳识别及使用、牙挺识别及使用、辅助器械的识别及模拟拔牙中均有积极作用，而且通过问卷调查，发现学生对教学模式满意度由 78.95% 上升至 100%；彭春等[8]的实验也说明 PBL 教学模式使学生个人能力提升更多。结合文献报道和教学实践，笔者认为，PBL 教学模式在帮助学生学习牙拔除术基本原理、基本知识和方法方面有较大的优势。然而，对于临床综合思维和能力的培养，特别是学生的全局观、口腔各个专科内容的融会贯通方面，以案例为基础的教学方法（case-based learning，CBL）有更明显的优势，也是目前临床上牙拔除术教学改革主要采用的方法。近年来，将 PBL 与 CBL 相结合形成的讨论式教学在国际一流牙学院中日益受到重视[9,10]。为探讨 PBL 联合 CBL 教学法在牙拔除术教学中的应用效果，李鹏程等[11]设计实验对比 PBL 结合 CBL 教学法与传统小讲课教学法（lecture-based learning，LBL），实验组在主观题、病例分析题和实践操作上得分均高于对照组，且调查显示学生认为 PBL 结合 CBL 教学方式更能提高学习兴趣、问题分析能力和自主学习能力；袁萍等[26]进行的相似实验也证明，当采用"提出假设—建立假设—收集数据—论证假设—反馈提高—病例分析"六阶梯的 PBL 结合 CBL 教学模式时，可以提高学生学习积极性、理论知识掌握度、临床工作能力及综合能力，还有助于师生交流和活跃课堂气氛。

二、教师示范教学

目前，教师亲身示范的牙拔除术教学是将理论与实践结合的主要形式，也是被认为能帮助学生理解牙拔除术原理与方法的最重要和最直观的方式。通过教师讲解和示范，可以从患者接诊、手术适应证选择、禁忌证排除、麻醉方法选择与实施、阻力分析、牙拔除方法选择与实施等全方位、全过程培养学生临床思维和规范操作[3]。然而，在临床教学中存在教师水平参差不齐、患者情况异质性强、部分操作由于在患者口腔内视野差不方便观摩等缺点，很难从标准流程、标准操作等角度达到教学质量的同质化。

拍摄标准手术视频是解决教学质量同质化的重要手段，标准手术视频由于内容可根据教学的要求提前设计，病例也能结合学生学习目标精确选择，对于基本原理、基本方法的教学效果要明显好于教师在临床上示范教学[12]。但是，在牙拔除术教学中，由于口腔空间较小、部分牙齿位置较深、器械的放入位置和使用方法通过二维视频教学直观性较差，一定程度上影响了教学效果。随着数字化、信息化技术和摄影摄像技术的发展，3D 手术视频让学生无须走入手术室，也能身临其境地了解手术过程。通过网络直播或录播，课堂更生动、直观[13]，有利于学生在临床实操前对手术流程、手术操作细节有更深刻的把握，通过视频回放也能帮助学生理解临床操作中的困惑。通过对比标准操作与自身操作的差异，方便学生以问题为导向不断改进理论和操作水平。

三、实验室教学

目前，实验室牙拔除术教学主要包括三个方面：一是牙拔除术常用器械和材料的识别与准备；二是牙拔除术全过程的演练，包括麻醉、术前准备、手术操作和术后处理等；三是采用可替换牙齿的手持式练习模型，训练学生结合不同牙位选择适当器械并结合牙拔除术原理应用适当的施力手法完成模拟手术，然而，目前多数院校只能在模型上进行简单牙拔除术教学[14,15]。郑俊苹等[16,17]研发的口腔阻生牙拔除练习模型可模拟近、远、中位或水平高位、中位、低位、埋伏，及垂直低位、倒置埋伏阻生齿，每次练习操作结束后，被破坏的模型插件可进行更换，扩展了手持式牙拔除术模型的应用场景。然而，目前手持式牙拔除术模型材质多为塑料或塑料与硅胶的结合，由于其力学性质与天然牙及骨组织差别大，不能准确地模拟牙拔除术中的手感，同时由于是手持模型，该方式和临床应用场景相差太大，不利于培养学生的爱伤意识。

仿真头模不仅能直观模拟患者体位、操作时所需各种点、平面和角度，在使用过程中调整体位、头位，训练正确的工作姿势[18]，还能培养学生从医生角度去学习和练习，减少从学生到医生转型期的恐惧心理[19]。仿头模系统在口腔内科学和口腔修复学中有较为成熟的应用，若能将牙拔除术模型应用场景转移到仿头模系统中，将有助于提升牙拔除术教学效果。陈慧敏等[20]使用硬石膏、自凝树脂、离体牙等口腔常用材料制作可反复使用的拔除下颌阻生智齿仿头模练习模型，用问卷形式调查临床医师及学生对模型使用的反馈，结果显示模拟效果好，对临床操作有指导意义。此种模型造价较低，制作和操作不复杂，较成品手持模型更能模拟实际操作技能。然而，笔者认为，在牙拔除术过程中因牙体硬组织、牙槽骨和牙周膜在生物力学性质上有较大的差异，且牙拔除术中牙槽骨压缩、牙槽窝发生一定的形变后才能将牙齿拔出，而硬石膏、自凝树脂等材料脆性较强，并不能模拟牙拔除术中真实的手感，因此，未来开发出生物力学性能更接近天然牙及牙槽骨的材料用于实验室教学将有利于提高教学效果。

四、临床实习

临床实习是学生完成理论课和临床前实验室训练，并将所学知识应用于临床真实场景的重要阶段，也是医学生过渡到医生的关键阶段。在我国各大院校的牙拔除术教学中主要采用学生跟随老师出门诊，在带教老师的指导下完成接诊、临床检查、手术准备与操作、术后注意事项交代以及病历书写等工作。通过以患者为基础的全过程学习，让学生逐步加深对牙拔除术原理的理解，训练操作技能，培养临床思维，形成良好的医德医风和医患沟通技巧[21—22]。此外，通过定期开展小讲课和病例讨论，加深学生对于牙拔除术基本原理与方法的认识，并帮助学生掌握基本手术操作技能。然而，临床实习是在临床上通过接诊患者完成的，而患者并非"标准化病人"，存在较大的异质性，并且部分患者不愿意让实习医生操作牙拔除术这类有创手术，部分牙齿由于拔除难度较大也不可能让实习医生操作，造成了学生实操机会少，这不利于学生临床思维及技能的训练[22,23]。

五、牙拔除术教学方法的发展现状

目前，数字化技术、信息技术与教育教学深度融合正深刻地改变传统的教学模式。"以学为中心"的教学理念，以在线开放课程、虚拟仿真实验教学项目为代表的一大批优质教学资源使传统的教与学面临着巨大的挑战，教学方式朝着多元化、自主化发展[24—26]。

以课堂作为教学的主阵地，结合以精品在线开放课程为代表的优质教学资源进行混合式教学，通过线上病案讨论、专题学习等开展多种形式的师生互动，形成"线上＋线下"的教学模式，可极大提高理论课的教学效果，帮助学生形成良好的临床思维[27]。近年来，四川大学华西口腔医学院建立了以"普通牙拔除术虚拟仿真实验""虚拟诊室环境下口腔外科临床思维及技能培训"为代表的虚拟仿真实验教学项目，将其用于牙拔除术教学。这些项目克服了传统教学的场地要求，学生通过登录账号即可不受时空限制随时训练、反复训练；教师可结合教学目标提前设计好虚拟化病人的脚本，让学生完成接诊患者、问诊、专科检查、术前准备、手术操作、术后医嘱等步骤，并根据学生完成情况在各个关键步骤实时反馈打分和点评，帮助学生明确自身在接诊及操作过程中存在的问题，使学生通过反复演练与改进，最终形成符合教育教学目标的标准化临床思维[28,29]。此外，笔者通过采集真实患者影像学资料，利用 Mimics 重建拟拔除牙齿及牙槽骨的解剖结构，利用有限元分析法（Finite Element Analysis，FEA）赋予不同组织对应的力学性质，形成了具有结构和力学相似性的牙拔除术基本模型。在实际应用中，学生可根据牙齿具体情况，以人机交互的方式选择合适器械和施力方法，而计算机实时以应力云图的方式让学生直观地看到牙齿和支持组织的受力情况，有利于学生透彻理解牙拔除术原理和方法[30]。

六、牙拔除术教学下一步拟采取的教改方向

在牙拔除术理论课教学的基础上，下一步应当以理论课中不容易理解、内容相对独立的内容为基础录制慕课，作为理论课教学的重要补充，提高学生对于基本原理的理解程度；结合学生的学习目标和教学大纲要求，进一步设计和开发基于标准病例或标准操作的虚拟仿真实验教学项目，帮助训练学生的临床思维并规范基本诊疗流程；以"医工结合"为契机，筛选材料并制作结构相同、手感相似的牙拔除术实体模型用于实验课教学，以更直观的方式帮助学生掌握牙拔除术的方法，从而克服临床实习中训练不足的短板。

随着计算机辅助设计与制造（Computer Aided Design/Computer Aided Manufacturing，CAD/CAM）以及 3D 打印技术的发展，在未来的教学中可利用患者的影像学资料构建与患者口内情况精确匹配的牙拔除术模型。教师利用制作的模型分析阻力，设计手术方案（包括翻瓣位置及方式、去骨的方向和范围、分牙方式、牙脱位方向等），并利用模型进行教学演示。学生通过该种教学方法，能更直观了解术区解剖结构，掌握牙拔除术的手术原则和方法。但目前通过上述方法无法模拟不同组织力学性质[31]，相信随着对牙拔除术相关组织力学性质的研究以及材料学的发展，未来可制备出解剖结构与力学性质均与临床一致的牙拔除术模型服务教学。

随着虚拟现实（Virtual Reality，VR）技术的不断进步和发展，在未来可为牙拔除术教学带来沉浸式的体验。廉丽丽[32]通过实验对比 VR 系统教学与仿头模系统的教学训练效果，得出结论——VR 系统教学组的学生在学习动机、实际操作水平、团队合作学习能力、临床思维能力、自主学习能力、探究学习水平方面均有更优表现。VR技术很好地解决了文字图片抽象难理解，牙拔除术术野深、范围小、角度受限、结构精细致学生很难透彻观察和学生在实习中获得实际操作机会少等问题。尽管 VR 技术有诸多优势，仍然需要在仿真性、精确性等方面进一步提高，相信随着计算机技术的不断发展，未来 VR技术将作为重要的实验教学方法应用在牙拔除术教学中[33]。

参考文献

［1］周学东，唐洁，谭静. 口腔医学史［M］. 北京：人民卫生出版社，2013：168—172.

［2］薛洋，胡开进. 中国牙及牙槽外科的现状与未来［J］. 中国实用口腔科杂志，2019，12（10）：600—603.

［3］张志愿. 口腔颌面外科学［M］. 7 版. 北京：人民卫生出版社，2012：60—148.

［4］BARROWS H S. A taxonomy of problem-based learning methods［J］. Medical education，1986，20（6）：481—486.

［5］王荃，李自良，刘彦. 口腔颌面外科学 PBL 教学实践与研究［J］. 吉林医学，2010，31（24）：4223—4224.

［6］李自良，何永文，严梅. PBL 教学在口腔牙槽外科教学中的应用效果观察［J］. 临床合理用药杂志，2017，10（28）：176—177.

［7］罗三莲，肖涛. PBL 教学在口腔牙槽外科教学中的应用效果体会［J］. 全科口腔医学电子杂志，2018，5（31）：156，177.

［8］谢卡，彭春. PBL 教学法在口腔临床带教中的运用效果研究及体会［J］. 健康之路，2016（6）：14—15.

［9］GILKISON A. Problem-based learning tutor expertise：the need for different questions［J］. Medical education，2010，38（9）：925—926.

［10］ZHANG S，ZHENG J，YANG C，et al. Case-based learning in clinical courses in a Chinese college of stomatology［J］. Journal of dental education，2012，76（10）：1389—1392.

［11］李鹏程，郑根建，何龙，等. PBL 与 CBL 联合教学在口腔颌面外科临床实习教学中的应用［J］. 中国美容医学，2018，27（6）：122—124.

［12］崔念晖，许向亮，何伟，等. 口腔颌面外科教学视频拍摄与更新［C］//中华口腔医学会. 2015 年全国口腔医学教育学术年会论文集. 2015：624—626.

［13］玉琨，邝海. 3D 手术视频在口腔颌面外科临床教学中的应用［J］. 大众科技，2015，17（12）：130—131.

［14］陆小慧，刘秀华，谢广平.《口腔颌面外科学》实验教学改革［J］. 湖州师范学院学报，2015，37（4）：112—116.

［15］李明，吴煜农，邢树忠. 牙槽外科实验课教学方法改革的初步探讨［J］. 南京医科大学学报（社会科学版），2004（4）：352—353.

［16］日进教学器材（昆山）有限公司. 口腔阻生齿拔牙练习模型：CN201822048806.4［P］. 2019—10—25.

［17］日进齿科株式会社. 牙科实习用模型：CN201320090692.4［P］. 2013—11—06.

［18］李春茹, 邵伟然. 口腔仿头模系统在牙体牙髓病实验教学中的应用［J］. 全科口腔医学电子杂志, 2015, 2（4）：9—10.

［19］姜炳华, 曹香林, 房殿吉, 等. 仿头模在口腔颌面外科学教学中的应用［J］. 黑龙江医药科学, 2011, 34（2）：85.

［20］陈慧敏, 江泳, 许桐楷, 等. 下颌阻生智齿拔除仿头模模型的建立［J］. 实用口腔医学杂志, 2016, 32（2）：244—247.

［21］赵文杰, 黎庆, 郭祥林, 等. 口腔颌面外科学教学创新改革实践［J］. 现代医药卫生, 2017, 33（1）：123—125.

［22］阿地力·莫明, 王玲, 比力克孜·玉素甫. 提高口腔颌面外科临床实习教学质量方法的探讨［J］. 新疆医科大学学报, 2007, 29（9）：1060—1061.

［23］杨晶. 提高口腔颌面外科实习生医患沟通能力的方法［J］. 川北医学院学报, 2010, 25（5）：496—498.

［24］刘春利, 张锡忠. 口腔医学教育中的信息化网络化教学［C］//中华口腔医学会. 2015 年全国口腔医学教育学术年会论文集. 2015：630—632.

［25］郑家伟, 曹霞, 冯希平. 数字化技术在口腔医学教育中的应用［C］//中华口腔医学会. 2015 年全国口腔医学教育学术年会论文集. 2015：660—661.

［26］杨丽莎, 王昌明, 梅铭惠, 等. 以学生为中心, 创新临床教学模式［C］//全国高等医学教育学会. 全国高等医学教育学会临床医学教育研究分会第十届全体会议暨学术研讨会论文集. 2011：114—116.

［27］赵芮, 侯锐, 何奕德, 等. 口腔外科实习中基于微信平台的混合教学设计与实践［J］. 中华医学教育探索杂志, 2018, 17（4）：402—405.

［28］贾又菱, 杨春, 黄丹, 等. Simodont 虚拟教学系统及口腔仿真头模在临床技能培训中的应用［J］. 全科口腔医学电子杂志, 2019, 6（27）：144—146.

［29］王艳红. 虚拟实验室 simodont 系统用于口腔医学左下磨牙Ⅱ类洞窝洞预备教学的效果评价［D］. 沈阳：中国医科大学, 2017.

［30］王雨薇, 刘孝宇, 胡海琨, 等. 三维有限元结合虚拟仿真技术在口腔颌面外科牙拔除术教学中的应用［J］. 南方医科大学学报, 2019, 39（7）：41—42.

［31］王雨薇, 刘寅冬, 朱宇弛, 等. 计算机辅助技术在口腔颌面外科门诊实习教学中的应用［J］. 实验科学与技术, 2019, 17（1）：127—131.

［32］廉丽丽. 虚拟现实技术在口腔实训实践教学中的应用［J］. 全科口腔医学电子杂志, 2019, 6（32）：148, 157.

［33］亓文婷, 潘剑, 包崇云, 等. 虚拟现实技术在口腔牙槽外科教学中的应用实践［J］. 继续医学教育, 2019, 33（12）：19—21.

"护理人际沟通与礼仪"课程学生线上学习体验的调查分析

彭瑶瑶　李晓玲

（四川大学华西护理学院）

【摘要】2020 年春季学期，四川大学华西护理学院积极响应国家号召，保障学生健康与安全的同时，实行"停课不停教、停课不停学"，停止集中课堂教学，调整教学方式和教学计划，全面实施线上教学模式，发挥信息技术与教育教学深度融合的教与学改革创新，保障了教学活动顺利开展。该调研选取四川大学华西护理学院 2019 级本科生为研究对象，根据线上教学实际情况，调查学生线上学习体验，并根据调查结果为线上教学改进提供了建议，保证了线上教学的顺利开展，得到了师生一致好评。

【关键词】线上课程；学习体验；教学改进；课程评价

　　"护理人际沟通与礼仪"属于护理专业的人文课程。课程主要目标是通过学习一般人际沟通与礼仪相关理论并与护理专业实践相结合，达到提升护生职业素养的目的。课程主要内容涉及人际关系、护患关系以及护患沟通等，在疫情期间进行线上授课的同时，教师将疫情发生以来医务人员白衣铠甲、奋力抗疫的事迹适时穿插其中，起到了良好的思政教育效果。在线课程形式多样，包括慕课、微课、雨课堂、QQ 课堂等，教学方式及教学环境具有多变性，但缺乏完善的课程评审体系，故难以保证在线课程的质量。国内外学者对在线课程中学习者的学习行为、学习参与情况、学习满意度等方面[1-7]进行了调查。他们普遍从学习者角度出发，调查学习体验，可为在线课程建设、学习活动设计以及学习质量评估提供全新的视角[8]。学习者是课程最终的体验者,也是课程最直接的评价者,他们的学习心理、参与行为及体验均影响着课程目标的达成。再者学生的需求及体验对在线课程的设计与教学的组织有着重要作用,同时,良好的学习体验也是在线课程可持续发展的基本保障[9]。为进一步提高"护理人际沟通与礼仪"课程的线上教学效果,有效培养学生的良好沟通能力,现对学生的线上课程学习体验进行调查,为今后的线上教学提供反馈和改进建议。

一、线上课堂教学方法

(一)课前准备及教师集体备课

授课教师根据课程教学目标,提前一周在线上讨论如何进行线上课堂授课。为避免学生统一运用"超星学习通"上课造成网络拥堵,故选用QQ群课堂的形式,且第一周将所讲课程提前录制好,并提前一天发放给大家,之后三次采用QQ直播讲解的授课方式。

(二)课程安排及课堂纪律

助教提前一天将本次课程的PPT及电子教材上传至QQ群,供学生们提前阅读,以便了解该堂课所讲内容;课前10分钟进行线上签到,为正常上课做准备。课中,教师讲解大约20分钟后,让学生进行相关问题的讨论。学生们可先行在QQ群中进行文字发言,教师根据学生们的发言情况,针对一些有意义的问题进行提问;由助教协助打开语音发言功能,让学生进行线上语音发言。课程结束前10分钟,教师对本次课程内容及学生们的课堂表现进行总结,并对学生提出的问题进行答疑。课后,助教上传一些与该次课程相关的课外资料供学生们阅读,拓宽学生的视野,让其更好掌握该堂课所讲内容。

(三)课程思政内容

授课内容涉及人际关系、护患关系以及护患沟通,在疫情期间进行线上授课的同时,教师将疫情发生以来医务人员白衣铠甲、奋力抗疫的事迹适时穿插其中,在传授相关理论知识同时进行课堂思政教育。

二、评价方法

本调查采用自行设计的"护理人际沟通与礼仪线上学习体验"调查问卷，对学生线上学习体验及其对教学效果的评价进行调查。问卷参考了被国内外广泛应用的《大学生课程学习体验调查问卷》（2007年版），通过文献回顾以及两轮专家咨询与修改，形成最终调查问卷，包含课程环境体验、学习活动体验、学习效果感知与评价、学习负担等共 17 个条目，以及 2 个开放性问题。采用了李克特 5－1 级评分，即"非常赞同""赞同""不确定""不赞同""非常不赞同"。在第五次授课结束后，由教师统一解释调查目的和填写要求，学生自愿参加，通过问卷星匿名填写。此次调查共发放调查表 82 份，回收有效问卷 82 份，有效回收率为 100％。调查结果用 SPSS21.0 建立数据库，进行统计描述分析。

三、调查结果

本次调查以四川大学华西护理学院 2019 级的 82 名本科生为调查对象，其中，男生 15 名，女生 67 名，平均年龄为 18.65±0.73 岁，开展线上学习体验的调查，结果见表 1。

表 1　学生线上课程学习活动体验调查结果 （N＝82）

条目	非常赞同	赞同	不确定	不赞同	非常不赞同	均值
Q1. 教师现场直播＋讨论方式授课形式好	40 (48.8%)	35 (42.7%)	6 (7.3%)	1 (1.2%)	0 (0.0%)	4.39
Q2. 教师录播＋讨论方式授课形式好	28 (34.1%)	38 (46.3%)	14 (17.1%)	2 (2.4%)	0 (0.0%)	4.12
Q3. 课前上传教学资料有助于理解课堂内容	47 (57.3%)	33 (40.2%)	2 (2.4%)	0 (0.0%)	0 (0.0%)	4.55
Q4. 课后相关知识链接分享有助于理解课堂内容	41 (50.0%)	38 (46.3%)	2 (2.4%)	1 (1.2%)	0 (0.0%)	4.45
Q5. 课前课后网上签到有助于提高上课的参与度	35 (42.7%)	38 (46.3%)	5 (6.1%)	3 (3.7%)	1 (1.2%)	4.26

条目	非常赞同	赞同	不确定	不赞同	非常不赞同	均值
Q6.课堂教师随机提问有助于保持上课的注意力	29 (35.4%)	42 (51.2%)	9 (11.0%)	2 (2.4%)	0 (0.0%)	4.20
Q7.线上随堂测验有助于主动回顾信息,增强记忆	24 (29.3%)	41 (50.0%)	16 (19.5%)	1 (1.2%)	0 (0.0%)	4.07
Q8.线上课堂讨论发言气氛活跃	39 (47.6%)	38 (46.3%)	5 (6.1%)	0 (0.0%)	0 (0.0%)	4.41
Q9.线上课堂气氛令人学习愉悦	45 (54.9%)	33 (40.2%)	3 (3.7%)	1 (1.2%)	0 (0.0%)	4.49
Q10.线上学习有助于提高学习兴趣	32 (39.0%)	32 (39.0%)	15 (18.3%)	1 (1.2%)	2 (2.4%)	4.16
Q11.线上学习有助于同学之间的交流互动	34 (41.5%)	32 (39.0%)	12 (14.6%)	3 (3.7%)	1 (1.2%)	4.16
Q12.线上学习有助于提高自主学习能力	35 (42.7%)	33 (40.2%)	11 (13.4%)	2 (2.4%)	1 (1.2%)	4.21
Q13.线上讨论有助于培养批判性思维能力	29 (35.4%)	36 (43.9%)	14 (17.1%)	2 (2.4%)	1 (1.2%)	4.10
Q14.线上讨论有助于提高语言沟通能力	29 (35.4%)	36 (43.9%)	12 (14.6%)	4 (4.9%)	1 (1.2%)	4.07
Q15.线上学习抗"疫"先进人物和事迹有助于增强专业价值感	35 (42.7%)	41 (50.0%)	6 (7.3%)	0 (0.0%)	0 (0.0%)	4.37
Q16.线上学习比线下学习花费的时间更多	19 (23.2%)	35 (42.7%)	22 (26.8%)	5 (6.1%)	1 (1.2%)	3.82
Q17.线上学习比线下学习花费的精力更大	19 (23.2%)	37 (45.1%)	18 (22.0%)	7 (8.5%)	1 (1.2%)	3.82

(一)线上课程环境体验调查

线上课程环境体验主要包括在线课程平台的功能与技术环境、内容与资源、课程设计、课程的结构与组织等内容,即本次研究中的Q1~Q5条目。从表1可以看出,"Q3.课前上传教学资料有助于理解课堂内容"条目得分最高,其中,97.5%的学生认为课前上传教学资料对于知识的理解很有帮助;"Q2.教师录播+讨论方式授课形式好"得分最低,只有80.4%的学生赞成这种上课方式,91.5%的学生认为"教师现场直播+讨论方式"授课形式好。在课程设计方面,

96.3％的学生认为课后相关知识链接分享有助于理解课堂内容；大多数学生认为课前课后网上签到有助于提高上课的参与度，但仍有4.9％的学生认为这种形式没有帮助。

（二）线上课程学习活动体验调查

线上课程学习活动体验，指学习者参与课程学习活动的经历与感受，主要包括学习者对课程中教学方法设计、学习行为、学习交互（互动交流）、学习共同体、评价方式等方面的感受与体验，即本次研究中的Q6~Q11条目。从表1可以看出，"Q9.线上课堂气氛令人学习愉悦"条目得分最高，95.1％的学生认为线上学习令人愉悦；其次是"Q8.线上课堂讨论发言气氛活跃"，93.9％的学生认为线上课堂讨论气氛更加活跃。另外，有79.3％的学生认为"线上随堂测验有助于主动回顾信息增强记忆"。在教学方法设计方面，有86.6％的学生认为课堂教师随机提问有助于保持上课的注意力；有80.5％的学生认为线上学习有助于同学之间的交流互动。

（三）线上学习效果感知与评价调查

线上学习效果感知与评价是指学习者对课程学习结果的心理反馈以及总体评价，主要包括学习者通过线上课程学习在理论知识、问题解决技能、社交能力等方面收获的认同评估以及对课程的总体评价。从表1可以看出，"Q15.线上学习抗'疫'先进人物和事迹有助于增强专业价值感"条目得分最高，92.7％的学生认为自己的专业价值感得到了提升，其中有近一半的学生表示非常赞同。有82.9％的学生表示"线上学习有助于提高自主学习能力"。"Q14.线上讨论有助于提高语言沟通能力"条目得分最低。在学习、社交能力方面，79.3％的学生认为线上讨论有助于培养批判性思维能力。在线上学习负担体验方面，有68.3％的学生认为线上学习比线下学习花费的精力更大。

（四）线上课程感受及建议的词频分析

为更好了解学生对于线上学习的感受，问卷设置了两道开放性问题，分别收到50条感受评价和45条建议反馈。

如图1所示，认为"线上课堂效果很棒、有趣味性"的人数较多，多数学生对线上课堂评价较好，认为线上和线下课程没有差别，且氛围更加活跃，但仍有 4 名学生认为线上学习易走神、效率较低。

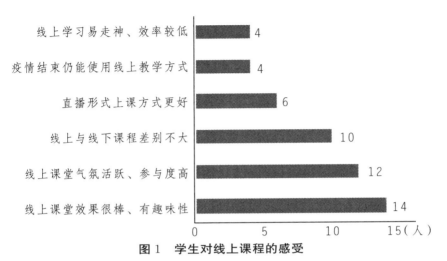

图 1　学生对线上课程的感受

如图 2 所示，可看出"线上课程任务多，应适当减少作业"提及次数较多，此外，学生对于教材的选择及教师的授课方式也提出了建议。

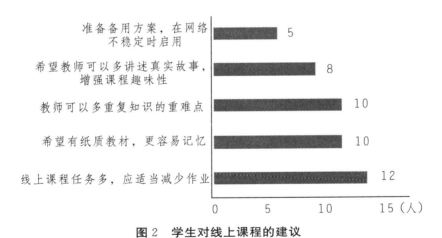

图 2　学生对线上课程的建议

（五）访谈学生线上学习体验

为更深一步了解学生学习体验的原因，该门课程的助教和教师一起对 20 名学生进行了现场访谈。线上课程环境体验方面，91.5％的学生认为"教师现场直播＋讨论方式授课"最好，多数学生仍是喜欢面对面与老师沟通，实时跟进老师讲课的进度，对于不懂的问题及时提问，得到老师的及时回复。但有学生认为录播课在课程规划、难度和呈现方式上有一定的优越性，学生可以自行安排自己的学习进度，减少线上学习的负担。此外，部分学生强调，线上学习课后上传知识要点很有必要，对于学习帮助很大，并且希望以后在线下授课时也能继续保持。线上课程学习活动体验方面，学生普遍认为线上学习氛围更加浓厚，学生有更大的发言空间，尤其对于面对面不善于表达的学生，在线上可以轻松表述自己的观点。线上学习比较容易疲劳，为了保证上课的效果，线上授课时，教师往往讲解 20 分钟后就会进行提问，与学生进行互动。离开了教师面对面的压迫感，学生能更大胆地回答问题。然而，有个别学生认为线上上课时自己难以被电子设备所吸引，注意力和精力无法集中。线上学习效果感知与评价方面，访谈的 20 名学生均认为将抗疫中的先进人物和事迹融入课堂中，在学习专业知识的同时，自己的专业价值得到了提升，这也说明了这门课程在护理专业学生中起到了提升职业素养的作用。此外，有部分学生表示，在家中线上学习，少了与同学面对面交流的机会，希望在不增加学习负担的前提下，增加一些小组作业，这样即使在家中也能锻炼同学间的沟通交流、团队合作能力。

四、讨论

（一）学生线上学习环境体验良好

早期认知心理学者布鲁纳（Brunet）提出了"发现学习论"，他讲道：学习是将学生置身在学习环境的刺激中，让学生通过自己的探索获取知识。因此，教学的首要前提是要布置一个有意义的学习环境。本次调查结果显示，学生对于课前上传教学资料，课后分享相关知识链接最为认可，这与张伟[11]等人的研究一致——丰富的教学资源环境更有利于学生获取并深入地理解知识。线下授课时，教师多是在课程结束时才将课件发放给学生，学生被动地去学习知识，而线上授课时，教师提前将课件发给学生，学生可通过提前阅读课件内容，发现重难点问题，以便于在课堂中更有针对性地听课，将被动化学习转为主动化学习。疫情期间，网上关于护患沟通的资料较多，且授课也是通过网络进行的，教师在制作课件时收集的相关知识链接更容易分享给学生们。与当下发生的事件相结合，使学生加深对疫情期间医务人员工作内容的感性认识，也使其对课堂内容有了更深的理解。通过调查发现，相比于录播授课的方式，学生更倾向于教师直播授课的方式，且课前课后进行签到，更有利于提高上课的参与度，这与马秀麟[12]等的研究一致。

（二）线上课程学习活动体验较好

本次调查发现，大部分学生认为线上学习讨论发言更活跃，课堂气氛令人学习愉悦。80.5%的学生认为线上课堂相比于线下课堂更能增强同学之间的交流互动，这可能与线上课堂没有空间及时间的限制性有关，学生们可同时发言，并且互答问题，从而引起理性而深入的思考，形成一个良性的互动循环。张晓蕾[13]等人的研究也表明，在线学习者与学习媒介、同伴和教师之间广泛而多层次的交互能显著提升其深度学习效果，因此，在改进在线学习建设时应注重提高学习交互质量，而教师创设问题解决和探索性的在线学习课程任务可对提升交互质量有所助益。86.6%的学生认为课堂教师随机提问有助于保持上课注意力。杨运、房林[14—15]等的研究指出，由于网络环境过于自由，学生自制力不足，上课随意打开网页搜索等与教学无关的内容，这时就需要发挥教师他制力的约束作用，对学生能动的感性追求进行约束。而教师线上随机提问正是发挥了他制力的约束作用，通过这种方式让学生们时刻保持专注力，并对上课内容进行复习。学生们普遍认同这一方式，说明其自主学习的欲望也较强烈，但有些时候仍需外力的督促与制约。79.3%的学生对于线上进行随堂测验较为认可，这与线下学习体验调查较为一致，但在线上学习体验的该维度下此项得分最低，也说明了相对于其他学习活动体验，线上随堂测验并不是特别受学生们欢迎，这可能与其自觉学习负担过重有关。

（三）线上学习效果感知与评价体验较好

通过调查可知，92.7%的学生认为线上学习抗"疫"先进人物和事迹有助于增强专业价值感，无人持否定态度。在课程的理论讲授中穿插医务人员先进事迹，既有深入浅出的理论阐述，又有广征博引的事实论证，更有具体生动的人物案例分析，引导学生们培养家国情怀，树立责任担当，增强其专业价值感，这也体现了在线学习体验的价值性特征。童庆炳教授[16]曾指出，体验是一种价值性的认识和领悟，它指向的是价值世界。从这一点上看，学生在"护理人际沟通与礼仪"在线课程的学习过程中，产生了满足自身需要及自我意义的价值判断和感悟，这是一种在直观体验之上更高层次的体验。分别有79.3%、79.3%、82.9%的学生认为线上课堂可以提高自己的批判性思维、语言沟通、自主学习的能力，这与吕岩岩[17]等人的研究结果一致，也体现了学习效果与感知体验的综合性特征，是学生在对在线课程学习意义的深刻理解和学习结果评估的基础上形成的内心感受和情感反应。为了提高线上课堂学生语言沟通能力，教师可寻找适宜的方法，鼓励学生发言，增加线上有声语言的沟通频率。

（四）线上学习负担较重

本次调查显示，65.9%的学生认为线上学习需要花费更多的时间，68.3%的学生认为需要花费更多的精力，这可能与学生不仅需要在课堂上认真听讲，还需课前、课后复习相关知识有关，这一调查结果与张文兰[18]等人的研究一致。此外，线上学习的资料多为数字材料，这和学生们惯用的传统纸质材料有差别，学生使用起来不习惯。较长时间对着电子设备容易产生疲劳，这也是学生感到学习负担重的原因之一。江毓君[19]等人的研究也表明，课程任务是在线学习体验的关键影响因素，在线教育应注重为学生提供有效且适当的课程任务。因此，为促进学生获得良好的学习体验，教师开展在线教学前应依据课程目标以及学生的学习需求，在把握学习资源的科学性和趣味性的基础上，合理给学生布置学习任务，尽可能在课堂中多次讲解重难点知识，减轻学生课下学习的负担。

（五）线上授课的思考建议及改进

通过对学生线上学习感受的词频分析得知，学生对于疫情期间的线上学习体验总体满意度较高。多数学生都认为线上学习气氛活跃，趣味性很强，课堂效果很棒，与线下学习差别不大。但仍有部分同学表示，线上学习容易走神、效率较低，这本就是线上课程所存在的弊端之一，也与房林[15]等的研究结果一致。通过前面调查结果可知，学生比较认同教师在上课时进行随机提问，认为随机提问可提高学生学习的兴趣并促进思考，同时可提高学生的注意力。江毓君等人的研究表明，教师的教学技能是学生线上学习体验最根本的影响因素，且正向显著影响课程活动设计、课程效果等。因此，教师应不断提升自身的在线教学技能，除了专业深度、表达能力外还应包括领导力、沟通力、组织力等[20]。此外，师生互动体验是影响线上学习体验的最直接因素。本调查的结果显示，大多数学生对于线上交流互动较为满意，但其仍有改进的空间，因此，教师应主动建立起平等、融洽的师生关系，在课堂中对学生们的提问及时进行答疑、评价、加分、表扬等，提高学生的参与度，增强其在线学习的热情以及师生之间的交流互动。

多数学生认为线上课程任务多，学习负担较重，希望教师在上课时多讲解重难点知识，适当减少作业。这与前述问卷调查的结果一致，说明疫情期间所有课程全为线上授课确实增加了学生的学习负担。因此，教师在授课时必须明确教学目标，为学生提供具体可执行的课程学习任务和评价准则，根据学生的学习效果，对学习任务进行动态调整。此外，教师设计在线教学任务时，需注重将内容与生活实际相联系，并补充教材以外的相关学习资料，拓展学生的知识面和思考空间，提升学生的学习兴趣。

根据前五周的调查结果，后期教学活动针对以上问题进行了调整。课堂讲授主要以直播为主，教师及时与学生互动、联系，了解学生的学习动态，以便及时解决学生在学习中遇到的问题。此外，在护士礼仪训练、求职面试实践等环节，师生们也积极探索适合的线上教学活动及评价方法。经过师生的一致努力，该课程的线上教学圆满结束，课程质量受到师生一致好评。

参考文献

[1] IIILL P. Emerging student patterns in MOOCs：a graphical view [J]. 2013.

[2] 吴筱萌，雍文静，代良，等. 基于 Coursera 课程模式的在线课程学生体验研究 [J]. 中国电化教育，2014（6）：11—17.

[3] SUN P, TSAI R J, FINGER G, et al. What drives a successful e-Learning? An empirical investigation of the critical factors influencing learner satisfaction [J]. Computers&education，2008，50（4）：1183—1202.

[4] 张文兰，牟智佳. 高师院校大学生网络学习动机影响因素的实证研究 [J]. 电化教育研究，2013（12）：50—55.

[5] 刘杨，黄振中，张羽，等. 中国 MOOCs 学习者参与情况调查报告

〔J〕. 清华大学教育研究，2013，34（4）：27—34.

〔6〕张喜艳，王美月. MOOC 社会性交互影响因素与提升策略研究：人的社会性视角〔J〕. 中国电化教育，2016（7）：63—68.

〔7〕王纯. 在线课程的学习满意度调查及对策分析：以"信息技术与课程整合案例研究"为例〔D〕. 武汉：华中师范大学，2014.

〔8〕刘斌，张文兰，江毓君. 在线课程学习体验：内涵、发展及影响因素〔J〕. 中国电化教育，2016（10）：90—96.

〔9〕黄雨寒. 基于学生视角的高中物理在线课程学习体验研究〔D〕. 上海：华东师范大学，2018.

〔10〕曹石珠. 论课堂教学的体验缺失及其矫正〔J〕. 教育科学，2004，20（1）：17.

〔11〕张伟，王海荣. MOOC 课程学习体验及本土化启示〔J〕. 现代远距离教育，2014（4）：3—9.

〔12〕马秀麟，毛荷，王翠霞. 视频资源类型对学习者在线学习体验的实证研究〔J〕. 中国远程教育，2016（4）：32—39.

〔13〕张晓蕾，黄振中，李曼丽. 在线学习者"交互学习"体验及其对学习效果影响的实证研究〔J〕. 清华大学教育研究，2017，38（2）：117—124.

〔14〕杨运，周先进. 云课堂教学的困境及其超越〔J〕. 教学与管理（中学版），2018（16）：4—7.

〔15〕房林. 浅谈高校"线上教学"的现状、问题及嵌入路径〔J〕. 市场研究，2018（12）：15—17.

〔16〕童庆炳. 经验、体验与文学〔J〕. 北京师范大学学报（社会科学版），2000（1）：92—99.

〔17〕吕岩岩. 研究性学习在护士人文修养课程中的应用〔J〕. 中华护理教育，2016，13（12）：905—908.

〔18〕张文兰，俞显，刘斌. 引领式在线学习活动的设计、实施及成效分析〔J〕. 电化教育研究，2016，37（10）：42—48.

〔19〕江毓君，白雪梅，伍文臣，等. 在线学习体验影响因素结构关系探析〔J〕. 现代远距离教育，2019，181（1）：27—36.

〔20〕张润芝. 不同区域学习者对远程教师能力需求差异研究〔J〕. 中国远程教育，2018（4）：54—61.

微积分课程平时成绩与期末成绩
相关性分析与评价

徐　仁

（四川大学教务处）

【摘要】通常认为，学生平时成绩较好，其对知识的理解和掌握程度就深，相应地，期末成绩也较好。本文采用 SPSS 软件对某学期微积分课程的平时成绩和期末成绩做正态分布和相关性分析，得出两者相关性较低的结论，提出教师需改进教学方式、调整考核比重、加大考核频次，同时降低期末考试难度，以达到平时考核和期末考试能有效检验学生学习效果的目的。

【关键词】微积分；平时成绩；期末成绩；相关性

一、引言

　　微积分是高等院校多个学科的公共基础核心课程，是学习难度大、挂科率较高的课程之一。学生对该课程的学习效果直接影响后续的专业课程的学习。微积分课程成绩由平时考核和期末考试两部分组成。平时考核是考查学生的学习态度以及对该课程相应章节有关知识点理解和掌握程度，期末考试是检验学生对课程学习的最终效果。平时考核通常由考勤、课堂表现、平时作业、平时测验等组成，一般由任课教师自行设定各部分的成绩比重。强化课程的过程考核，有助于调动学生的积极性、主动性，培养学生良好的学习习惯，并让学生在课程学习的全过程持续保持学习压力，能更加科学、全面、客观、真实地反映学生对课程的学习效果。

2019 年，教育部在《关于深化本科教育教学改革 全面提高人才培养质量的意见》中明确提出："完善过程性考核与结果性考核有机结合的学业考评制度，综合应用笔试、口试、非标准答案考试等多种形式，科学确定课堂问答、学术论文、调研报告、作业测评、阶段性测试等过程考核比重。"[1]《四川大学本科课堂教学管理办法》中提出："教师应加强日常考勤、课堂观察、平时考核，帮助学生及时调整学习状态，并将平时的过程性考核结果与期中考试、期末考试一并纳入对学生的综合评定，全面、客观地考评学生的课程学习成绩，杜绝期末'一考定成绩'的做法。期末考试成绩占课程总成绩的比例原则上不超过 50％。"

目前，大多数高校都认同平时考核的必要性和重要性，对平时考核的教学理论、实践应用研究较为重视，但对平时考核的具体效果，以及平时成绩和期末成绩的相关性研究重视不够。因此，采用统计学分析方法研究课程的平时成绩与期末成绩的相关性具有一定的指导意义。

二、数据来源与统计分析

（一）数据来源

以下分析以某高校 2019—2020 学年秋季学期微积分课程为例。该课程是全校理、工、经济类等 40 多个专业的必修课程，成绩分项系数构成为平时成绩（课堂表现、平时作业、平时测验、期中考试等）占 40％，期末成绩占 60％。选课学生 3913 人，筛除重修、缺考、申请缓考的 253 人，得到样本数 3660。

（二）研究思路

如图 1，采用 SPSS 软件对选修该课程学生的平时成绩、期末成绩分别进行统计，分析两组数据之间的关联程度，对所得结果进行评价。[2]

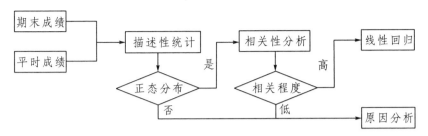

图 1　研究思路图

（三）数据分析

1. 描述性统计

期末成绩有效样本 3660，统计结果显示，最高 98 分，最低 1 分，平均成绩为 55.15 分，中值 56 分，标准差为 18.17（见表 1 和图 2）。这表明试题的区分度较高，考题所反映的知识点较全面，成绩分布合理，认真学习的学生得分较高，不认真学习的学生得分较低，服从正态分布。但期末考题总体偏难，有超过半数同学不及格。

平时成绩有效样本 3660，统计结果显示，最高 100 分，最低 28 分，平均分 93.15，中值 94，标准差 5.966（见表 1 和图 3）。这反映平时考核成绩分布在高分段过于集中，没有明显的区分度，说明平时考核过于简单，较容易获得高分。

表 1　描述统计

项目	有效数 N	均值	中值	标准差	极小值	极大值
期末成绩	3660	55.15	56	18.17	1	98
平时成绩	3660	93.15	94	5.97	28	100

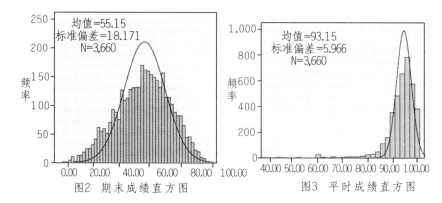

图2　期末成绩直方图　　　　　图3　平时成绩直方图

2. 相关性分析

相关性分析反映了两个变量之间相互关联的程度，具有很大的实用价值。$r>0$ 为正相关，$r<0$ 为负相关。$0 \leqslant |r| \leqslant 1$ 为存在不同程度的线性相关。$|r| \leqslant 0.3$ 为不存在线性相关，$0.3 < |r| \leqslant 0.5$ 为低度线性相关，$0.5 < |r| \leqslant 0.8$ 为显著线性相关，$0.8 < |r|$ 为高度线性相关，$|r| = 1$ 表示完全线性相关。[3]采用 SPSS 软件，以 Pearson 等级相关系数法对学生的平时成绩和期末成绩进行分析，分析结果见表2。

表2　相关性

双变量相关		平时成绩	期末成绩
平时成绩	Pearson 相关性	1	0.473**
	显著性（双侧）		0.000
	N	3660	3660
期末成绩	Pearson 相关性	0.473**	1
	显著性（双侧）	0.000	
	N	3660	3660

注：**. 在0.01水平（双侧）上显著相关。

表2显示，平时成绩与期末考试成绩作为两个变量，它们之间在0.01显著性水平（双侧）下低度线性相关，相关系数 r 仅为0.473。说明平时成绩与期末成绩相关程度较低，不足以反映学生的学习效果。

（四）总结评价

上述结论说明微积分课程的平时考核不能达到有效地检验该课程学习效果的目的，建议从考核内容、考核方式、考核权重等方面对平时考核和期末考核进行调整和改进。

（1）调整和改进平时考核。一是要减少出勤率、课堂表现等主观性评价的考核占比，加大平时作业量，增加平时测验的频次以及考核难度，使之与期末考试内容与难度相匹配。二是平时作业宜采用题库形式，对学生作业做随机分配，尽量避免学生为了提高平时考核分数，相互抄袭。三是针对跟不上课程进度的学生，学校可遴选认真负责、教学经验丰富的教师采取开设辅导班、发布教学短视频、定期开设专题讲座以及答疑活动等形式，及时解决学生在学习中遇到的困难。四是进一步优化学生评教方式，避免教师因担心学生评教分数过低，而放宽平时考核尺度。此外，任课教师还应定期公布学生的平时成绩，让努力学习的学生有成就感，不努力的学生有危机感，营造积极进取的学习氛围。

（2）调整和改进期末考核。本次微积分期末成绩均值低于 60 分，试题难度偏大，易导致大多数学生对该课程的学习不够自信，对后期涉及运用微积分知识的课程学习、考研的数学学习等从心理上产生畏难情绪。为此，建议适当降低期末考试难度。从概率统计规律看，正常的考试成绩分布基本服从正态分布是正确的，但作为一门课程，不建议按照竞赛、选拔类难度出题，以期望学生的成绩呈现正态分布。而是应以合格水平考试为目的，其难度应允许多数学生成绩及格，其成绩图形分布接近于负偏态，均值在 65～80 较为理想，以调动学生学习的积极性，激发学生的学习热情。

三、结语

本文采用概率统计分析的方法高效、直观地对数据进行科学的统计分析，对教师调整和优化教学方法、考核形式有一定的指导意义。但在现实中，影响学生平时成绩和期末成绩的因素非常复杂，要提高学生的学习效果，我们还需从师资队伍建设、教师的敬业态度、教学方式、生源质量、学习风气及高校间教学效果比对等方面进行深入研究探讨、针对施策、不断改进，这样才能真正实现人才培养质量的提升。

参考文献

［1］中华人民共和国教育部. 关于深化本科教育教学改革 全面提高人才培养质量的意见（教高〔2019〕6号）.

［2］吴兴兰. 《大学英语》平时成绩与期末成绩相关性给试题建设的启示［J］. 国际公关，2020（10）：88—89.

［3］刘向勇，雷三元，魏海翔. 技校教学中平时成绩与期末成绩相关性分析［J］. 湖北三峡职业技术学院学报，2012（1）：60—63.

人才培养模式

历史学本科教育中的跨学科贯通式人才培养模式探索与实践

——以本科课程和论文指导为中心

蔡炯昊

［四川大学历史文化学院（旅游学院、考古文博学院）］

【摘要】四川大学作为一所国内一流、国际知名的综合性研究型大学，具有深厚的人文底蕴和多学科的教育思想资源。在本科教育中，学校近年来大力提倡跨学科和贯通式人才培养模式。本文简要梳理了现代大学的学科建制源流及其遭遇的挑战，并以作者讲授"中国近代史""史学概论"两门本科课程过程中援引其他学科知识和材料的经验，以及近年来所指导的一篇本科生学年论文《"日心说"在近代中国的传播和被接受的过程》为例，说明如何在历史教学和本科生培养过程中融入跨学科的理论与方法，更好地引导学生跨学科学习与实践。当今社会的学科边界日益模糊，人类社会所面临的挑战和进步正需要不同学科的合作，然而，自然科学与人文社会科学之间的隔阂与误解并未消弭，综合性大学的跨学科教学和人才培养有助于消除这种隔阂，培养出适应社会需求的复合型人才并推进社会的整体进步。

【关键词】本科教育；历史学；跨学科；论文指导

一、引言

四川大学是一所国内一流、国际知名、历史悠久并有着良好办学声誉和人文底蕴的综合性研究型大学，现有专业涵盖了文、理、工、医、经、管、法等各个领域。作为综合性研究型大学，其本科人才培养和教育的一个重要特征即在于"综合"及"研究"二词，"综合"不是简单的拼凑，而是有机的结合；"研究"则强调在教学中体现各学科的研究方法和前沿动态，引导学生在学习既有知识的基础上，进一步探索学术研究的门径。既然"综合"是有机结合，而"研究"又是教学中提倡的取向，那么"以'跨学科—贯通式'人才培养构筑川大本科教育新模式"就成了题中应有之意。

二、学科设置的渊源与跨学科的必要性

当今社会，随着科学技术的极速发展，各个学科之间的交流互动变得日益密切，某一学科的进步常常离不开其他领域的进步所创造的条件。这在自然科学领域的例子很多，譬如人类基因测序离不开计算机技术的发展提供的技术支撑；在人文社科领域亦复如此，近年来，方兴未艾的数字人文研究，也离不开计算机技术的发展。此种状况的出现，导致原有的社会分工和学科分野遭遇一定的挑战。在高等院校的研究和教学中，跨学科思维的重要性得以凸显，某种程度上而言，当今通行的诸学科，若要有所创获，对其他的学科须有一定的了解。为了解今日中国大学中学科分野的由来，有必要对其源流稍做梳理，俾便分析。19 世纪下半叶，西方帝国主义挟其船坚炮利，对中国不断侵逼，清廷为了因应所谓"三千年未有之变局"，启动了向西方学习的改革，是为后世所称的"洋务运动"或"自强运动"。在教育方面，清廷此时尚未停废科举，但设立京师同文馆等机构，聘请外国教习开始教授西方自然科学以及各国语言文字。1894—1895 年的中日甲午战争，清廷惨败于昔日所蔑视的"蕞尔小邦"，惨败带来创巨深痛，使得当时的有识之士倡导进一步改革。其中教育层面的改革，因上关朝廷之政教，下系士人之耕读，颇为当时朝野所瞩目，一时间聚讼纷纭[1]。其时，各方意见虽各有不同，但大的趋势是：废科举、兴学堂，各级各类现代学校在清季纷纷建立。一般认为，中国第一所现代意义上的综合性大学，以 1898 年戊戌变法期间成立的京师大学堂为其嚆矢，其学科设置及人才培养方式参照欧美诸国 19 世纪大学以及明治维新以后的日本大学而有所损益。民国时期，中国的高等教育有所发展，与清季类似，大学中院系建制以及培养方式乃至课程设

置，基本模仿自欧美诸国而根据国情有所调适。20世纪中叶，新中国成立以后，曾经依照苏联高等教育的经验和模式，对高等院校进行了大规模的院系调整。在此之后，中国高等教育的学科建制和人才培养基本上参照苏联模式而根据国情有所损益。改革开放以来，随着经济社会的飞速发展，高等教育亦取得了长足的进步，在此一时期，不少原有的院校完成了新一轮的合并和整合。以今日四川大学为例，即可见此一时段高等院校合并的趋势。原四川大学在1994年和2000年曾先后两次合并了原成都科技大学和华西医科大学，组建成新的四川大学。嗣后，新的四川大学学科门类增多，师生人数、校园面积亦大幅增长，经过近20年来的探索和磨合，四川大学在人才培养和学术研究上的跨学科特点在国内表现出色。

最近20年以来，大学中原有的学科设置和培养方式逐渐遭遇挑战和质疑，这种质疑一方面来自现实的刺激，例如，随着人工智能技术的广泛运用，使得原本过分单一专业化的工作有可能被人工智能所取代，而人类与人工智能相比的优势之一即在于人类所具备的综合各种知识解决问题的能力以及透过人文艺术教育而培养的人文精神，这种优势的保持和延续，都有赖于高等教育中对跨学科的重视和既有学科体系的反思。另一方面亦有学理层面的反思，历史学家王汎森[2]指出："近代学术研究史用十九世纪以来西方的各种分科之学问回去讲古代，确实开拓了无限的天地，创造了许多新知识，但是不要忘了，当我们要进行历史的理解时，每个学问本身还有它自己的特质。"就历史学而言，这种近代以来所形成的学科建制更会使得我们在从事研究和教学过程中忽略了传统知识在现代转型过程中除了"创造性转化"之外的"消耗性转化"[2]。

以下就笔者所从事的历史学专业来谈一谈对"跨学科—贯通式"人才培养模式的体会。

狭义的跨学科体现在原来的专业课程设置和培养计划之中；任何一门现代学科，本就与相近学科分享着共有的知识和一些方法，自此学科建立起便形成了一定的规范与理路，之后虽有所损益，但大体变化不显著。譬如研习中国历史，在最基础的层面，不可不通晓古代汉语、文言文阅读、相关少数民族语言文字、一般的历史地理知识、社会学、人类学等相邻学科的一般理论及内容；同理，研习世界历史则需掌握所研究国家或地区的通用语言文字、相关文化知识和前述相关社会科学理论等工具；这种训练原本嵌入到了历史学专业的课程设置之中，相关课程也大体围绕其建设，这种课程设置和学习可以说是狭义的跨学科，在学习过程中，需要对相关学科有所涉猎，但通常不需要到相关院系修习专业课程，亦不需要与相关专业的师生建立长期的联系，组成学术共同体。

广义的跨学科则与上述情形有所不同，近年来，各个学科皆迅速扩充其研究的内容，学科边界亦呈现出日益模糊的状态，同一学科内部的不同分支之间的差异，有时甚至大于不同学科中具有相近问题意识的子学科。仍以历史学为例，近年来，历史学的边界迅速扩张，从聚焦于政治史、经济史转变为关注社会史、文化史、医疗史、科学史等历史上人类社会生活的方方面面。研究范围的转变，即意味着在人才的教育培养过程中教学内容必须有所更新，让学生系统地学习相关学科的知识。譬如研究建筑史，则不可不学习建筑学的一般知识；研究医疗史则又需要对医学常识有一定的了解。这些相关专业的知识通常不是原有院系的课程和教学所能提供的，一定要到相关的专业院系修习课程后方能有所得，而不至于盲人骑瞎马——乱闯乱碰。就此而言，拥有相对广泛的学科专业的综合性大学无疑在广义的跨学科人才培养上具备着相当大的潜力。需要指出的是，跨学科的教学同时也意味着对本学科教学的调适和反思，历史学专业的学生到建筑学或医学等学科修习课程，一方面对相关专业教师提出了更高的要求，即如何系统地向其他学科学生传授本专业的知识；另一方面也能通过跨学科的师生互动产生思想的火花，达到教学相长的效果。在跨学科的讨论中，也常常能意识到单一学科思想方法的局限从而更好地推动学科向前发展。

三、历史学本科教学中的跨学科实践

以下将以笔者所担任的"中国近代史""史学概论"两门本科课程以及近年来所指导的本科生毕业论文和学年论文中的两篇为例，说明如何在教学中融入跨学科的理论与方法，更好地引导学生跨学科学习与实践。

"中国近代史"课程是历史学专业本科生的专业必修课，根据培养计划，在本科二年级第一学期开设，每周四个学时，课程内容所涵盖的时间段是1840年鸦片战争至1911年辛亥革命。因这门课程系历史系本科生的专业课程，除了基本的知识传授，让学生了解晚清70

年间重要人物与重要事件之外，还特别注重培养历史学专业学生的研究能力。罗志田曾指出，"满汉、中西、新旧"三组概念，是理解中国近代史的关键[3]。事实上，要较为深入地体会这三组概念在近代中国历史进程中的重要性，离不开跨学科的视角。笔者在讲授晚清民族主义思想的传入和兴起时，会引导学生参阅相关的政治学和人类学的论著，并举一反三，从史料中加以印证或者修正既有研究结论；在讲授"新旧"变迁及时人处于"三千年未有之大变局"的感受时，特别注意展示铁路、轮船、电报等新技术给时人所带来的全新的时空体验和思想冲击，并结合史料和科学技术史的研究论著，为学生绘制一幅较为立体的时人知识地图；在列举相关史料时，会展示当时的自然科学译著、学校的考试试题等内容，调动学生跨学科地思考历史问题。在此基础上，鼓励学生选择以跨学科的视角构建自身的知识框架，为选择学年论文和毕业论文的题目做准备。

"史学概论"课程是历史学专业本科生的专业必修课，根据培养计划，在本科二年级第二学期开设。在修读此课程之前，学生已经经过了三个学期的专业学习，修读了中国古代史、中国近代史、世界古代史、世界近代史、中国史学史、古代汉语等课程。通过对这些通史课程及基础课程的学习，学生具备了相当的历史知识，阅读过一定数量的专业论著和各种史料。因此，笔者在讲授"史学概论"时，侧重于引导学生对历史学研究的方法系统性地进行反思，同时将跨学科思维贯穿于讲授的各个专题之中。在讲授何为史料的部分时，笔者除了向学生介绍传统的正史、档案、文集、日记、碑刻等史料之外，还特别展示了照片、绘画、建筑、卫星地图等史料。在展示这些史料的同时，介绍了运用这些新史料进行研究的论著，并指出这些论著所援引的其他学科的方法和问题意识。在介绍卫星地图这类依赖新技术手段而产生的史料时，还特意展示相关的软件及使用方法，让学生思考和探索技术对史学研究的影响，除了拓展史料的范围之外，亦可激发新的提问方式。

在讲授如何运用和解读不同性质的史料时，向学生阐释了相关的文学理论及研究及其对史学研究的影响，介绍了美国学者娜塔莉·戴维斯的代表作《档案中的虚构：16 世纪法国的赦罪故事及故事的讲述者》[4]。戴维斯利用相关的文学理论的知识，以 16 世纪法国的赦罪书这一文献为研究对象，揭示了"档案中的虚构"这一过去不甚为历史学者所重视的现象。戴维斯指出，档案本身也是一种"文类"

（genre），看似客观真实的档案史料背后充满了文学性的"修辞"，而这些"修辞"可以发掘出档案制作者的教育背景、文学品味、主观意图以及这个时代法国的王权制度与司法实践等重要的历史信息。毫无疑问，戴维斯受到了来自20世纪后半期文学理论的影响，并将其运用在对史料的分析中。事实上，这种"档案中的虚构"反复出现于古今中外各个历史时空中，当人们面对不同类型的史料时，需要保持高度的警觉和解读能力，而文学理论的他山之石，在这里便成了史学研究中"可以攻错"的利器。

在讲授最近史学发展的新趋势时，通过介绍医疗史、科学史、建筑史等跨学科领域的新进展，鼓励学生利用四川大学学科门类齐全的优势，主动跨学科修习相关领域的课程，为今后进一步研究工作做准备，同时也将历史学的思维介绍到其他学科中，为促进其他学科的师生跨学科交流尽一份力。

四、历史学本科专业学年论文和毕业论文指导中的跨学科实践

在任教于四川大学历史文化学院的三年中，笔者先后参与指导了本科毕业论文和学年论文8篇，其中，选择跨学科主题的毕业论文和学年论文共3篇。这些论文分别结合文学、人类学、自然科学等学科的方法，将历史学的问题意识融入其中，做出了较为成功的尝试。

最为值得一提的是，一同学选择以"日心说"在近代中国的传播和被接受的过程为切入点，试图探索晚清时期知识转型过程中西方科学所扮演的作用。这一选题结合科学史、思想史和社会史的取向，需要运用大量跨学科的知识。该同学在导师指导下运用大量报刊、被译介的天文学书籍、游历西方人士的日记文集，以及当时书院课艺（即试题）等材料后指出："日心说"在晚清的传入和传播"不仅引起了传统宇宙秩序与意义体系的崩解，也成为时人重建秩序与意义的重要资源，'日心说'及与之相关的名词亦作为一种'隐喻'参与到时人对其他问题的表述中。发生在晚清的这次由天学到天文学的知识转型，最终形塑了现代中国人对地球运动与宇宙秩序的基本认知"。与一般自然科学出身的科学史研究者不同，这篇论文将科学知识在近代中国的传播与晚清思想史和知识转型的过程结合起来考察，呈现了一种作为"地方性知识"的科学知识是如何参与到跨文化交流的过程中

来的。易言之，自然科学知识本身有其文化属性和社会脉络。通过历史学的研究，能更好地展现出自然科学的这些特征，同时也有助于我们反思今天的科学实践中某些看似不言自明的预设。

从这样的研究尝试中可以看出，历史学研究和教学过程中的跨学科取向，不仅仅是单方面地被其他学科所影响，而是通过研究和教学实践来实现学科间的双向互动和交流。

五、结语

以上简述了在历史学本科课程教学和毕业论文、学年论文指导中的跨学科实践，以及所取得的成效。从长远来看，如何消弭学术分科过于细密所导致的学科隔阂，以及由此带来的综合性大学所面临的危机，仍然值得进一步思考。

半个多世纪以前，英国学者 C.P.斯诺曾撰写《两种文化》一书，指出在现代大学中，人文知识分子与科技知识分子日益隔阂和对立，而这种科学与人文的分道扬镳对人类整体而言是有害而无益的[5]，他呼吁人文知识分子与科学家抛弃成见而合作。今天回过头来看，这种隔阂似有增无减，然而，人类社会所面临的挑战和进步正需要不同学科的合作，综合性大学的跨学科教学和人才培养有助于消除这种隔阂。

参考文献

[1] 罗志田. 科举制废除在乡村中的社会后果 [J]. 中国社会科学，2006（1）：191—204，209.

[2] 王汎森. 执拗的低音：一些历史思考方式的反思 [M]. 北京：生活·读书·新知三联书店，2020.

[3] 罗志田. 中国的近代：大国的历史转身 [M]. 北京：商务印书馆，2019.

[4] 娜塔莉·泽蒙·戴维斯. 档案中的虚构：16世纪法国的赦罪故事及故事的讲述者 [M]. 饶佳荣，陈瑶，等，译. 北京：北京大学出版社，2015.

[5] C.P.斯诺. 两种文化 [M]. 纪树立，译. 北京：生活·读书·新知三联书店，1994.

跨学科专业人才培养模式运行管理问题探究

——以四川大学"世界史＋外国语"实验班为例

吕和应

［四川大学历史文化学院（旅游学院、考古文博学院）］

【摘要】近 20 年来，坚持跨学科专业人才培养已逐渐成为高等教育主管部门和基层教学单位的共识。在此背景下，四川大学"世界史＋外国语"实验班于 2018 年应运而生。目前，实验班建设已初见成效。然而，跨学科专业培养模式在运行管理方面的一些系统性问题可能会制约实验班未来的建设和发展。为了破解此难题，本文将在借鉴同类高校跨学科专业实践经验的基础之上，对四川大学"世界史＋外国语"实验班的运行管理和出探讨。

【关键词】跨学科专业；"世界史＋外国语"；运行管理问题

一、"世界史＋外国语"跨学科专业人才培养的必要性

近 20 年来，坚持跨学科专业人才培养已逐渐成为高等教育主管部门和基层教学单位的共识。早在 2001 年，教育部就印发了《关于做好普通高等学校本科学科专业结构调整工作的若干原则意见》，文件第五条原则意见指出："鼓励高等学校积极探索建立交叉学科专业，探索人才培养模式多样化的新机制。跨学科设置交叉学科专业，是培育和发展新兴学科的重要途径，也是国际上许多发达国家本科专业建设的共同趋势。鼓励有条件的高等学校打破学科壁垒，在遵循学科专

业发展规律和人才培养规律的基础上，积极开展跨学科设置本科专业的实验试点，整合不同学科专业的教学内容，构建教学新体系。"① 该文件对跨学科专业人才培养模式提出了原则性指导，为新世纪的教育教学改革确定了新的方向。就过去 20 年的跨学科专业人才培养成效来看，理工农医相关专业走在前列，而文科相关专业在这方面的探索就全国范围内来看相对迟缓。直至 2020 年 11 月，教育部新文科建设工作组主办的新文科建设工作会议发布《新文科建设宣言》，对新文科建设作出了全面部署，"推动原有文科专业改造升级，实现文科与理工农医的深度交叉融合"。② 至此，新文科建设才真正成为各个高校的关注焦点。

2011 年，历史学一级学科一分为三，世界史从原来的二级学科"变身"为独立的一级学科。但在当时，除了首都师范大学、南开大学、武汉大学和山东大学等少数高校之外，国内其余大多数高校并未在本科阶段独立开设世界史专业，与其他学科特别是与外国语言文学学科的跨学科专业联合培养并未被提上重要的议事日程。即便如此，从 2000 年开始，首都师范大学世界史专业就开风气之先，率先联合外国语学院培养世界史本科生并取得了良好的效果，其毕业生到北京大学世界史专业深造的比例远高于其他高校。在新世纪的第二个十年，为了建设和发展世界史学科并完善其培养体系，北京大学和天津师范大学的历史学专业也启动了与外国语学院的联合培养，前者在国内率先开设了"外国语言与外国历史专业"，后者则开设了"世界史—外语双学位"实验班。

四川大学积极响应教育部跨学科专业人才培养方针，于 2017 年底推出了"跨学科专业—贯通式人才培育计划"。③ 在此背景下，四川大学"世界史＋外国语"实验班建设项目于 2018 年 6 月获批，属于校级跨学科专业贯通式人才培养计划专项，2018 年底被批准为"四川省 2018—2020 年高等教育人才培养质量和教学改革项目"。该项目自 2018 年 6 月启动以来，已面向川大历史文化学院和外国语学

---

① 教育部《关于印发〈关于做好普通高等学校本科学科专业结构调整工作的若干原则意见〉的通知》，教高〔2001〕5 号。

② 《〈中国新文科建设宣言〉发布》，中国教育新闻网，2020-11-03。参见 https://baijiahao.baidu.com/s?id=1682338046599301649&wfr=spider&for=pc。

③ 四川大学《关于印发〈四川大学建最好本科之四大人才培育计划〉的通知》，川大教〔2017〕223 号。

院招收两届学生。2018 年试点招生 7 人（含港台生 1 人），招收历史学专业学生 5 人、外国语专业学生 3 人。2019 年正式招生，招收历史学专业学生 13 人、外国语专业学生 10 人。实验班学生除了本专业课程之外，还需要修读历史学专业或外国语专业（英语、法语、西班牙语、俄语和日语）约 60 学分课程。2020 年，首批试点招生的 7 人中，有 3 人获得了硕士研究生推免资格。在此期间，川大历史文化学院联合外国语学院多次召开教学改革研讨会，以便汲取兄弟院校建设同类实验班的经验教训，更好地建设川大"世界史＋外国语"实验班。2018 年 11 月，"第一届世界史外语教学改革研讨会"顺利召开。2019 年 5 月，"第二届世界史外语教学改革研讨会"又在"新时代本科教育改革与发展大讨论"的背景下召开。两次教学改革研讨会都取得了较好的社会反响。

川大"世界史＋外国语"实验班建设初见成效，得益于教育部、省教育厅以及学校层面在政策和经费方面的支持。然而，作为新生事物的跨学科专业实验班，在具体运行管理方面依然存在一些系统性问题，这些问题有可能会制约实验班未来的建设和发展。

二、川大"世界史＋外国语"实验班运行管理中存在的问题

川大"世界史＋外国语"实验班在建立之初就面临着如何协调历史文化学院与外国语学院的课程资源的问题。学校教务处特别是吴玉章学院充分协调，两个学院为了教学改革的尝试，增加各专业教师教学工作量，共享课程资源，共同培养实验班的学生。值得庆幸的是，川大一开始就解决了尝试建设同类实验班的兄弟院校长期无法解决的根本性难题。

尽管如此，作为新生事物，"世界史＋外国语"实验班在建设过程中仍然面临着一些系统性运行管理问题。如果能及早解决这些问题，实验班建设将获得突飞猛进的发展。

（一）专业设置问题

1. 世界史未设为独立的本科专业

据最新的数据显示，国内有将近 50 所高校在教育部备案了世界史专业或外国语言与外国历史专业，并且已有部分高校直接通过高考

招收世界史专业学生，① 但目前四川大学并未真正设立世界史专业。2011 年，历史学一分为三，考古学、中国史和世界史都升格为一级学科。在四川大学，中国史和世界史两个一级学科共享一个本科专业，即历史学专业。建设"世界史＋外国语"实验班的初衷是弥补川大没有开设世界史专业的缺憾以及强化现有历史学专业世界史方向的专业性。然而，实验班的学生，不管是来自历史文化学院还是来自外国语学院，都需要大量时间和精力去修读中国史课程，特别是中国通史。由于实验班学生修读双专业课程，大量中国史课程势必会增加学生的负担。从某种意义上来说，实验班更像是第二学位或辅修模式的简单升级版，并未真正做到因为学科专业的融合而减少不必要的课时量。

2. 外语类包含多个专业

四川大学建设的跨学科专业实验班大多数可以授予双学位，但与其他跨学科专业的实验班相比，"世界史＋外国语"实验班比较独特，它无法做到给全体学生授予双学位。其他实验班一般是两个专业匹配，比如"计算机＋金融""医学＋法学"，学生修完规定课程即可取得双学位。"世界史＋外国语"实验班是一个专业（历史学）对应多个专业（英语、法语、西班牙语、俄语和日语），其中，历史学可以授予双学位，而外国语专业只有英语和日语可以授予双学位，这就意味着，"世界史＋外国语"实验班并非所有学生都可以取得双学位，即便他们也修完规定课程。

3. 历史学专业属于大类招生，外国语专业并非大类招生

历史学专业在四川大学属于大类招生，历史学大类大一新生中就包括了未来的历史学专业、考古学专业和文物与博物馆专业的学生。有鉴于此，"世界史＋外国语"实验班面向历史学专业的招生只能在大一下学期即每年四月历史学大类学生分流完成之后进行。相反，由于外国语专业在四川大学并不属于大类招生的范畴，实验班面向外国语专业学生的招生一般是在每年 9 月新生入学之后进行。

（二）选课问题

1. 课程时间上的冲突

尽管历史文化学院与外国语学院达成了整合课程资源的共识，即

---

① 参见《首届全国世界史专业、外国语言与外国历史专业论坛会议手册》，首都师范大学，2019 年 10 月 12—13 日。

都愿意接收对方学院学生跟班学习，但由于两个学院各专业中只有少数学生加入了"世界史＋外国语"实验班，因此，学院在排课时就不会特别考虑实验班学生的专业课在时间上是否冲突。加之"世界史＋外国语"实验班不可能建成一个单一的实体班级（实验班学生的外语学习总是分散到数个外国语专业班），这就导致历史学专业课与外国语专业课在时间上存在大量冲突。

2. 必须优先修读外国语专业课所带来的问题

鉴于历史学专业课与外国语专业课在时间上存在冲突，"世界史＋外国语"实验班学生（包括历史学专业学生和外国语专业学生）必须在历史学专业课与外国语专业课之间进行抉择。外国语专业课非常特殊，比如学习法语，一定是先修读初级法语课程，再修读中级法语课程，最后才修读高级法语课程，绝不可能颠倒顺序。所以实验班学生都必须优先修读外国语专业课，与此相对应，他们就只能跳着修读历史学专业课了。

3. 跳着修读历史学专业课所带来的问题

一般来说，实验班学生跳着选历史学专业课，对其修读课程的影响相对较小。学生可以先修读中国近现代史或世界近现代史的课程，再去修读中国古代史或世界上古中古史的课程。尽管跳着选课的方式学生尚可接受，但这种迫不得已的修读方式还是违背了循序渐进的学习规律和培养计划。试想学生对中国古代史知识一片空白，他们如何能理解近现代史上的中国呢？

4. 奖学金评定问题和研究生推免的压力

由于历史学专业课与外国语专业课在时间上的冲突以及历史学专业学生需要优先修读外国语专业课，这就导致实验班中的历史学专业学生因无法在规定的学期内修读某些专业必修课而影响其年度奖学金的评定。此外，对于实验班中的历史学专业学生而言，他们必须在大四之前修完历史学专业所有必修课才能申请推免研究生，因此，他们有大量历史学专业课和外国语专业课集中在大二、大三两个学年，课业压力极大。相形之下，实验班中的外国语专业学生课业压力较小：一方面，在历史学专业课与外国语专业课出现冲突的情况下，他们可以顺理成章地优先修读外国语专业课，修读历史学专业课不会影响其年度奖学金的评定，也不会影响其研究生推免；另一方面，他们大一下学期就可以修读历史学专业课，在大四毕业之前修完规定学分即可，与实验班中的历史学专业学生相比，他们修读的历史学专业课更少而且修读时间可以更长。

三、国内同类人才培养模式可借鉴的经验

通过对北京大学外国语言与外国历史专业、首都师范大学世界史专业和天津师范大学世界史—外语双学位专业的调研，可总结出以下值得川大"世界史＋外国语"实验班借鉴的运行管理经验。

（一）北京大学外国语言与外国历史专业

北京大学外国语言与外国历史专业的培养模式与川大"世界史＋外国语"实验班最为相似。其生源并非通过高考直接选拔产生，而是在大一下学期从历史学系、外国语学院和元培学院选拔产生。来自历史学专业或元培学院的学生从大二开始与外国语学院大一新生合班学习外语课程，同时，外国语专业或元培学院学生到历史学专业跟班学习世界史课程。从北京大学历史学系 2014 年各专业培养计划来看，虽然历史学、世界史、外国语言与外国历史各专业培养计划都十分详细而完备，但在各教学计划的具体运行过程中，北大历史学系各专业大体上仍采取合班或跟班上课的方式，各专业的教学计划并未独立运行。与川大"世界史＋外国语"实验班最大区别在于：北大历史学系各专业的中国通史和世界通史只需要修读两个学期而且要求尽量在大一的两个学期修读完毕；其中，世界史专业和外国语言与外国历史专业甚至将某段中国通史设置为选修课而非必修课；在推免成绩排名时，同时计算必修课和选修课成绩。[①] 换言之，历史学专业的某些学生在大二正式进入外国语言与外国历史专业学习之前，就已经修完了历史学专业的两个通史，这样就最大限度地避免了大二之后出现历史学专业与外国语专业必修课大量冲突的情况，而且即使出现个别课程冲突，也可以通过选修其他历史学专业选修课来替代学分的不足，以保证在硕士研究生推免时能修满规定的学分。

（二）首都师范大学世界史专业

首都师范大学世界史专业的运行管理模式与北京大学外国语言与

---

① 参见北京大学历史学系 2014 年修订的本科教学计划。

外国历史专业截然不同。首先，首师大世界史专业学生是直接通过高考招生选拔产生的，学生具有更强的世界史专业认同感。其次，其人才培养模式是单向的，即只要世界史专业学生到外国语专业学习，而暂时没有外国语专业学生到世界史专业学习。再次，首师大世界史专业教学计划与历史学（偏中国史）专业不同，更重要的是，其教学计划是独立运行的，换言之，其世界史专业的专业课与历史学（偏中国史）专业的专业课不是合班授课，而是分专业授课。① 与北大相似的是，为了尽量避免与外国语专业的课程相冲突，首师大世界史专业要求学生在大一两个学期修完中国通史和世界通史，到大二开始修读外语课程时，其必修课已经修读超过 50%。通过与外国语学院沟通排课时间，首师大世界史专业几乎可以完满地解决双专业课程冲突的问题。

（三）天津师范大学世界史—外语双学位专业

天津师范大学世界史—外语双学位专业与首都师范大学世界史专业更具有相似性：双学位专业学生具有独立的学籍；其教学计划独立运行，分专业授课；学生在大一两个学期就修完中国通史和世界通史。② 稍有区别之处在于：天津师范大学世界史—外语双学位专业是大一新生入学之初面向全校选拔产生的，而且其推免成绩只在世界史—外语双学位班内部进行排名。

尽管三所高校在具体培养模式上存在差异，但我们可以从中归纳出一些值得川大"世界史＋外国语"实验班借鉴的运行管理经验。第一，压缩中国通史和世界通史学时并限定修读时间。三所高校的中外通史课共计 16～20 学分，而且要求学生在大一两个学期修完两个通史课，相较而言，川大历史学专业学生需要花五个学期修读两个通史，总学分达到了 35，如果要进行双专业培养，学生学业负担势必大幅度增加。第二，开设独立的外国语言与外国历史专业、世界史专业或世界史—外语双学位专业，其优势在于：学生具有独立的学籍，认同感更强；教学计划独立运行，尽可能减少了与外国语专业课程的冲突；推免时在各细分专业班级内部排名，对于修读双专业学生更加

---

① 参见《首都师范大学历史学院（系）世界史专业（方向）本科人才培养方案（非师专业）》。

② 参见《天津师范大学世界史—外语双学位本科生培养方案》。

公平与合理。

四、两种可能的解决方案

有鉴于此，目前要解决川大"世界史＋外国语"实验班存在的系统性运行管理问题，有两种方案可供选择。

第一种方案：压缩通史学时并限定其修读时间，将部分专业必修课改为选修课。川大历史学专业可像北京大学一样，压缩中国通史和世界史通史的学时并最好将其修读时间限定在大一两个学期。同时将现有教学计划中除通史之外的一部分中国史和世界史必修课改为选修课，而且在硕士研究生推免时将选修课计入综合成绩排名。也许这样，川大"世界史＋外国语"实验班存在的较为严重的课程时间冲突问题以及由此给学生带来的奖学金评定和推免压力便可能得到缓解。但是这种解决方案实施起来并不容易，首先需要面对的是大类招生导致的学生课程量在大一时就陡增的问题。大类招生导致川大历史学大类学生除了修读中国史和世界史的几门必修课之外，还需要修读四门左右考古学的基础课程。学生必修课数量和学时已经大幅度增加，继续增加中国通史和世界通史的学时并将其修读时间限定在大一两个学期，将继续增加学生的学习负担。其次需要面临的问题是，在推免时将选修课计入综合排名，有利于"世界史＋外国语"实验班学生在课程时间冲突时可以相对自由地选课，但这也意味着必须改变目前推免只计算必修课的成绩排名方式。轻易改变这项被实施多年的推免规则，有可能引发比较大的争议。

第二种方案：开设独立的世界史专业，执行独立的教学计划。一方面，世界史一级学科需要与之对应的本科专业；另一方面，对"世界史＋外国语"实验班建设来说，只有开设独立的世界史专业，世界史在与外国语专业匹配时才可能具有更大的自主性。实验班虽然制订了独立的培养计划，但由于学生是到历史学专业和外国语专业跟班就读，导致其培养计划无法独立运行，严重受限于历史学专业和外国语专业的排课时间，教学运行受到极大限制。在无法改变外国语专业排课时间的情况下，根据外国语专业的排课时间来调整历史学专业的排课时间相对更为方便。然而，在世界史并非独立专业的情况下，这一做法将难以推行，因为历史学专业包括大量中国史专业课，中国史专业课的授课教师和有志于学习中国史的学生未必接受对历史学专业课排课时间的贸然调整。再加上历史学专业课和外国语专业课数量众多，即使有所调整，也未必能绝对避免课程冲突。

五、结语

正如上文所述，课程时间冲突将导致一系列连锁反应，影响学生的课程修读顺序、年度奖学金和国家奖学金的评定以及研究生推免。在现有条件下，要么压缩通史学时并限定其修读时间，将部分专业必修课改为选修课，要么开设独立的世界史专业，执行独立的教学计划，要么两种方案并驾齐驱，或许这样有可能在最大程度上解决川大"世界史＋外国语"实验班建设中的有关问题。

跨越"栅栏":考古学多学科深度融合人才培养体系建构的教学实践①

原海兵　　吕红亮

(四川大学考古学实验教学中心)

【摘要】本文就国内外高等教育层面考古学的学科设置特点,当前学科发展对考古文博人才素质的现实需求和对高等学校人才培养提出的挑战进行了分析,并着重对四川大学考古学科人才培养的教学实践、教学改革措施,教学实践过程中的成绩与收获、不足与反思和未来发展的进一步思考等进行了详细论述。希望考古学科教学改革实践的逐步实施,有益于培养有远大理想、有国际视野、有扎实理论修养、有过硬田野工作能力、具备跨学科研究水平的全面发展高素质人才。

【关键词】考古学;教学改革;多学科交叉;教学实践

一、引言

　　当前的中国考古学应理解为在马克思主义指导下,在唯物史观与辩证唯物主义导引下,通过科学的田野调查或发掘,运用各种技术与方法对其所获物质遗存进行科学的基础研究,并结合埋藏环境、考古学背景、文献史料等记载回溯到遗存应当存在的历史时空,进而探讨

　　① 本文系四川大学"跨学科专业一贯通式"人才培养专项重点项目"考古学多学科交叉人才培养实验班建设"研究成果。还得到四川省高等教育人才培养质量和教学改革重点项目"多学科交叉培养考古学人才的探索"(项目编号:JG2021-7)资助。

古代遗存、古人所处的历史情境与社会，以及人与诸历史要素之间关系的学科。考古学以古代人类活动遗留物质遗存为研究对象，以基础研究回溯到具体的历史时空为基本思路，结合文献记载等历史要素为基本参考，进而探讨物质遗存、物质文化与人、社会之间的关系。人类起源与演化、农业发生与发展、文明滥觞与进程被认为是当代考古学关注的三大命题。

目前来看，从田野中获得的考古学研究资料主要有"人""动物""植物""矿物""文物"这五类遗存[1]，涉及的研究技术、方法及解释路径主要有物理学、化学、医学、生命科学、地质学、生物学、计算机科学、历史学、人类学、社会学、哲学等领域。当代考古学不仅强调对物质遗存本身的基础研究，更加强调对研究对象所处遗存环境及社会历史情境的深入剖析，并着重探讨古代人群与古代遗存、古代社会之间的关系，实现"透物见人"。研究技术与方法上有明显的跨学科或多学科交叉属性，研究目的又具备典型的人文社会科学学科取向。

现代考古学兴起于西方，而后逐步传入中国。受学科发展历史背景、社会环境影响，西方考古学与中国考古学在学科属性与设置、人才定位与培养体系上存在显著差异。特别是随着大量自然科学技术方法逐步引入考古学研究，原有学科布局已经不能适应当今考古文博事业发展态势对考古学科人才培养、学术研究的时代要求。

2018 年 9 月 10 日，在北京召开的全国教育大会上，习近平总书记以"国之大计、党之大计"高度概括了教育在新时代的重要地位，强调坚持中国特色社会主义教育发展道路，培养德智体美劳全面发展的社会主义建设者和接班人。这体现了总书记对教育工作"培养什么人、怎样培养人、为谁培养人"这个根本问题的深谋远虑和高瞻远瞩。这对于加快推进教育现代化、建设教育强国、办好人民满意的教育有着深远意义。

在学科发展进程加快、学术发展日新月异、科学研究日渐全面、人才培养体系化发展的宏观背景下，为落实"培养什么样的文博人、怎样培养文博人、为谁培养文博人"的文博人才教育发展道路，培养德智体美劳全面发展的文博工作建设者和接班人，四川大学考古学科师资团队秉持教育工作者的责任与使命，史学工作者的情怀与担当，考古从业者的理想与信念，在落实立德树人根本任务和培养有理想、有情怀、有责任、有担当、有能力的考古文博人才以及科研团队等方面着力颇多。

以下就国内外高等教育层面考古学的学科设置特点，当前学科发展对考古文博人才素质的现实需求和对高等学校人才培养提出的挑战，以及四川大学考古学科人才培养的教学实践，教学改革措施，教学实践过程中的成绩与收获、不足与反思和未来发展的进一步举措等方面提出一些思考。希望有益于考古学科有远大理想、有国际视野、有扎实理论修养、有过硬田野工作能力、具备跨学科研究水平的全面发展高素质人才的培养。

二、国内外考古学科的设置及基本特征

西方从古物学发展而来的现代考古学强调以"人"为核心的学科宗旨。考古学是一门通过特质遗存来研究人类过去的社会科学。考古学研究过去有四个主要目的，即确定古代遗存的形式、功能、过程和意义[2]，体现出明显的人类学学科倾向。以北美为例，绝大多数高校的考古学研究作为人类学的分支学科与语言学、体质人类学、文化人类学等并列存在，仅少数几家单独建立考古学系。故西方从事考古学研究的绝大多数学者拥有广阔的人类学学科视野及深入的人类学理论研究背景。

现代考古学大致于20世纪20年代传入当时灾难深重的旧中国。长期以来，与现代考古学密切相关的以古代青铜器、石刻碑碣等为主要研究对象，偏重于著录和考证文字资料，以达到证经补史目的的"金石学"史学研究传统积淀深厚。有学者认为"金石学"对中国现代考古学影响深远[3]。毋庸置疑，中国有连绵不断的3000年文献发展研究史，深厚的史学积淀和从宋代以来逐步发展成熟的以物质载体/遗物为研究对象的"金石学"对中国现代考古学影响甚大，并始终以解决史学任务为使命。

以"史学"为导向的学科发展理念在相关的考古学研究机构设置和教育系统的学科安排上均有所表现。新中国成立初期，国家层面的考古研究所除短暂设置在中国科学院以外（1977年划入中国社会科学院），长期来看多是由中国社会科学院直接领导，并且从2018年始至今更是由中国社会科学院和中国历史研究院双重领导，足见其根深蒂固的史学影响及在中国浓重的人文社会科学属性和史学使命。从新中国成立前及1952年以来中国高校院系调整情况来看，考古学专业

设置及教学活动多数安排在历史系，如北京大学①、西北大学②、四川大学③、山东大学④、吉林大学⑤等，仅中山大学、厦门大学少数几所院校将其设置在人类学系。考古学长期作为历史学科的二级学科存在[4]，《中国大百科全书·考古学》中考古学词条阐释为："考古学属于人文科学的领域，是历史科学的重要组成部分。其任务在于根据古代人类各种活动遗留下来的实物，以研究人类古代社会的历史。"[5]《中国考古学词典》中论述考古学是"运用科学方法发掘、整理古代人类各种活动遗留的实物，并据以研究人类古代社会历史的一门科学，属人文科学领域"[6]。这些阐释都从宏观层面给予考古学"史学"的基本学科定位和基本的使命认定。

从考古学科历史发展进程来看，西方考古学有浓重的人类学影响，中国考古学则史学传统积淀深厚。

三、当前考古学科发展的时代要求及对人才培养提出的挑战

新中国成立以来的考古学，坚持以田野考古为研究基础，从材料出发，通过多学科交叉，拓展了传统考古学研究的领域，并逐步形成了以马克思主义唯物论和辩证法为指导，坚持辩证唯物主义和历史唯物主义，以探索中华文化、中华民族、中华国家历史演进过程及变化规律为研究任务的当代中国考古学[1]。当代中国考古学特色鲜明地以马克思主义为指导，以田野考古为基础，以现代自然科技多学科交叉为手段，以人类学文化阐释为参考路径，以历史唯物主义史观的史学使命为任务。

当今时代发展对考古学人才培养提出了更高要求，更加开放、多

① 1922年，北京大学在国学门下成立考古学研究室，1952年在历史系内成立考古专业。

② 西北大学考古学研究起始于1938年西北联合大学历史学系考古学组对张骞墓的调查发掘，在1956年设置考古学专业。

③ 四川大学1930年代开始考古学研究，1959年冯汉骥教授开始招收考古学研究生，1960年成立考古教研室，历史系设置"考古专门化"。

④ 山东大学考古学教研活动可追溯到1928年吴金鼎参与龙山城子崖遗址的发现。1972年，考古专业正式组建。

⑤ 吉林大学考古学科教学科研活动肇始于20世纪50年代，1962年成立历史系考古教研室，1972年，创立考古学专业。

元的中国更加需要具有国际视野、基础理论扎实、掌握一流研究手段、具备一流研究能力、满怀中华民族伟大复兴中国梦的新一代考古文博工作者。同时，文旅融合、全面协调发展的新时代文化遗产事业更加需要掌握从田野考古发掘到遗存科学研究，从文化遗产保护到现实社会实际应用，从科学研究到服务于大众文化需求的现代文博工作者。

四、四川大学考古学科人才培养的教学实践

四川大学办学历程中形成了深厚的人文底蕴、扎实的办学基础和以"海纳百川，有容乃大"及"严谨、勤奋、求是、创新"为核心的川大精神。四川大学是我国较早设置考古专业的大学之一（1960年），著名考古学家徐中舒、冯汉骥、童恩正等学者长期执教于此；是中国西南地区（云、贵、川、渝、藏、桂）唯一具有考古学及博物馆学本科、硕士、博士、博士后等多层次、系统化人才培养体系的重点综合大学。多年以来，四川大学考古学科着力在西南考古（含西藏考古）方向持续发力，发挥学科优势，增强文化自信，不断扩大文化影响力。川大考古学人历来重视考古专业人才培养，围绕建设具有中国特色、川大风格的一流考古学科奋斗目标，"以教师为办学主体，以学生为育人中心"，提出了"以人为本、崇尚学术、学科交叉、质量为核、追求卓越"的人才培养指导思想。为了培养"具有崇高理想信念、深厚人文底蕴、扎实专业知识、强烈创新意识、宽广国际视野的国家栋梁和社会精英"的文博人才，在师资团队建设、课程设置、田野实践、人才交流、学术传承等方面积累了丰富经验。同时，秉承川大考古精神，紧跟时代脉搏，弘扬传统文化，不断更新教学实践内容，在一系列教学实践过程中上下求索、与时俱进，推行了行之有效的教学改革措施，取得了一些成绩与收获，但同时也存在不足与遗憾。在长期教学实践工作中总结出从模拟到实体、再到灵魂的田野考古教学人才培养理念。致力于完成从教室到实验室再到田野的全方位人才培养实践，实现人才培养从理论到实践，再到灵魂的考古学升华[7]。

（一）教学改革措施与方法

川大考古学科着力在师资团队、课程体系、考核方法、组织建设

等方面推行了一系列改革措施。

第一，推行"六有教师团队培养计划"。锤炼政治素质高、组织观念强、群众基础好、工作能力强、有理想情怀、有责任担当的教师团队，为人才培养培育储备好一流师资团队。

第二，构筑"新全金"课程体系。着力"创新"、形成"三全育人"格局，在体系化教学体系中打造"金课"，强化云课堂、融媒体等网络新媒介的教学应用，在"探究式—小班化"课堂教学过程中使传统学科迸发时代活力，使学生知识结构体系化。课程安排上不断完善理论课程设置，大量增补实验实践教学内容，锻炼学生的动手实践能力。目前来看，与科技考古、文物保护、博物馆展陈等相关的实践类课程内容占三分之一。考古学科基础理论课程中也大幅增加了参观、考察的课时及比重，从完全理论教学向理论与实践相结合不断迈进，使学生进一步提高人文社会交往能力，具有创新精神和开拓精神。同时，建立稳定的田野考古教学实习基地，形成了以西南为核心，辐射周边的田野考古教学实习基地网。

第三，落实"贯丰"教学实践人才培养及考核体系。"贯"即贯通，"丰"即丰度。"贯通式"人才培养体系初见成效，多样化的"非标准答案"考核机制已形成；强调"知识面丰度"常态化考察，用"育人终身"思维指导教学过程考核，激发学科创新力，侧重"授人以渔"，实现"新文科"全过程育人，实现终生教育的目的。

第四，推进田野课堂"党小组"建设。川大考古学科历来高度重视田野实践，师生足迹遍布青藏高原、西南山地，甚至中原腹地、长江中下游平原等。田野课堂是课程实践、学生综合能力培养的重要环节。在田野课堂上，历史唯物主义和辩证唯物主义史观是指导考古学科田野实践的思想理论出发点，田野实践的山山水水始终飘扬着川大考古人不断奋进的红旗。

第五，建立"学海导航"指南针计划。通过与哈佛大学等海内外知名高校建立长期的互动交流机制，双方师生相互访学，加强学术交流。同时，设立若干海外田野考古实践教学基地等，落实学生海外研修，为国家"一带一路"倡议，构建人类命运共同体培养具有国际视野、具备国际一流研究水平的文博接班人不断努力。

第六，倡导"终生学伴"计划。通过"进实验室""进课题组""进科研团队"，学生在学期间（本硕博）与教师形成了"一对一""多对一""一对多"的兴趣小组。教学与科研相结合、课程与课题相结合、教学团队与科研团队相结合，实行了本科生导师制，进一步完善了现有研究生导师制。通过紧密的沟通建立起师生学术纽带，打造情感深厚、充满温情的学术团队。营造出学术积累有传承、人生奋斗有意义、日常生活多温情的育人环境，真正实现对"人"的全面培养。

（二）教学改革成效与收获

第一，已形成一支懂中国、爱考古、能做事、甘奉献、有情怀的新时代优秀教师团队支撑教学改革。考古学科教师人才梯队始终将师德建设作为教师队伍建设的核心、教师队伍发展的关键，强调教师个人发展与国家战略相结合。通过学院、考古系等定期开展的教职工政治理论学习、党支部"三会一课"等形式，在集中学习、个人自学等方式基础上，紧跟时代，与时俱进地学习党的理论、方针及政策，学习《新时代高校教师职业行为十项准则》，提高教师职业道德水平，确保教师在思想、行动上与党中央保持高度一致，确保教师队伍核心战斗力。即使在走出校园的田野发掘现场，如剑川海门口、澧阳平原鸡叫城、青藏高原皮央东嘎等地也都有川大考古学科田野考古党小组活动的身影。目前，考古学科已形成一支学科布局合理、学缘结构多元、以中青年为主体的充满活力的专业教师团队，其规模和影响居于中国高校考古学科前列。截至 2021 年，师资队伍中有教育部长江学者特聘教授（含青年学者）3 人，四川大学杰出教授 1 人，有全国模范教师 1 人、宝钢优秀教师奖获得者 3 人、四川省教书育人名师 1 人、全校最高级别教学奖卓越教学奖获得者 2 人。田野考古实践教学连续十年获全校一等奖，超过 80％的教师评教居学院前列。

第二，已基本形成以国家级精品课为引领，强调田野实践教学、夯实理论知识的"雁阵"课程体系。国家级精品视频公开课"西藏的历史与文化"，四川省精品在线开放课程"考古学导论"广受好评。这些课程不仅体现出扎实的考古专业特性，也凸显出四川大学考古学科的地域特点与独特优势。西藏高原考古是走在世界关注前沿的"显学"，拥有国内外领先的教研队伍和以田野调查与发掘为中心，考古学、民族学、人类学、语言学等多学科融为一体的先进教学与科研学术体系，其成果早已享誉国内外。

第三，打通了课程设置壁垒，强调"过程"学习，淡化了期末一次性考核。目前，已经与生命科学学院、体育学院、华西临床医学院、华西口腔医学院、华西基础医学与法医学院、华西药学院、化学学院、艺术学院、计算机学院等联合构建"贯通式"人才培养教学体系,多门课程实现学生相互选课。强化过程考核,理论及基础实验课程平时成绩评定比例占比超过百分之五十,小班化研讨和师生讨论、理论思辨部分比重逐步扩大,改变了既往一门课程成绩大多由期末考试直接或间接决定的局面。

第四,强化了田野/实践教学,强化了田野过程中"社会人"的培养,强化了"社会人"的思想理论建设。四川大学考古学科长期以坚实的田野考古为基础,立足中国西南地区,形成了自身的研究风格、人才培养优势、学术特色与传统,产生了重要的学术影响。我国西南地区生态和文化面貌复杂多样,民族互动频繁,被张光直先生誉为中国考古学研究"最有研究潜力和研究价值的地区"。针对如此丰厚的自然、生态、人文资源,"山地考古国际联合实验室"应运而生。"实践为核、三维突破:构建文物与博物馆学专业人才培养新体系"获四川省省级教学成果一等奖。理论课堂之外,补充实践开设的田野课堂享誉国内外,云南剑川海门口本科教学实习基地已经稳定运行六年,湖南澧阳平原鸡叫城田野教育实习基地运行了四年,明远湖畔石器打制课堂开设了九年。特别值得指出的是,响应国家"一带一路"倡议,川大考古学科在东南亚的斯里兰卡、老挝进行的田野工作得到国家文物局及社会的普遍关注,卢林民、沙丽风、郭星仪、严佳豪等多名学生参与境外田野培训或教育。

第五,落实"学海导航"计划,通过"引进来""走出去"战略践行国家"一带一路"倡议,培养了具有扎实基础理论和国际视野的川大考古学人。近年来,吸引来自美国、日本、俄罗斯、西班牙、伊朗、泰国、马来西亚、老挝、斯里兰卡、乌克兰、尼日利亚等国家以及我国台湾、香港等地区的学生多人。同时,鼓励"走出去",支持考古文博专业学生通过国家留学基金委等途径获得资助到美国哈佛大学、哥伦比亚大学、芝加哥大学、圣路易斯华盛顿大学、东新墨西哥大学,加拿大麦吉尔大学、卡尔加里大学,英国埃克斯特大学,日本早稻田大学等国外著名高校访学,开拓学术视野,提升研究能力。

第六,近4年来,川大考古学科共承担国家社科基金重大招标项目5项、国家社科基金项目18项、教育部基地重大项目12项、各类横向课题共计75项,总经费达2000万元。依托四川大学铸牢中华民族共同体意识国家级基地,四川省博物馆学虚拟仿真实验中心、四川省佛教文化遗产研究中心、四川大学古文字与先秦史研究中心、区域历史与民族文化社科普及基地等省级教育基地，搭建起教育部、国家外国专家局学校特色团队和项目，如冶金考古课程体系建设与冶金考古学术团队建设聘请外教特色项目，冶金考古以及四川省纸质文物保护的省级研究团队等。多项成果获得高等学校科学研究成果奖（人文社会科学）、四川省省级社会科学优秀成果奖以及吴玉章人文社会科学优秀奖等奖励。学生不仅可以通过"三进"在科研技能上获得提高，也可以通过参与课题研究尽快进入研究团队，与老中青科研导师形成合力，使科研团队更有凝聚力，科研更有生命力。多名本科生根据兴趣选择参与课题，已经发表 SSCI 论文数篇，研究生根据具体研究方向进入研究课题组，充分发挥聪明才智，发表相关研究成果多篇。

（三）教学改革不足与反思

1. 田野考古教研各环节融合不够充分

考古学科教学、科研活动基本围绕人类物质遗存的野外信息获取、田野物质材料的科学提取、各类型物质遗存的多学科分析以及重要文化遗存的文物保护和公众展示等五个环节展开。在具体教学、科研过程中，从田野考古调查的资料信息采集阶段到田野发掘的资料获取阶段主要由从事田野考古、擅长田野考古的师生负责，缺乏相关科技分析和文物保护甚至善于文物展示的成员参与；在资料整理阶段，也主要由各版块擅长的师生各自单独负责进行；在研究方法上，"背靠背"的研究几乎成了惯例，对学科特长、差异以及学科之间的兼容性重视不够；在多学科教学、研究成果的综合提炼上，学者综合能力有待提高。

2. 考古学科内部多学科交义参与度有待提升

目前，川大考古学科涉及的田野考古教学实践，考古学实验教学中心的考古技术、数字考古、石器分析、文物分析、冶金考古、生物考古、环境考古、植物考古、文物保护、博物馆学等实验室设置基本涵盖了资料获取、研究、保护和展示的主要步骤，但由于学科差异，诸子学科间仍然在研究融合度上需要进一步协调。

3. 跨校跨学院多学科合作亟待支持

针对考古调查与发掘获得的物质遗存（包括人、动物、植物、矿物、文物遗存等），可以从形态、结构、成分、元素等角度进行多方位解读。这涉及物理学、化学、医学、生命科学、地质学、生物学、计算机科学、历史学、人类学、社会学、哲学等方方面面的自然科学与人文社会科学的基本理论、方法与研究实践，远非历史学知识背景下的学人知识体系可承担，需要在学校层面搭建起跨学科、跨学院的顶层设计与制度。例如，教师跨学院上课和教学工作量认定，学生跨学院自由选课和成绩认定，跨学院保研资格的互通与共享等，都需要打通目前学科分置不同学院、管理分置不同部处、工作量认定分置各部门，仅有第一负责人和第一指导教师享有责任与权力，其他参与人成果不予认定的现状。要真正实现学科交叉与融合，完成整体复杂科学视角的全方位"人"与社会的系统教育与整合研究，学校层面的顶层设计至关重要。

五、突破、融合：考古学人才培养的应有之义

从 1921 年安特生发现河南渑池仰韶村仰韶文化遗址至今，以田野考古为资料获取进行研究的现代考古学已经走过了百年历程。"走出去"，到国外去考古，去讲好中国故事的考古人基本形成以马克思主义为指导，以田野考古为基础，以现代自然科技多学科交叉为手段，以人类学文化阐释为参考路径，以历史唯物主义史观的史学使命为任务，并服务于"人类命运共同体"的当代中国考古学理念。在这样的学科发展形势下，割裂"人"的生物性、社会性、文化性、历史性、思想性的学科设置已经不能满足对人类复杂社会系统认识的需要。唯有突破现有学科分类框架，打通目前文、理、医等学科设置对考古学研究材料、研究方法以及阐释的阻滞，才能真正实现考古学"研究古代人类及人类社会"的目标。

新时代的考古学研究要满足下一个百年的期待与跨越，书写更加真实、更加科学、更加全面的古代人类社会史，要靠新时代全面发展的考古学人才。下一个百年思想更开放、思维更多元的新时代社会主义考古人需要具有国际视野、具备扎实的考古学基础理论、掌握一流的研究手段、具备一流的研究能力，同时还要是满怀中华民族伟大复兴中国梦的有理想、有本领、有担当的新一代高素质考古文博人才。

为了实现新百年人才的培育，教学理念、学科设置、教学方式、考核方式、人才认定、奖助学金体系等方面在原有基础框架体系下均应有所调整，摒弃弊端，补充不足，实现多学科融合。笔者主要有以下六点建议：

第一，考古学人才招生选拔打破文理分科限制，在原有历史大类的基础框架下，增设更大范围的双选适应机制。

第二，修读方式上，增加强调个性培养的"双特生"（有特长、有爱好）、"特支计划"培养名额或比例，增加互培、双选可能的环节。

第三，为响应国家"一带一路"倡议，培育国际化高端人才，在奖助学金体系设立"外国考古奖学金"，支持有志于"外国考古"的优秀学子。

第四，为夯实基础，培育具有扎实田野技能的考古文博人才，在奖助学金体系设立"田野考古奖学金"，支持喜欢田野、热爱田野的年轻一代学人，培育一代有情怀、有担当、有能力、有潜力的川大考古田野新人。

第五，为参与未来国家重大文化战略做好人才储备、知识储备，在奖助学金体系设立"华夏文脉奖学金"，支持立志于中原腹心区域田野考古发掘与研究、中华文明探源研究的青年学人。

第六，在学科设置、教学管理方式上形成参与各学科的教学学分互认、教师工作量互认、研究成果共享等长效机制，打破既有框架的窠臼。

第十，为适应国家发展战略，考古文博人才培养应纳入"强基计划"，使人才培养模式紧跟时代发展步伐。

六、小结

教育兴则国兴，教育强则国强。唯有具备一流水平的文化遗产研究人才队伍才会有一流的文化遗产事业。于我辈川大学人来说，加强考古学科人才培养，冲破学科间无形"栅栏"，已不仅仅是传播文化遗产思想、维系历史认同、塑造文化理念的现实需求，更承载着服务中华民族伟大复兴事业的重要使命。坚持文博人才培养理念是守护好祖先珍贵遗产的根本保证。川大考古学科要以习近平新时代中国特色社会主义思想为指导，立德树人，努力贯彻落实好、解决好"培养什么样的文博人、怎样培养文博人、为谁培养文博人"的问题。

综上所述，各学科唯有立足当下，不断透过栅栏互相观望触碰，直到打破阻滞、冲破学科壁垒的围廊，跨越"栅栏"，才能最终实现从看得见、摸得着到畅通无阻进入学科发展的坦途。四川大学推行的"贯通式"人才培育项目及教学培养计划，已经在教务处引领下迈出了坚实的一步，相信相应的推进工作会逐步展开，考古学科的发展也会迎来新的春天。

锦江黉门，弦歌铿锵。当前，四川大学已经确立了"全面推进学校党的建设新的伟大工程和建设世界一流大学新的伟大事业"的宏伟目标。展望未来，学校将始终肩负集思想之大成、育国家之栋梁、开学术之先河、促科技之进步、引社会之方向的历史使命与社会责任，再谱中国现代大学继承与创造并进、光荣与梦想交织的辉煌篇章！川大考古学科一定也会乘着这股东风，在新的发展机遇中取得新的收获，迎来更加美好的未来！

参考文献

［1］赵宾福. 新中国考古学 70 年的成就与贡献［J］. 河北学刊，2019，39（5）：68—73.

［2］温迪·安西莫，罗伯特·夏尔. 发现我们的过去：简明考古学导论［M］. 沈梦蝶，译. 4 版. 上海：上海社会科学院出版社，2007.

［3］霍巍. 中国考古学的古典主义传统及其当代意义［J］. 思想战线，2019，45（6）：69—78.

［4］朱泓，张旭. 泓涵演迤 博骨辨宗：朱泓先生访谈录［J］. 南方文物，2019（2）：38—50，37.

［5］中国大百科全书总编辑委员会《考古学》编辑委员会，中国大百科全书出版社编辑部. 中国大百科全书：考古学［M］. 北京：中国大百科全书出版社，1986.

［6］中国百科大辞典编委会. 中国百科大辞典：考古学［M］. 北京：中国大百科全书出版社，2005.

［7］原海兵，白彬. 从模拟到实体再到灵魂的田野考古教学实践：四川大学考古学实验教学示范中心人才培养三部曲［M］//张宝秀，韩建业. 高等学校文科实验教学的创新与实践：全国第二届国家级文科综合类实验教学示范中心建设理论与实践研讨会论文集. 北京：知识产权出版社，2013：259—266.

"Campus as a Living Lab"的教学模式实践

——基于跨学科项目制人才培养的"可持续城市系统研究与实践"课程探索①

颜　炯　卢红雁　赵春兰　乔　雪　石宵爽
陈晓兰　梁　英　王　霞　第宝锋　唐　亚

（四川大学建筑与环境学院）

【摘要】四川大学"可持续城市系统研究与实践"多学科交叉的本科课程通过三年的探索，形成了以可持续校园建设为引领目标、基于"Campus as a Living Lab"方法的教学模式，打通了教学、研究、管理和实践的边界，组建了跨学科的指导团队，合作共创解决复杂问题，把大学校园的景观、能源、水和垃圾等的优化与管理作为高校跨学科人才培养，提高学生发现、研究和解决实际问题能力的路径与平台。

【关键词】可持续校园建设；Campus as a Living Lab

一、引言

大学应如何系统变革，才能应对人类发展的挑战和满足人才培养的需要，是近年来中外高校共同探索的课题。欧美许多高校通过把可

---

① 本文系四川大学新世纪教育教学改革工程（第八期）研究项目"基于'Campus as a Living Lab'理念的跨学科项目制本科教育创新与实践"，四川省 2018—2020 年高等教育人才培养质量和教学改革项目"基于'Campus as a Living Lab'理念的跨学科项目制本科教育创新与实践"的研究成果之一。

持续校园建设与"Campus as a Living Lab"模式结合起来，打通教学、研究、实践和管理，创新育人，让校园不仅是学生学习和生活的场地，也是探索、实验和展示引领未来社会发展的各种技术、设计和管理模式等多种成果的现场。

党的十九大报告指出，"要加快一流大学和一流学科建设，实现高等教育内涵式发展"。建设一流大学一定要有培养一流人才的平台，一定要有一流校园。可持续校园建设在国内一般以"绿色校园"来命名。2020年4月，教育部和国家发改委联合印发《绿色学校创建行动方案》[1]，提出要在学校厚植绿色发展理念，发挥环境育人的综合效益，开展生态文明教育渗透式教学，从精神文化、实践行动、设施改造、管理制度等方面落实绿色校园建设，这正是国际高校可持续校园建设中"Campus as a Living Lab"的基本思路。

"Living Lab"可被翻译为"体验实验室""实地实验室""生活实验室""应用创新实验室"。它强调以人为本、以用户为中心和共同创新，将用户由创新的客体转变为创新的主体[2]。基于不同视角，可以将"Living Lab"创新模式理解为一种方法论，一种系统论，抑或一种环境或服务[3]，它被广泛应用于教育、环境服务、交通、医疗、农业、媒体、先进制造、智慧城市、公共服务等领域。当前，"Living Lab"这一创新模式已经成为欧洲技术创新体系中一个重要的组成部分。该模式为培养创新人才提供了很好的尝试，因而在高校教学实践中得到了广泛的关注[4,5]。"Living Lab"起源于美国，在欧洲发展壮大[6]。1995年，麻省理工学院（以下简称MIT）媒体实验室的威廉·米切尔（William Mitchell）教授提出了"Living Lab"的概念。1998年，MIT的格申菲尔德（Gershenfeld）教授开设的课程"如何创造"，满足了学习者的个性化需求，并逐渐发展成为Fab Lab（Fabrication Laboratory）创新研究理念[7]。格申菲尔德教授认为，与其让学习者被动接受科学知识，不如给他们装置、设施、知识以及工具，让他们自己来发现科学、验证科学。以"创新大学"闻名于世的芬兰阿尔托大学（Aalto University）在提炼"Living Lab"的理念和方法后，创造性地将这样的方法用于大学的教学、科研和社会服务之中，形成了一种新型的教育理念。目前，阿尔托大学已经形成了独特的、基于"Living Lab"理念的多学科人才培养模式，探索出了一条技术创新和成果转化的道路，成为"大规模、端到端"创新模式的卓越代表[8]。欧盟于2006年发起成立欧盟网络，到2010年4月已有

212 个 "Living Lab" 加入欧盟网络（ENOLL，European Network of Living Labs）[9]。欧洲多所大学基于 "Living Lab" 开展了一系列创新型人才培养模式的实践，其中，较为突出的有阿尔托大学和拉瑞尔应用技术大学（Laurea University of Applied Sciences）[10]。北京邮电大学的纪阳教授积极引进 "Living Lab" 概念并在大学校园推动 "Living Lab" 的探索和实践[11]。相较而言，国内对 "Living Lab" 的研究起步较晚，目前还停留在介绍和引进国外的基本概念、基础理论、实施环节和核心要素等层面，课堂实践和应用案例相对较少。

四川大学开设的 "可持续城市系统研究与实践"（Sustainable Urban System Program，以下简称 SUSP）是一门多学科交叉的本科课程。它将 "Campus as a Living Lab" 理念引入到本科多学科交叉的教学中，将 "建设一流校园" 和 "培养一流人才" 相结合，把创新教育与校园教学、科研和管理相结合。SUSP 课程将大学校园的景观、能源、水、食品、教学和垃圾等的优化与管理作为跨学科人才培养，提高学生发现、研究和解决实际问题能力的路径与平台。校园是一个微缩社会，让学生参与到大学校园的绿色、循环、低碳和创新发展与建设中，可更好地促进学生服务所在地的经济社会发展，推动文化传承与创新。

二、"Campus as a Living Lab" 在四川大学的实践：以 SUSP 课程为例

（一）以可持续校园建设作为师生研究的引领目标

2000 年以来，全球上百所高校，如哈佛大学、斯坦福大学、牛津大学和东京大学等，把可持续校园建设作为学校发展的重要战略，让大学校园在应对气候变化挑战、引领社区可持续发展方向上发挥建设性的作用，致力于培养具备可持续发展理念和问题解决能力的未来公民。

如图 1 所示，SUSP 课程自第二期开始，以江安校园作为师生研究和实践的第一现场，探索 "Campus as a Living Lab" 教学模式与可持续校园建设目标的结合。课程第二期的学生分为两个大的研究团队，一组学生在学习国际高校案例的基础上，基于 STARS 体系，针对课程设置、能源与建筑、食物、垃圾、用水和交通等专题，通过查找公开资料、走访相关部处等方式开展了现状调查与评估。另一组学

生以 1104 名川大学生为对象开展了有关可持续发展知识、态度和行为的调查。

```
┌────────────────────┐  ┌────────────────────┐  ┌────────────────────┐
│ SUSP第二期研究课题   │  │ SUSP第三期研究课题   │  │ SUSP第四期研究课题   │
│2016年10月—2017年6月│  │2017年10月—2018年6月│  │2018年10月—2019年6月│
└────────────────────┘  └────────────────────┘  └────────────────────┘

┌────────────────────┐  ┌────────────────────┐  ┌────────────────────┐
│1.四川大学可持续校    │  │1.绿色屋顶           │  │1.空间改造           │
│  园建设现状评估      │  │2.垃圾回收           │  │2.能源与空气         │
│  ·课程设置          │  │3.生态农场           │  │3.垃圾回收           │
│  ·能源＆建筑        │╞▷│4.数字校园           │╞▷│4.生态与水资源       │
│  ·食物              │  │5.宿舍节电           │  │5.四川大学学生可持    │
│  ·垃圾              │  │6.四川大学学生可持    │  │  续发展知识、态度    │
│  ·用水              │  │  续发展知识、态度    │  │  与行为调查          │
│  ·交通              │  │  与行为调查          │  └────────────────────┘
│2.四川大学学生可持    │  └────────────────────┘
│  续发展知识、态度    │
│  与行为调查          │
└────────────────────┘
```

图 1　"可持续城市系统研究与实践"课程"Campus as a Living Lab"研究选题一览（2016—2019）

在 SUSP 第二期成果的基础上，SUSP 课程第三期的学生，经过一学期的学习和论证，最终选择了绿色屋顶、垃圾回收、生态农场、数字校园、宿舍节电和第二次学生可持续发展知识、态度和行为调查作为小组研究方向。他们分别探索了四川大学在校园公共空间利用、学生宿舍用电、校园数字化管理等方面开展可持续发展目标提升的方案设计和行动研究。

SUSP 课程第四期的学生，有选择在原来基础上继续深耕的小组，如垃圾回收和学生问卷调查小组。垃圾回收组继续扩大在江安校区的垃圾分类回收试点；问卷调查组开展了第三次川大学生可持续发展知识、态度和行为调查，在江安、望江和华西校区回收有效问卷1364 份。还有三个小组扩大了第三期研究方向，或开辟了新的研究方向。例如，空间改造小组，基于使用后评价（POE）方法，从学生的观察和使用体验出发，对江安校区长桥、图书馆广场和屋顶空间提出再设计方案；能源和空气小组，从学校能源使用现状与节电潜力分析、光伏发电实证研究，以及校园空气污染物来源分析等角度开展研究。生态和水资源小组，在川大水资源利用现状研究的基础上，设计雨水收集和利用系统，构建基于 GIS 的校园资源利用大数据系统。

SUSP 课程小组的研究选题，有三个主要的贡献来源：一是可持续校园建设的发展趋势；二是学校相关管理部门的工作需要；三是充分尊重学生作为校园"客户"的使用体验，从学生视角发现问题或研究兴趣点。课程开展研究的最终目标，是促进川大不断提升可持续校园建设的水平。

（二）多方参与的教学指导合作

"Campus as a Living Lab"的成功实施，需要打通学习、教育、研究和管理服务的边界，建立开放合作的教学指导过程，让校内外的教学和非教学机构共同参与到校园可持续发展的研究课题中[12]。

SUSP 教师团队与学校管理部门共同努力，探索有效合作机制，推动学校管理部门和校外相关机构共同支持和参与可持续校园研究项目。以课程第四期（见表 1）为例，一是在选题论证阶段，课程师生走访基建处、后勤集团、水电中心等管理部门，了解学校发展需要，调查相关政策和信息，在此基础上确定了能源组的研究主题。二是在课程实施阶段，根据学校规定流程，与教务处、后勤集团、水电中心、江安校区管委会、保卫处等衔接，共享数据，或邀请相关工作人员对研究进展进行指导，给出反馈意见。三是在课程后期，向校领导、后勤集团、基建处等部门汇报课程研究发现，听取职能部门的意见。例如，空间改造组专门向基建处做了课程发现的专题汇报。四是针对校内发现的问题，引入校外有意愿的合作机构，在校内试点新的解决方案。例如，垃圾回收组通过引入成都奥北环保科技有限公司作为合作方，在校内试点"互联网＋"形式的垃圾分类和回收行动研究。五是把课程研究结果转化为政策建议。教学团队代表在教代会上提交了《关于成立四川大学可持续校园指导委员会的建议》，此提案入选四川大学 2019 年教代会重大提案。

SUSP 课程通过近五年的实践与探索，形成了以下教学模式：可持续发展的国际视野与可持续校园的在地研究相结合，主要以川大校园为研究对象；通过各项目组收集数据和分析数据，形成子课题，开展导师制的师生团队研究；在学生研究的基础上，完成川大可持续校园建设的学生洞察与局部改进建议；在整个项目实施过程中，师生积极与学校领导或有关职能部门保持沟通，以促进学生对真实问题的理解并寻求解决方案。

表1 "可持续城市系统研究与实践"课程第四期研究课题基本信息

可持续建设研究项目	指导教师院系	学生专业	校内合作机构	校外合作机构	校园研究点	产出
空间改造项目	建筑与环境学院	风景园林 工程造价 建筑学 城乡规划	基建处		江安校区长桥、图书馆广场	• 基于POE的高校可持续校园公共空间评价指标体系建立与应用 • 校园土地利用现状调查 • 长桥改造方案 • 户外学习场所设计 • 停车场改造方案 • 基于低维护成本的城市建成环境屋顶绿化模块体系研究与应用 • 校园智慧低碳构筑物的设计与可行性研究分析——以江安校区生态农场为技术背景
能源与空气	新能源与低碳技术研究院 经济学院	经济学 环境科学 建筑环境与能源应用工程 金融学 波兰语 保险学 能源与动力工程	后勤集团水电中心		江安校区宿舍楼、教学楼、图书馆及行政楼	• 四川大学能源使用现状调查 • 四川大学江安校区用电现状与节电潜力研究 • 成都地区气候条件下光伏发电环境参数影响实证研究及效益评价 • 学生寝室用电行为研究 • 校园空气质量现状、污染物来源和情景分析研究
垃圾	建筑与环境学院	环境科学 会计学 生命科学	后勤集团 江安校区管委会、保卫处	成都奥北环保科技有限公司	江安校区	• 四川大学垃圾管理现状调查 • 江安校区垃圾分类回收试点项目
生态与水资源	灾后重建与管理学院 建筑与环境学院	环境科学			江安校区	• 四川大学水资源利用现状调查 • 校园雨水收集与利用系统设计 • 校园绿地碳捕获研究 • 基于GIS的校园资源利用大数据系统的构建
学生可持续发展知识、态度与行为	建筑与环境学院 经济学院	建筑环境与能源应用工程 档案学 历史学 材料科学与工程	教务处		江安校区望江校区华西校区	• 四川大学学生可持续发展知识、意识与态度调查报告 • 四川大学可持续发展相关课程的调研

三、讨论与建议

（一）可持续校园建设与"Campus as a Living Lab"的结合，有助于教学、研究和实践环节的贯通

近年来，高等教育界对中国传统教育模式的思考和讨论一直在进行，王汉成等[13]对传统教育模式的特点做了以下总结：重视知识的传授，轻视获得知识的方法；重视书本知识，轻视实践应用；重视知识占有，轻视知识创新；重视专业知识，轻视人文素质；重视求同思想，轻视求异思维；重视共性要求，轻视个性发展。在数字化时代，学生可以很轻易地获得海量信息，传统的课程安排已难以吸引学生学习。传统教育不仅已经不能适应现代社会发展对复合型人才培养提出的要求，也难以应对多元化的教育发展理念[14]。为此，国内教育界做出了一系列尝试，力图实现高校教育的提升与转型。这些尝试包括：创新教学手段，推动现代信息技术与教育教学融合创新；创新教学方式，深入推行项目教学、案例教学、情景教学，充分运用信息技术营造真实职业环境，倡导仿真模拟教学；探索数字化教学方式，切实推进现代信息技术与教育教学深度融合，大力促进在线开放课程的开发使用[15]。这些尝试取得了一定成效，对提高高校的学科建设水平和核心竞争力起到了一定的作用，但是还不能完全解决问题，还需要继续寻求有活力的、能够培养高校拔尖创新人才的教学方法。

四川大学 SUSP 课程的"Campus as a Living Lab"教学模式在物埋空间、教学组织和学习方式上，突破了传统课堂的边界。它以可持续校园建设为总体目标，课程围绕这一目标进行阶段性渐进式的推进设计，结合学校职能部门的工作需要与学生的关注点，把校园作为真实社区，让学生发现问题、研究问题、提出改进措施和行动方案。这样的教学模式，有机融合了教学、研究和实践。

SUSP 课程执行期间，每年的教学内容需要针对发现的问题和学生的建议进行灵活调整；教师讲授时间一般不超过总课时的 1/3。其他时间主要用来进行课堂汇报、研讨，小组讨论和指导。学生在课外的投入时间，一般是课程学时的 2~4 倍，学生要投入大量的时间学习国际案例、走访现场、调研相关群体、查阅文献资料、分析数据和调整方案。这些也正是"Campus as a Living Lab"教学模式的特点

和优点，学生可以根据自己的课表灵活安排课外的时间进行项目研究。

综合来看，可持续校园建设的目标设计，紧密结合当代人类发展的重要使命，让"Campus as a Living Lab"的各个项目实施有明确的引领性目标。"Campus as a Living Lab"是可持续校园建设的重要方法论，以应用型学习的方式，培养学生解决问题的能力，实现了教学、研究和实践的贯通。

（二）"Campus as a Living Lab"需要持久深入的实践来探索解决复杂问题的合作平台与创新方案

斯坦福大学基于"Campus as a Living Lab"模式开展可持续校园建设已有20多年，图2展示了2019年斯坦福大学"Campus as a Living Lab"课程和项目的概况。经过20多年的发展，课程和项目已覆盖16个主题，主要分为3类：一是校园的环境与资源，这部分的研究主题最多，如能源、水、空气、食物、建筑、垃圾等；二是学校的管理和制度层面，如学校采购、合作与规划、投资与财政、公共参与等；三是更基础性的校园文化层面，如社会多样性与公平，幸福与工作，艺术、文化与技术等。不同的研究主题之间可以互相交叉和合作。

要对如此丰富的主题展开研究，仅依靠学校的教学和科研人员不能满足指导需要。斯坦福大学依靠不同的课程和项目团队，链接校内外几百家不同的机构共同参与可持续校园建设"Campus as a Living Lab"的教学和研究合作。这些机构，既包括校内教师、科研人员、行政管理人员和服务人员，也包括各级政府、农业企业、互联网企业、商业企业、学校、国际组织和社会组织，还包括当地的社区居民和学校。这样的教学指导合作方式，让研究问题涉及的多个相关方都能参与教学和研究，既促进学生从多元角度去认识问题和分析问题，也有利于教师、学生、管理服务人员和校外人员共同碰撞创新的思路，在大学校园实验和探索更先锋性的技术或方案，让大学的可持续校园建设成为综合性的实验平台、创新工场和项目孵化平台。

四川大学的 SUSP 课程，进行了 3 年多可持续校园建设和"Campus as a Living Lab"教学模式相结合的探索。在研究选题和教学指导的团队建设方面，川大的 SUSP 课程还在起步阶段：学生研究选题主要聚焦在可持续校园建设的"物质"层面，如能源、水、垃圾和校园规划等。这与川大目前的可持续校园建设的发展阶段相关。教学指导团队中，有多学科背景教师加入，学校相关管理部门也有不同程度的参与和支持，但与研究问题涉及的复杂性相比，仅这些还不够，教学指导团队急需更广泛的合作。

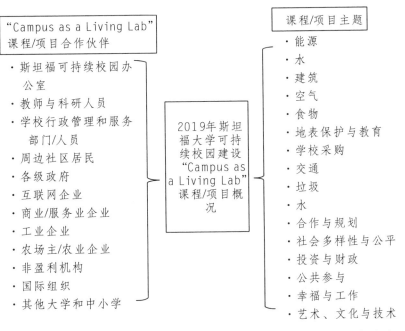

图2 斯坦福大学可持续校园建设"Campus as a Living Lab"课程/项目主题与合作方概况[16]

全面系统的研究主题和多元共创的教学指导合作团队，是斯坦福大学20多年来不断推进基于"Campus as a Living Lab"模式的可持续校园建设取得的成果。这样的积累和持续推进，是国内高校开展可持续校园建设和"Campus as a Living Lab"需要努力的方向。

（三）"Campus as a Living Lab"教学的成功实施，需要依托学校建设和管理的系统创新

四川大学 SUSP 课程的探索，是立足一门课程的学习和积累，由课程推动的对校园建设和教学模式进行融合的实验。3年多的实践证明，"Campus as a Living Lab"的教学模式，需要依托学校整体管理、服务、教学和科研的创新。"Campus as a Living Lab"的教学模式，是对校园真实问题的探究和解决。这些真实问题往往涉及政策、

管理、部门协作、财务、设施、技术等多种因素，教学指导团队对发现的问题常常没有答案，教学团队和学生项目团队是研究伙伴的关系，需要合作和共同创新，不断推进对问题的理解和方案优化。组建跨教学的校内外教学指导团队，需要学校管理服务部门对"Campus as a Living Lab"教学模式认同和支持，也需要政策的调整，比如对行政人员参与教学指导工作量的承认，把可持续校园建设作为学校发展的目标，开放校园运营数据，等等。这些条件是一门课程团队的师生无法直接实现的。

四、结语

综上所述，可持续校园建设与"Campus as a Living Lab"教学模式的结合，不仅有助于培养学生的生态文明理念和问题解决能力，而且能发挥大学校园对社区、城市和国家的引领示范作用。SUSP 课程在研究主题、伙伴拓展、课程管理等方面开展了有益的探索，围绕可持续校园建设的研究和政策建议也取得了阶段性成果。今后，四川大学可持续校园建设和"Campus as a Living Lab"的持续推进，需要更多课程共同加入可持续校园建设与"Campus as a Living Lab"教学模式的探索，需要学校管理层面的改革和创新，如组建学校可持续校园建设委员会，对跨教学团队组建发布支持措施等。

参考文献

［1］教育部办公厅，国家发展改革委办公厅．绿色学校创建行动方案：教发厅函〔2020〕13 号［EB/OL］．（2020－04－03）［2022－04－06］．https：//www．chu．edu．cn/lsxy/2021/0910/c3402a122411/page．htm．

［2］MCPHEE C．，WESTERLUND M．，LEMINEN S．Living labs［J］．Technology innovations management review．2012（9）：3－4．

［3］王新宇，娄秋艳，卢文凯，等．Living Lab 创新体系下的大学实践教育探索［J］．北京邮电大学学报（社会科学版），2013（1）：104－110．

［4］Harvard University．Explore Our Living Lab Work［EB/OL］．（2019）［2020－06－10］．https：//green．harvard．edu/series/living-lab．

［5］MIT．MIT big data living lab［EB/OL］．（2007）［2017－09－26］．http：//livinglab．mit．edu．

［6］宋刚，纪阳，唐蔷，等. Living Lab 创新模式及其启示［J］. 科学管理研究，2008（3）：4－7.

［7］CHANDLER D L. 3 Questions：Neil Gershenfeld and the spread of Fab Labs［EB/OL］.（2016－01－04）［2020－06－10］. http://news. mit. edu/2016/3-questions-neil-gershenfeld-fab-labs-0104.

［8］LEMINEN S，WESTERLUND M，NYSTRÖM A-G. Living labs as open-innovation networks［J］. Technology innovation management review，2012（9）：6－11.

［9］European Network of Living Labs. What is ENoLL.（2006－11－30）［2020－06－10］. https://enoll. org/about-us/.

［10］王楠. 基于 Living Lab 的大学教育创新生态体系构建［J］. 北京邮电大学学报（社会科学版），2012（3）：107－111.

［11］曹静，勾学荣. 基于 Living Lab 模式的校园创新实践探索［J］. 现代教育技术，2013（8）：122－126.

［12］KÖNIG A. Changing requisites to universities in the 21st century：organizing for transformative sustainability science for systemic change［J］. Current opinion in enviromental sustainability，2015，16：105－111.

［13］王汉成，刘勇兵. 传统教育、素质教育和创新教育［J］. 中国电力教育，2009（12）：10－11.

［14］齐永平. 传统教育与现代教育的创新结合初探［J］. 课程教育研究，2017（6）：11－12.

［15］任友群. 全方位助力教育体制机制改革［J］. 中国教育报，2017－10－14（3）.

［16］Stanford University. AC-8：Campus as a Living Laboratory［EB/OL］.（2019）［2020－06－10］. https://reports. aashe. org/institutions/stanford-university-ca/report/2019-02-22/.

人才培养模式

基于跨学科专业—贯通式课堂的国际减灾与应急管理创新班初探[①]

田兵伟[1,2]　第宝锋[1]　Jan Reinhard[1]　谭春萍[1]　鄢婷婷[1]

Basanta Raj Adhikari[1]　Glenn Fernandez[1]　陈　勇[1]

胡　海[2]　谭　敏[1]　Gretchen Kalonji[1]

（1 四川大学灾后重建与管理学院；
2 四川大学华西医院/华西临床医学院）

【摘要】为推进建设具有"中国特色、川大风格"的世界一流大学，以"一流的人才培养，最好的本科教育"为目标，深化本科教育教学改革，改进综合交叉类课程的教学模式，本文基于国际减灾和应急管理的跨学科、多部门、综合性和国际化特征，构建了融课程课堂学习、学生社团活动、社区服务学习和国际组织实践为一体，打通一二三四课堂教学学习和创新实践的人才培养创新班平台。平台的构建能够使学生在课上、课下、国内、国外环境中全面学习国际减灾的理论知识，提升灾害意识，付诸创新科学实验、学习行动和国际组织实习任职。创新班的构建实现了跨学科多门专业门类的交叉，以及减灾理论和应急产业创新创业实践的紧密结合，能够激发学生的自主学习意识和创新创业意识；培养学生的国际事务能力、全球化视野和人道主义服务精神。

【关键词】国际减灾；应急管理；跨学科专业；贯通式课堂；创新班

---

①　本文系 2018 年四川大学跨学科专业—贯通式人才培养专项重点项目"贯通式国际减灾与应急管理人才培养平台建设"（SCUKG025）的研究成果之一。

一、引言

2020 年，新型冠状病毒肺炎（简称"新冠肺炎"）肆虐全球，截至 6 月 30 日，世界卫生组织官网报道全球累计新冠肺炎确诊病例超过 1000 万例，死亡超过 50 万人[1]，是第二次世界大战结束以来最严重的全球公共卫生突发事件，导致全球性经济衰退。2019—2020 年，澳大利亚森林大火燃烧长达半年之久，烧毁土地大于 1260 万公顷，超过了比利时、丹麦和荷兰的面积总和。据估计，从 2019 年 9 月初到 2020 年 2 月 23 日，山火向大气中排放了二氧化碳约 4.34 亿吨，这相当于 2018 年澳大利亚温室气体排放的 5.32 亿吨中的 3/4 以上，直接造成了至少 33 人死亡和超过 10 亿只动物丧生。同时，山火烟雾造成了约 417 人过早死亡，3151 人因心肺功能异常住院，1305 人因哮喘急诊就医[2]。2020 年 2 月，东非地区蝗灾肆虐，蝗虫数量之多百年未见，其中，肯尼亚的一个蝗虫群长 40 公里，宽 60 公里，每平方公里可聚集 1.5 亿只蝗虫，蝗灾中蝗虫的数量总数达几千亿只，已导致多个国家和地区共 26 万多公顷受灾，全球多个国家和地区面临严重的粮食危机[3]。

生命至上，人民至上。我国历来高度重视人民安全。十九大报告中提出："树立安全发展理念，弘扬生命至上、安全第一的思想，健全公共安全体系，完善安全生产责任制，坚决遏制重特大安全事故，提升防灾减灾救灾能力。"2018 年 3 月，中华人民共和国应急管理部在整合 11 个部门 13 项职责基础上设立，专门负责防灾减灾、安全生产和应急救援等综合应急管理工作。2019 年 11 月 29 日，中共中央政治局就我国应急管理体系和能力建设进行第十九次集体学习，习近平总书记强调，应急管理是国家治理体系和治理能力的重要组成部分，承担防范化解重大安全风险、及时应对处置各类灾害事故的重要职责，担负保护人民群众生命财产安全和维护社会稳定的重要使命。要发挥我国应急管理体系的特色和优势，借鉴国外应急管理有益做法，积极推进我国应急管理体系和能力现代化。抗击新冠肺炎的中国经验体现了我国应急工作的特色和优势，如何发挥我国优势并借鉴国外应急管理和国际减灾的有益做法，探索国际减灾与应急管理的中外优势互补显得十分迫切。

发现新知，培养人才，服务社会经济和关注人类发展，是大学的使命和精神。人类面临的安全挑战日益严峻且错综复杂，跨学科交叉融合开展国际减灾与应急管理创新班的探索，为问题的解决提出一种人才培养的思路。一方面，创新班平台构建是综合性大学跨学科专业建设的有益尝试，对提高综合减灾与应急管理人才培养质量有着非常重要的作用。另一方面，社会对跨多学科专业技术创新、产业融合发展和贯通式专业管理人才具有迫切要求。国际减灾与应急管理创新班的设计既放眼全球，又立足社区，通过"大学课程＋社会服务＋国际组织"的方式促进减灾教育和应急产业创新创业。

同时，应急产业是今天中国最具前景、成长最迅猛、政府投入力度最大、社会发展中最急需填补短板的新兴产业，市场年容量超过10000亿元。应急产业涉及专业多、产业范围广，从口罩到重型挖掘机等种类繁多，特别适合跨学科专业的创新创业[4]。让学生在深入学习自身专业的同时，不转学院、不转专业实现与国际减灾和应急管理的交叉融合，有利于培育具有国际视野的高层次、创新型、复合型的核心技术研发人才和综合管理人才，造就一批领军人物。

上述背景之下，作为一所集防灾减灾、灾后重建与风险管理领域的科学研究、人才培养和社会服务为一体的多学科、国际化、高水平新型学院，四川大学灾后重建与管理学院（Institute for Disaster Management and Reconstruction，以下简称 IDMR）积极贯彻落实《四川大学建最好本科之四大人才培育计划——"跨学科专业—贯通式"人才培育计划》。基于前期探索及跨专业项目导师团队不断集结，学院聚焦交叉学科前沿，探索特色研究方向，以灾害医学与健康、灾害科学与工程、灾害社会学与应急管理、灾害信息学与大数据技术为主，打造"国际减灾与应急管理"创新班，不限专业面向四川大学全校本科一年级学生招生，着力培养兼具中国应急管理经验和全球化视野的创新型人才。

二、跨学科专业设计课程

（一）培养目标

在跨学科平台和国际化氛围下，面向对综合灾害科学、应急技术与管理、公共安全、全球健康与卫生应急管理、灾害大数据与信息学、防灾减灾与防护工程等交叉研究有浓烈兴趣和爱好，勇于探索和创新，有志于投身国际减灾与应急管理事业的学生，培养具备跨学科专业知识和能力并能参与国际减灾与应急管理事业和应急产业的实践型人才；培养具有国际视野、创新思维和良好科研能力的复合型人才。

（二）课程逻辑

课程设计中以人类福祉和全球韧性为初心和目标，以安全知识与应急基本技能为基础，以文理医工交叉课程为支柱，以科研训练、国际交流和服务学习为特色横向贯穿创新班全过程。其中，科研训练主要包括科研工具与方法、研究项目设计、学术规范和论文写作、国际论文发表和学术生涯规划等；国际交流主要包括国际讲座讨论交流、国际学术会议组织和实施、国际组织实习与任职等；服务学习主要包括社区服务、校园服务和信息服务等。课程设计逻辑框架如图 1 所示。

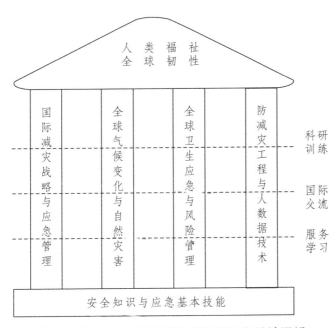

图 1　国际减灾与应急管理创新班课程设计逻辑

（三）培养模式

课程体系设计秉承国际减灾与应急管理学科大交叉特性，分别设置文、理、工、医相关课程，并与实验、实践和服务相结合。首先，在课程框架层面实现学科门类交叉。其次，单门课程设置实现内容交叉的同时关注国际特色。最后，学生根据科研兴趣选修学习创新班开设的小班化项目制 PBL（Project-Based Learning）课程，并参与由中外导师团队组成的国际化跨学科 TBL（Team-Based Learning）科研训练。通过国际化科研训练，激发学生的自主学习意识和创新潜能，同时培养学生的国际事务能力[5]、全球化视野和人道主义服务精神。

创新班共设置 A、B、C3 类课程。A 类为创新班核心必选课程，B 类为科研训练，C 类为选修课程（见表 1）。课程设置逐步由低阶向高阶开展科研赋能、国际学术交流能力提升和国际组织实习实践等。

表 1　国际减灾与应急管理创新班课程

课程编码	课程名称	学分	学期	学科交叉	主要教学模式
A1	国际减灾战略与应急管理	2	三	文	TBL/PB
B1	国际化跨学科项目制科研训练——方法与工具	0.5	三	创新	PBL
A2	全球气候变化与自然灾害	2	四	理	TBL/PB
B2	国际化跨学科项目制科研训练——科学研究设计	0.5	四	创新	PBL
C1	安全知识与应急基本技能	2	四	实验	TBL/SL
A3	全球卫生应急与风险管理	2	五	医	TBL/PB
B3	国际化跨学科项目制科研训练——学术论文写作	0.5	五	创新	PBL
A4	防灾减灾工程与大数据技术	2	六	工	TBL/PBL
B4	国际化跨学科项目制科研训练——学术论文发表	0.5	六	创新	PBL
C2	减灾服务学习与公益领袖培养	2	六	实践	SL
B5	国际化跨学科项目制科研训练——学术生涯规划	0.5	七	创新	PBL

（四）教学模式

课程教学方面主要采用 PBL（Problem-Based Learning，项目式学习）、TBL（Team-Based Learning，团队式学习）和 SL（Service Learning，服务学习）三种以学生为中心的现代化教学方法。

PBL 是让学生参与创新班导师科研项目，以问题为中心、以项目为驱动、以学生为主体、以小组合作为方式的教育与学习模式。该模式强调学习要围绕着具体而复杂的任务和问题展开，鼓励学生自主学习、反思式学习，培养学生高阶思维能力[6]。PBL教学以导师们主持的国家重点研发计划、国家自然科学基金、国家社会科学基金、中科院战略先导计划、香港赛马会项目、慈善基金项目、牛顿基金等各类国际合作项目，以及导师所指导的本科生创新创业训练计划、"互联网＋"大学生创新创业大赛、"挑战杯"全国大学生课外学术科技作品竞赛等校内外相关的创新创业项目为依托，在动态创新的过程中实现教学相长。

TBL于2002年由米夏埃尔森（Michaelsen）等学者提出，并在欧美发达国家的医学等课程教学中逐步推广应用。TBL是在PBL基础上改革创新并逐渐兴起的一种有助于提高学习者的团队协作精神，注重人的创造性和灵活性，具有实践性等特点的教学方法。相比PBL以问题为中心，TBL则更加注重团队建设，以团队为中心。团队建设重视性别、专业、年龄、民族等平衡，重视组内异质性和组间同质性。TBL团队建设在提高学生学习效率和综合素质上的作用已被初步证实[7]。

SL服务学习又称体验学习，1976年由罗伯特·西格蒙（Robert Sigmon）和威廉·拉姆西（William Ramsey）在美国南部地区的教育会议上提出，20世纪80年代中后期在美国等地兴起[8]。服务学习将学业学习和社区服务有机结合在一起，倡导在学习中服务，在服务中学习，是在世界教学发展综合化的趋势下出现的一种开放式的教育理念和教育实践方法。SL可以在教学过程中结合PBL形成PBSL，或和TBL结合形成TBSL教学模式，让学生从自己的服务体验中学习知识、反思知识，同时帮助学生在关注社会和关心人类的过程中成长为"负责任的公民"和"主动学习者"，达到服务学习的"服务"和"学习"相融合。服务学习课程的流程如图2所示。

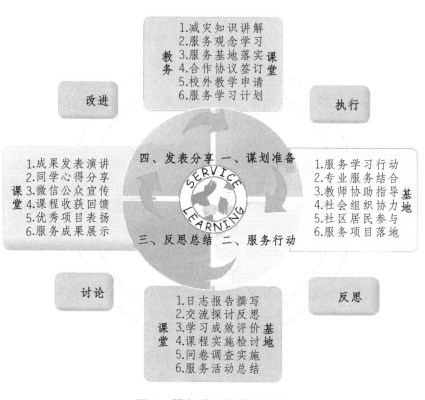

图2 服务学习的基本流程

三、贯通式课堂组织创新

（一）第一、二、三、四课堂新概念

传统的第一课堂重视知识传授，对想象力和创造力培养不足。第二课堂是第一课堂的补充和延伸，虽然有效补充了第一课堂的短板，但仍有较大空间进行优化和提升，升华第一课堂教学。

本文在传统第一、二课堂的基础上，将广义的第二课堂细化，创新提出第一、二、三、四课堂的概念，将校内校外相结合、班级社团相配合、国内国际相融合，贯通各类学习和实践场所，从知识（防灾减灾、应急管理）、能力（应变求生、应急处置）、情感（一方有难、八方支援）、精神（志愿精神、人道主义）、价值观（关注人类、关注世界）到国际视野（文化认同、求同存异）等方面全方位培养学生，鼓励学生从第一课堂到第二、三、四课堂不断进步。其中，第一课堂以教室为中心，以课堂为重心，以班级为主体，以高校教室和实验室为主要教学场所组织课程教育、实训和演练等。第二课堂以校园为重心，以学生社团为主体，包括学生社团组织的各类活动、班会、军训、社团活动、警示教育和科普宣传等。第三课堂以家国为重心，以专题团队为主体，包括支教、扶贫、三下乡、社会调研、灾区志愿活动和灾后重建服务学习活动等。第四课堂以全球为重心，以国际组织为主体，以服务人类为目标，包括国际会议与交流、人道主义救援和国际组织实践任职等。第一、二、三、四课堂主要特征和区别如表2所示。

表2　第一、二、三、四课堂的主要特征和区别

项目	第一课堂	第二课堂	第三课堂	第四课堂
在校情况	校内	校内	校外	校外
课堂场所	教室学习	课外活动	国内实践	国际实践
主要学习内容	知识、技能	能力、情感	精神、价值观	国际视野
主要参与形式	班级	社团	社区	国际组织
主要教学形式	知识讲授讨论	创新创业创造	服务学习	实习任职
融入创新创业	学习创新	创新创业	应急产业双创	国际创业

（二）贯通式课堂开展创新教育

如何贯通第一、二、三、四课堂，融入创新创业教育，培养学生的国际视野和人道主义精神，是本创新班设计阶段的重要议题之一。首先，"第一课堂"通过创新班课程学习讨论及项目驱动学习基础知识和创新思维；然后，"第二课堂"在必要的情况下，跳出创新班进入学生社团，组建科学合理的项目攻关团队开展创新创业活动；接着，"第三课堂"通过走出学校，进入社区开展服务学习和产业双创活动；最后，随着知识、技能、成果、经验和自信的养成，开展"第四课堂"的国际组织任职实习和国际创业。从而形成贯通第一、二、三、四课堂的创新创业教育路径。

1. 中外双导师特色创新

导师制和奖助学金是当前全国各校创新班的基础。IDMR承担的联合国水与灾害高层领导小组水与灾害研究全球大学联盟（HELP-

AOA）秘书处、国际防灾减灾科学联盟（ANSO-DRR）共同主席、国际减灾学会（IADRR）共同发起单位、全球灾害研究机构联盟（GADRI）理事、喜马拉雅大学联盟灾害与韧性（HUC-DRRR）工作组秘书处、海峡两岸防灾减灾与永续发展大学联盟秘书处等职位，使得 IDMR 具备高端国际化平台优势。

创新班在提供覆盖率达 100％的不同等级的奖助学金的同时，通过借助 IDMR 国际平台高、国际师资多、国际交流频繁的三个国际合作优势，创新实施二对一指导的中外双导师制度。通过积极推动与外教交流指导，开展国际交流活动，同时配备优秀师资力量和国际学术资源，培养学生的科研能力和创新思维。

2. 总结

"国际减灾与应急管理创新班"通过跨学科专业、贯通式课堂和中外双导师相结合[9]，实施"课堂课程学习＋社区服务学习＋国际组织实习"为特色的教育。在全国高校中，率先探索多学科、高层次、复合型国际减灾与应急管理人才培养模式，推进了四川大学一流学科、最好的本科教育和跨学科人才培养国际平台建设。同时，在教育过程中，创造应急产业融合发展和国际减灾组织任职实习中的关键就业机会，推动了应急产业发展，提升了我国国际竞争力。

参考文献

[1] WHO. Coronavirus disease（COVID-19）Situation Report-162 ［R/OL］.（2020—06—30）［2020—06—30］. https://www. who. int/docs/default-source/coronavirus/20200630-covid-19-sitrep-162. pdf?sfvrsn＝e00a5466 _ 2.

[2] 裴惠娟. 澳大利亚 2019—2020 年林火对生态环境的影响及政府行动［R/OL］.（2020—03—30）［2020—06—30］. https://mp. weixin. qq. com/s?src＝11&timestamp＝1593714520&ver＝2436&signature＝2u21fgPnfapam82BLTIZ＊jWYM53MizhbY0Q82nCP7＊XDSA2Y0EsPAeRFljbskBHF811Saxm5JTsc16h＊ZrLo-54jh1jRdVL8Q9ewK4xjjl78CtvSYNvAOLle516ZIbzS&new＝1.

[3] 魏伟. 特大蝗灾席卷东非南亚［J］. 生态经济，2020（4）：1—4.

[4] 田兵伟. 防灾减灾救灾教育与创意创新创业教育融合研究［C］//中国高校创新创业教育联盟，中国高校创新创业教育研究中心. 创新创业创造 释放教育新动能：中国高校创新创业教育联盟论文集. 北京：清华大学出版社，2020.

[5] 陈宝剑. 高校毕业生到国际组织实习任职入门［M］. 北京：北京大学

出版社，2019.

［6］杜鑫淼，胡海．PBL 整合课堂教学法在大学生灾难医学救援知识普及教育中的应用［J］．中华灾害救援医学，2014，2（2）：75－78.

［7］胡海．浅析国际应急医疗队培训框架及其对我国卫生应急队伍培训的启示［J］．中华灾害救援医学．2020，8（5）：268－271.

［8］黄孔雀．美国高校服务学习模式述评［J］．高教探索，2015（2）：61－65.

［9］四川大学教务处．四川大学灾后重建与管理学院"国际减灾与应急管理创新班"招生通知．［EB/OL］．（2020－07－02）［2020－07－02］．http://jwc.scu.edu.cn/info/1081/7162.htm.

教学方法探索

Jiaoxue Fangfa Tansuo

从合作学习到教学共同体

——建构主义视角下的线上教学共同体建设

蒋明霞

（四川大学教务处）

【摘要】 随着信息技术的发展，特别是新型冠状病毒肺炎（简称"新冠肺炎"）疫情引发的大规模在线教育的普及，线上教学已经成为未来高等教育的"新常态"。如何在这个大背景下巩固探究式—小班化课堂教学的成果，不断满足学生日益增长的个性化学习需求，提升学生的学习成效成为高等教育的重要研究课题。本文在探究式—小班化教学普遍应用的合作学习的基础上，提出线上教学共同体建设，并从线上教学共同体的内涵，建设的必要性、可行性及建设路径逐一进行阐述，全方位论述了建构主义视角下的线上教学共同体建设。

【关键词】 建构主义；线上教学共同体；教师主导；学生主体

合作学习是随着探究式—小班化课堂教学改革而兴起的一种学习形式，又随着改革的深入逐渐在高校课堂教学中得到广泛应用。老师们在课堂中组建学习小组，让学生以任务的形式开展探究式学习，从而推动课堂教学改革的不断发展。这种学习形式打破了原有的以教师为主的传统课堂，让学生深度参与课堂教学。任务型的学习增加了课堂的挑战度，增强了师生互动、生生互动，从而达到了更好的教学效果。

但是合作学习也有一定的局限性。一是主要侧重于学生的学习，容易忽略教师在学习中的重要引导作用；二是空间局限性大，主要限制在课堂内外；三是参与对象范围较窄，无法满足大学生越来越个性化的学习需求。特别是随着 2020 年初新冠肺炎疫情暴发导致的全球范围内的大规模线上教学的开展，传统的课堂教学发生了翻天覆地的变化，教师和学生被迫开始接受线上教学带来的挑战，大规模的线上教学已经成为"新常态"，正如教育部高教司司长吴岩在教育部新闻发布会上指出的那样："融合了互联网＋智能＋技术的在线教学已经成为中国高等教育和世界高等教育的重要发展方向"[1]。

在这个大背景下，如何充分发挥线上教学的优势，补齐线上教学在当前形势下暴露出来的短板，实现线上教学与线下教学实质等效，甚至取得更好的效果，让新的教学形式引领未来教育的发展，将成为今后很长一段时间高等教育的重要研究课题。建立线上教学共同体则为我们提供了一种新的途径。

一、线上教学共同体的内涵

有学者在之前的研究中提道，"学习共同体是由学习者及助学者共同构成的以完成共同的学习任务为载体，以促进成员全面成长为目的，通过人际沟通、交流和分享各种学习资源而相互影响、相互促进的学习团体"[2]。这个意义上的学习共同体更多的偏向于各类学习小组或者学习团体。

本文定义的线上教学共同体不仅仅是指学生因为线上教学而组成的学习小组，而是指在以"学"为中心的理念指导下，为了更好达成学习目标，取得良好学习效果，以教师为主导，学生为主体，学校、平台、社会提供辅助支撑的教与学的共同体。这个共同体可以分为主导、主体和支撑三个部分，各司其职，共同为学习效果达成、学生能力培养贡献自己的力量，它不只有利于促进学生学习，同样也有益于教师教学能力提升与成长。

二、线上教学共同体建设的必要性

大规模的线上教学为教育发展带来新的挑战。新冠肺炎疫情导致学生和教师不能顺利返校，不能进行面对面的交流和沟通，使得传统的课堂教学不能顺利开展。在教育部的紧急号召下，很多教师"赶鸭子上架"开始了线上教学的探索，在这个过程中也暴露出来许多的问题。

1. 学习空间的扩展削弱了课堂的互动性

传统的学习空间是指学习的场所，主要是指学校、课堂等物理空间。随着信息技术的发展和线上教学的兴起，基于网络的个人学习环境、个人学习网络和群体性的网络学习空间，甚至还包括由虚拟现实技术和增强现实技术构筑的虚拟学习空间[3]，使得学习空间的内涵和外延得到了极大的扩展。学习空间扩展后，教师和学生不能面对面，教师无法实时得到学生的反馈，了解学生学习状态及其对于知识点的掌握情况，教学效果大打折扣。

2. 教师信息素养的不足无法保证教学效果

对于大部分的教师而言，线上教学都只是线下课堂教学的补充。面对全面铺开的线上教学可谓措手不及，如何进行有效的平台选择，如何针对线上教学特点选择教学内容和设计教学形式，如何在线上教学中保障足量的课堂互动，如何利用已有的线上教学资源对自身课堂进行补充，如何让学生在线上教学的过程中排除干扰有所收获，这都成为教师在线上教学过程中遇到的疑难问题。由于线上教学还处于探索阶段，多数教师无法在短时间内掌握线上教学的规律，无法科学地设计课程，无法合理地安排教学内容和形式，无法客观地测评学生学习效果，因而无法保证线上教学效果。

3. 网络知识的碎片化学习方式打破了知识的系统性

随着信息技术的发展，学生成为互联网时代的原住民。"他们用自己独特的视角来观察审视世界，在思想观念、价值取向、人生态度、行为方式等方面都表现出与以往时代不同的特点"[4]，他们的学习同样如此。互联网让知识的获取更加便捷，也让学生学习的时间、内容、方式更加灵活。互联网带来的海量的知识和信息，让学生很难进行综合的把握和概括，学习的方式呈现碎片化的特点，学习的系统性不能得到保证。有学者研究发现"碎片化学习存在整体学习效果差、网络资源检索困难、与他人互动频率较低、个人主观执行力较差等问题"[5]，加上网络信息参差不齐、良莠参半，学生无法进行正确的取舍并获得有效的学习效果。

三、线上教学共同体建设的可行性

（一）建构主义为线上教学共同体提供理论支撑

建构主义学习理论是现代四大学习理论之一，被称为"当代教育心理学中正在发生着的一场革命"[6]。建构主义认为学习的本质是学习者积极主动构建意义的过程，是指学习者在原有知识经验基础上，根据自己的经验背景，对外部信息进行主动选择、加工和处理，从而获得自己的意义。学习的过程就是学习者利用感觉吸收并且建构意义的活动过程，这一过程不是被动地接受外部知识，而是同学习者接触的外部世界相互作用的结果[7]。

建构主义学习理论强调以学生为中心，认为知识不是通过教师的传授得到的，而是学习者在一定的社会情景下，借助其他人（包括教师和学习伙伴）在学习过程中的帮助，利用必要的学习资料，通过意义建构的方式而获得的。这里教师和学生的角色都进行了相应的转变：教师由知识的传授者、灌输者变为学生主动建构意义的帮助者、促进者；学生由被动的接受者变成信息加工的主体、知识意义的主动建构者。这就要求教师在教学过程中要采用全新的教育思想和教学模式，教学设计要围绕自主学习策略、主动学习策略、学习环境设计，以促进学生主动构建知识意义，这与教学共同体所倡导的自主学习、合作学习更为契合。

建构主义的学习观强调的是主动建构性、社会互动性和情境性三个方面，倡导"以学为中心"的教学理念，为大规模线上教学的未来发展指明了方向。建设学生和教师"双主"模式，学校、平台、社会辅助支撑的线上教学共同体，积极发挥教师的主导作用和学生的主体作用，学校、平台和社会共同创设良好的线上教学情境，充分发挥教学共同体在学生合作学习中的促进作用，帮助学生达到良好的学习效果，将成为后疫情时代高等教育的重要手段。

（二）信息技术的发展为线上教学共同体建设提供了条件支撑

随着工业4.0时代的到来，信息技术飞速发展，各行各业都受到了不同程度的影响。在工业4.0时代，集成、智能、创新、融合成为社会发展的关键词，人工智能、虚拟现实、大数据、区块链、3D打印等信息技术成为推动社会前进的关键力量。[8]技术的发展对于高等教育的影响无疑是直接而且深刻的，以计算机和互联网为代表的信息技术引发了教育系统全面变革的第四次教育革命，掀起了新一轮的教育变革浪潮。

随着"互联＋教育"的发展，移动平台解决方案越来越完善，线上教学资源不断丰富。通过各高校的不断努力，目前，我国各平台上线的慕课（MOOC）已经达到万门，有千余门已经达到"金课"的标准。与此同时，新的互动数字媒体盛行，让个性化的在线学习成为可能，为学生提供及时反馈以及定制化的额外辅导。经历了这次大规模线上教学风暴的网络教育平台得到了及时的改进和提高。这些为线上教学共同体建设提供了良好的条件。

就像美国发布的《教学2030》中提到的那样，"网络时代（Network Age）已经过渡到超联通（Hyper-Connected Age），超联通时代以前所未有的使用快速变化的技术为特征"[9]。在这样的社会中，实体世界与虚拟世界的"围墙"将会轰然倒塌，与技术的良性互动将成为学生学习的重要手段。线上教学共同体的建设所需要的良好的软硬件条件支撑已经具备。

（三）高等教育已有的改革成果为线上教学共同体建设打下坚实的基础

近年来，各高校不断深化教育教学改革。以四川大学为代表的高校着力于课堂教学改革，不断探索以启发式讲授、互动式交流、探究式讨论、全过程学业评价和非标准答案考试为主要特征的探究式—小班化课堂教学，通过各类举措让教师爱教、善教、乐教，学生勤学、悦学、会学，让以"学"为中心的教育理念深入人心。

学校通过改造教室及其他学习区域，以各类功能型教室推动智慧教学转型升级，打造智慧化学术殿堂式学习环境。教师们则更加主动地去寻求教学能力的提升，如参与教师教学发展中心组织的各类研讨、培训、竞赛、工作坊等活动，学习智慧教室的使用方法，开展探究式—小班化教学改革。学生则不断适应智慧教学环境，主动参与教育教学改革创新，为线上教学的顺利开展提供了重要前提，这些都为线上教学共同体的建设奠定了基础。

四、线上教学共同体的建设路径

线上教学共同体的构建要坚持以学为中心，采用"双主"模式与多点辅助相结合，坚持教师主导、学生主体的教学模式，充分发挥学校、平台、社会等多方作用，共同辅助学习目标的达成。

（一）建设线上教学共同体需要积极发挥教师主导作用

一方面，教师要不断提升自己教学学术能力与教学技巧，提升信息化素养。有研究指出：教师之间的合作是提升学生学业成就的最有力指标[10]。因此，教师可以通过教学共同体形成团队，不断更新教育教学理念，掌握在线教学技能，提升在线教学学术能力。同时，要共同分析课堂教学数据、学生学习数据，对于不同需求的学生进行个性化的指导，以多元化的方式开展课程教学，最大限度地促进学生学习。

另一方面，教师也要当好线上教学共同体的掌舵者。首先，教师需要通过课程设计、教学实施等方式，与学生一同建立起良好的共同体生态，把握住学习这个中心点。独特的课程设计，有利于激发学生的学习兴趣，帮助其形成良好的学习动机，树立坚定的学习信念。其次，需要根据教学内容创设出多种适合的教学情境，提示新旧知识之间的联系，帮助学生在海量的信息中筛选出适合并且正确的知识，从而达到知识的顺利迁移。再次，还需要通过有效方式加强师生互动、生生互动，组织高质量的合作学习，把学习者引向深入学习。最后，还要监督和掌握学生的学习活动，并适时给予引导和帮助。

（二）建设线上教学共同体需要不断增强学生的主观能动性

传统的课堂教学强调教师的知识传递作用和学生对于知识的接收，忽视了教育中知识是主动性和建设性的过程的本质[11]。线上教学的普遍开展将从根本上改变学生的学习方式，让他们对学习的时间、内容、方式更加灵活的要求得到最大限度的满足，同时打破学校与课堂将时间与空间集中起来创设教育情景的天然优势。在这种情况下通过线上教学共同体的建设将时间和空间的连接转化为人与人之间的连接，可以弥补时空情境的不足，更好地引导学生自主学习、个性化学习。

而我们要做的首先是转变学生学习观念。通过教学共同体的建构，让学生意识到学习的过程是自己构建意义的过程，是新知识与自己已有知识的链接过程。其次，是提升学生自主学习能力。线上教学共同体可以通过发布项目制学习任务，以解决实际问题为导向，充分调动学生的学习积极性。教学共同体可以提供一个频繁互动、相互交流的载体，以利于学生集合各类资源共同完成学习任务，从而达到高阶合作学习的目的。最后，是提升学生信息化素养。学生要通过不断的分工合作交流研讨，掌握网络时代碎片化知识的选择、改写、整合并进行创造性的重构，使其与自身已有的知识体系进行对接，以达到系统化的目的。

（三）建设线上教学共同体需要进一步挖掘学校、平台和社会辅助支撑作用

学校层面要做好顶层设计，提供网络等软硬件支撑以及信息技术培训等的制度保障。线上教学共同体建设将打破现有的课堂教学形式，学校需要在现有的基础上出台相应政策，提供制度保障。同时，学校还需要加大对教师的支持服务力度，通过举办线上教学研讨交流会，开设线上教学学术创新讲座，举行系列教师培训等措施，推动教师进一步深化对教育本质及信息化内涵的思考，提升教师的信息化素养。

平台则需要不断创新发展，提供更多更好的教育服务。除了提供海量的线上教学资源以外，还应针对教师和学生的个性化需求，设计更加便利的交互方式，让线上教学更加顺畅高效，以保证线上教学共同体的良好运行。

社会各界要共同参与学习内容的建设、支持学生学习的开展。未来的大学将是开环的，社会工作与校园学习可能交替进行。学生的学习会逐渐过渡到先能力后知识的"轴翻转"[12]，何种能力更能适合未来的社会发展只能由社会自身来决定。因此，社会和企业共同参与学习内容的建设，建立跨线上线下、跨国别、跨学校、跨大学与企业的学习社区，将更有利于线上教学共同体教学目标的达成。

总之，线上教学共同体建设就是让学生能够在信息化的社会中，通过对学习方式的重构，建立起属于自己的个性化的学习路径，构建自己独有的知识体系，培养自主学习能力，成为引领未来社会发展的

信息化人才。

参考文献

［1］吴岩. 在 2020 年 5 月 14 日教育部新闻发布会上的讲话.

［2］伏荣超. 学习共同体理论及其对教育的启示［J］. 教育探索，2010（7）：6—8.

［3］李维刚，孙其信，李逢庆. 国内学习空间研究现状可视化分析与评述［J］. 数字教育，2020，6（3）：26—31.

［4］李宝山. 试论网络化背景下大学教育的对策［J］. 中国市场，2018（6）：255—256.

［5］李亭松，张洪泰，吕林海. 新时代新学习方式的利与弊——互联网时代大学生碎片化学习现状、问题与对策［J］. 教学研究，2020，43（2）：1—5.

［6］SLAVIN R E. Education psychology：theory and practice［M］. 4th ed. Needham Height，Massachusetts：Allyn&Bacon，1994.

［7］杨维东，贾楠. 建构主义学习理论述评［J］. 理论导刊，2011（5）：77—80.

［8］胡钦太，刘丽清，郑凯. 工业革命 4.0 背景下的智慧教育新格局［J］. 中国电化教育，2019（3）：1.

［9］邓莉，彭正梅. 面向未来的教学蓝图——美国《教学 2030》述评［J］，开放教育研究，2017，23（1）：37—45.

［10］JACKSON C K，BRUEGMANN E. Teaching students and teaching each other：the importance of peer learning for teachers［R］. Washington，DC：National Burean of Economic Research，2009.

［11］约翰·杜威. 民主主义与教育［M］. 王承绪，译. 北京：人民教育出版社，2001.

［12］王佳，翁默斯，吕旭峰.《斯坦福大学 2025 计划》：创业教育新图景［J］. 世界教育信息，2016，29（10）：23—26，32.

"经济学说史"课程中的师生学习共同体建设

邓奇志

（四川大学经济学院）

【摘要】"经济学说史"作为经济学专业的基础课程具有理论性强、内容庞杂、阶级立场明确的特点。传统教学方式一般是照本宣科、泛泛而谈，造成这门课程教学效果不佳，难以培养学生的独立思考能力和探索精神。本文结合课程教学特点、难点和以往教学的弊病，试析学习共同体模式在"经济学说史"教学实践中的运用，希望能够对"经济学说史"课程教学、课程改革有所启发和帮助。

【关键词】经济学说史；学习共同体；教学；改革

一、学习共同体概念的提出

（一）学习共同体概念的产生与发展

随着人类生产力的发展，科学技术的进步，尤其是交通和通信技术的跨越式发展，人与人、人与群体、群体与群体之间的联系已不再受限于传统的血缘、文化和地域因素，城市社区也已不再是传统意义上的共同体。"共同体"概念不断被移植到新的领域中，例如，出现在教育领域的"学习共同体"（Learning Community）。学习共同体的出现实际上也伴随着教育界对传统教学方式的反思。约翰·杜威在《民主主义与教育》[1]一书中说道："任何社会安排只要它保持重要的社会性，或充满活力为大家所分享，对那些参加这个社会的人来说，都是具有教育意义的。"传统学校的教学在社会性方面有所缺失，在

教学方法探索

教学上以班级为单位，以学生的共性和教学内容的客观性和简单性为前提。将教学过程异化为一种类似于"工业生产"的方式，这种学习方式脱离了社会、生活和一系列人与人之间的社会性因素，使学习知识的意义丧失，学生的学习意愿受到压制。

对传统教学方式科学性的质疑，让教学者认识到知识产生是社会性的过程，教学中不能够忽视社会性的作用。在对社会性的探讨中，研究者们将目光聚焦在了"共同体"这一个古老的社会群体概念上。关于"学习共同体"，博耶尔在 1995 年发表的《基础学校：学习共同体》（*The Basic School：A Community Learning*）一文中最早将此概念提出来，博耶尔认为"学校是学习的共同体"，学校教育关键是建立学习共同体。约翰逊兄弟在《合作与竞争：理论和研究》（*Cooperation and Competition：Theory and Research*）中用合作团队的概念阐述了有关学习共同体的理念，并进行了广泛的合作学习研究。

国内对该概念的研究从日本学者佐藤学和国内学者钟启泉共同研究提出"学习共同体"这一概念开始。郑葳和李芒[2]认为，"与其说学习共同体是学习者群体，毋宁说它是一个系统的学习环境，一种多元、民主、平等而安全的开放式学习环境。"张志旻[3]等认为学习共同体的界定应从社会组织和群体关系的角度切入，只要是通过社会学的方式构建知识的团体都可以成为"学习共同体"。伏荣超[4]认为，"学习共同体是指由学习者及助学者（包括教师、专家、辅导者、家长等）共同构成的以完成共同的学习任务的载体。"

由此看来，学习共同体是由学生和老师共同组成的学习型团体和关系网络，团体中成员在共同愿景引导下，在平等、民主和共享氛围中互相交流、协商互助、合作探讨，在个体与团体共同发展的过程中形成共同的精神情感。

（二）学习共同体的特点

通过研究我们发现，学习共同体具有以下三个特点：

第一，学习共同体是学生获得自尊和归属感的重要方式。这会吸引学生参与共同体，促进他们持续努力学习。因此，学习共同体是一个温暖而舒适的"家"，在这个"家"中大家彼此信任和互相依赖，但这个"家"不是让人享受，而是让成员们共同不断推动对新的学科和知识体系的学习的地方。

第二，由"共同体"概念延续而来的互助性。互助性即指两个及以上的学生以课程学习为导向，通过相互合作而持续性地提升自身水平的过程。在共同体内部不同的成员之间存在着知识掌握程度的差距，这种差距是一种重要的学习资源。具有不同学习程度、教学背景的成员合作完成学习目标，有助于缩小彼此差距，共同提高。

第三，获取外部支援。在学习共同体学习资源开放的优势下，对教育者的定位具有积极意义。教师在学习共同体运行过程中对学习者给予足够的支持，充分信任并尊重其选择，下放教学权力给学生。教师只有在必要时候才介入学习过程，但仍会听取学生的意见并采纳学生的建议，调整学习共同体结构。在必要时可以开放资源，获取包括众多教师、其他伙伴和海内外的学者的帮助和支持。

二、学习共同体运用于"经济学说史"教学的必要性

（一）传统"经济学说史"教学的难点和弊病

第一，课程教学内容太多，学生难以具体把握学习内容的重点，也难以理解经济学流派和经济思想历史之间的关系和发展脉络。几乎所有教材都按照古希腊、古罗马、欧洲中世纪，至文艺复兴和欧洲近代化的脉络介绍经济思想。教材基本按时间顺序进行编写，涉及众多学派和经济学家。经济思想史还涉及历史、政治、哲学、心理学等学科，学生们较难理解不同学派之间的关系，更难比较彼此之间的不同。

第二，经济学说依赖各时代背景，学生在无相关基础的情况下持续学习的兴趣不浓。学生们以为这门课程能够让他们在学习过程中了解到经济学家们的奇闻逸事，均比较感兴趣。事实上这门课程的内容是比较枯燥的，极少有奇闻逸事作调剂，加之还要介绍许多理论性的内容，趣味性就更少了。同时"经济学说史"阶级色彩浓厚，学生们掌握起来有难度。"经济学说史"教学内容从奴隶社会的古希腊、古罗马，经过封建社会的欧洲，到资本主义社会的欧美，各种学说产生都有其特定阶级背景。学生们在前两年学习中，从西方国家的经济发展角度来探讨经济理论，并不一定涉及阶级批判。但是在"经济学说史"的学习过程中都会涉及对某一学说阶级局限性的评论，这会使学

生们对我国参考和借鉴使用西方经典经济理论的行为产生疑惑。

第三,传统的班级教学制度,将学生异化为只能够学习教材的"机器",将课程沦为灌输知识的"工厂"。学生的社会性、互动性和创造性受到压抑,知识创新能力被减弱。

第四,课程考查方式单一,期末考试所占比重过大,命题过于呆板且照本宣科,导致学生在期末临时抱佛脚,死记硬背。这违背了设置该课程的初衷,学生学过即忘的现象非常明显。

(二)建设"经济学说史"课程学习共同体的必要性

"经济学说史"教学中的重难点和弊病,凸显出建设学习共同体的必要性。

第一,课堂学习时间相对有限,课程教学压力很大,学生的课外时间相对充裕。建设学习共同体有利于提升学生们的学习自主性,增加学习趣味。能够促进学生们在课后主动思考和探索相关知识,破除教学的重点难点。

第二,建设学习共同体是改"填鸭式"教学为"互动式"教学。卡尔·曼海姆认为,知识并不是来自人的观察思考或者灵感,而是来自"共同生活的行动中""能动的过程中""某种进程中"产生的结果[5]。即学生们的学习过程是一个共同的行为过程。马克思认为,人的本质属性是社会性,在人与人交往的过程中人类才会存在和发展,交往会促使意识的形成。"经济学说史"学习共同体由多元化的主体组成,包括学生、教师、社会人士、家长、某一领域的顶尖人才等,他们常常是以群体活动的形式进行学习的。这可以使每个学生尽可能地参与到学习活动中去,获得知识上的互助和情感上的交流,增强参与合作学习的愿望。

第三,"经济学说史"课程学习的最大意义就是让学生在经济学学习过程中有所启发。许多学者将学生的学习与科学家的研究进行对比后发现,学校学习应该让学生效仿科学家发现和探究知识。"经济学说史"学习共同体正是学生探究知识较为有效的组织形式。

三、学习共同体在"经济学说史"课程中的运用

（一）学习共同体在"经济学说史"课程中的建设流程

基于四川大学"经济学说史"课程教学，引入学习共同体框架，阐述学习共同体在课程中的建设流程。这里以"边际效用学派经济学说"（以下简称"边际革命"）教学为例进行说明。

1. 课程参与者设定

教学参与者为经济学院经济学专业的 80 名学生，以及教师和助教 2 人。选定教学参与者之后，会将学生们随机分为 5 个小组，每个小组 16 人。根据"小组与任务、能力素养以及性格与气质"三要素对全体成员进行访谈，确定各个小组的组长、副组长及意见领袖。学习共同体是一个复杂的系统，小组成员的角色需要根据成员的能力表现、学习任务的完成状况以及小组成员的分工需要等进行再次调整，教师也鼓励各小组成员根据自己能力主动承担相应角色。

2. 课程学习场景设计

第一，学习引导设计。（1）为了促进学生进行深度学习，教师或者学生需要从以下几个方面对讨论的内容进行交流：讨论"边际革命"有哪些方面；问题如何解决；其他成员的解决方案差异点为何，这些解决方案在资料、论证和逻辑方面是否准确；解决方案还有哪些新的方法、资料和角度。（2）围绕"边际革命"进行相应的宏观引导，主要包括："边际革命"的定义，包括的要素，各个定义之间的差别；"边际革命"的代表人物、发展过程及其内容；"边际革命"的教学活动如何开展；"边际革命"的课程内容如何设计。教师需要根据会话内容以及问题解决状况进行学习引导。

第二，学习环境设计。依托 QQ、经管之家论坛、微信平台，分别进行小组成员邀请、小组组建、角色分配以及成员功能权限设置。教师在这些平台上提供"边际革命"学习资源，内容包括参考书、论文、代表人物、历史事件以及相关学习视频等。教师设定相应的绩效考核标准鼓励学生分享学习资源，将其上传至小组共享文件夹中。设定经管之家论坛协作学习平台，学生可以通过邮箱、QQ、微信等途径接收平台信息。

第三，小组组织文化设计。（1）明确"边际革命"学习的共同愿

景。向学生介绍优秀作品，共同体学习的最后作品为论文写作。（2）将小组成员互惠协作纳入评价。教师将小组成员对其他成员的帮助频次及等级评价纳入学生的过程性评价。（3）开展深度讨论活动。每位学生要针对"边际革命"问题提出假设解决方案，小组成员以解决问题的方式与同学进行互动交流。

3. 学生互动与渐进探究流程

第一步，首先明确"公共性"会话由"边际革命"问题构成。主要包括小组成员对"边际革命"的基本观点，以及这种观点产生的原因；相关理论依据、假设和逻辑论证；这样进行论证的理由；自己对该问题的观点以及彼此观点差异在哪里；如何解决分歧等。其次基于经管之家论坛平台，学生通过发表观点、回复和评价进行会话互动；教师或意见领袖根据"边际革命"讨论的多样性和深度开展主题观点的归纳与凝练讨论活动。

第二步，首先进行互动评论的观察活动设计。自我观察活动设计包括成员们对"边际革命"的基本观点为何；提出的问题解决方案为何；"边际革命"设计假设以及理论依据有哪些。二阶观察活动包括小组成员之间对"边际革命"的解决观点为何；针对问题解决方案如何互动，彼此之间如何形成论点、论据以及进行推理活动，最后得出结论。其次设计基于批判思维问题的讨论。学生以批判思维问题为基础，或进行问题解决方案的自我问答，或进行小组成员之间的协作学习讨论。

第三步，首先建立互惠性会话制度。根据学生对其他同学的互惠性会话次数以及会话质量进行推荐。教师将互惠讨论纳入学生的过程性评价中，诸如互惠内容、互惠频次以及互惠程度。其次开展基于三层追问法的互惠性会话活动。教师利用相关论坛平台，根据讨论主题"边际革命"设置互惠性评价活动的相关任务，以"是什么、为什么、如何解决"的方式进行。

4. 数据信息收集与整理

对数据信息的收集与整理可分为两部分。第一部分是搜集教学过程中的学生和教师们在互动性学习过程中产生的各种数据，包括信息平台上发布的帖子数量、在线文档的编辑状况。各个小组发表多少条帖子，各小组成员对文档进行多少次编辑，涉及多少字符的文字，以及内容涉及"边际革命"的概念、代表人物、影响因素、特征及代表作品。第二部分进行两次问卷调查，调查问卷包含十个问题，内容涉及十个方面。通过两次问卷前后对比的方式，能够清楚地调查学生们运用学习共同体学习"经济学说史"的成效。

（二）学习共同体在"经济学说史"课程教学运用中存在的问题

学习共同体在课程运用中存在如下几个问题：

第一，如何让学生接受学习共同体这种全新的学习方式。由于多年的课堂教授学习方式让学生产生了严重的路径依赖，学习方式的剧烈变化会让他们产生严重的陌生感和不连续性，对他们已经形成的学习和作息习惯造成冲击。这可能引起学生们内心的抵触情绪。

第二，如何调动学生参与共同学习的积极性。学生们通过学习共同体方式学习"经济学说史"过程中往往因认知能力、课程爱好程度不一样而存在共同学习兴趣下降的情况。并且一旦失去共同参与学习的兴趣，会导致学习过程的分化，增加教学进一步深入的难度和协调教学的难度。

第三，如何提高学生的学习效率。"经济学说史"课程既属于经济学的范畴，也属于历史学的范畴。对这门学科学习方法的不了解常常导致学生们学习效率偏低。各阶段经济学家的经济思想的产生原因、与之前和之后的经济思想的关系是学习的重点。当学生对这些内容一无所知的时候，就非常依赖教师的讲解。因而，当学生没有完成课前自学时，教师在教学中运用学习共同体方式就会出现学生与教师、学生与学生之间难以共同探讨交流问题的情况，学生对该门课程内容的掌握程度更低。

第四，如何协调学生对问题理解的差异。学生们对十问题的思考存在不同的角度，从而得出不同的结论，我们一边鼓励学生们思维的多样性，一边也不能够忽视思想观点不同所带来的学生之间的矛盾。如果放任不管，学生之间的矛盾将被激化。那么以团体共同学习为基础的学习共同体就有解体的危险。

四、对策建议

（一）渐进式地改变教学方式

由于"经济学说史"课程的教学时间有限，而课程内容很多，教学者需要学生们尽快进入新的学习状态，同时又不能把步伐迈得太大以免学生再次产生抵触情绪，因此可以循序渐进地进行变革。具体做法上，可以针对"经济学说史"这门课的特点，抓住学生们一开始对课程产生的新鲜感，以故事的形式作为载体切入教学内容。故事的形式具有趣味性，能够充分调动学生们的好奇心和兴趣。让学生们在故事中获取一定的经济学说史知识，寓教于乐，同时鼓励他们主动学习和思考。

（二）课前引入导学环节

针对学生因对"经济学说史"这门课程的内容不了解而依赖教师讲解的问题，教学者可以将教学方式在开课前告知学生，并在第一、第二次课前将教学的重点、难点以问题的形式发给学生做准备。实际授课时将教学时间进行时段划分：教师讲述、学生回答之前准备的问题、学生之间展开讨论、教师总结。随后的教学课前准备由学生根据教学内容自主设定问题，问题应尽可能围绕教学重点难点，又具有深度和广度。这要求教学者不仅要对课程教学和课堂组织进行认真设计，还要对课前导学和问题提出认真思考。

（三）教师要实现从主讲到主导的角色转变

提高"经济学说史"学习共同体运行的效率，关键还在于教师要从过去的主讲者转变为主导者。首先，将课前自学列为教学的重要环节，每章讲授之前，推介阅读文献，提出难点、重点，使学生学习有的放矢。其次，教学中适当安排作业、课堂辩论、演讲等，让学生带着问题走出教室，又带着问题走进教室，从而增强课堂的凝聚力。再次，淡化教师在教学中的"演讲"角色，对各种经济理论的评述尽可能多角度地分析渊源和影响，探讨其中的方法论。一旦教学者把重点放在指导学生学习上，那么尽管授课时数减少了，学生仍会感到启发更大，领悟更多。

（四）应将学习共同体内的矛盾作为变革的主要驱动力

当新的思想观点被引入时，会与原有的观点发生冲突。这不仅是思想的验证和自我更新过程，同时也会迫使学生们在思想上做出转变。如果能够利用好这些矛盾产生"思维的碰撞"，就能够在学习共同体内部产生创新的要素。但为了避免矛盾激化，要求教学者进行引导，主要是向学生们明确解决矛盾的方法和途径，要尽量避免对学生观点的直接干预。不能给学生现成的答案，也不要诱导学生按照教学者自己的思想方式来思考问题，而是让学生们学会独立思考、独立解决问题的方法。

参考文献

［1］约翰·杜威. 民主主义与教育［M］. 王承绪，译. 北京：人民教育出版社，2001.

［2］郑葳，李芒. 学习共同体及其生成［J］. 全球教育展望，2007（4）：57—62.

［3］张志旻，赵世奎，任之光，等. 共同体的界定、内涵及其生成——共同体研究综述［J］. 科学学与科学技术管理，2010，31（10）：14—20.

［4］伏荣超. 学习共同体理论及其对教育的启示［J］. 教育探索，2010（7）：6—8.

［5］杨莉萍. 社会建构论心理学思想与理论研究［D］. 南京：南京师范大学，2004：42—43.

以"学生为中心"提升学生"4+2"
能力的"电机学"教学实践

赵莉华　肖先勇　黄小龙　曾成碧　苗　虹

（四川大学电气工程学院）

【摘要】本文以电气工程及其自动化专业本科生"电机学"课程教学为例，探索"以学生为中心"的课程教学方式，结合课程和学生特点进行教学实践。"以学生为中心"，以培养学生自主学习、独立思考、批判思维和创新创造等 4 种核心能力，提升学生书面表达与口头表达、团队协作等 2 种素质性能力为教学目标。本教学实践结合"电机学"课程特点和"4+2"能力提升要求，将"以学生为中心"的教学理念贯穿课程教学各环节，采用线上与线下、课堂内与课堂外、理论教学与实践教学"三结合"教学模式，采用混合式教学和全过程评价等教学方式。对 1200 多位学生的教学实践证明，"以学生为中心"的教学可有效实现"4+2"能力的提升。

【关键词】以学生为中心；"4+2"能力；教学内容；教学方法；全过程教学评价

一、引言

教育部高教司吴岩司长在题为《建设中国"金课"》的报告中指出：课程是教育最微观、最普通的问题，但它要解决的却是教育中培养人这个最根本的问题；课程是中国大学普遍存在的短板、瓶颈、软肋；课程是体现"以学生发展为中心"理念的"最后一公里"。以学生发展为中心，是世界高等教育共同的理念，课程是解决这个理念落地的"最后一公里"。习近平总书记指出，要把立德树人的成效作为检验学校一切工作的根本标准。而课程正是落实"立德树人"根本任务的具体化、操作化和目标化。所以，"以学生为中心"的教学改革是提高本科教学质量、培养综合型人才的重要措施。

"以学生为中心"教学法（Inquiry-Based Science Education），国际上又称为"探究式科学教育"法（Hands-on Inquiry Based Learning）或者是"研究性学习"。它在 20 世纪 60 年代起源于美国。当时，美国教育心理学家布鲁纳提出了"以学生为中心"的主张，认为教师只是"一个方便学习的人"。自此，美国、法国、英国、加拿大等发达国家开始在幼儿园和中、小学进行"以学生为中心"的教学改革。

传统的教学模式是"以教师为中心"的教学方法。在这种教学模式下，教师在课堂上进行知识传授，讲授基本概念及其相互关系等，学生通过听课来获取知识，无须积极参与课堂教学活动。教师是课堂的主角，认认真真、辛辛苦苦进行教学。目前，大多数课堂仍然是这种"以教师为中心"的课堂。在这种"满堂灌"的课堂中，学生没有自己思考的空间，缺乏有效的师生互动和生生互动，传统的教学模式不能充分激发学生的学习兴趣，不能充分挖掘学生的潜能，已经无法适应现代高等教育的需求。

希腊哲学家、教育家苏格拉底曾经说过：教育不是灌输，而是点燃火焰。课堂教学应该是教师点燃学生追求真理的火焰。"以学生为中心"教学法正是在这种需求下诞生的。

二、"以学生为中心"教学的特点

"以教师为中心"教学法由于教师是主导者，更有利于发挥教师的主导作用，通过教师的讲授，能够高效地将教材上的知识系统地传递给学生，便于组织和监控教学过程。但是这一教学法忽视了学生的学习主体作用，不利于培养学生的学习能力、创新思维和创新能力。"以学生为中心"教学法注意在学习过程中充分发挥学生的主动性和积极性，学生由知识灌输对象转变为知识信息加工的主体，由被动学习转变为主动学习。"以学生为中心"的教学目标是：培养学生自主学习、独立思考、批判思维和创新创造等 4 种核心能力，提升学生书面表达与口头表达、团队协作等 2 种素质性能力，实现学生"4+2"能力提升目标。

"以学生为中心"教学法的重要特征是在一个具有师生互动、生生互动的环境中，让学生独立去思考、探索，成为课程学习的主体。这种教学法的核心是激发学生学习兴趣，促进学生主动学习、灵活运用知识。这不仅有利于学生学习能力的培养，而且有利于创造型人才的培养。"以学生为中心"教学法的实质是"以学生思维发展为中心"，要求教师在课堂教学中要注重学生高阶思维能力培养。高阶思维能力培养包括培养学生发现问题和提出问题的能力，培养学生归纳、演绎的结构化思维能力，学会面对问题时采用金字塔结构思维，尤其是加强学生对思考进行再思考的批判性思维的能力。在这种教学方式下，学生成为信息加工的主体，因此，教师需要教会学生面对海量信息时如何高质量地接受，怎样用结构化思维让信息识别更高效。教师成为学生学习的引导者和组织者，教学方法由考虑如何高效、系统讲授转变为如何创设情景、组织学生进行讨论，教学内容由单纯从书本获取知识转变为通过教材、网络、图书馆等获取知识，黑板、教具、电子课件等教学媒体成为促进学生自主学习的认知工具。

虽然"以学生为中心"教学法已经提出并推广了很多年，但它在实际教学中并没有被广泛采用，真正做到以学生为中心的课堂并不多。究其原因，主要有以下几个方面：从教师尤其是老教师主观上来讲，习惯了长期以来形成的"教师讲、学生听"的以课堂讲授为主的教学方式，他们在潜意识中存在"教师是知识的权威"观念，认为教师没讲的学生就不懂，低估了学生潜在的自主学习能力。学生查资料、自主学习、讨论、完成课后报告和论文等，需要更多的独立思考和创新，较传统课堂要付出更多的时间和精力，学生不适应，意见大。大班授课，班级人数过多，也不适宜更好地进行"以学生为中心"的教学改革。"以学生为中心"教学法的采用需要教师投入更多的时间和精力，大大增加了教师的工作量，加上教师科研压力大，学校激励和考核机制不到位，也导致了部分教师不愿意投入更多的精力进行"以学生为中心"的教学改革。

不管"以学生为中心"教学法在推广和应用中遇到什么样的问题，但是振兴本科教学、打赢本科教学攻坚战，教师必须改变思路，开展"以学生为中心"的教学改革。

三、"电机学"课程"以学生为中心"的教学改革实践

"电机学"是电气工程及其自动化专业的专业基础课程,它涉及电路、磁路、发热与冷却、机械、力学、高压与绝缘等方面的知识,学习中要求学生具有较宽的知识面和较强的综合分析问题能力。它的主要特点是理论性强、概念抽象、理解困难,被认为是电气工程专业"四大天书"之一。"电机学"课程课堂教学存在的问题主要有:(1)以教师为中心的教学方法。由于课程难度大,学生自学存在一定的困难,主要依靠教师课堂讲解,普遍认为课程不适合学生自学。(2)课程中涉及较多的结构性知识,如变压器内部铁芯和绕组结构,交流电机中绕组的构成和绕线。依靠照片和文字、语言讲解,学生很难理解和想象。(3)课堂气氛相对沉闷,课堂互动较少或者较困难。(4)由于学习和理解难度大,学生缺乏学习兴趣和积极性。

四川大学"电机学"课程教学团队进行了基于"以学生为中心"的"电机学"课堂教学改革,取得了很好的效果。教学改革主要包括教学内容、教学方法和教学评价方式三个方面。

(一)教学内容有机融合

"以教师为中心"的教学方式中,主要是教师进行讲授,把教材内容清楚、系统、重点突出地传授给学生。进行"以学生为中心"的教学改革后,需要把课堂上更多的时间让给学生,让学生参与教学过程,而教师的课堂讲授时间则大大减少。为了能给课堂互动、创新训练提供更多时间,我们优化重构了课堂教学内容,将教材内容根据其重要性和难度分为了三类:

第一类:介绍性和资料性内容,如绪论、变压器、异步电机、同步电机、直流电机的基本结构、额定参数及应用。对于这部分内容,学生一看就能明白和理解,所以把它们全部放在课外,让学生自主学习,不占用课堂时间。

第二类:变压器和电机的基本工作原理和运行特性等内容。变压器部分主要有空载和负载时的运行原理、运行特性、等效电路及参数测定、并联运行;异步电机部分主要有转子不动和转子旋转时的运行原理、等效电路及参数测定、功率及转矩平衡关系、机械特性、工作

特性和电机的启动、调速及制动；同步电机部分主要有空载运行、电枢反应、负载运行、稳态运行特性及参数测定、并联运行，直流电机全部内容。这部分内容是学生必须掌握的重点，但相对来说难度不是很大，大部分内容学生自学可以看懂，难点是灵活运用。因此，对于这些内容，课堂上教师主要是进行总结性、纲领性串讲，更多的是进行问答式互动、小组讨论等。

第三类：正常运行条件下的一些难点以及非正常运行条件的分析，如变压器、异步电机和同步电机的不对称运行、突然短路、空载合闸等。这部分内容是课程的难点，在学生自主学习的基础上需要教师在课堂上进行重点讲授和分析，让学生能够充分理解，同时需要给学生足够的时间进行消化、理解和讨论。

除了以上教材内容外，还增加了案例分析、新技术应用、前沿科技成果等相关内容，让学生能够了解行业发展的新技术和新动态。

（二）线上线下混合式教学方法

利用雨课堂、爱课程等线上辅助教学手段，进行了线上线下混合式课堂教学改革，构建师生互动、生生互动的学习和讨论环境。

线上线下混合式教学方法的步骤是：（1）课前准备。一是提前在雨课堂发布有教师录音讲解的课件，让学生通过雨课堂进行自主学习，同时阅读教材，观看爱课程网站的视频公开课和 MOOC。教师要时时关注和掌握每位学生线上学习情况，对于没有按时间节点进行学习的学生，及时提醒。二是课前发布预习测试题，要求学生在上课前完成。预习测试，一方面可以检查学生的学习情况，另一方面可以根据学生测试情况了解学生对各知识点的掌握程度，便于课堂讲解的时候有的放矢。（2）课堂教学。课堂教学中，对于基本工作原理和运行等知识进行总结性串讲，对于重点和难点内容进行详细讲解，对于预习测试中出现的共性问题进行重点讲授。讲授过程中，采用启发和以问题为导向的教学方式，首先是启发学生提出问题，然后引导学生思考和分析如何解决这个问题。同时，课堂上采用小组讨论、小组演讲、课堂辩论、邀请企业专家进课堂等多种教学形式。（3）课后检查和交流。课后，通过学生完成课后测试、思考题和作业，对课堂内容采用思维导图或讨论报告、小论文、单元测试等形式进行总结，检查学生的学习效果。同时，要重视课后与学生的交流，通过问卷调查、学生学习心得、微信和 QQ 与学生的沟通等多种方式，听取学生的意见，考查学生的学习效果，以便不断调整和改进自己的教学方式。

在"以学生为中心"的混合式教学方法实施中，为了实现预期的教学效果，有以下几个重要环节需要重视：

1. 编制教学大纲

让学生了解课程的教学目标、所采用的教学方法、课程的评价方法和评价过程。"以学生为中心"教学法对学生提出了更高的要求，需要学生在课外花更多的时间进行主动学习和小组讨论等。通过教学大纲的宣传，可以让学生有充分的思想准备。同时，教学大纲也会给出教师简介，包括教师的科研经历和科研方向等，便于学生了解教师。

2. 虚实结合，开发变压器、电机虚拟仿真平台

变压器结构、交流电机绕组的构成及绕制、电机的结构等，是教学中学生难以理解和想象的内容，可以通过开发虚拟仿真平台来帮助学生学习。目前，四川大学已经开发出变压器和变电站虚拟仿真平台，学生可以在平台上学习和了解变电站主要设备和变压器外形、内部结构和各组成部件。

3. 有效地组织小组讨论和辩论

课堂讨论是"以学生为中心"教学的重要方式。通过线上和线下结合的课堂讨论，可以培养学生查阅资料、自主学习、灵活应用的能力，同时也培养学生批判性和创新性思维能力，还有书面和口头表达能力、计算机软件应用能力、团队协作能力等。

小组讨论前，综合考虑学生成绩、性格等因素进行分组，每组人数4~6人，建议小组成员固定。小组讨论可以采用课堂当堂出题当堂讨论和提前出题进行线上或线下讨论的形式。当堂出题当堂讨论的流程是教师给出题目，让学生在课堂上分小组进行讨论，然后每个小组推荐一位同学进行回答和讲解，小组其他成员可以补充，每个小组还要负责解答其他小组同学提出的问题。提前出题进行线上或线下讨论的形式是教师给出小组讨论题目后，学生以小组为单位进行准备：查找资料、小组讨论、完成讨论提纲或者讨论报告的撰写、制作PPT、录制讲解视频等，然后在线上（微信群、QQ群或其他可以在线交流的平台）或者课堂上播放各小组完成的讨论视频，其他小组同学在观看后进行线上或者线下的讨论。

对一些学科前沿技术、复杂的工程问题或者争议较大的话题，可以通过辩论的形式，在正反双方的辩论过程中，让学生们对这些问题

的优点和缺点、发展前景和应用等有更深入的理解。

需要注意的是，在小组讨论准备和讨论过程中，教师一定要掌握各小组学生进展情况，实时给予指导，保证讨论题目完成质量，而不是放任不管。

4. 加强师生互动和生生互动

课上和课下，线上和线下，充分调动学生的主观能动性，加强师生互动和生生互动。通过实体课堂、雨课堂班级、班级 QQ 群等，了解班级学生的学习情况，督促学生学习和及时回答学生的疑难问题。在学生遇到问题时，要求学生在班上或者群里提问，不能单独请教，请班里其他学生首先回答，教师对回答进行点评；如果其他学生都无法回答，教师再给出回答问题的思路，引导学生一步一步思考，寻求答案，而不是简单地给出答案。

5. 自主出题、自我测试、自我评价

进行师生角色互换，让学生分小组自己编写讨论和辩论题目、进行单元测试命题，给出回答要点、标准答案和评分细则，让学生进行相互评价。这种"自主命题、自我测试、自我评价"的"三自"模式，极大地提高了学生的学习兴趣和学习主动性，使他们的综合能力得到了锻炼。

（三）全过程教学评价

改变传统的"期末一考定成绩"做法，实行全过程教学评价。全过程教学评价包括：调研报告，汇报视频，课前、课后测验，问卷调查，讨论和辩论，课后总结，单元测验，小论文，实验，期末测验。全过程学业评价让学生课下"忙"了起来，学业挑战度显著提升，独立思考能力和竞争力全面增强，形成了"勤学、悦学、会学"的良好氛围。

四、结论

通过一系列的"以学生为中心"的教学改革，在"电机学"课程教学过程中，教师和学生都忙起来了，课上课下付出了更多，但是大大提高了学生学习的主动性和积极性，学生普遍感觉课程的学习更轻松、更愉快、更有趣。对 1200 多位学生的教学实践证明，"以学生为中心"的教学可有效提升学生的"4＋2"能力。

参考文献

［1］吴岩. 建设中国"金课"［J］. 中国大学教学，2018（12）：4－9.

"探究式—小班化"混合式教学改革在经济法课堂的运用

——以四川大学本科教学为例

刘　畅

（四川大学法学院）

【摘要】新时代如何培养卓越法治人才，是法学本科教育必须认真思考并着力解决的核心问题。面对挑战和机遇，经济法本科课程从松散性、开放性和实用性的学科特征出发，突破传统教学思维和理念，参与四川大学基于智慧教室的"探究式—小班化"教学改革，逐步完善课程体系设计，构建线上线下混合式的创新教学模式，取得了较显著的教改成效。

【关键词】卓越法治人才；探究式—小班化；线上线下混合式；经济法

2018 年教育部、中央政法委《关于坚持德法兼修 实施卓越法治人才教育培养计划 2.0 的意见》（以下简称"2.0 意见"）提出了实施卓越法治人才教育培养的总体思路、目标要求与改革任务。法学教育界以此为高等法学教育教学的改革纲要，不断反思当下法学教育中存在的问题，在培养理念、教学计划修订、课堂教学改革等方面深化发展，以适应新时代法治人才培养的要求。笔者主讲的本科生"经济法"课程积极参与四川大学"探究式—小班化"教学改革实践，结合自身特点使用智慧教学环境，着力打造线上线下混合教学的优质课堂，以符合"2.0 意见"卓越法治人才培养理念及要求。现就近年来经济法课程"探究式—小班化"混合式教学改革的心得体会做一些总结。

一、问题的提出

"经济法"是法科学生的必修专业核心课程。从教学计划看，多数高校往往将经济法课程设置在法学本科专业的高年级，归属于高级课程[1]，要求学生在具备了民法、行政法、商法等部门法基础知识以后进行修读；从课程内容看，经济法课程包括经济法总论、宏观调控法与市场规制法三大部分，涵盖了财政法、税法、金融调控法、计划调控法、竞争法、消费者权益保护法、产品质量法、广告法等诸多法律制度。作为经济法课程的一线教师，笔者深感经济法课程的深度、广度与难度，课程的知识目标与能力目标，以及法学本科教育目标具有较大的挑战。

（一）教学理念亟待更新

长期以来，受制于经济法课程知识点庞杂、教学任务繁重的客观困境，教学理念难以与时俱进，忽视了专业教育与思想政治教育、综合能力培养的深度融合，严重制约了经济法课程的内涵式发展。经济法教材各章内容有其自成一体的具体原理和制度体系，相对独立，缺乏衔接，加上整个经济法的法律规则技术性强且条文众多，迫使教师不得不把主要精力用于经济法知识体系的传授，片面强调学生掌握基础知识、基本理论即可。事实上，经济法课程在挖掘课程思政素材方面大有可为，诸如企业社会责任、消费者公益诉讼、产品质量监管、税收公平原则等法律问题，均有利于学生学知识、塑品格。同时，经济法课程对于提升学生综合素养非常有帮助。例如，反垄断法中相关市场的判断，需要结合经济学的分析工具与视角，而双边市场理论的发展，对传统反垄断法相关市场界定则提出了新的挑战和考验。倘若教师树立前瞻性教学理念，充分利用这类法律问题打开学科知识体系的封闭，将知识、能力与素质的培养有机结合起来，势必有助于实现德法兼修法治人才的培养目标。

（二）课程设计较为刻板

经济法是经济关系、经济规律的法律描述，是市场经济的有力保障，经济法的法律知识与规则都表现出极强的复杂性、实践性与应用性。经济法课程的教学目标，不仅在于培养学生对于经济法具备全面的专业知识，更要培养其对经济法的法律解释与适用能力[2—3]。然而，在传统课堂的短短 45 分钟里，教师以讲授理论为主的传统授课方式和单一的教学手段，难以培养学生的自主学习能力及解决复杂经济法律问题的能力。例如，我国反不正当竞争法坚持问题导向，针对新业态、新商业模式竞争中出现的新问题，对不正当竞争行为的规制规则进行修改完善。对此，经济法课程理应通过自主探究、分组讨论等教学方式，引导学生从中领会制度建设的深邃智慧，并利用案例教学、模拟法庭等教学手段训练学生运用竞争法规则解决实际问题的法律技艺。但若教师急于"满堂灌"，疲于对竞争规制逐一讲解，单向灌输，学生苦于简单记忆法律条文，机械背诵制度规则，则实难达到理想的教学效果。

（三）学业评价标准单一

经济法内容的复杂性、开放性，决定了学生必须全力以赴完成具有挑战性的学习。但是，以期末考试一锤定音的传统考试形式，忽视了对学生学习过程及学习能力的全面考核，不利于培养学生主动学习、终身学习的习惯与能力。作为新兴学科，经济法课程内容持续开放，基础理论仍在探索发展。尽管我国"经济法"的"马工程"教材采纳了经济法学界比较主流的观点即"二元结构论"，主张经济法体系由市场规制法和宏观调控法两大部分构成。但是，经济法的法律体系不是封闭的，随着我国经济、科技的发展和全球化趋势，经济法体系将不断扩容。这就要求我们的学生不仅应把握经济法基础理论，更应确立科学的法治观念和认识，以指导其对经济法基本制度的法律理解、适用能力，以及敏锐把握立法与司法动态的学习能力。然而传统的闭卷考试、标准答案命题方式，侧重于考查学生对知识点的机械记忆，难以更客观地评价学生的应用能力、实践能力以及知识更新能力，无法较好地完成考试对教学的指挥引导作用。

二、经济法课程的教改举措及成效

自 2010 年起，四川大学率先开展以"启发式讲授、互动式交流、探究式讨论"为特征的高水平"探究式—小班化"课堂教学改革，充分利用学术殿堂式智慧教学环境，推行翻转课堂、混合现实技术与游戏化课堂教学等教学方式，激发学生的创新意识、思维与能力。经济法课程全程参与学校各项教学改革，坚持将专业知识传授与创新能力提升、社会责任感培养紧密结合，初步形成了基于智慧教室的"探究式—小班化"线上线下混合式教学模式。

（一）教学理念：以学生为中心构建新型教学关系与课程体系

经济法课程确立了"以学生为中心"的教育教学理念和"德法兼修"的人才质量观，既注重培养学生的思想道德素养，又强化培养其法律思维能力、探究分析能力、复杂法律问题解决能力以及自主学习、深度学习和终身学习的能力。

"2.0意见"在实施卓越法治人才教育培养的具体改革任务中，首先强调"厚德育，铸就法治人才之魂"。高校在法治人才培养的过程中，应以"立德树人、德法兼修"为总基调，重视学生的思想政治导向，培养学生的法治精神和道德品行。我们的课程经过改革，在传授经济法专业知识的同时，结合经济法实现实质正义、追求社会效率的价值取向，对学生进行价值引领，传递正能量，实现了思想政治教育与知识体系教育的有机统一。在德法兼修的教学理念指导下，课程团队在教学内容中精心挖掘、整理思政素材，创建课程思政素材库，将社会主义核心价值观教育贯穿经济法课程体系始终。

树立"以学为中心"的教学理念，遵循学生的认知规律，激发学生的学习主动性，把教师的角色从以"教"为主逐渐转化为以"导"为主。为了更好地引导学生去发现问题、建构知识，实现对学生法学批判性思维与法律问题解决能力的培养，我们从具象到抽象，从理论到实践，由经济法基础理论、宏观调控法律制度和市场规制法律制度三大板块构建经济法课程知识体系，每一板块均按照"基础知识—基本原理—国内外学术观点—经典案例剖析—法理指导法条解释"这一教学逻辑组织教学活动。

（二）教学内容：打造"高阶性、创新性、挑战度"优质课程

注重以马克思主义科学理论为指导，紧紧围绕教材构建规范完整的经济法课程内容，力求紧凑精炼又覆盖全面，引导学生自主学习和

探究经济法法律制度。在课程知识的三大模块中，我们以市场规制法律制度为改革突破口，尝试打破传统教材体例，以消费者权益保护法的体系结构和权利类型为视角，对市场规制各部门法进行深度探析，并充分发挥信息技术优势，实现多维度、高质量的学习互动与资源共享，真正体现教学的学术性和挑战性。

注重线上线下混合式教学模式的应用，精心设计灵活、柔性的教学方案，充分发挥学生主观能动性，构建更亲密的教学环境和师生关系。教学团队倾力打造的"消费与法"慕课，于2018年10月在"爱课程"（中国大学MOOC）上线。它是本科经济法课程中市场规制法的一部分，我们把视频内容拆分为相对独立又互有联系的知识点，讲授力求细致、完整、易懂，以满足不同基础的学生个性化学习需求。

将实践教学与知识教学相融合[4]，以确保课程教学内容的针对性和挑战性。掌握基础知识并非依靠简单的课堂灌输和死记硬背，解释和适用法律则更是一个复杂的过程。一方面，课程从争议较大、较复杂的判决中提炼焦点法律问题，鼓励学生在深入理解有关知识的基础上对判决书进行批判性评价；另一方面，课程随时更新案例分析与课后讨论的话题，尤其注重经济法基础理论对实践案例的指导性、呆板法条与鲜活案例之间的关联性，引导学生在法学知识和技能的深度、广度上进行拓展。

（三）教学方法：积极探索线上线下混合式教学

经济法课程致力于建设线上线下"混合式金课"，以45分钟线下课堂为主阵地，借助"互联网＋"信息化资源共享平台，营造良好教学氛围，引导学生主动、高效地学习。

为确保课堂的生动性和吸引力，教师采用多样化教学方法，杜绝照本宣科。在线下课堂教学和线上视频讲授、实践指导等教学活动中，结合教学内容将启发式讲授、案例分析、师生讨论等多种教学方法有机融合，真正做到以学生为中心开展教学。以消费者保护法课程为例，教师在讲授经营者与消费者产生利益冲突后如何确认权利边界时，可引导学生从国情、民情出发，结合自己身为消费者的真实感知，去理解法条背后的法理根基，以此激发学生的学习动力。

设置"课前＋课中＋课后"阶段性学习任务，利用混合式教学拓展教学的时空广度，优化学生学习体验（如图1所示）。（1）课前：按照课程教学进度，学生进入"消费与法"SPOC课程进行预习，记录疑问和重点；（2）课中（线下课堂）：由学生主导，教师根据学生自学情况进行反馈式讲授，安排五次案例小组讨论课，引导学生进行协作式学习，以培养其理解、学习法条以及运用法律解决实际问题的能力；（3）课后：学生进行线上SPOC课程巩固学习，充分利用线上提供的研究文献、实务网站、经典判决等学习资料进行复习、互动，教师线上全程指导学生自学与自检，此外，视频内设置有闯关题，重点章节提供单元测试，核心教学单元发布讨论话题，教师与学生实现了充分深入互动。

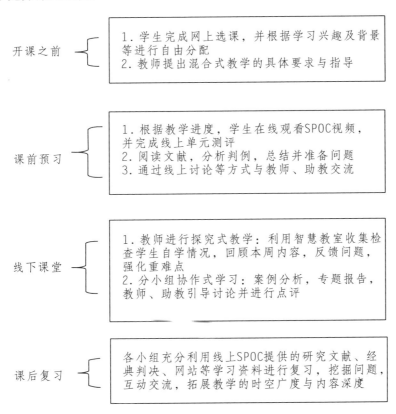

开课之前
1. 学生完成网上选课，并根据学习兴趣及背景等进行自由分配
2. 教师提出混合式教学的具体要求与指导

课前预习
1. 根据教学进度，学生在线观看SPOC视频，并完成线上单元测评
2. 阅读文献，分析判例，总结并准备问题
3. 通过线上讨论等方式与教师、助教交流

线下课堂
1. 教师进行探究式教学：利用智慧教室收集检查学生自学情况，回顾本周内容，反馈问题，强化重难点
2. 分小组协作式学习：案例分析，专题报告，教师、助教引导讨论并进行点评

课后复习
各小组充分利用线上SPOC提供的研究文献、经典判决、网站等学习资料进行复习，挖掘问题，互动交流，拓展教学的时空广度与内容深度

图1　经济法混合式教学实践的过程图

掌握智慧教室教学环境使用方法，有效利用不同类型特点教室、手段辅助教学。经过近几年的教学实践，我们发现四川大学的手机互动教室、多视窗互动教室、多屏研讨教室尤其适合经济法课程的教学需求。（1）手机互动教室为师生提供手机互动平台。教师在课前通过互动平台推送学术文献、案情介绍等学习资料供学生课前预习；课堂

上，学生通过教室局域网和手机 APP 签到、实时互动、参与案例讨论；课后，教师可在平台发布作业或小测验，跟踪学习效果。教学过程中的学习数据均可保存，方便教师收集相关数据，进行课程分析和总结。（2）多视窗互动教室的特色在于多视窗演示系统。教师可通过电脑同时连接视频、图片、文字等多种资料，并在同一个屏幕上同时对多个教学资源进行全方位展示、对比。多视窗互动教室适合进行国内外经济法理论比较、类型化案例裁判路径研讨、修法前后条文比对等比较型研究学习。（3）多屏研讨教室的讲桌置于教室中央，桌椅可移动、可拼接，灵活多变。教师可以面对任意方向推进教学过程，不同方位的学生可就近观看教学内容，并自由组合桌椅进行小组案例讨论，还可实时将讨论结果通过一体机及时分享，营造思维碰撞的良好教学氛围。①

（四）考试改革：全过程学业评价＋非标准答案考试

1. 考试方式改革

我们针对课堂讲授的不同内容，向学生提供多元考核方式，不仅带动和丰富了教学内容及手段，也展示出经济法的学科魅力，激发了学生的学习兴趣，促进了学生学习能力的提高。（1）平时考核（占40％）：包括五次课堂讨论（占20％）和两次线上课程平时测验（占20％），重点考查学生平时学习态度、表现以及对法学基础知识掌握情况、法律观察能力及实际运用能力，反映和检验学生在学习过程中的投入与努力程度。（2）期中小论文（占10％），字数3000字以上，格式规范，无学术不端。要求学生利用课余时间完成，重点考查学生上半学期学习情况和综合素质，包括理论功底、写作能力、独立思考能力等。（3）期末考核（占50％）：闭卷形式，考试内容以推进和督促学生掌握大纲所要求的课程基本理论知识、经济法具体制度、基本规则及其运用为目标，注重理解、记忆、应用知识的考核。论述题或案例分析题的部分问题无标准答案，鼓励学生提出明确个人观点，并对个人见解进行有力论证。

2. 考试内容改革

考试形式改革依托于考试内容的完善和丰富，为更好落实考试形式的改革措施和手段，围绕考核目标和宗旨，重新设定考核内容。

---

① 参见四川大学教务处编写的四川大学课堂教学改革宣传资料。

（1）基础理论、基本知识：主要以期中小论文、期末闭卷考试形式考核。（2）知识理解、应用能力：主要以案例讨论、线上平时测验等形式考核。（3）综合运用、法律素养：主要以案例讨论、期末闭卷考试形式考核。包括运用经济法基础理论和基本知识对我国当前社会主要经济和法律问题的思考能力及关注程度；分析案例和讨论问题过程中所体现出的法学功底、逻辑思维方式及其价值观、正义观；语言表达及文字书写能力；自由表达、追求真理与正义的勇气和品格。

三、经济法课程教改的成效及展望

四川大学经济法课程在教学理念、教学内容、教学方法和学业评价等各项改革方面做出了积极探索，课程质量明显提升，自 2014－2019 年连续六年获四川大学"探究式—小班化"教学质量优秀奖。学校对于本课程教学改革成效的认可，极大鼓舞了课程团队更加投入地做好本科教学工作，与学生们教学相长，良性循环。2018 年秋季，经济法课程首次采用线上线下混合式教学，得到了学生的认可与支持，当期学生评教各项指标均获得满分，位列法学院第一名。课堂外，我们积极指导学生参加各类课题、比赛，努力提高学生综合素质。2017 年指导学生参加"理律杯"全国模拟法庭大赛，荣获全国季军，创法学院历史最好成绩。近年来，笔者指导学生获"创新创业""互联网＋"等各类课题十余项，其中国家级一项、省级两项、校级、院级若干项。在课程思政建设方面，四川大学经济法课程在育人思路、举措和案例方面积累了一定经验，2019 年被认定为四川大学首批课程思政榜样课程。

但是，"探究式—小班化"混合式教学模式的构建不可能一蹴而就，经济法课程教学改革还应进行反复实践与总结反思，以期在教学实践中不断修正完善。首先，还应持续优化课程思政设计。教育引导学生学思践悟习近平总书记全面依法治国新理念新思想新战略，继续梳理经济法课程思政的价值引领点，进一步研究线上、线下教学中的不同课程思政方式，创新思政教学体系与方法。其次，持续研究"两性一度"在课程中的实现。结合我国经济法立法动态以及司法实务，及时更新、优化教学内容，合理增加课程难度，理论与实践紧密结合，体现课程的创新性。进一步探索线上线下的最优混合教学方式，逐步形成多元化、丰富化、立体化的线上教学资源，构建体现信息技术与教育教学深度融合的课程结构和教学组织模式。线下课堂以优化翻转课堂、探究式讲授为改革目标，尤其注重通过小班化讨论、课题研究等方式训练学生综合能力，展现课程的高阶性。构建更加科学规范的多元化、全过程考核与评价，提高学生的学业挑战度。再次，继续加强线上课程资源建设。持续完善线上 SPOC 课程资源，更新课程录像，持续补充学习辅助资料，使课程内容更加充实，表现形式更加新颖，操作更加友好。进一步优化线上虚拟仿真实验课程，提升实验的真实性与挑战度。最后，加强教学团队建设。目前的教学团队稍显单薄，中青年骨干力量不足，还需鼓励支持青年教师加入团队，积极承担各类教育教学改革项目，不断提高课程教学水平，保证教学质量稳步上升。

四、结语

经济法学是一门年轻的学科，内容庞杂、不断发展，本科教学如何回应新时代对卓越法治人才培养的需求，是一项艰巨的任务。四川大学的经济法课程经过数年教改，在基于智慧教室的"探究式—小班化"教学改革基础上，采用线上线下混合教学模式，已初步凝练出"厚德育、强基础、重实训"的课程特色。未来，我们仍需继续回顾和反思，通过渐进式、探索性教学改革，在实践中不断检验、修改和完善教改措施，以保障法学本科教学质量和人才培养质量的提升。

参考文献

［1］葛云松. 法学教育的理想［J］. 中外法学，2014（2）：285—318.

［2］黄进. 开展法学专业改革　培养卓越法律人才——中国政法大学建设"卓越法律人才教育培养基地"的做法［J］. 法学教育研究，2014（10）：3—19.

［3］孙长永，薛竑. 刑事诉讼法学精品课程教学模式改革研究——以西南政法大学本科教学为视角［J］. 西南政法大学学报，2013（1）：46—58.

［4］刘同君. 新时代卓越法治人才培养的三个基本问题［J］. 法学，2019（10）：137—148.

面向汉语言专业本科留学生的现代汉语语法探究式教学实践①

罗艺雪

（四川大学海外教育学院）

【摘要】近年来，接受本科学历教育的来华留学生人数不断增加，在此大背景下，各高校汉语言专业本科留学生的数量也逐步增长，这样的形势对专业核心课程的教授提出了新的要求。实践证明，将探究式教学法应用于面向汉语言本科留学生的"现代汉语语法"课程，充分利用探究小组的国别多样性，注重探究对象的趣味性与挑战性，主张探究方式的启发性，强调探究过程的循序渐进性，同时注重探究考核方式的多元性，是新形势下提升留学生本科教育质量的有效途径。

【关键词】汉语言专业本科留学生；现代汉语语法；探究式教学

一、引言

随着"一带一路"倡议的实施与高校国际化进程的推进，长期以来以语言进修生为绝对主力的对外汉语教学正逐步发生着改变。据教育部统计，2016 年接受本科学历教育的外国留学生总计约 14.6 万人，占来华留学生总数的 33％，较 2015 年增长 11.3％；2017 年接

---

① 本文系四川大学新世纪高等教育教学改革工程（第八期）研究项目"面向汉语言本科留学生的'现代汉语语法'探究式课程实践"（项目批准号 SCU8409）的研究成果之一。

受本科学历教育的外国留学生总计约 16.6 万人，占来华留学生总数的 33.9％，比 2016 年增加约 2 万人；到了 2018 年，接受本科学历教育的外国留学生更是达到 17.3 万人，占来华留学生总数的 35.2％。不管是绝对数量还是所占比例，来华本科留学生皆呈逐年增长之势。

在全国学历教育留学生总体增长的大环境下，各高校汉语言专业本科留学生的数量也逐步增加。以四川大学为例，2017 年修读汉语言专业本科学历的留学生人数突破 120 人，较 2015 年、2012 年分别增长 13.6％、23.7％，2018 年该专业本科留学生人数更是增至 138 名。这样的形势无疑对从前以语言进修生为主要授课对象的课程设计、授课方式等构成了挑战，对专业核心课程更是提出了新的要求。我们尝试将探究式教学法应用于面向汉语言专业本科留学生的现代汉语语法课程，探索新形势下提升留学生本科教育质量的有效途径。

二、面向汉语言专业本科留学生的现代汉语语法教学现状

汉语语法对汉语学习者的重要性毋庸置疑。随着对外汉语教学的发展，除了综合课及技能课中涉及的语法教学，许多高校都为中高级水平的语言进修生开设了专门的语法课程，并进一步将该课程纳入汉语言本科高年级学生的专业核心课。各高校对该课程的命名略有差别，我们这里统称为"现代汉语语法"课程。

如何教授语法，历来是对外汉语教学界研究的重点和热点[1—5]。然而，已有研究多集中于汉语语法本体研究与对外汉语语法教学的关系、母语语法教学与对外汉语语法教学的异同、对外汉语教材的语法编排等几个方面，几乎未见涉及专业语法课课程设计、教学架构、教学方式等方面的文献。少有的明确将讨论对象确定为"外国留学生汉语专业高年级语法课"[6]的研究不仅时隔较远，且仍着力于讲授内容，探讨如何"力避与给中国学生讲授语法雷同"，对专业语法课具体的教学模式、课程架构等未有提及。

那么，一般来说，目前作为本科专业核心课程的"现代汉语语法"是如何展开的呢？我们仍以四川大学为例进行说明。四川大学的"现代汉语语法"课程是在大学四年级为汉语言专业本科留学生开设的以汉语语法为主体教学内容的课程，与母语为汉语者的专业语法课

以及对外汉语教学各阶段综合课中的语法教学在教学内容、教学方式等方面都存在诸多不同。由于缺少相关研究的指导与相应的课程改革尝试，该课程通常依循传统"老师讲、学生听"的讲座形式，课程框架也建立在传统由词类到句法成分再到特殊句式的语法体系之上。尽管目前该课程可以在一定程度上满足一般语言学习者对于语言点的了解与把握，使其减少语法偏误，提高汉语使用的准确度，但却面临着课程内容枯燥、授课方式死板等问题，无法突出汉语言专业本科留学生对于汉语、汉文化整体特点的认知，更难以激发学生在相关领域进一步深入思考、深入探索的兴趣。

长期以来，留学生对于该课程都存在一定程度的畏难情绪。汉语言专业本科留学生毕业论文中与现代汉语语法相关的选题更是寥寥可数，许多年份甚至无人选择。汉语语法难、汉语语法枯燥已经成为学生较为普遍的认知。自学能力和科研能力是本科生能力培养的两个重要方面，对于汉语言专业本科留学生而言，仅仅学会某些语法点的正确使用显然与我们的培养目标存在差距。在汉语言专业本科留学生人数日益增长的今天，如何让这门专业知识课变得更加立体、更加有趣，如何让学生更多地参与到课程中，激发他们的母语对比意识与问题意识，引导他们发掘汉语语法的特点和趣味性，掌握学习方法，并能在此基础上进行一定程度的自主探索，显得十分必要。

三、探究式教学在"现代汉语语法"课程中的运用策略

探究式教学就是学生在教师的引导下，充分凸显自身在学习中的中心地位与能动性，积极调动各种资源去获取知识、应用知识、解决问题的教学实践。在此过程中，教师的角色不仅是知识的传授者，也是问题的提出者、讨论的引发者和耐心的聆听者，而学生则不仅是被动的知识接收者，更是问题的解答者、积极的合作者和深刻的反思者。换言之，不同于以往教师占主导地位的讲授型教学，探究式教学意在激发主体的主动参与性，注重培养学生的独立思考，进而生发出对问题的深刻理解与感悟。

我国自 20 世纪 70 年代起引入探究式教学理念并逐步推行，至 20 世纪 90 年代开始大面积实施，新一轮基础教育改革更是大力倡导在各科教学中面向全体学生开展多样化的探究式教学。伴随着教学理

论的不断发展和完善，近年来涉及大学课堂探究式教学的讨论日渐增多，一些研究者还尝试将该理念应用于对外汉语综合课或口语课的教学[7]。尽管这类研究目前仍寥寥可数且局限于语言技能的具体课堂活动，但可以看出探究式教学理念在对外汉语教学中的独特魅力：将课堂话语权交给学生，将课内教学延伸至课外，唤起学生解决某一现实问题的动机，激发学生的表达欲，给学生提供相互交流的合作机会，培养学生的综合能力和创新能力。

正是基于探究式教学的这些优势，我们在四川大学针对汉语言专业本科留学生开设的"现代汉语语法"课程进行了两个学期的实践。经过实践，我们认为探究式教学是增强该课程教学效果的有效方式之一，也是培养学生自主思考能力和科研思维的有效方式之一。不同于母语为汉语的学习者的"现代汉语"课，"现代汉语语法"课程尽管教学对象都是大学四年级的学生，却由于学习动机、国别背景、年龄层次等因素形成了不一样的课堂环境。在设计教学的探究过程时，我们将这些因素纳入考虑范围，主要采用了以下几种策略：

（一）利用探究小组的国别多样性

探究教学一般以学习小组为基本单位展开，小组成员间的合作分工对于培养学生的团队协作意识非常重要。"现代汉语语法"课程的分组有其独特性。汉语言专业本科留学生通常来自多个国家，具有多个母语背景，这既是我们教学中需要面对的一项挑战，也是我们可以利用的独特资源。在分组时，我们常常依照国别，并根据具体的教学内容与教学任务灵活选择多国别组合、单一国别组合两种分组方式，多国别小组在必要时又可依据小组成员母语关系的亲疏远近分为亲属语言小组与非亲属语言小组。如此一来，多国别小组的学生可充分利用各自母语中的语法资源，展开多种形式的汉外语言对比；单一国别小组的成员亦可对与汉语对应或类似的语法项目进行深入分析，从而获得对具体语法点的全新认识。相对来说，多国别小组的挖掘层次稍浅，单一国别小组的考察任务更为深入。

例如，在讲解汉语表多人的名词后缀"们"时，多国别小组需要经过讨论得出组内成员母语中最能与之对应的成分，并说出该成分与"们"的异同，以及与其他语言中类似成分的异同，最后列出"们"的语言对比清单。再如，探讨汉语主语"有定"这一特点时，我们为学生设定的探究任务为"你母语中的句子主语"，要求单一国别小组找出母语中句子主语的有定、无定特点，以及与之相对应的一些句法形式表现，最后找出汉语和自己母语的异同。各小组从简单的"已知信息""未知信息"的异同开始，积极寻找语料进行思考，最后得出了较为深入的考察结论，有的小组还由此延伸到新的问题领域，例如：这些语言形式异同背后的原因和根据是什么？有没有例外？民族文化会不会对语言形式产生影响？

（二）注重探究对象的趣味性与挑战性

探究式教学的核心是解决问题。作为教学的主导者，教师在设定问题与探究任务时应充分考虑学生的兴趣点与思维能力，以便提出能够引起学生共鸣、激发学生探索兴趣，同时又有一定挑战难度的问题，使学生保持足够的探究热情。

在"现代汉语语法"课程中，要找到极具趣味性又有挑战性的探究对象，需要考虑两个因素。

第一个因素是汉语学习者的难点。这里所说的难点大致又可以分为两类，一是所有汉语学习者掌握和理解都比较困难的语法点，比如动态助词"了"；二是仅有部分母语背景的汉语学习者常出现偏误但其他学习者掌握情况较好的语法项目，比如状语通常后置或者可前可后的日耳曼语族的母语者经常出现的"他工作在家"这类偏误。这类长期使学习者感到困扰的问题，如若教师能够以适当的形式提出并加以引导，不仅可以让学生减少偏误，还能让他们获得极大的成就感。

第二个因素是理据，即分配给学生的讨论对象不仅仅是形式上的挖掘和对比那么简单，形式的异同背后应该有比较容易发现的，或者能够引起学生注意的理据。这样的理据，应该具有认知上或者心理上的共通性，方能引起学生的共鸣，也才能激发学生深入探究的兴趣。例如，汉语联动结构尤其是多项联动结构的顺序常常让汉语学习者感到困惑。即便能够正确使用，许多时候也只是靠死记一些规则解释，比如"前一动作是后一动作的方式""后一动作是前一动作的目的"等。实际上，Tai[8]早就提出了汉语语序的"时间顺序原则"，即"两个句法单位的相对次序决定于它们所表示的概念领域里的状态的时间顺序"，这也是句法象似性在汉语中的表现，具有很强的认知基础。围绕该现象设定探究任务，不仅可以将许多零散的语序现象串联起来，使学生对汉语语法获得更为宏观、更为深刻的认识，同时还可以引导学生从新的角度寻求汉语语法规律，激发他们的探究兴趣。

（三）主张探究方式的启发性

本课程的探究式活动是指学生在教师的指导下，自主建构和学习语言文化知识，通过观察、思考、资料收集、讨论等方式独立探索，自行发现并掌握相应的知识和规律。探究式课堂活动注重对学生独立思考和总结能力的培养，注重学生的自主学习能力的提升，使学生在课堂中由被动地接受知识转为主动参与知识探究。这种从被动到主动的转化对教师的引导方式提出了很高的要求，既不能像传统纯讲授式教学那样将知识全盘托出，也不能将问题毫无引导地一味抛给学生。在给出探究任务时，教师需要给出既明了又具有可挖掘性的线索，同时还要留给学生足够的探索和思考空间，这样才是真正具有启发性的探究性教学。

我们以学生经常感到困惑的"同一成分既能做状语又能做补语"的现象为例略做说明。在汉语教学中，我们常提醒学生汉语的状语成分应前置于主要动词前，比如应该说"我在四川大学学汉语"，不能说"我学汉语在四川大学"。但汉语中还有另外一类句子，如"今天的作业大家写在书上"，这里的"在书上"与前面的"在四川大学"，同样是表达动作的处所，却一个在前，一个在后，这就让学生产生了困惑。在"现代汉语语法"课程中，谈到状语、补语时，教师特别摆出这两种用例，作为这一节的探究任务。教师一开始给出两个对比例句，一是"他在马背上跳"，一是"他跳在马背上"，并配上相应的图片，请学生说出这两个句子在形式和语义上的差别。接着，教师又给出其他几组例句，包括"他在山上种树"和"树种在山上"等，由学生为例句配上相应的图片。在此基础上，教师引导学生从"状""补"二字的语义差别出发，理解"状语"和"补语"的不同内涵，各小组在总结归纳"在……"置于动词前后的不同功能和语义的基础上，进一步认识状语、补语的异同。整个探究过程中，每一步都为学生安排了探索的"脚手架"，启发学生一步步进入更高的思考层次。

（四）强调探究过程的循序渐进性

教师给学生设定的探究任务是有难度差别的，探究程度也根据对象性质的不同各有深浅。在探究式教学过程中，需要特别强调探究过程的循序渐进，即引导学生由易到难，由浅到深，遵循探究对象的特点层层推进探究任务的展开，不能一口气抛出所有的问题。

例如，汉语是一种具有强主观性的语言，汉语中许多同义或近义词组最大的差别就在于主观性的强弱。比如，在学习连词时我们发现"于是"和"所以"是学生常常混淆的一对近义词，"于是"相对于"所以"具有更强的主观性。"于是"，顾名思义，就是"在这个点上"，也就是说话人或者叙述对象在事件进行到某个点上时做出采取某种行动的决定。所以不管是什么句子，只要加上"决定"，似乎句子的合语法性就提高了很多。由于对学生来说"主观性"是一个比较抽象的概念，教师首先给出一系列"于是""所以"的例句进行对比，其中既包括合语法的句子，也包括不合语法的"于是"用例，后者又可以通过加入主观性成分（如前面提到的"决定"）转化为合语法用例。在这些例句的引导下，探究小组的第一个任务是找出两个词的差别，尤其是最大的差别；第二个任务是添加一些表示心理过程的成分，使不合语法的"于是"句合乎语法；第三个任务是引导学生进一步向"主观性"的理解靠近，使学生能够自行归纳出"主观性"的内涵及其在汉语语法中的作用。

其实，汉语的许多实词与虚词同义词组都有类似的情况，例如，实词成分"原因"与"理由"，表程度的虚词成分"很"与"着呢"，等等。因此，在完成以上三项任务的基础上，教师再引导学习小组列举出两组其他与此类似的同义词组，并按照已完成的三个步骤自行归纳主观性上的异同，以达到主动探究知识、主动发现知识的目的。

（五）注重探究考核方式的多元化

要进行探究式教学，就不能沿袭传统教学中完全以考试分数定成绩的做法，也不能仅仅评定探究任务的最后成果。探究式教学强调探究的整个过程，看重的是学生学习方式、思维方式的变化，评判标准自然也应与此对接。在考核探究任务的完成情况时，我们不仅要看小组成员得出的结论是否正确，也要将学生参与解决问题的态度纳入考虑范围，从任务分工、成员协作、参与讨论、查找语料、提出问题等各个步骤观察学生的表现，最终给出综合性的考核成绩。这样一来，也能更好地带动学生参与任务的积极性和主动性。

四、探究式教学在"现代汉语语法"课程中的运用效果

加入探究式教学后，原本偏于呆板的"现代汉语语法"课程逐步变得活泼生动，学生对汉语学习中的许多语法"拦路虎"也有了更为通透、全面的认识。个别学生甚至告知教师希望选择与汉语语法相关的毕业论文题目。具体来说，探究式教学在"现代汉语语法"课程中的运用效果主要表现在以下几个方面：

一是逐步训练出学生自主挖掘问题、思考问题、解决问题的意识，为科研能力的培养打下基础。探究任务具有启发性、挑战性和趣味性，通过一步步的引导，大部分学生逐步开始具有自己观察语料、总结语法规律的意识，少数学生甚至能够通过母语与汉语以及汉语内部之间相应现象的比对提出有价值的问题，并且自行找寻合适的语料，这正是科研思维的起点。

二是提升学生学习兴趣，化被动学习为主动探索。看起来枯燥的语法规则，在经历一次次探究过程后不再显得艰涩难懂；自行发掘得出的结论，也比全部从老师口中得来的知识记忆更深刻、把握更准确。教师选取有用、有趣的问题切入，通过一次次问题的解决，学生获得了成就感，也进一步提升了学习的兴趣。

三是发挥出多语言对比优势，拉近汉语语法与学生母语的距离，也让学生更有课堂主人翁意识，从而更积极、更主动地投入各类课堂活动。不同母语背景的学生意味着不同的语言资源，探究式教学使这种资源获得充分的重视，并在一定程度上融入语言类型观念，使学生的视野更加开阔，思维更加发散。

四是构建互助合作、相互支持的课堂合作氛围。以教师讲授为中心的课堂，学生之间互动较少，彼此之间也缺乏交流和沟通。探究任务的完成依赖于不同学习小组的组建与合作，尤其是跨母语背景的小组，任何一个成员的语言背景都是完成任务不可或缺的资源。如此一来，班级成员间的了解逐步加深，课堂氛围逐步活跃，反过来又促进了探究任务的顺利开展。

五、结语

在综合课或者其他技能课的语言教学中，我们仅要求学生掌握特定语法项目的准确使用，极少引导学生从宏观角度去思考汉语的特点。学生所掌握的"汉语语法"，在很大程度上是一个个零散、琐碎的语法点的堆叠，对于如何串联多个语法现象，把握"现代汉语语法"的整体特点，学生知之甚少。作为核心专业课的"现代汉语语法"课程自然不应止步于这样的培养目标。实践证明，设计得当的探究式教学在提高教学效果、培养学生学习协作能力、动手能力和自主思考能力等方面都是一种行之有效的方式，同时也能为本科留学生科研能力的培养打下基础。在来华本科留学生不断增长的今天，如何将该教学模式推广到其他的专业课程，值得我们进一步思考。

参考文献

［1］陆俭明. "对外汉语教学"中的语法教学［J］. 语言教学与研究，2000（3）：1—8.

［2］吕文华. 对外汉语教材语法项目排序的原则及策略［J］. 世界汉语教学，2002（4）：86—95，4.

［3］孙德金. 语法不教什么——对外汉语语法教学的两个原则问题［J］. 语言教学与研究，2006（1）：7—14.

［4］赵金铭. 教外国人汉语语法的一些原则问题［J］. 语言教学与研究，1994（2）：17.

［5］赵金铭. 对外汉语语法教学的三个阶段及其教学主旨［J］. 世界汉语教学，1996（3）：76—86.

［6］郑懿德. 外国留学生汉语专业高年级语法教学的实践与思考［J］. 语言教学与研究，1995（4）：17.

［7］周艳芳. 探究式教学在中级汉语综合课中的应用研究［J］. 教育理论与实践，2018（30）：43—44.

［8］TAI J. Temporal Sequence and Chinese Word Order［C］// Haiman J. Iconicity in Syntax, TSL 6. Amsterdam：John Benjamins，1985.

基于学习科学的混合式教学改革：
实施障碍与超越路径

林 祎

（四川大学教务处）

【摘要】新时代，新要求，混合式教学模式势必将成为未来高校教学的"新常态"。进一步加强混合式教学改革是推动高校课堂革命、实现人才质量"变轨超车"需要解决的关键问题。各高校在推动混合式教学改革时普遍面临混合式教学理念滞后、教师混合式教学能力欠缺、学生混合式学习能力尚待提升、教学评价体系有待完善等实施障碍。面对实施混合式教学改革的诸多障碍，我们必须积极思考相应超越路径，更有效地推动及实现高阶混合式教学，提升人才培养质量。

【关键词】混合式教学；学习科学；实施障碍；超越路径

2020 年伊始，一场突如其来的新型冠状病毒肺炎（简称"新冠肺炎"）疫情肆虐中华大地。高校线下教学活动无法正常开展，代之以大规模线上教学。教育部高教司司长吴岩在 2020 年 5 月 14 日教育部新闻发布会上指出，"我们再也不可能，也不应该退回到疫情发生之前的教与学状态"，"融合了互联网＋智能＋技术的在线教学已经成为中国高等教育和世界高等教育的重要发展方向"。因此，混合式教学模式势必将成为未来高校教学的"新常态"。那么进一步加强混合式教学改革，就是推动高校课堂革命实现人才质量"变轨超车"需要解决的关键问题。

一、混合式教学的背景及研究现状

混合式学习是国际教育技术界在对在线学习（e-Learning）深入反思后提出的一个概念，其初衷是进一步深化在线学习的应用，提升在线学习的效果。早在 2003 年，美国培训与发展协会（ASTD）就将"混合式学习"列为"知识传送产业"的十大趋势之一。2008 年，北美在线学习委员会（NACOL）指出："未来学习系统的差别不在于其是否为混合式学习，而在于如何混合，混合式学习是教学策略上的一次根本性变革。"[1] 在我国，近年来教育部先后出台《关于加强高等学校在线开放课程建设应用与管理的意见》（2015）、《教育信息化 2.0 行动计划》（2018）、《教育部关于一流本科课程建设的实施意见》（2019）等政策文件，相关政策均明确提出高校务必积极探索混合式教学模式，推进高等学校的课堂革命，以推动人才培养质量提升。

尽管对混合式教学已有公认的定义，即"在线学习与面授教学的混合"[2]，然而，自 20 世纪 90 年代末发展至今，混合式教学的概念却逐步经历着演变。在 20 世纪 90 年代末至 2006 年，此阶段对混合式教学的定义主要强调其物理特性，即在教学内容上结合了在线教学与面对面教学，二者仅是基于信息技术的简单结合。在 2007—2013 年，混合式教学定义逐渐清晰，斯隆联盟明确只有 30%～79% 的教学内容采用在线教学的才能被称为混合式教学，混合式教学概念重点关注在"交互"，即关注混合式学习环境给交互带来的变化，以及相应教学设计变化。2013 年以后，随着互联网与移动技术的迅猛发展，混合式教学的概念由"在线教学与面授教学的结合"，演变为"基于移动通信设备、网络学习环境与课堂讨论相结合的教学情境"。混合式教学开始关注混合式学习带给学生的变化。对学生学习的支持上，混合式教学不是简单的技术混合，而是为学生创造一种真正高度参与性的、个性化的学习体验，是在以学生为中心的学习环境下教学与辅导方式的混合[3]。

二、高校混合式教学改革的实施障碍

本研究对四川大学的 46 门课程进行了分析。这 46 门课程采用随机抽样，其中开展了混合式教学改革的课程占 76.09%，没有开展的占 23.91%，课程涉及文、理、工、医 4 个学科，主讲教师教龄呈正态分布，0～3 年的占 6.52%，3～6 年的占 26.1%，6～12 年的占 30.43%，12～25 年的占 30.43%，25 年以上的占 6.52%。通过问卷分析发现，混合式教学改革在教学理念、教师教学能力、学生学习能力、评价体系和资源投入等方面都存在实施障碍。

1. 混合式教学理念滞后

虽然在研究层面，当前的混合式教学与早期的混合式教学的概念已经有了很大不同，但在实践层面，有些教师不认同混合式教学。在调研中发现，36.36% 的教师不实施混合式教学改革的原因是认为混合式教学的效果有限。有些教师对于混合式教学理念的认识还停留在早期的概念中，即简单地在教学内容上将在线教学与面授教学结合。在调研中发现，62.86% 的教师有 70% 以上的教学内容依然采用的是面对面教学（如图 1 所示），这甚至都不符合斯隆联盟对于混合式教学的定义，课程改革停留在"网络辅助教学课程"阶段。教师依然将混合式教学视为在线教学或面授教学的辅助——在难以实现纯在线教学或面授教学的情况下，通过发挥信息技术的作用以"部分替代"课堂教学。

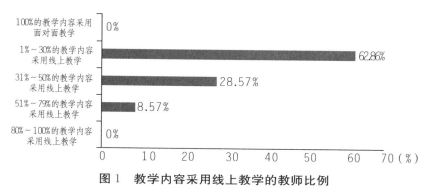

图 1　教学内容采用线上教学的教师比例

有些教师认为混合式教学知识提升了教学效率和便利性，而尚未意识到混合式教学对支持学生获得更好的学习体验的重要性。还有些教师，由于技术问题、技术与课程整合问题、时间与工作量等问题，对混合式教学的态度略微消极。

2. 教师混合式教学能力欠缺

已有的研究结果表明，教师普遍在线教学的能力不足，特别是在教学法上的准备不足。在线教学并不是传统面授课堂的"搬家"，而是一种新的教学法，对教师的能力、职责提出了更为复杂的要求[4]。

同理，混合式教学也是如此，教师只具备传统课堂教学的知识和能力，而对在线教学、混合式教学的理论框架、教学法知识的理解和应用有待提升，将课堂教学和在线教学两种形式深度融合的能力更是缺乏。在对教师已有混合式教学知识的理解和掌握程度的调研中发现，教师认为最弱的能力在基于信息化，测评与定位学生的学习需求及创造交互式的学习社区。在对混合式教学改革中采用教学方式的调研中，发现教师利用网络平台相关数据，分析学生的学习行为，建立线上线下结合的学生学习共同体的最少（如图2所示）。

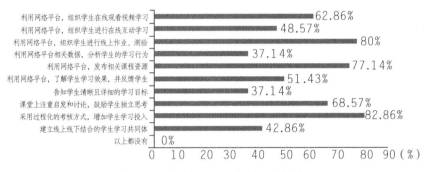

图2 教师利用网络平台的比例

3. 学生混合式学习能力尚待提升

混合式教学需要学生具有新的学习态度和学习能力与之适应。虽然在大多数研究中，学生对混合式教学表现出积极、肯定的态度，但由于混合式学习投入的时间及精力更多，也仍有很多学生更偏爱传统的面对面教学和面对面辅导。学习者在混合式教学中的学习成效和满意度，也取决于学生混合式学习能力，包括自主学习能力、实践管理能力、成熟度与责任感、应用信息技术的能力等[5]。由于学生在基础教育阶段长时间接受应试教育，大部分学生不太重视自主学习能力及实践管理能力的培养。此外，进入高等教育后，大多数学生主要学习经历还是面授教学，所以在混合式学习上经验不足，相关的能力也有待提升。

4. 教学评价体系有待完善

在混合式教学的实践与研究中，系统的、长期的评价数据采集是有效评价的基础。只有基于评价数据，才能实现混合式教学和课程的不断改进。然而在实践中，大多数高校都还没有建立对混合式教学的有效评价机制，依然困惑于应当采用怎样的框架、方法和工具对混合式教学进行评价。另一方面，除了"重科研、轻教学"的普遍现象外，很多高校也尚未根据混合式教学新趋势更新相关教学评价体系、教师激励及工作量认定等相关管理办法。在混合式教学改革所面临的困难调研中，有 54.29% 的教师提出了"学校给予混合式激励政策不足"的问题。

5. 混合式教学资源投入不足

虽然在教育部的推动下，国内越来越多的高校认为有必要从战略层面支持混合式教学，相关的政策应该向"混合式教学"倾斜，但在实践中，高校对混合式教学尚未提供必要的政策、规划、资源、课程计划等支持，在信息技术、教学管理、教师培训、学生培养等方面的资源投入也不足。

三、基于学习科学推动混合式教学改革重要性

面对实施混合式教学改革的诸多障碍，我们必须积极思考相应超越路径，才能更有效地推动及实现高阶混合式教学，提升人才培养质量。根据文献研究发现，实现基于移动通信设备、网络学习环境与课堂讨论相结合的高参与度、个性化学习体验，是混合式教学改革的发展方向。在混合式教学改革未来发展中，学生必然是混合式教学的主体，探析混合式教学的本质，则肯定绕不开对学习本质的追问及其现代意义的考量。正如认知科学领域的奠基人、诺贝尔奖获得者赫伯特·西蒙所言：学习来自学生的所做所想，并且仅仅来自学生的所做所想。教师只有通过影响学生对学习所做的事情，才能促进学生的学习。因此，跟踪学习科学研究的前沿成果，从学习科学的角度分析混合式教学的障碍及推动混合式教学超越路径，是保证混合式教学改革具有科学性、前沿性、时效性的关键。

学习科学（Learning Sciences）诞生于 1991 年，是一个研究教与学的跨学科领域。它研究各种情境下的学习，研究的目标首先是更好地理解认知过程和社会化过程以产生最有效的学习，其次便是用学习科学的知识来重新设计我们的课堂和其他学习环境，从而使学习者能够更有效和深入地学习。学习科学包括：认知科学、教育心理学、计算机科学、人类学、社会学、信息科学、神经科学、教育学、设计研究、教学设计以及其他领域[6]。

从教师层面来看，学习科学中认知主义及建构主义指出，现代学

习观就是人们用他们已知道和相信的知识去建构新知识和对新知识的理解。而在混合式教学改革实践中，许多教师仅仅是简单地在教学内容上将在线教学与面授教学结合。产生这一问题的根本原因在于教师往往是围绕常识性假设来设计教学的，或缺少对教育科学的关注。教师带着自己的学习经历和教学经验的前概念理念来到课堂。这些初期的理解对新概念和信息的整合具有强大的影响。有些时候，如果教师拥有的是"以学为中心"或"知识建构"的教学范式为主的教学理念，那么，这些理念可以为构建高阶混合式教学新知识提供基础及助力。但大部分教师依然保留着以教授为主的教学理念，将传统课堂教学中"以教师为中心"的教学结构搬到了线上教学，教学范式依然是"知识传递型"而非"知识建构型"，这些理念让我们不能更好地理解及实践高阶混合式教学改革。教师的混合式教学设计应符合学习科学的规律，如学习科学指出有效教学的主要特征就是从学生那儿抽取所教学科知识的前拥理解和提供构建挑战初期理解的机会，教师通过提示与线索来帮助学习者自己建构知识、解决问题，而不是录制讲授视频，简单地让学生进行网上学习。

从学生层面来看，学习科学指出：当学生积极参与自我知识建构时，他们对知识理解会更深、更概括、动机更强。深层学习要求学生寻找模式和基本原理，要求学生评价新的想法，并且能将这些想法与结论联系起来；要求学生外化并表达自己正在形成的知识，并对其理解及学习的过程进行反思。此外，学生要成为自主学习者，则必须学会监控和调整自己的学习方法[7]。因此，学生应不断提高自身的学习力，特别是元认知技能来促进学习和学业成绩。

从学习环境层面来看，学习科学指出：大学生处于全面发展社会技能和情绪技能的阶段。在大学阶段，学生在社会性和情绪方面的发展要远大于智力上的发展。如果学生没有学会有效地引导情绪，这些情绪会影响智力的发展。学生的发展水平与课堂中社会、情感和智力氛围相互作用，共同影响他们的学习。因此，要更有效地推动及实现高阶混合式教学，应该更全面地考虑学生的发展，创建更有成效的学习环境。

四、混合式教学改革的超越实施路径

(一) 提升教师学习科学素养

要实现混合式教学改革的超越，教师不能再基于经验或是传统教学方式来教学，不仅要提升以学为中心的教学能力，还需要提升教师的学习科学素养。教师的学习科学素养为："在新的学习环境和学习生态中，为了达成 21 世纪的教育目标，教师基于学习科学（包括脑科学）的基本原理、适当的教学策略和已有的教学经验，改善自身教学实践的素质与能力。"[8]学校应加强教师对于学习科学及教育神经科学研究最新成果的学习，并从教学设计入手搭建链接教育理论和实践之间的桥梁，指导教师在教学设计上要深度理解教与学的科学原理，不断研究学生学习规律、成长规律，科学地设计课程，合理地安排教学内容和形式，客观地测评学生学习效果，有效引导学生主动学习，使教学呈现互动性、探究性、高阶性，且教学质量能够持续提升。

(二) 培养学生元认知能力，提升混合式学习能力

元认知是"反省与指导自己的思维过程"[9]。元认知能力指人们预测他们在各种任务中表现及反省自己的能力。学习科学指出，要想成为自主学习者，学生必须学会评估任务要求，评价自己的知识和技能，设计自己的学习方法，监控自己的学习进步，并根据需要调整自己的学习策略[7]。这一原理指出了元认知技能在成为一名高校自主学习者中所起的关键作用。在混合式教学中，元认知能力更是至关重要，它有助于通过更加丰富、灵活的混合式学习，让学生形成多个任务学习的思维习惯，获取更加灵活实用的学科专业知识，进而提升他们的学业成绩。在混合式教学改革中，教师首先可以向学生示范自己的元认知过程，即向学生展示自己如何处理一项任务，让他们逐步看清元认知过程的每个阶段。其次，教师可为学生的元认知过程提供认知支架。教师可为学生提供一些练习，让他们分别练习如何评估学习任务，评估自己的优势和劣势，制订学习计划，监控学习进展，对自己学习成功程度进行反思。最后，教师可提供大量伴有结构化指导的任务，然后呈现要求学生逐步自主解决直至完全自主完成的任务。

（三）建立现代信息技术深度融合的智慧教学环境

教学环境是实现教学活动的主要媒介和载体，也是教学目标实现的重要条件保障。混合式教学环境主要包括网络数字化学习环境和课堂教学活动环境。网络数字化学习环境包括网络硬件环境的配置、网络学习平台及其可用资源的建设、学生可用网络学习设备的环境配置等软硬件环境资源；课堂教学活动环境主要包括智慧教学教室、实验活动室、支持合作探究的研讨活动室等。网络数字化学习环境建设中，除了提供全覆盖的无线校园网，突破时空限制，满足学生学习需求和碎片化的学习方式外，学校还应进一步加强线上课程资源的建设，为学生自主探索提供丰富多彩的学习资源，包括各类视频课程、学习任务库、拓展资源库、习题库、案例库、课件库等。课堂教学活动环境的建设，除了建设互动智能的智慧教学环境，学校还应进一步提升教学全过程数据治理能力，建设教学大数据分析决策系统，为教师教学提供更准确的指导建议，为学生的个性化学习提供更多选择和发展空间，促使学生全身心投入学业，开展参与性强、挑战性高、基于真实问题解决的主动学习。

（四）构建高阶混合式教学质量评价体系

在混合式教学过程中，既要发挥教师的教学引导、学习监督和过程调控的主导作用，又要充分体现学生学习的主动性、积极性和创造性。混合式教学评价既要充分体现教师、学习者、同伴等多种角色在评价中的作用，又要将线下团队协作学习活动和成果评价与线上学习平台数据分析的优势相结合。因此，还需进一步完善课程教学质量综合评价体系，在原有课程评价体系上，构建高阶混合式教学质量评价体系。该体系应聚焦于"以学为中心"的学习成效，把教学目标设定、内容设置和组织实施作为重要指标，通过分析过程数据，对照学生预期收获，对学生学习效果进行形成性评价，重视对教学过程的诊断性的同时，亦注重对教学结果的评价，结果指标重点考核及衡量课程的"两性一度"，即高阶性、创新性和挑战度，符合新时代"混合式金课"建设新要求。

总而言之，基于学习科学，提升教师学习科学素养，培养学生元认知能力，提升混合式学习能力，建立现代信息技术深度融合的智慧教学环境，构建高阶混合式教学质量评价体系，让混合式教学改革有章可循、有路可走，方能切实推进高阶混合式教学，从而实现高等教育在人才培养质量方面的"变轨超车"。

参考文献

［1］王靖，陈卫东. 具身认知视角下的混合式学习本质再审视［J］. 远程教育杂志，2016，34（5）：68—74.

［2］SINGLY H. Building effective blended learning［J］. Educational technology，2003，43（6）：51—54.

［3］冯晓英，王瑞雪，吴怡君. 国内外混合式教学研究现状述评——基于混合式教学的分析框架［J］. 远程教育杂志，2018，246（3）：13—24.

［4］XIAO J. Who am I as a distance tutor? An investigation of distance tutors professional identity in China［J］. Distance education，2016，37（1）：4—21.

［5］TABOR S W. Narrowing the distance：implementing a hybrid learning model for information security education［J］. International journal on e-learning，2007：81—94.

［6］R. 基思·索耶. 剑桥学习科学手册［M］. 徐晓东，等，译. 北京：教育科学出版社，2010.

［7］苏珊·A. 安布罗斯，米歇尔·W. 布里奇斯，米歇尔·迪皮埃特罗，等. 聪明教学7原理：基于学习科学的教学策略［M］. 庞维国，徐晓波，杨星星，等，译. 上海：华东师范大学出版社，2010.

［8］梁林梅，李志. 从学习科学到教学实践变革——教师学习科学素养提升的关键概念与有效教学策略［J］. 现代教育技术，2018，28（12）：13—18.

［9］National Research Council. How people learn：brain，mind，experience，and school［M］. Washington，DC：National Academy Press，2001.

探究式教学在中西礼仪文化教学中的应用①

庞 英 赵 毅

（四川大学外国语学院）

【摘要】探究式教学是在教师的启发诱导下，以学生独立自主学习和合作讨论为前提，为学生提供充分自由表达、质疑、探究、讨论问题的机会，让学生通过个人、小组、集体等多种解难释疑尝试活动，将自己所学知识应用于解决实际问题的一种新的互动式教学方法。本文以"四川大学 2018 年跨学科专业—贯通式"人才培养专项研究项目中西礼仪文化课程中"面试礼仪"为例，探讨了探究式教学在面试礼仪教学中的应用，分析了取得的效果、存在的不足和改进的措施。

【关键词】探究式教学；礼仪文化；教学方法

探究式教学作为一种创新型教学模式，最早起源于古希腊教育家苏格拉底的教育思想。1964 年，美国的生物学家施瓦布明确提出"探究式学习"这一说法。我国探究式学习的研究起步比较晚，20 世纪 80 年代开始起步，发展缓慢，直到 2018 年教育部印发的《关于加快建设高水平本科教育全面提升人才培养能力的意见》中才明确提出了"以学生为中心的新的教学模式替代以教师为中心的传统教学模式"。探究式教学是在教师的启发诱导下，以学生独立自主学习和合作讨论为前提，为学生提供充分自由表达、质疑、探究、讨论问题的机会，让学生通过个人、小组、集体等多种解难释疑尝试活动，将自

---

① 本文系"四川大学 2018 年跨学科专业—贯通式"人才培养专项研究项目"中西礼仪文化课程"的研究成果之一。

教学方法探索

191

己所学知识应用于解决实际问题的一种新的互动式教学方法[1]。这种教学方法强调，学生是知识的主动构建者，而不是被动的接受者。教师只给他们一些事例和问题，让学生自己通过阅读、观察、实验、思考、讨论、听讲等途径去主动探究。探究的过程中，教师起帮助学生的作用，帮助学生明确探究的目标，帮助他们掌握探究的方法，交流探究的内容，总结探究的结果，从而帮助学生积累发现问题、分析问题和解决问题的能力[2]。

一、探究式教学在本课程中的应用及效果

第一，通过提问，引导学生积极思考，培养学生发现问题、分析问题、解决问题的能力。

探究式教学的载体与核心是问题，学习活动是围绕问题展开的。在探究式教学中，教师需要根据教学目的和内容，精心考量，提出难度适度、逻辑合理的问题。例如，我们在讲授"面试礼仪"的概念时，教师需要创设一个逐层递进的问题情境，让多位同学来回答：什么是"面试"？什么是"礼仪"？什么是"面试礼仪"？教师将每位同学讲到的正确知识点不断板书在黑板上，最后自然而然地总结出答案。在探究的过程中，教师一方面要注意在适当的时候干预课程、活跃课堂，鼓励同学积极发表自己的观点，另一方面，教师也不能轻易打断同学们的讨论，不能过早抛出正确答案，只是在学生讨论遇到困难、偏离主题等适当的时候进行提示、引导和鼓励。

第二，通过案例分析，引导学生积极思考，培养学生综合分析能力。

为了更加生动地阐述概念，加深同学们对概念的理解，教师针对每个概念，都会进行案例分析。例如，在讲授面试礼仪中的仪表仪容时，首先请同学们看一段关于足球明星 C 罗的视频，视频中当 C 罗贴上满脸的胡子，不修边幅地出现在街头时，没有人搭理他，这时引导同学们思考原因，请同学们畅所欲言，发表自己的观点，最后请同学们自己顺理成章地得出结论——"不同的仪表仪容会产生不同的礼仪效果，因此仪表仪容是我们面试前应该注意的重要礼仪"。

第三，通过模拟角色扮演，分组讨论，从实践中总结出结论。

在案例分析的基础上，教师在课程堂上引入了模拟角色扮演和分组讨论。例如，在讲授面试中的礼仪时，首先让同学们分为两组，一

组扮演面试官，另一组扮演面试者，引导同学们进入各自的角色。请"面试官"先全面地思考自己"要选择什么样的人""将采用什么样的面试方式""需要设计什么样面试题目"才能考察出面试者的真实能力和想法。请"面试者"思考"应该怎样准备面试""面试官会问哪些问题""自己应该如何回答"等问题。两个小组进行充分的讨论和准备之后，分别派代表上台进行表演和展示。在同学们表演的过程中，作为教师和观众，我们只需要激发同学们的表现欲，并将整个表演过程记录下来，尽量不要打断同学们。然后，请两个小组各自进行讨论，教师需要营造一种开放自由的氛围，让学生们的思维碰撞，闪现思维火花。最后，教师和同学们一起看视频，对视频进行分段讨论，请尽可能多的同学来点评面试者的优点和缺点。教师在这个过程中，需要进行引导和梳理，如"面试前的等待要注意什么，面试时应该如何走、如何站、如何坐，说话时应该注意什么，应该如何看、听，如何表情和如何做手势"，再如适时向学生提出"你认为他说得对吗？为什么？""对他的回答你满意吗？你有什么不同的见解？"等问题，将这些要点逐一板书到黑板上。最后，总结出面试中的九大礼仪，以及对面试者的表现进行总结性点评。

二、探究式教学在本课程应用中存在的问题和改进措施

第一，如何照顾班级里每一位同学。由于课程是全校公选课程，同学们来自全校各专业，其中有不少来自理工科专业，他们大多没有文学礼仪等方面的先修课程，这就要求我们的课程首先要通俗易懂。在探究的过程中，不要求同学们有非常深入的认识，要将探究式教学与课堂讲授相结合，在通俗易懂的同时，适当地挖掘一些重要知识点，提出一些有深度和挑战性的问题，从而满足一些文科同学的要求。

第二，在如何鼓励全体同学共同参与、如何激发同学们自主探究欲望方面，还需要改进。课程进行中我们发现，往往积极发言和参与的总是一部分同学，个别同学没有全身心地投入课堂中。今后，我们将尝试以小组为单位，进行模拟群体面试、小组对抗等，让每一位同学都参与其中，让每一位同学都有体会和收获。

第三，在课程控制方面，还存在一些问题。教师在课前应该拟定

多个预案，应对实际课堂中的突发情况。尤其要注意的是，在同学们探究过程中遇到困难或跑偏时，教师要及时做适当的引导和提示。本课程进行中，同学们讨论积极，双方点评用时过长，导致教学进度受到一定影响，该堂课没有完成预定的教学目标。下一步，我们在设计和规划课堂教学内容时，一方面要预留缓冲时间，要发现多种结论，特别注意和自己备课时不一致的结论，变教案为学案；另一方面，在课程进行中要适时参与和点拨，引导探究的方向，把握探究的深度，正确处理教师的"引"和学生的"探"的关系，做到既不放任自流，让学生漫无边际地探究，又不过多干预，从而游刃有余地控制课堂[3]。

第四，课堂教学与课外教学结合得不够紧密。在教学过程中，主要还是在课程上进行讲解、讨论和学习，没有课前的预习和课外的拓展。下一步应该借鉴翻转课堂模式，将教学内容延伸到课前和课后，从而达到更好的教学效果。

总之，在本课程中，我们始终以学生为主体，采用案例分析、模拟角色扮演等多种教学模式，让学生自觉地、主动地去探究，自主地去分析问题和解决问题，使学生的主体地位、主动能力得到了很大的提高[4]。今后，我们将对探究式教学模式进行更加深入的总结和完善，从而进一步提高教学效果和学生的满意度。

参考文献

[1] 刘健西，林炜. 大学探究式课程教学的实践与探索：内涵、形式与评价 [J]. 中国大学教学，2018（4）：30—33.

[2] 叶荃国. 探究式教学法在大学语文教学中的应用 [J]. 西部素质教育. 2018，4（5）：156—157.

[3] 宋运贤，汪文佳，陈梦. 基于慕课的基因工程混合式教学改革 [J]. 保定学院学报，2018，31（4）：113—117.

[4] 许健松. 高校探究式教学模式的创新与拓展 [J]. 中国大学教学，2018（11）：35—37.

[5] 杨耀彬，张莹. 探究式教学模式在无机化学实验教学中的应用 [J]. 西南师范大学学报（自然科学版），2018，43（7）：180—184.

小班讨论教学模式中讨论课的组织与实践

赵莉华　　肖先勇　　李长松　　陈　实

（四川大学电气工程学院）

【摘要】 对讨论课程进行有效组织和实施是达成讨论课教学目标的关键。本文从讨论题目选择到讨论要点抽取，从讨论过程把控到成果展示和评价，全过程设计、组织和监督，介绍了小班讨论课的具体组织和实施过程。多年实践证明，结合电气工程及其自动化本科专业"电机学"课程教学中的核心内容，设计不同模式的讨论形式，有效组织讨论过程，是提升课堂教学质量的有效方法。从课堂教学质量提升角度，为"新工科"教学改革提供了可参考的经验。

【关键词】 小班讨论；讨论题目；组织形式；过程指导；展示及评价

一、引言

2019 年，以建设一流本科、做强一流专业、推出一流课程、打造一流师资、实施一流质保、培养一流人才的六个"一流"全面出击，打响了全面振兴本科教育的攻坚战。如何打赢这场本科教育质量攻坚战呢？教育部高教司制定了三部曲：2019 年抓领导、促管，2020 年抓教师、促教，2021 年抓学生、促学。振兴本科教育，2019 年的主题是落实、落实、再落实，2020 年的主题是提高、提高、再提高。教育部高教司吴岩司长于 2020 年初在北大做了"从成熟走向出色——对北大本科教育的期待"主旨报告，在报告中吴岩司长指出：本科教育，必须进行创新和革命，除了创新，教育无路可走！除了革命，教育无路可走！要进行全方位的创新，包括思想创新、理念创新、理论创新、标准创新、技术创新、方法创新、评价创新、文化创新……

振兴本科教育，课堂是关键。课堂是学生学习的主渠道和主路径，也是"金课"建设的主战场[1]，传统的"满堂灌"教学方式已经无法适应新形势下的高校本科教学课堂。新形势下，教师角色已经由传统的学科知识讲授者转变为学生学习的指导者、思考的激励者和表达的组织者。适应新形势的"以学生为中心"的教学改革、翻转课堂等各种现代教学方法不断涌现，其中从"以教师为中心"的课堂向"以学生为中心"的课堂转变是课堂教学改革的主方向[2]。在"以学生为中心"的教学中，要将更多的课堂时间让位于学生，进行知识、能力、素质的有机融合，培养学生解决复杂问题的综合能力和高级思维。教学形式方面要体现先进性和互动性，学习结果应具有探究性和个性化；教师需要认真花时间、花精力、花情感来备课和讲课，学生课上课下要有较多的学习时间和思考做保障。要培养具有独立思考、敢于批评、敢于质疑，有创新能力、创新思维的社会需要的时代新人。所以，高等教育的今天，对学生综合能力和素质的培养比知识的传递更为重要，学生的学习目标重点不仅仅是知识的获得，而是能力的培养，包括解决问题的能力、协作能力与创新能力。学生需要学会发现、研究和解决问题，学会与人合作，学会寻求帮助和获取资源，成为具有批判精神与创新精神的实践者。讨论课堂，把课堂交给学生，是培养学生综合能力和素质的有效手段之一。

如何对讨论课程进行有效组织和实施是达成教学目标的关键。讨论课的设计，不仅是为了让学生更好地理解、领悟教学内容，更重要的目的在于激发学生学习兴趣，发现学生思想闪光点，启发学生独立思考、批判思维、主动联系联想和延伸思维的能力，同时帮助学生培养文字表达、口头表达能力和团队协作精神。从讨论命题选择到讨论要点抽取，从讨论过程把控到结论得出，全过程设计、组织和监督，是确保小班讨论课堂达到预期目标的关键。关于讨论课堂，很多的教育家和专家已经进行了大量的研究。结合电气工程及其自动化专业的专业基础课"电机学"多年的讨论课教学经验，本文就讨论课堂讨论题目的确定、讨论方式的选择、讨论过程的指导、讨论结果的展示及评价等讨论课堂几个主要环节的组织和实践进行分享。

二、讨论课堂的一般步骤

讨论课堂，是让学生以讨论方式进行课堂教学，开展课堂讨论。课堂讨论指的是学生在教师的指导下，就相关的基础理论知识、主要疑难问题和知识的灵活应用等，在查阅资料、独立钻研的基础上，共同进行讨论、辩论的教学组织形式。讨论课堂可以在全班进行，也可分小组进行。

讨论课堂开展的一般步骤为：

（1）确定讨论题目。讨论课堂进行前，教师根据教学目的和要求确定讨论的题目，并提出具体的讨论要求和完成目标。

（2）选择讨论方式。可以是全班讨论，也可以分小组讨论；可以是实体课堂的线下讨论，也可以是借助网络和辅助教学平台的线上讨论；不仅可以采用讨论的形式，还可以采用辩论的形式。

（3）讨论的准备。对全部同学或者讨论小组布置讨论的具体任务，指导学生搜集和查阅文献资料；根据教师布置的任务，学生在查阅文献资料后，认真准备意见、发言提纲或 PPT。

（4）开展讨论。讨论课堂中，教师要注意启发学生思考，指导学生利用所学的知识解决实际问题，引导学生充分发表自己的意见，逐步深入到问题的实质并就分歧的意见进行辩论，培养学生解决复杂问题和创造性地解决问题的能力。

（5）讨论总结和评价。讨论结束时，教师需要进行总结和点评，也可提出进一步思考和研究的问题。参与讨论的学生可以进行自我评价和相互评价。

三、讨论课堂的具体实施

讨论课堂的教学效果如何，教师起着决定性的作用。教师必须充分做好课前设计、准备、讨论的组织和引导，最后还要进行恰当的总结和评判。在讨论课堂准备和实施过程中，讨论题目的确定、讨论方式的选择、讨论过程的指导、讨论结果的展示及评价几个方面尤其值得重视。

（一）讨论题目的选择

讨论课堂的讨论题目确定是保证讨论课效果的关键。那种在教科书上可以直接找到答案或者稍微动动脑筋就能找到答案的题目不适用于讨论课堂，无法达到好的效果。对于电气工程专业的课程，在讨论题目选择时，需要考虑具有一定的难度和灵活性，同时强调与工程实际相结合，最好是来源于工程实际的问题，同时学生通过查阅资料和利用学过的知识，经过深入分析和讨论可以解决。这里以"电机学"课程为例来说明讨论题目选择的方法和重要性。

"电机学"课程的变压器基本工作原理部分中，学生学习变压器绕组的感应电动势有效值计算公式和绕组电动势平衡方程以后，得到变压器一次侧电源电压和绕组感应电动势的大小关系：

$$U_1 \approx E = 4.44fN\varphi$$

这一计算公式对于变压器以及后续的交流异步电动机学习都非常重要，实际变压器运行过程中很多问题的分析和解决都需要运用此式，要求学生对公式进行充分理解和灵活运用。学生在学习过程中，看到这个公式时觉得一目了然，很简单，但遇到实际问题时却不知道应该如何利用它来进行分析。通过讨论的方式让学生加深理解，灵活应用，在此基础上进行创新性思考具有重要的意义。根据这个公式，可以列出这样的讨论题目：

（1）额定频率为 50Hz 的变压器接在 60Hz 的电源，变压器的工作情况将如何？或者反之情况将如何？

（2）如果将一台变压器一次侧绕组的匝数增加（减少），变压器能否正常运行？（变压器运行情况将如何变化？）

以上两个讨论题目的目的都是让学生利用上面的公式来分析，但灵活性和难度显然不够。对于这样的题目，学生阅读以后立即明白这里要讨论的是变压器电源频率变化和绕组匝数变化对变压器运行参数的影响，很容易就想到应该用哪些知识来分析，不需要查阅文献资料，也不需要动太多的脑筋就能够回答。所以上面的两个题目不适合作为讨论题目。把它们修改为：

（1）在中国购买的电饭煲、电动剃须刀等小电器，能不能带到美国后直接使用？为什么？

（2）一个起重电磁铁，因为电源电压过低造成其吸力不够，请问有什么简单易行的解决方法？

修改后的两个题目仍然还是希望学生分析变压器电源电压、频率和匝数变化对变压器或交流绕组电气参数的影响，但题目灵活性、复杂性以及与实际的结合紧密性都大大提高。对于第一个问题，学生首先需要查阅资料了解电饭煲、电动剃须刀等小电器的电气原理，了解中国和美国电网的不同（电源电压大小和频率）；再分析两个国家电网电压大小和频率不同对小电器运行带来的影响，其中，有的电器中有变压器，有的没有，学生需要区别对待，分别进行分析。对于第二个问题，学生需要了解起重电磁铁的基本工作原理，分析影响电磁吸力大小的因素，再弄清楚电源电压低造成的电磁力减小主要原因是磁通减小，最后给出增加磁通的方法。

显然，这样的题目不仅增加了灵活性和难度，有讨论的价值，而且因为与日常生活和实际工作结合大大提高了学生的讨论兴趣。

（二）讨论方式的选择

讨论课堂可以在全班进行，也可以分小组进行。如果以班为单位讨论，在有限的时间内，几乎不可能做到每位学生发言，一般不建议采用。分小组进行讨论，可以尽量兼顾班级的每一位学生，让每位学生都有参与的机会。

分小组讨论的方式，讨论小组的划分就很重要。首先是小组人数，小组人数一般 4~6 人比较合适。人数太少，讨论的气氛不够活跃，人数太多，有的本来不喜欢发言的学生就可以偷懒不发言。如何将班上学生进行分组呢？最简单的方法是让学生自由组合，但是这样的分组可能是成绩优秀的学生、平时比较活跃的学生、关系较近的学生组成一个小组，不利于所有小组的讨论效果和学生之间的相互学习。所以，在进行讨论小组分组之前，教师需要掌握班上学生的学习情况和性格特点等基本信息，综合考虑后，由老师进行讨论分组。一个学期中，小组成员应相对固定，便于成员之间的交流。

随着网络的发展，讨论课堂不仅仅可以在教室的线下课堂中进行，也可以在线上的网络课堂中进行。例如，通过建立班级微信群或者 QQ 群，或者其他各种线上交流平台，进行线上讨论。线上讨论课堂只需要提前约定时间，学生可以在宿舍、教室或者家里参与讨论，更加灵活方便，而且无须占用课堂教学时间，很好地解决了课堂学时不够的问题。

分小组讨论时，可以是全部讨论小组采用同一个讨论题目，也可以是各小组采用不同题目进行讨论。对于难度不是很大、有标准答案的问题，建议每个小组采用不同的讨论题目，在小组讨论后各小组相互交流和学习；对于一些学科前沿内容、有较大争议而且没有标准答案的复杂工程问题，可以全班采用一个题目，各小组分别讨论后全班学生再进行交流和共同讨论。

此外，讨论课堂除了采用讨论的方式，还可以采取辩论的方式。一个问题，通过正反两方的辩论，同学能够对于其优劣性有更深入和更深刻的理解。我们开展了诸如"植物油变压器的优劣""非晶合金配电变压器的发展"等新技术新产品的辩论，同学们感觉收获颇丰。

（三）讨论过程的指导

在线上和线下的讨论过程中，教师都是讨论课堂的组织者，而不是旁观者。线上讨论课程，一般由教师提前给出讨论题目，小组同学通过查阅资料、讨论得出问题答案，而这些任务的完成，要求小组同学必须全体参与，一些较为复杂的问题，每人完成其中的一部分。线下实体课堂的讨论，可以提前给出讨论题目让学生进行课外准备，也可以当堂给出讨论题目直接进行课堂讨论。如果是当堂给出讨论题目，题目的难度和讨论的深度就要低一些；如果是提前给出讨论题目，则应该增加题目的难度和提高讨论的要求。

教师在整个准备过程中，需要指导小组学生在讨论过程中分工合作，引导学生寻找解决问题的思路和分析问题的方法，之后鼓励学生给出解决问题的措施，最后指导学生回答问题、完成 PPT、录制讲解视频。

例如，前面的关于起重电磁铁的问题，学生拿到题目时可能不知道该从何下手，特别是第一次参与讨论课堂，学生还比较茫然，尤其需要老师进行引导。这时教师引导同学首先查阅资料了解电磁铁的工作原理，找出电磁铁工作原理与教材中变压器工作原理的相同点和不同点，根据工作原理讨论电磁力不足与电源电压的关系，清楚它们之间的关系以后才能想出具体的解决措施。

（四）讨论结果的展示及评价

对于线上讨论课堂，各小组在查阅资料、进行充分讨论得到问题的答案后，需要展示讨论结果。结果展示有多种方法，比如提交讨论报告、回答要点、课堂讲解回答等，这里推荐一种提交讨论报告、

PPT 和视频文件的综合展示方法。在各小组进行充分讨论有了讨论结果后，要求小组撰写讨论报告，再完成汇报 PPT，并进行 PPT 内容讲解，录制视频文件提交。录制视频文件时，要求小组成员都要参与，每位成员完成一部分。通过这样的展示，既锻炼了学生的科技论文写作能力、口头表达能力，又锻炼了学生的计算机工具软件的应用能力和团队合作精神。同时，要求学生在正式的讨论课前提交这些材料，教师进行质量把关，可以确保讨论课堂的教学效果。最后，教师与全班学生约定时间进行线上讨论课，首先播放小组录制的视频文件，然后全班学生进行讨论，视频完成小组的学生需要回答其他小组学生提出的问题，当然其他同学也可以回答。最后，教师根据 PPT 和讲解视频回答问题的情况、PPT 的制作质量、讲解和视频制作情况以及讨论课堂上回答提问情况，和学生一起参与评价。通过考查学生问题解决、主题探究、学习项目中表现与成果等，评价学生的知识应用水平与综合能力。让学生参与评价标准的制定，鼓励学生参与到评价中来，以确保评价的全面性，从而激励学生对自己的学习行为更加负责，并促进学生对自己的学习进行反思。

对于线下实体讨论课堂，也可以采用与线上讨论课堂类似的方法，只是当堂播放视频文件，然后进行课堂讨论。也可以课堂上给出讨论题目，当堂讨论，然后每个小组推荐一位同学讲解和回答，小组的其他成员可以进行补充。

四、结论

通过线上和线下的讨论课堂，培养了学生查阅资料和获取有用信息的能力，发现、研究和解决问题的能力，在讨论和辩论中培养了学生的批判精神和创新精神，同时也锻炼了学生的写作能力、口头表达能力，PPT 制作和视频软件的使用能力等。学生的综合能力得到了锻炼和提高，同时也提高了学生的自信心，激发了学生的学习积极性，使他们由被动的课堂学习转变为主动的积极学习，收到了很好的效果。

当然，一堂有效的讨论课，离不开教师的精心组织、策划和指导，对教师提出了更高的要求。作为高校教师，一定要牢记使命、不忘初心、砥砺前行，为培养更多的优秀人才努力奋斗。

参考文献

［1］吴岩. 建设中国"金课"［J］. 中国大学教学，2018（12）：4—9.

［2］"以学生为中心"的教学原则［EB/OL］. （2020—01—17）. https://mp. weixin. qq. com/s/yHv5rmo0xpTO2LLWJmThfw.

四川大学四年制眼视光学教育中多样化教学模式的应用

朱申麟　杨　昕　杨　必　刘陇黔

（四川大学华西临床医学院）

【摘要】随着近视率的逐步增加，视觉保健已然成为全民关注的热点问题。我国视光师人才储备尚且不足，为适应不同的职业需求，我国眼视光学呈现出了不同的教育体制。本文阐述了多样化教学模式在四川大学四年制眼视光学教育中的应用，进而探讨教学模式的多样性在四年制眼视光学教育中的重要性，并对眼视光学人才培养提出了个人的思考。

【关键词】四年制；眼视光；教学模式

视光师作为眼睛和视觉初级保健者，在大多数民众的意识中还处于单纯的验光配镜阶段，社会对于视光师的认知度和认可度还有待于加强。目前，我国视光师的培养模式还没有得到统一，五年制、四年制、三年制，甚至眼镜行业的培训机构等都可作为视光教育的培训体系，因此视光师的专业水平也良莠不齐，导致大众的误解。

专业的视光学教育对于社会需求来说是必要的，而四年制本科教育既能更及时填补社会对于视光师的需求，也能保证教学质量，并与国际视光学教育接轨。但是相对于五年制来说，缩短的教育时间压缩了教育本身的长度，如何在不压缩教学内容的情况下，更多更好地让学生接收到同等质量甚至更高质量的教育模式是四年制教学值得探索的问题。

一、多样化教学模式在四川大学四年制眼视光学教育中的应用

四川大学作为我国眼视光四年制教育模式的首创[1]，从 2000 年正式开展本科教育以来，从零开始，对教学模式进行不断摸索和完善，逐步形成了以小班教学为基础，多种教学模式相辅共存的体系。双语教学、PBL 特色课程、递进式实践操作、针对性专题学习团队、一对一论文辅导以及国际院校的联合培养等，在选择性、操作性、针对性、特色性以及充实度上为学生提供了优良的学习环境和学习机会。多样化的教学模式对于培养具有创新创业意识、国际视野和胜任力的视光学人才，具有重要意义。

（一）小班教学[2]

小班化教育是多样化教学模式的基础和质量保障。为满足学生对于教育公正性、公平性的进一步要求，以及获得高质量教育的需要，小班教学已经成为目前基础教育的必然趋势。每个教育机构所定义的小班教学学生数量有所不同，许多国家在教育法中规定的每班学生人数通常在 36 人左右。四川大学所鼓励的小班教学模式人数规定在 30 人以下，眼视光学专业也一直遵循着小班教学的模式，做到因材施教，给予学生同等并足够的关注度，以发挥学生的积极性和主动性，从而提高学生的学习能动性和教育教学质量。

小班教学的模式不仅使教师在理论教学上可以兼顾每位学生的具体情况，对少数学习困难学生开展针对性辅助教学，实践课上更是在小班教学的基础上再实行分组带习，让每位同学在有限的教学时间内有足够的机会操作练习，与带习教师充分沟通和交流，在实践中发现问题，使知识得到有效的巩固。

（二）双语教学

中国于 20 世纪 90 年代末建立了视光学学科，而国外视光学的发展已有百余年的时间，所以从零开始的中国视光学需要在学习的过程中与国际接轨。为此，眼视光专业开始开展双语教学，使学生及时接触到专业的语言环境。

目前"低视力"课程作为双语教学的范本，使用全英文教材、全

英文教学课堂以及全英文考试内容，避免中英文译本的误差导致的理解的错误，使学生全方位地感受到专业的英文学习环境和教学环境。同时，考虑到英文教学的接受度和理解度相对较高，也鼓励教师采用录视频的方式将授课内容提前记录下来，提供给学生做课后的复习资料，以便于学生随时回顾。该课程已被评为四川大学校级精品课程。双语教学也为四川大学国际周活动和英语课程奠定了基础。

（三）PBL 特色课程

PBL（Problem-Based Learning），是以问题为基础，以学生为中心的授课模式[3]，该类课程概念由加拿大巴罗斯（Barrows）等人首次提出，现已在国内外广泛推广[4]。医学是一门实践学科，所有的理论最后必然会归于实践，归于应用，归于临床。学生时期的基础运用就显得尤为重要。PBL 课程的开设将还未有临床接触的学生带入临床问题的思考之中，感受基础理论与疾病知识的联系，建立起临床思维以及发现和处理问题的能力。

在视光教学当中，教师在教授"眼球运动障碍及双眼视""接触镜学"等时，不能适时地在特定教学时间让学生对合适的临床患者进行观察和分析，而 PBL 可以为学生在课堂上呈现实际临床病例，使学生能够接触到有针对性的临床案例，提高理解问题、分析问题、解决问题的能力。

（四）递进式实践操作

为加强学生的实践操作能力，将课堂学习和临床做到不同程度的有效衔接，本科期间安排了递进式实践操作。根据各学期学习任务的不同，可分为以下四个阶段：

（1）临床基础课程学习阶段，采用对应科室进行可选择性志愿服务，让学生在专业之前提前接触临床环境和内容，进行初体验。

（2）专业课程学习阶段，采用实践紧跟理论的方式，在理论课后安排专门的实践课程，对知识进行进一步的强化和应用。

（3）专业实习阶段，为学生提供为期一年的实习时间，轮转包括视光门诊、眼科门诊、验光室、眼部特殊检查室、视觉训练室等在内的十几个不同部门，让学生与病患面对面，在教师指导下独立处理，并充分地熟悉技巧和运用所学解决问题，提高临床思维能力。

（4）实践巩固阶段，为防止出现临床实践过多而导致基础技能遗忘，为学生特意提供专职教学岗教师的实践培训，夯实学生的实践基础以及巩固临床上相对较少的案例，在临床和学习的同步巩固和促进下，更好为学生创造全面有效的知识环境。

根据不同的实践阶段，学生对理论知识的掌握程度逐渐加深，对操作及患者也有不同的见解。与不同的带教老师共同学习，学生可在带教老师的引领下从多方面多角度分析问题，不仅能够巩固加深稀缺病例的解决方案，还能产生不同的思路，温故而知新。

（五）针对性专题学习团队

为帮助学生寻找及发现他们感兴趣的学习内容或者研究方向，教师团队成立不同的专题学习小组，比如隐形眼镜学习小组、近视研究小组、知觉训练小组等，定期开展不同的主题学习，比如沙龙、读书报告等。参与群体已经不仅仅局限于校内人员，成都市内各医院视光师都可参与分享，使学生能够学习到不同医院解决问题的方式，感受医学的包容性，不局限于某一种思维方式。学生一方面可自主参与，分享所学所得，积极发现自身存在的问题，查漏补缺，为自身延伸更多书本以外的知识，另一方面还可以确定自己以后的发展方向。

（六）一对一论文辅导

毕业论文的完成是眼视光学专业学生毕业的必备条件。采用学生与指导老师双向选择的方式进行配对，使学生更有意愿和兴趣。一对一的辅导方式下，学生论文的主题确定，文献的查阅学习，研究方法和技术路线的确定，数据收集、分析处理等过程都在有指引的条件下进行，减少了盲目性和不确定性，更好地给予学生适当的指导，这种辅导方式得到了学生的一致认可。一方面培养了学生初步独立科研的能力，另一方面培养了学生的团队合作精神。

（七）国际院校联合培养

国内视光学教育在近 20 年的发展时间里建立起了自己的教学模式，但国外的教育模式和方法仍需要我们去学习[5]。为了开阔学生的眼界以及加强学校与学校之间的交流，四川大学眼视光学系先后与中国香港理工大学眼科视光学院、美国太平洋大学以及美国西部健康大学眼视光学院取得良好合作，派遣了多批学生进行一个月至三个月为期不等的交流学习，使学生有机会了解不同文化下视光学习和管理的模式，打开思维方式，为其以后的职业生涯提供了更多的选择。同时，也鼓励交流归来的学生开展分享会，与其他学生分享学习经验，使学习效果达到最大化。

二、教育成效

四川大学针对毕业生的内部调查结果显示，眼视光学专业的毕业生就业率达100%。其中约50%到综合性医院眼科，15%到私立眼科医院，13%到国际知名企业，10%到高等院校及职业院校，10%选择继续深造，2%选择自主创业。毕业生主要就业岗位如下：视光学相关临床工作如验光、眼科特殊检查、接触镜验配、双眼视功能检查及异常处理、低视力的处理等，高校教师，视光产品公司培训师等。四川大学眼视光学专业毕业生就业后，大都成了相关部门的视光学骨干，其中有视光中心主任、眼视光国际企业西南片区高管等，就业单位对四川大学毕业生的评价较高。

三、思考

目前，中国每年近视发病率逐年增加，近视患者发病率高达50%～60%，大学生更是高达80%。电子产品的大量涌现改变了我们工作、学习和生活方式，也给我们的视觉系统带来了巨大的负担，产生了一系列的视觉问题。人口老龄化，视觉保健才能保障老年人群的生活质量。专业的视觉保健教育尤为重要，全面专业的视光师供不应求，本科及以上的视光人才更能胜任社会对于视光师的基本要求，成为视光行业的主流，但是我国每年培养的视光人才远远不能满足人们对眼保健的需求。

现今专业视光人才市场良莠不齐，四年制教育在迎合视光市场人才短缺的需求下，缩短学习周期的同时使用系统全面的教学模式，使得四年制毕业生在视光的人才市场上，无论是各级综合性医院、医学院校，还是眼镜公司、眼视光器械研究部门，都能更具竞争力和胜任力。五年制眼视光专业培养周期长，且可考取医师执照，部分毕业生偏向眼科医生择业，就会损失一部分视光师的队伍[6]。四年制的建立既解决了五年制视光师培养周期长且偏向眼科医师择业的困扰，也迎合了当今市场对视光师的要求。

四年制教育中运用多样性的培养模式减少了培养的单向性。一方面利用不同的教学和实践方式，加深了纵向学习的乐趣和深度，另一方面丰富了学生课堂以外的接触面，使其在横向拓展上得到了更好的体验和延伸。此外，学习课程安排合理，循序渐进。在基础课程开展期间安排适当的眼视光专业课程以及开放眼视光临床志愿服务，使四年制不仅能够囊括五年制的学习内容，更能良好地衔接基础与专业课程。多样化的教学模式为现今视光师的职业要求提供了更高的起点、更多的知识储备、更强的实践能力。多向发展并且接轨国际，不仅提高了学生的学习兴趣和热情，也通过不同渠道的知识输入和输出得到更大的强化作用。这有利于为视光人才市场提供更加专业、更加全面的人才。

参考文献

［1］杨必，刘陇黔，万学红，等. 我国视光学专业四年制本科教育的现状调查与分析 ［J］. 中国高等医学教育，2017（1）：30—31.

［2］李宏敏. 我国高校实施小班化教学的问题及解决策略 ［J］. 大学教育科学，2009（2）：32—36.

［3］王沁萍，陈向伟，李军纪. 我国高等医学教育中 PBL 教学模式应用的研究现状 ［J］. 基础医学教育，2011，13（12）：1071—1074.

［4］BARROWS H S. A taxonomy of problem-based learning methods ［J］. Medical education，1986，6（20）：481—486.

［5］瞿佳，吕帆，陈浩，等. 眼视光学教育国际化的思考与实践 ［J］. 中国医院，2005，9（6）：45—47.

［6］杨必，贺庆军，刘陇黔. 视光学专业本科教育模式的比较与思考 ［J］. 中国高等医学教育，2011（12）：15—16.

基于微信公众号的混合式深度学习教学模式研究①

蒲小琼　胡　萍

（四川大学机械工程学院）

【摘要】随着互联网和5G移动通信技术的高速发展，本文通过对线上、线下自主学习模式和探究式课堂的深入研究，以制图系列课程为例，提出了如何将两二者进行有效融合并达成深度学习目标的思路和方法。所构建的微信公众号平台，首先将课程的系统化知识进行碎片化分解，再有针对性地分别置于平台各模块之中，然后通过各模块之间的相互导航，在重构碎片化知识让其回归系统性的同时，打通了线上、线下教与学之间的双向互动通道，达到了混合式教学相互融合、相辅相成的目的。这种模式激发了学生的主动参与和深入思考，实现了真正意义上的线上、线下混合式自主深度学习。

【关键词】混合式教学；深度学习；微信公众号；自主学习；探究式课堂；制图课程

一、引言

当前移动通信技术突飞猛进，越来越多的社交软件被应用于教育教学领域，教师和学生也希望以最便利的方式进行学习和交流，线上

---

① 本文系四川省2018—2020年高等教育人才培养质量和教学改革重大项目和四川大学新世纪高等教育教学改革工程（第八期）研究项目（重点）的研究成果之一。

与线下相结合的混合式学习方式已经成为一种新的趋势。由于深度学习强调学生对知识的理解、联系和思考，注重学生的主动参与性和协作交流能力，高度符合现代教育对高层次人才的要求和培养目标，因此，如何通过学生熟悉的手机软件平台更合理地引导学生自觉、自主地学习，并与线下课堂有效结合形成探究式互动，使学生达到在混合式教学中的自主深度学习，是在新形势下高等教育教学的重点研究方向。

二、混合式深度学习教学模式研究现状

（一）背景及国内外发展现状研究

"混合式教学"最早由美国学者朱迪丝·史密斯（Judith M. Smith）与埃利奥特·马西埃（Elliott Masie）将传统学习理念与"E－learning"纯技术学习理念相结合而提出。作为一种能将网上学习和实体课堂优势互补结合起来的教学模式，"混合式教学"历经20余年的运用，在国内外已经发展得较为成熟。深度学习（Deep Learning，也被译为"深层学习"）普遍认为是由美国学者马顿（Marton）和塞尔乔（Saljo）于1976年在《学习的本质区别：结果和过程》一文中提出的。他们认为，深度学习是采用理解方式的学习，浅层学习（Surface Learning）是采用再现（Reproduction）方式的学习[1]。深度学习强调理解、批判、联系、构建、迁移和应用，即自主探究式学习，它会让学生认为他们拥有学习内容、方式、时间的控制权，让他们相信自己的行为是内在发起的，这会让学生更加偏好于更具有挑战性的任务，更愿意为理解付出更多的努力，从而走向深入学习[2]。

作为无监督学习的一种学习模式，深度学习鼓励学习者积极探索、反思和创造，因此，将它与混合式教学结合起来也成为目前教育工作者所聚焦的问题。有学者研究了网络化学习中学生、教师及师生交互等各种学习行为与深度学习过程意向模型之间的相关性[3]；有老师利用深度学习设计了翻转课堂的一般流程[4]，或对"浅层学习"常态化进行了研究，提出通过线上、线下融合教学形成"优势互补"的深度学习愿景[5]。

（二）问题的提出

数字媒体的高速发展，让越来越多的传统知识以"短文、图片、小视频"等方式通过互联网传播。这些知识表面上看，传授过程简单、易于接受，学生可随时随机按照自己的需求通过碎片化时间进行学习。但更多经验表明，这些内容大部分并未经过精心筛选，不够严谨也不够全面，多数不具备系统性和完整性，不仅让人过眼即忘，更难以提升学生自我思考、深入探究的潜在能力。目前，这种浅层学习模式正在悄然地改变着大学生们的学习习惯和思维模式。

纵观目前混合式深度教学模式实施的现状，有的课程教学设计在传统教学中生硬地叠加了许多"互联网＋"的新技术和新方法，但往往因过于注重形式而忽略了能否真正达到学生自主学习及深度学习的效果；有的课程纵然提出了线上、线下融合的学习方案，却未对线上平台、线下课堂的特点及它们之间的相关性、融合性进行深入研究，其方案也无法合理地引导学生进行自主学习和深度学习。

随着 5G 时代的到来，"网络化教学"迅猛发展，而突如其来的新型冠状病毒肺炎（简称"新冠肺炎"）疫情把"在线教育"推向了风口浪尖。线上教学在全球疫情中凸显其独特优势的同时也暴露了自身的壁垒，单纯对知识的收录和传达让整个教学过程显得乏味、缺乏灵动性，学生的探索、反思和创造性得不到实施和呈现，学生对知识的获取也仅仅停留在浅层学习阶段。

著名学者拉姆斯特（Ramsden）说过："浅层学习充其量是没有质量的数量（量变），而深度学习却是质量的数量累积（质变）"[6]。因此，如何打破在线教学壁垒，摒弃浅层学习模式，实现深度学习目标，是当前教育工作者亟待解决的首要问题。

（三）解决方案的提出

实践表明，将"网络化教学"与"传统课堂教学"的优势进行有效结合，并将深度学习的概念融入其中，形成"混合式深度学习教学模式"，是有效解决问题的关键。

据统计，截至 2020 年一季度，我国手机在线教育用户已占手机网民的 46.9％，微信用户已突破 10 亿。以"手机互联网"为依托的"混合式教学"已是大势所趋，而微信具备良好的功能性和用户基础，选择其作为"混合式深度学习"的助学平台更具可行性。

因此，本文研究的基本思路是：充分利用微信公众平台的环境优势搭建互联网线上学习平台，构建了基于微信公众号的自主学习与探究式互动课堂相融合的混合式深度学习教学模式。通过严格筛选课程资源，合理配置平台模块，利用良好的人机交互，先引导学生利用碎片化时间在线上完成课程的浅层系统化学习，再回到线下的探究式互动课堂进行师生协同研讨。该模式在充分融合线上、线下教学优势的同时，通过各个互动环节，逐渐带领学生进行深入、系统地自主学习，并让学生注重知识的积累和拓展，逐渐达到对课程知识从量到质的转变，达成深度学习的目的。

三、基于微信公众号的混合式深度学习教学模式的构建

针对混合式教学中需要解决的问题，本文依托微信公众平台构建了探究式"教学资料"模块，同时，引入"翻转课堂""学习小组"和"图学园地"模块，完成了课程"传统资源"到"平台媒体资源"的建设、转换和上传。并以微信公众号为中心，将各模块中的线上和线下应用合理地关联、组织起来，做到了功能互补又相互融合，有效地实现了碎片化知识的系统化重构，全面覆盖到课堂和课余时间，真正达到线上、线下自主学习与探究式课堂的深度融合。

（一）基于微信公众号的自主学习"教学资料"模块的构建

为了让微信公众平台的教学资源更具针对性，适合碎片化时间下提取重点知识进行深度学习，且更能激发学生自主学习的兴趣，根据课程特点，在平台中将教学资料进行详细分类、整合，划分成公众号平台上各级模块。模块标题及界面设计具有良好的引导性和交互性，能够快速引导学生找到目标知识点。各部分知识点都经过多次比对、严格筛选，既避免了内容重复，又注重连续性和系统性，确保了线上自主学习的效果。该平台真正达成了"线下资源，线上共享"，成为学生"自主学习"的好帮手。

（二）"翻转课堂"教学设计

深度学习是翻转课堂的内在追求，翻转课堂是进行深度学习的有效手段。"翻转课堂"是指通过重新调整课堂内外的时间，形成教师和学生之间的角色互换，将学习的决定权从教师转移给学生，是近年来较受欢迎的教学新模式。

在教学设计中，区别于传统翻转课堂仅在线下进行角色互换的模式，重新建构学习流程，将"翻转课堂"的大部分内容设置到微信公众平台上。在学生通过微信公众平台完成自主学习、小组研讨（线上或线下）、师生问答、内容拓展等过程后，采用"线上（线下）内容，线下（线上）呈现"的角色互换模式，将授课方式从"以教师为中心"转变为"以学生为中心"，让学生融入教与学的全过程中。这不仅使学生能够对学习过程有全新的体验，更能提升学生对知识的自我挖掘能力和思考创新能力，培养了学生深度参与及交流、协作的能力。

该课程教学设计最大的特色是在完成活动后通过微信公众号的推文，实现"线下（线上）活动，线上分享"。作为活动的延续，将富有创造力的故事保留、分享、投票、研讨、总结，既能重现活动的精彩，又能进一步完成对知识要点的理解、联系、构建和应用等，这将有助于进一步达成"深度学习"的目的。

（三）"学习小组"的构建

充分利用 QQ 和微信的便捷性和互动性，建立班级课程 QQ 群或微信群，将学习内容融入日常生活，教师、助教和学生可以随时在群里进行相关问答和交流，使"群"成为学生最近端、最便捷的学习辅助工具。

"学习小组"模块包括"互助学习小组"和"课堂研讨小组"两种。

由于学习能力、学习习惯等存在差异，为了避免传统"一刀切"教学方式中有的学生"吃不饱"、有的学生"不消化"的尴尬局面，将班级学生按学习能力、学习习惯等分成不同"互助学习小组"，即"固定式学习小组"。

区别于"互助学习小组"，"课堂研讨小组"则会在每堂课中随机产生，它规避了"互助学习小组"因固定学习伙伴太熟悉而拉不下面子严格要求的弊端。

（四）"图学园地"模块的引入

"图学园地"作为课程的配套设施，设立于教学楼中，配置有内含丰富学习资源的交互式显示器，以及课程实体模型、学生范图等。作为一个看得见摸得着的学习资源，可以直观地帮助学生掌握课程相关知识及解决具体问题。将"图学园地"引入线上模块，方便学生查阅了解线下资源的使用情况，同时有效激发学生的线下学习兴趣和热情。

四、混合式深度学习教学模式的应用实践

由于制图系列课程属专业技术基础课，是典型的"理、实一体化"课程，同类课程在各高等院校普遍开设，具有广泛的代表性。因此，本文选择以制图系列课程为例进行实践研究。

（一）制图系列课程借助微信公众平台实现自主深度学习

在微信公众平台的各级模块中，重新设计了针对各专业工程制图课程的教学目标、内容和方法，完善了新的教学文件，包括课程大纲、教案、课件、教材、学习视频、模型动画、习题库、试卷库、考核评价标准、课程教学设计方案、课程拓展等。

各模块的分类引导使学生很容易找到相应的学习内容，并根据自身的学习节奏和对知识的接受情况，随时、随地对制图课程的相关内容进行预习、复习、拓展等。例如，点击"教学资料"内"课件"相关链接，即可观看文字或视频进行学习，点击"习题"相关链接即可获取参考答案，若学习中遇到关于空间问题的困惑，可点击"模型"相关链接观看模型动画求得帮助。

平台提供的难易程度各异的丰富资源，既方便学生对自主学习中的错误进行自我评判、分析和修正，还可以让他们进行更难更深入的延伸学习和拓展训练。平台具有交互性和便捷性，有助于学生将学习中存在的问题及时反馈给老师，为线下探究式课堂教学活动的开展提供了依据，使深度学习模式更具有针对性。

（二）"翻转课堂"线上、线下的深度融合实践

"翻转课堂"（角色互换）包含"课前、课中和课后"三个环节。

课前，教师下达任务，学生以"互助学习小组"为单位，自主规划学习内容、节奏风格和呈现知识的方式，并借助微信平台或其他资源完成初步学习、小组研讨和分享文件制作。教师则采用答疑法和协作法来满足学生的需求并促成他们的个性化学习。

课中，选择线下或线上课堂进行角色互换，内容包括学习小组讲解分享、师生互动答疑解惑、知识点拓展运用等。这个阶段将凸显"探究式互动课堂"的教学优势，教师的点评总结和同学的提问研讨让知识的获取形成良性循环，从而达到深度学习的效果。

课后，整理"翻转课堂"全程活动的相关图文、视频及学生的课后感，在微信公众平台上投票评价反馈，这个过程激发了学生的学习热情，充分调动了学生的积极性和主动性，进一步达成深度学习的目标。

（三）"学习小组"在自主深度学习中作用突出

"互助小组"和"课堂研讨小组"各具特色，共同强化制图系列课程自主深度学习的效果。

学习小组既能充分发挥学生学习的主观能动性，又能调动学生学习的积极性，方便互相之间取长补短进行沟通交流，更有助于培养学生的团队协作精神。此外，学习小组还能帮助学生养成主动交流和即时思考的习惯，让学生学会倾听、表达、分享和合作，培养学生快速处理突发事件的应急能力和解决临时问题的应变能力。

（四）"图学园地"助力自主深度学习

"图学园地"的设置为师生、学生之间的面对面交流提供了良好的平台和环境。作为线上自主学习和线下翻转课堂的延伸，"图学园地"将学习形式回归到了原始状态，所有的实体模型、样图或作业范图可视可触，更加真实直观；"交互式显示器"内按课程分类置入各种学习资料，如课件、习题参考答案、模拟试卷、模型、动画及课程视频等，学生可以根据自己的需求选择观看学习、相互交流；园地内的教具可现场实触、观察，能够直观地帮助学生解决制图课程中的空间问题，有效提升了学生对课程的兴趣和积极性，获得了师生的一致好评。

五、总结

本文依托四川省 2018—2020 年高等教育人才培养质量和教学改革重大项目和四川大学新世纪高等教育教学改革工程（第八期）研究项目（重点），在构建微信公众平台的基础上，深入研究了线上自主学习与线下探究式课堂相融合的混合式深度学习教学模式，完成了课程资源的线上建设和应用，实现了碎片化知识的系统化重构，并与线下探究式互动课堂紧密结合，在制图系列课程中进行了两年的教学实践。

实践结果表明，学生在使用平台的过程中，对课程学习的兴趣度和主动性有显著提升，在线下翻转课堂与互助小组深入研讨中也有更加优异的表现；通过教学过程的全程参与，学生从问题发现、自我思考、解决方案、协同作业等各方面实现了"线上＋线下"混合式的自主深度学习；结合完善的过程考核设计，班级整体的学习效率和考核成绩均较平台实施之前有显著提升，证实了本研究的可行性，取得了阶段性成果。

下一步，我们将在此基础上，继续进行基于微信公众平台的混合式教学模式研究及实践，将线上、线下、二维码教材、工程实训及考核评价等多个模块以微信公众平台为中心融汇联通，形成更为完善的混合式教学平台。

参考文献

［1］彭红超，祝智庭. 深度学习研究：发展脉络与瓶颈［J］. 现代远程教育研究，2020（1）：41—50.

［2］GROLNICK W S, RYAN R M. Parent styles associated with children's self-regulation and competence in school［J］. Journal of educational psychology，1989，81（2）：143.

［3］颜磊，祁冰. 基于学习分析的大学生深度学习数据挖掘与分析［J］. 现代教育技术，2017，27（12）：18—24.

［4］朱文辉. 指向深度学习的翻转课堂的教学设计［J］. 教育科学研究，2020（5）：72—77，83.

［5］杨一丹. 深度学习场域下的高职院校"线上线下混合式教学"常态化构建［J］. 2020（6）：77—82.

［6］RAMSDEN P. Learning to teach in higher education［M］. 2nd ed. London：Routledge，2003.

生物医学工程专业英语教学改革的思考①

苏葆辉

（四川大学生物医学工程学院）

【摘要】本文根据生物医学工程专业英语课程的特点及教学大纲的要求，分析现阶段生物医学工程专业英语教学的不足，提出了教学内容的增设、教学方法的调整、课程考核方法的改进、加强生物医学工程专业英语教师队伍建设、增强学校及社会的重视度等对生物医学工程专业英语教学改革的思考及实践。

【关键词】生物医学工程；专业英语；教学改革

一、生物医学工程专业英语课程的特点

生物医学工程学（Biomedical Engineering，BME）是一门现代工程技术和生命科学结合的生物医学应用技术科学。它综合运用现代自然科学技术的原理和方法，从工程学和多层次角度研究生物体特别是人体的结构、功能和其他生命现象，研究用于人类疾病的预防、诊断、治疗，以及人体功能辅助和卫生保健需要的人工材料、制品、装置和系统的工程原理与定量分析[1]。生物医学工程的研究内容非常广泛，主要包括基础性研究和应用性研究。基础性研究涉及生物医用材料学、生物力学与生物流体力学、组织工程、纳米生物医学工程、生

---

① 本文系四川大学新世纪教育教学改革工程（第六期）研究项目"专业英语（生医）教学改革中英语综合素质的培养"的研究成果之一。

物医学信息的提取与处理、生物系统建模与仿真、各种物理因子的生物效应、生物系统的质量和能量传递等。应用性研究直接为医学服务，涉及生物医学信号检测与传感技术、生物医学信息处理技术、医学成像与图像处理技术、生物医学传感技术、人工器官、医用制品和仪器、康复与治疗工程技术等[1]。

生物医学工程专业英语是本专业的一门基础课程，要求学生熟悉上述多个领域的常见英文词汇和表达方式，具有一定的多学科英语语言背景。由于教育国际化及信息化的不断深入，国际会议和各类讲座明显增多，生物医学领域日新月异的发展迫使英语交流能力变得十分重要，这就要求本专业的学生具备较为全面的英语综合素质。

二、生物医学工程专业英语教学的不足与困难

（一）教学内容

生物医学工程学科是一个强交叉、大跨度的学科，选择有学科代表性的教学内容难度较大。目前，大多数学校都是根据自己的学科的偏向情况，相应地选择生物材料、生物图像、人工器官、解剖生理等内容的英文教材。摘选自相关专业书籍的部分内容或论文，以科技类阅读材料为中心的专业英语教学仍是大部分教师所采用的。主要内容是扩大专业词汇量，穿插加入一些专业英文的写作训练。这些教学内容相对整个生物医学工程领域来说，都比较片面，词汇、阅读的覆盖以及综合能力的培养都远远不够。特别是一些教学内容与实际工作脱节明显，与实战应用存在很大的差距。我们从对学生的问卷调查及座谈中了解到，学生普遍认为这些教材的内容比较枯燥、形式单一，特别是不实用，无法适应本领域的快速发展。因此，部分学生缺乏学习兴趣和能动性，无法达到我们的教学目的。

（二）教学对象

从生物医学本科的培养方案来看，大多数学校都是在大三时安排学生学习专业英语。这些学生刚完成了大一、大二的普通英语教学，有一定的英语基础。但是这些学生的专业基础课程往往才刚开始，学生对专业内容的理解不深，要阅读相关的专业英文文献相对比较困难；学生的英语水平受不同地区、学校、个体接受及努力程度等差异

影响，参差不齐；学生不重视英语综合运用的能力，做题能力强而运用能力偏弱；对于其他形式的科技类材料无从下手；在外国学者的科技讲座、国际会议、纯英语视听材料、外国企业组织的产品培训等场合仍然存在严重的理解困难及无法与演讲者进行沟通等问题。这充分暴露出学生专业英语的综合素质较差等一系列问题。另外，学生对于本课程的期望与要求悬殊等问题也都是目前专业英语教学者们遇到的困难。这些是我们在调研中发现的反映较多的问题和困难。

（三）教学方式及考核方法

由于长期受到中国英语教育传统指导思想的影响，以科技类阅读材料为中心的教学方法仍是当前大部分专业英语教学所采用的主要方法，这种单一的教学形式很难实现对学生英语水平的全面提升。另外，单一的考核体系也无法适应全方位教学的要求。

三、生物医学工程专业英语教学改革的思考与实践

（一）教学内容的增设

1. 针对生物医学工程不同专业方向，全面设置教学内容

目前，我国高校中的生物医学工程专业设置分为两种：一种设置在理工科大学；另一种设置在医学院校。据不完全统计，我国已有67所综合或理工科大学和29所独立医科大学设立了生物医学工程专业，培养从本科到博士各层次专业人才，另有9所专科院校开设了医疗器械专科教育[2]。一般来说，理工类高校的生物医学工程专业偏重于电子信息工程及计算机方面，医学类高校则更侧重于生物材料、医学仪器等领域。这样的专业设置上的差异也在生物医学工程专业英语教学中显现出来，前者缺少医学背景，在真正的使用英语的临床应用和解决实际医学问题上比较薄弱；而后者缺乏技术创新力量，工程方面的英语背景知识欠缺。为了全面提高生物医学工程学生的全面英语素质，在教学内容上，需要同时兼顾专业设置的偏向。因此，我们在教改实践中，特别有针对性地选取了生物医学工程不同专业方向的教学内容，理工医交叉结合，弥补以前教学内容的偏向性。

2. 针对专业英语学习理论与实践脱节的问题，加强教学内容的

实战性

（1）教学内容以培养学生的学术交流和学术活动能力为主要目的，介绍生物医学工程领域的国际学术活动和国际学术交流的"规则"，以及国际论文撰写要求，内容包括生物医学工程学及其相关学术组织介绍、国内外专业期刊介绍、国际论文写作技巧、投稿注意事项、有关版权的知识，等等。

（2）鼓励学生阅读相关专业杂志及文献资料，了解学科发展与进展。教师推荐并引导学生阅读《生物医学工程年报》（*Annals of Biomedical Engineering*）、《国际生物医学工程杂志》（*International Journal of Biomedical Engineering*）等。建议学校在这方面应该尽量给学生提供资源，如图书馆增加英文原版资料的数量等。

（3）结合学生的实际英语水平，内容上由易到难地选择一些与专业相关的新闻、说明书、综述文献等原汁原味的外文原稿提供给学生阅读。文章选择应该能够清楚地介绍专业知识，难度适中，篇幅不宜太长，有代表性的专业词汇出现频率要高些。

（4）指导学生尝试英文医疗器械、设备及生物材料说明书等的翻译，加强学生实际应用的能力。

（5）专业英语听、说的能力是目前生物医学专业学生英语学习中最薄弱的环节，这也是学生在实际应用中最需要的能力。但是一般的课程学时的安排都极其有限，而且还受到教学人数的限制，我们准备了一系列的视听材料（可广泛取自生物医学类各种视听资料），利用多种教学平台，布置为课后练习，学生自学后，在平台打卡，汇报完成情况。另外，制作幻灯片，采用课堂演讲的形式分组来介绍所听的内容，训练学生的综合表达能力，填补以前没有口语训练的教学空白。还可以师生互动，提高学生学习的主动性和学习兴趣。

3. 对现有教材进行不间断地改革

生物医学工程是一门交叉学科，内容广泛，发展迅速，因此，在选材时要充分考虑专业领域最新的发展方向，系统规划，利用各种资源开发教材，保证内容新颖，与时俱进。

（二）教学方法的调整

运用多种教学方式，丰富教学手段。

1. 善用多媒体教学

在我们的教改实践中发现，一般学生在观看多媒体视频时都显现出了浓厚的兴趣。通过观看中和观看后对学生的及时提问，可以发现学生都能基本掌握视频教学内容。

2. 增强互动，提高效率

让学生自己分组收集感兴趣的专业内容、新技术和新发展做成PPT，派代表在课堂上做5～10分钟的演讲。穿插其他学生提问，教师再给以点评。这不仅使学生有应用专业英语的机会，还提高了学生的参与热情，培养了学生团队合作意识以及自己查阅整理资料的能力。对这样的教学方法调整，学生的认可度很高。

（三）课程考核方法的改进

培养学生的英语综合素质，要把此目标落到实处，就必须建立一套适应该教学方式的考核体系，因此，我们针对不同的训练给出评价。期末总分是"听、说、读、写、译"各项成绩及出勤等情况的综合反映。借此希望学生能够重视平时练习，使各项基本功得到均衡发展。

（四）加强生物医学工程专业英语教师队伍建设

目前，生物医学工程专业英语教师的师资力量相对薄弱。很多教师都不是生物医学工程专业出身，虽然对所授课程知识驾轻就熟，但其知识领域相对于生物医学工程这样一个交叉性很强的学科而言，还是过于窄浅，对带动学生实现专业知识的融会贯通还有不小的距离。另外，长期以来，专业英语的教学一直是由英语程度比较好的专业课教师担任。这些教师本身的专业英语能力一般都很强，但是由于缺乏系统的英语教学方法的培训，在很多时候能够准确传递专业英义的词汇和理解，却无法生动地传递英文的语法及其规律。因此，加强师资队伍的建设也是当务之急。

（五）增强学校及社会的重视度

要发展一个学科领域，离开了各方的重视及支持是很难想象的。学校在学科建设方面要给予指导，科学制定培养目标，完善培养计划，在人财物方面给予大力支持；积极推行教育教学改革，提倡应用各种现代化教学手段及方法，提高办学质量，做到"理、工、医"完美结合。同时，全力营造社会认同感，提高生物医学工程人员在单位的地位，最终推动该专业的不断发展壮大。

四、结语

综上所述，在目前生物医学工程专业英语教学面临的诸多困难下，要提高教学质量，使生物医学工程学生的专业英语的综合素质得以全面提高，必须进行教学改革，作为专业教师，我们要不断总结教学经验，改进教学方法，为生物医学工程人才培养积累更多的经验，以适应生物医学工程学科快速发展及国际化的需要。

参考文献

［1］刘昌胜. 生物医学工程［M］. 上海：华东理工大学出版社，2012.

［2］赵丽萍. 浅析生物医学工程人才培养模式现况［J］. 南京医科大学学报（社会科学版），2011（6）：473.

引入临床药师思维，提高口腔临床药物学教学成效

李丹丹　李　萍　赵晓谊　王建莉

（四川大学华西口腔医学院）

【摘要】口腔临床药物学是现代药学与口腔临床医学相结合的产物，是一门临床应用型学科。该课程传统教学模式以药物为导向，带领口腔临床医学学生掌握药物知识，以理论知识为主，临床实践为辅，对临床实践中的药学知识运用关注度不足。在此基础上，教研室结合临床药师工作实践，将临床药师工作思维引入教学工作中，在"病人为中心"的教育理念下，以临床用药案例学习为核心，开展小组讨论、病历评讲、翻转课堂等多种形式的教学活动，提高口腔临床药物学教学成效。

【关键词】口腔临床药物学；临床药师；教学改革

四川大学华西口腔医院作为最早开设口腔临床药物学的口腔医学院校，对药物在临床中的合理使用关注已久。老一辈医学前辈终身探索，应用药理学、药物学的理论指导口腔临床用药实践，总结口腔临床应用药物的经验，结合口腔医学特点和药学知识创建了口腔临床药物学，推进口腔医务人员的合理用药工作不断发展进步。药物治疗口腔疾病在我国有悠久的历史，且从20世纪引入西方医学治疗口腔疾病的技术和方法至今，药物在口腔疾病的治疗中始终发挥着重要的作用[1]。随着医学界对口腔疾病认识的不断深入和新药物的不断涌现，这门课程的内涵和外延也不断拓展。在中国医学教育变革教育理念，实施"人才强医"战略大背景下，当前医学人才培养的薄弱环节（即

医学生整体创新意识不强、实践能力较弱)[2]，以"提高医生岗位胜任力"为衡量标准的教学新要求，这些都对口腔临床药物学的教学提出了新的挑战。

临床药师思维是指从单纯的药师思维，注重药物本身的性质，特别是药理学、药代动力学、药物不良反应和药价等思维过程转变到"以患者为中心"，运用药动学、药效学知识、全程参与治疗，综合分析患者病理生理情况和诊疗过程，实现为患者进行个体化给药方案设计和全流程药学服务的思维转变[3]。随着临床药学在中国的迅猛发展，口腔临床药师的专业化水平和服务能力不断提升，为教学改革和创新提供了新思路和空间。

一、重构教学团队力量，实现临床医学和临床药学的有机融合

在传统教学模式下，口腔临床药物学的教学模块是按照口腔疾病中重点药物，如抗菌药物、肿瘤药物、消毒防腐药物、黏膜病用药、牙周病用药、牙体牙髓疾病用药等六大模块开展的。在授课教师方面，药学人员讲药物，临床专家讲疾病用药，两者各行其是，泾渭分明，存在着在学科间横向联系不足、内容重叠、盲区并存，理论授课与临床实践脱节、临床思维与实践能力培养重视不够的突出问题[4]。同时，在教学团队中也存在由于专业知识结构不同，教学重点不清晰，学生理解有歧义等问题。有鉴于此，教研室引入临床教学团队的理念，打破教师各自备课、各自授课的壁垒，将药物理论知识和临床疾病进行有机整合，将现有教师团队进行重新整合，组成不同的教学小组，小组成员以临床专家和临床药师搭配组合开展集体备课，对授课过程中的知识点进行充分讨论和碰撞后，再重新进行系统的整理、归纳和总结，从而做到药物理论知识和临床疾病治疗紧密结合，临床治疗用药和合理用药紧密结合。例如，抗肿瘤药物的临床使用章节教授过程中，教学小组将抗肿瘤药物在临床的使用和选择与药物的毒副作用知识点进行整合，在授课中既展开抗肿瘤药物作用横向的比较，又将抗肿瘤药物使用中必须考虑的药物毒性反应与前面章节合理用药基础知识中的药物副作用进行纵向的结合，将知识点之间的内在联系进行有效梳理。通过这种方式可以加强学生对知识点抗肿瘤药物的理解和记忆，使学生的药物学习更加系统全面。这个过程也是教师团队

重新构建知识结构，提高教师队伍的整体观教学理念和教学能力的过程，从而锻造一支优质教学资源深度融合的教学队伍，满足创新性和综合性医学人才培养的需要。

二、以临床病例用药为引线，实现课程的系统整合

在实现教学团队的有效整合和重构后，教研室对课程教学模式进行了新的探索和尝试。通过引入临床药师的工作思维，将临床用药案例作为教学主线，打破基础知识和临床实践的壁垒，将传统的"教师讲、学生听"的教学模式转变为"以学生为中心"的学生积极参与加老师分析与指导的课堂模式。课程改革借助四川大学的多媒体教学改革创新平台，通过小组讨论、病例评讲、翻转课堂等多种形式，让学生积极参与到课堂的互动和思考中，从临床实际用药案例出发，培养学生分析、创新思维和沟通表达能力等综合解决问题能力[5]。

例如，在口腔颌面外科治疗中常用的抗菌药物的课程教学中，首先由教学小组中的临床药师挑选出日常药学查房工作中发现的具有突出代表性的用药案例，然后与其教学团队小组中的颌面外科专家进行病例的讨论和二次加工，将用药案例中的知识点凝练和提升，做到充分贯穿该章节的重要知识点，且案例整体难度适中，体现临床药物治疗选择思路和设定的教学目标。比如一例下颌骨多发陈旧性骨折伴感染的药物治疗过程的课堂案例学习。该患者既往有青霉素过敏性休克史，入院后，头孢菌素类头孢唑林、头孢呋辛及头霉素类头孢西丁皮试均为阳性。此类患者应该如何选用抗菌药物预防感染？患者在治疗中选用药物万古霉素进行治疗，初期治疗效果欠佳，如何调整用药方案？这些都是口腔临床医师在医疗实践中会遇到的真实问题。以问题为导向可以提高学生的课堂关注度，使其围绕着解决临床实际问题积极思考，充分调动学生课堂学习的主观能动性，同时可以提高学生整体临床用药的思维能力，将书本中枯燥的药物理论知识应用于案例中生动的实践，加强学生学习药物知识的内在动力，变"要学生学"为"学生要学"，改变学生被动接受老师灌输知识，缺乏主动思考的教学弊端。

在案例的教学分析中，将抗菌药物药动学、药物代谢学、抗菌药物作用机制、围手术期抗菌药物合理使用指南等多个知识点进行有机

结合，便于学生对这些知识点和药物学习难点加深理解和融会贯通，利用小组讨论、翻转课堂等多种形式使学生在讨论和陈述中不断巩固学习，"在学中用，在用中学"。同时该案例还特别关注特殊人群的用药情况，教师团队可据此对儿童、孕产妇、肾功能不全等多个特殊诊疗人群治疗中的合理用药知识进行拓展，拓宽学生的知识面，学生全面运用药学知识解决实际临床问题的能力得到充分的引导和培养。

三、全过程学业考核，线上线下相结合提高教学成效

教学考核既是教学成效的验证，也是教学活动不可或缺的重要组成部分。通过教学考核能够对预期教学目标、教学内容、教学方式进行评定和检查，为推动教学过程的及时调整和优化提供了坐标[6]。在四川大学本科教育改革创新举措中，"全过程学业评价"作为一项重要的改革举措在本课程的改革中也被很好地贯彻落实。我们结合前面教学队伍的整合和教学过程的融合，将其作为教学过程的延伸，通过采取线上和线下的多种考核形式（按照灵活考查与基础考核相结合、动态与静态考核相结合、个人与团队成绩相结合的原则），遵循四川大学课程成绩构成（期末考试和平时成绩，期末考试占比不超过50%，平时考核不少于6次）的要求，将本课程的成绩由期末考试的"一考定终身"转变为平时课程阶段小结考试占比30%（10%×3次）、课堂团队案例陈述占比20%、个人案例分析报告占比10%和期末客观题考核占比50%的综合测算考核。其中，过程考核均采取线上提交的模式，提高考核的效率。该方式可以充分借助四川大学教务系统线上课程的模块，利用学生和老师碎片化时间，提高考核的效率。期末考试则采取线下闭卷考试的模式，重点考查学生对基础知识点的掌握情况。口腔临床药物学具有高度学科交叉性，注重理论学习和实践经验的结合，因此在课程的过程考核中也需要平衡两个方面的比例，并强调学生全过程的动态考核。该考核方式打破了学生只需要考前冲刺记忆，知识掌握不牢固，考完知识就返回课本的弊端，真正让学生围绕课业知识"忙起来、动起来"，在练习中学，在学中练习。通过全过程多维度的考核，学生牢固掌握了药物知识，并锻炼了围绕临床用药问题积极思考、文献检索、批判性思维、口头表达、沟通等医学职业综合素养能力[7]，达到了本课程最终的教学目标——提高口

腔医师在临床实践中的合理用药行为。

四、教学改革中的困难和思考

通过引入临床药师思维，对口腔临床药物学的教学队伍、教学模式和教学考核的一系列改革创新举措，极大提高了学生对课程的关注度和投入度，提高了课程的教学成效。但是，目前教学中仍存在着课程整合不充分、案例选择范围有限、学生团队进行案例答辩准备不足、学生角色贡献度不一、学生适应课程变化有难度等突出问题。我们需要在下一步的工作中结合这些问题继续探索和实践，从而持续推进课程的改革。

首先，应持续加强课程教师的师资队伍建设。教师队伍的建设是一个长期的过程，需要不断适应医学教育发展的要求、学生发展的变化进而不断进行总结提升。在中国提出"健康中国"的大蓝图下，医学教育的内涵也应随之变化，医学教育的理念不再是为人民解除病痛这一单向职责，而是把"关注人的全面健康"作为医学课程整体规划的目标，把预防、诊疗和维护人民健康权益作为医学生职业生涯规划和职业发展的组成部分[8]。医学教育质量提升的关键在教师，要求教师兼具理论能力、研究能力、教学能力，熟知学科领域的最新动态，并且能够全身心投入课程教学。因此，提升教师教学能力的培训是师资队伍建设工作的重中之重，核心就是要以教师发展和教育智能化促进教师队伍探究式深度学习。教师队伍需要不断学习融合新教育理念，与时俱进，不断引领教育模式变革。该课程教师队伍的提升依托于四川大学国家级教师教学发展示范中心每年举办的"以学为中心"国际国内学术研讨会，该会议分享全国乃至国际上的优质教学方法和创新思维；教师队伍的提升也立足于学院两级开展的多样化教师培训，"本科教育创新大讲堂""教学策略"系列培训提升了教师的教学胜任力。同时，应不断优化教师队伍结构，引入年轻的优秀教师，形成"老—中—青"三级年龄和知识结构合理的团队体系，发挥骨干教师传帮带的作用和优秀年轻教师创新思维的驱动力，使教师团队中的成员都得到充分的锻炼和发挥。

其次，需要在教学模块优化上继续下功夫。经过课程的初步整合，四川大学口腔临床药物学的教学模块已经将课程划分为抗菌药物用药、抗肿瘤用药、麻醉镇痛药物、牙周用药等几大模块。如何在模块教学中继续深耕细作是课程后续改革需要解决的问题。结合国际国内最新的诊疗方案和用药指南，将临床药学和口腔治疗真正有机整合为一体是需要教研室长期努力的目标，同时在案例的打磨和遴选、课堂的组织和呈现、学生的分组和讨论等多个环节也都需要我们精益求精，持续发力。

最后，是学生的考核过程。在现有的全过程考核中引入更多信息化手段和师生互动环节，进一步激发学生学习的积极性和主动性，使考核结果既体现学生真实的学习水平，又能提高学生学习动力进而使其不断调整学习方法和状态，持续投入学习中。通过潜移默化灌输"终身学习"的学习理念，最终实现培养"高素质、全口径、强基础、勇创新"的口腔医学人才的目标，为守护人民群众口腔健康提供坚实人才保障。

参考文献

［1］史宗道. 口腔临床药物学［M］. 4 版. 北京：人民卫生出版社，2012：1.

［2］朱雪波，吕帆，刘燕楠. 健康中国目标与医学教育改革［J］. 医学与哲学，2019，40（17）：64—67.

［3］张惠丽，魏令敏，武伟琦. 临床药师思维模式定位与转变的探讨［J］. 中国药业，2017，26（23）：83—85.

［4］赵电红，董美丽，刘立婷，等. 八年制口腔医学专业口腔临床药物学教学的思考与建议［J］. 现代医药卫生，2014，30（4）：616—618.

［5］杨榕，黄建，童雪梅，等. 探索基于成果导向教育理念的医学代谢生物化学教学改革［J］. 基础医学与临床，2020，40（3）：415—418.

［6］高佳，李佳，崔婵娟，等. 多元化教学与过程性考核相结合在临床生化检验教学中的实践［J］. 中华检验医学杂志，2019，42（12）：1078—1080.

［7］王雪，王佳，耿华锋，等. 模拟医院一体化实践体系构建及在高等医学教育中的应用［J］. 中国实验诊断学，2019，23（12）：2213—2214.

［8］郭开华，黎孟枫，吴敏昊. 整合医学背景下的医学教育改革和实践［J］. 中华医学教育探索杂志，2018，17（2）：113—116.

以学为中心的"数据结构"课程的教学设计①

程艳红　杨秋辉　李晓华　张卫华　孙界平

［四川大学计算机学院（软件学院、智能科学与技术学院）］

【摘要】 随着高校课程改革的不断深入，构建以学为中心的课堂已经成为教育工作者的共识和努力方向。本文结合"数据结构"课程的特点，探讨了以学为中心的"数据结构"课程的教学设计方法，将教学设计的关注点落实在教学过程的设计上，统筹规划课前、课堂和课外的教学活动，践行"以学生为主体，以教师为主导"的教学理念，从而提升课程的教学质量。

【关键词】 数据结构；以学为中心；教学设计

　　近年来，四川大学推行"以人为本，崇尚学术，追求卓越"的现代大学办学理念，开展了一系列有效的教学改革，在教育教学方面形成了独特的优势。"以学为中心"的课堂教学改革，是其中的一项重要举措。川大定期举办相关的教学竞赛，激发学生积极投入有效学习，全面提升本科教学水平。随着课堂教学改革的推进，沿袭多年的传统教育思想和教学手段也面临改进和革新。

　　"数据结构"[1-2]是软件学院课程体系的一门核心枢纽课程，在软件工程专业的本科教学中承上启下，贯通前后。该课程旨在帮助学生构建数据结构与算法的知识体系，并使其能够灵活运用数据结构的知识解决实际问题。本课程的学习，对于培养学生的软件开发素质，提升学生的软件开发技能，培养高质量、高水平的软件工程人才，有着

---

①　本文系四川大学新世纪教育教学改革工程（第八期）研究项目的研究成果之一。

非常重要的意义。基于此，"数据结构"课程的教学改革彰显了其重要性。结合软件学院的人才培养目标和"数据结构"课程的特色，我们积极探索教学设计新思路，提出了"以学为中心"，强调环节设计和课堂组织的教学模式。

一、"以学为中心"的教学设计

教学包括教师的"教"和学生的"学"两个因素。传统的教育主要遵从"以教为中心"，教师是教学活动的主体，通常采用教师灌输、学生被动接受的教学方式。这种方式违背认知规律，学生的思维参与度较低，容易出现死记硬背、生搬硬套、迅速遗忘的情况。学生对所学的课程也往往感觉枯燥无味，缺乏学习的积极性。而"以学为中心"则强调以学生为主体，教师为主导。以学为中心，是"以学生为中心"的教学理念的进一步升华，它包含更丰富的内涵，即以学习为中心，以学生为中心[3]，强调学生和学习两个方面的中心地位。本文认为，以学为中心是以提升学生的学习质量为目标；教学活动需要以人为本，遵从学习规律，提倡学生自主学习；教学模式应多采用启发式、探究式和翻转课堂等，充分激发学生的主观能动性，挖掘个体的学习潜能。

教学设计对于教学的重要性不言而喻。美国教育心理学家加涅指出："教学设计是一个系统化规划教学系统的过程。教学系统本身是对资源和程序做出有利于学习的安排。任何组织机构，如果其目的旨在开发人的才能均可以被包括在教学系统中。"[4]教学设计是连接教学理论和教学实践的桥梁，优秀的教学设计能够提高课程的教学效率。

"以学为中心"的教学设计应在"以学生为主体，以教师为主导"的前提下，依照教学过程的需求，来解决教什么、如何教、怎样达到最优的教学效果等问题。本课程的教学设计特点是根据教学内容和学生的情况，充分利用网络教学资源和教学平台，对课前、课堂和课外的教学活动统筹规划。同时，"以学为中心"的教学设计，教师应该重点关注教学过程的设计，而非教学内容的设计。因此，我们关注教学活动的核心——课堂教学，根据教学目标和认知规律系统地安排教学环节，精心组织课堂。以学为中心的教学设计是保障贯彻落实以学为中心的教学理念，避免满堂灌的有效手段。

二、"以学为中心"的"数据结构"课程的教学设计

"数据结构"是一门抽象性很强的课程，包含大量的概念、模型和算法，对逻辑思维能力的要求较高；"数据结构"也是一门实践性很强的课程，对理论知识的实践需要借助编程语言编写代码来实现。根据课程的特点，我们采用了如图 1 所示的"以学为中心"的教学设计，主要由四个步骤组成：教学设计、课前准备、组织课堂、课外拓展。每个步骤提供了可供采用的方法和手段。由于"数据结构"课程涵盖的内容多而广，包含线性表、二叉树、树等数据结构和排序，检索和索引等算法，每个章节的内容自成体系，具有不同的特点，所以不可全部套用一种教学模式。教师在实际授课过程中应在教学分析的基础上灵活安排和运用各种教学手段：较为浅显易懂或学生已具备一定基础的内容，可使用翻转课堂教学法[5]；而抽象的贴近现实生活的内容，则可采取自主探究等方式。

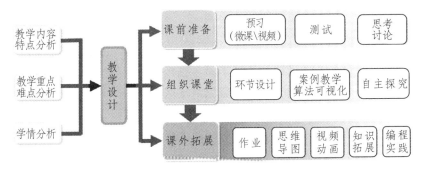

图 1　"以学为中心"的"数据结构"课程的教学设计图

（一）教学分析

教学分析是教学设计的前提，而课程的教学目标则是教学设计的基本出发点。四川大学软件学院的软件工程专业，强调理论与实践相结合，注重实践能力和工程能力的培养。同时，"数据结构"每一章节的内容具有不同的特点，教师需要加以分析，明确教学的重点和难点，从而有的放矢地组织教学。另外，教师还需要进行学情分析，不仅要考虑学生对背景知识的掌握情况，而且要了解学生的学习兴趣、

学习态度、课程认知等各方面的情况，这样才能制定符合学生需求的教学方法，设计适应学生发展的教学步骤[6]。

（二）课前准备

教师在进行教学分析的基础上，提供相关的教学资料，如翻转课堂可提供微课、教学视频或其他生动丰富的多媒体材料，提高学生的学习兴趣。对于翻转课堂的教学方式，课前准备是非常重要的步骤，需要结合恰当的激励机制，促使学生高质量地完成课前准备工作，保证课堂教学能够顺利展开。例如，可让学生绘制思维导图，总结预习内容的要点；也可布置难度适当的测试题目，检查学生的知识掌握情况。如果仅希望学生带着问题进入课程的学习，则提前通知学生相关的教学内容，布置合适的讨论问题，让学生有充裕的时间思考和准备。此外，还应根据授课内容的背景知识和学情分析，告知学生做好相关的知识补充和储备。如数据结构和算法的C++描述中采用了较多的面向对象的概念，部分学生对这方面知识的掌握有所欠缺，可提供相关内容的教学视频、幻灯片等资料，提醒学生自行观看，以减轻课堂教学的压力。

（三）组织课堂

组织课堂是教学设计的关键步骤，直接关系到教学质量和教学效果。我们强调课堂的环节设计，避免整堂课都采用"教师讲授＋简单提问"的传统方式。正如前面提到的，教学环节的设计需要依据教学目标并遵循认知规律。环节设计可按照由浅入深的方式进行，也可根据知识点组织成不超过20分钟的独立环节。同时需要估计好每个环节的完成时间，保证完成教学任务。好的环节设计，能够做到张弛有度，集中学生的注意力，从而达到较好的课堂效果。在以学为中心的教学模式中，自主探究是其中重要的教学手段，可根据教学内容设计讨论、游戏、答辩、角色扮演等教学法，学生以团队合作的方式参与分析和解决问题，教师引导和鼓励学生积极参与，发挥学生的主体作用。

课堂组织可结合智慧教学环境，采用灵活多变的教学方式，如小组讨论、师生互动，多媒体动画、习题练习等。四川大学引入的手机互动系统"艾课堂"，提供了签到、课堂测试、提问和问卷调查等功能，帮助师生实时互动交流，提高了课堂的教学效率，同时平台上的数据也可让教师及时了解学生对知识点的掌握情况。

"数据结构"属于实践应用型课程，可选取合适的案例来辅助教学。例如，将迷宫求解问题作为栈的案例，扑克牌游戏作为排序的案例，快递员的路线规划作为最短路径问题的案例等。此外，由于课程中的算法较为抽象和复杂，容易使学生产生畏惧感，可采用算法的可视化作为辅助手段[8]。利用现代化的 IT 技术，将算法以直观、动画的方式进行演示，使学生获得直观的认识。

（四）课外拓展

本环节的目标包含三个方面的含义：巩固教学内容、延伸课堂和编程实践。一是结合网络教学资源和教学平台，扩展和补充课堂教授的相关知识，开展泛在的学习模式。课程教学平台提供演示讲稿、经典习题与参考答案、实验材料、参考资料、模拟试题等教学资源，并推荐国内外知名高校的"数据结构"课程网站的链接。这些网站包含丰富的学习资源，可满足不同层次的学生的需要。二是建立 QQ 教学群，加强实时的师生双向交流，及时为学生解惑。同时结合与课程相关的最新科研成果和前沿进展，引导学生关注最新动态、注重知识应用，培养学生思考、研究和创新的意识。扩展网络教学，有利于开拓和提升学生的视野和格局，同时也能进一步提高教师的教学质量和教学效果。

此外，编程实践是"数据结构"课程的重要步骤。软件工程专业，强调理论与实践相结合，注重实践能力和工程能力的培养。本课程的教学目标之一，是要求学生能够运用数据结构与算法的知识，按照系统全局的软件工程规范来分析和设计问题。教师要针对各章节的授课内容，设置难度适宜的编程项目，使其涵盖一定的教学内容，并兼具一定的趣味性和实用性。大部分的编程工作需要在课外自主完成，教师利用课堂时间对项目进行讲解、讨论、辅导、跟进和验收。教师需要严格把控实验的验收环节，并鼓励组员之间、小组之间进行交流，展开对数据结构与算法的时间和空间效率的讨论。

三、"以学为中心"的排序算法的教学设计案例

下面以排序章节中插入、冒泡和选择三种基本的排序算法的教学作为案例，详细描述以学为中心的教学设计方法。三种基本的排序算

法是内排序的基础；通过该内容的学习，使学生充分理解排序的基本概念和方法，为后续几种高性能的排序算法（希尔、快速、归并、堆、分配排序等）的学习打好基础。教学目标是使学生深刻理解插入、冒泡和选择排序算法的基本思想和基本概念，掌握排序的基本步骤和编程算法，掌握排序算法的时间复杂度分析方法。这部分内容的特点是理论性较强，算法较为抽象。传统的教学方法是直接由教师向学生灌输三种算法的基本思想，然后讲解算法的程序实现。这种填鸭方式，使学生很难深刻理解排序的思想和步骤，导致后续环节如编程、算法分析及其他高性能排序算法的学习不能顺利展开。

基于以上的分析，我们采用了探究式教学设计模式。本教学设计无须学生做课前准备，而将教学设计的重点集中在课堂组织上。课堂组织包含四个步骤，十个环节，如图 2 所示。这十个环节，环环相扣，由浅入深，层层递进。教学设计贯彻理论与实践相结合的原则，教学流程设计符合认知规律，让学生在实践中理解和思考。在学生获得感性认识，熟悉排序步骤的基础上，再进行编程和复杂度分析。根据学生人数，将学生分成若干组（每组 4~6 人）进行讨论，编程能力较强的学生任组长。通过分组讨论，组员协作的方式，引导每位学生加入思考，从而取得较好的教学效果。

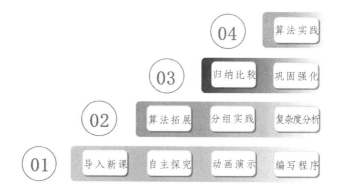

图 2　"以学为中心"的排序算法的课堂组织

（一）建立排序的基本思想

建立排序算法的基本思想是教学设计的重点。如果教师能够让学生透彻掌握排序算法的思想，则其他的教学目标水到渠成。本步骤包含导入新课、自主探究、动画演示和编写程序四个环节。

（1）导入新课。联系日常生活中的应用，设置与课程相关的情境，引入主题。恰当的情境设置，不仅能活跃课堂气氛，同时也能引起学生的兴趣。如提问：排序是程序设计的典型问题之一，你认为微信中有哪些功能是使用排序来实现的？由于学生对微信的功能十分了解，回答问题十分踊跃，所以能较好地调动学生的积极性。

（2）自主探究。目标是使学生从实践中体会排序的基本概念和思想，掌握计算机排序的步骤，建立排序的感性认识。教师设立探讨问题：如果只能在相邻元素之间进行比较和交换，怎样将元素排成升序？采用扑克牌（0～9）作为道具，扑克牌初始随机排列，反面朝上，要求只能翻看和交换相邻的牌，将扑克牌变成升序。此环节约10～15分钟，可由组长带领组员完成讨论任务，并推举小组代表口述排序思想。教师巡视各小组的讨论情况，引导小组完成任务。正常情况下，学生能够提出插入和冒泡两种解决方案。

（3）动画演示。目标是在学生获得感性认识的基础上，抽象出排序的基本概念和基本思想。教师通过动画演示，系统地介绍插入排序和冒泡排序。有关排序算法的动画较容易通过网络资源获得，尽量选择直观形象的动画。

（4）编写程序。教师可通过课件展示排序算法的程序框架，请学生填写关键的步骤。有了前面几个环节的铺垫，学生已经能够理解插入排序和冒泡排序的编程思想，此时的编程较容易上手。

（二）算法拓展和复杂度分析

包含算法拓展、分组实践和复杂度分析三个环节。

（1）算法拓展。由冒泡排序切入，说明冒泡算法存在的问题，并设立讨论主题：冒泡算法实质是每次找出最小值，缺点是交换次数较多，如何减少交换次数？从而引出选择排序算法。如果时间充裕，本环节也可采用自主探究的方式。

（2）分组实践。要求小组分别用三种算法实现扑克牌初始为随机排列和逆序排列两种情况下的升序。本环节意在进一步让学生体会三种排序算法的排序步骤，为后续编程及复杂度的讲解作铺垫。

（3）复杂度分析。由教师引导，通过小组探讨的形式分析三种排序算法在最好、最差和平均情况下的复杂度。

（三）总结与强化

包含归纳比较和巩固强化两个环节。归纳比较环节可由教师引导对三种算法进行排序思想和算法复杂度的比较和总结；巩固强化环节旨在巩固练习，强化成果。可在课堂上通过手机 APP 布置选择题，了解学生的掌握情况。如设置以下选择题：

Sort the sequence (84，47，25，15，21) and the middle results of each pass are ordered as follows：
(1) 84 47 25 15 21 　　(2) 15 47 25 84 21
(3) 15 21 25 84 47 　　(4) 15 21 25 47 84
then the sort method used is (　　　)
(A) Selection Sort 　　(B) Bubble Sort
(C) Insertion Sort

（四）算法实践

将插入、选择、冒泡三种排序算法应用于实践，设置趣味性较强的游戏设计。如扑克牌游戏，要求实现随机发牌、翻牌、排序等功能。教师针对学生的编程水平，提供程序的流程和框架，主函数和函数接口，避免学生直接从网上抄袭，使每一位学生得到必要的训练。

四、结语

组织教学过程以提高教学质量为目标，是教学的主要任务。本着"以学为中心"的设计原则，根据人才培养目标和课程特色，本文对"数据结构"课程的教学设计进行了探讨。教学设计并非一蹴而就，我们将不断通过各种渠道收集课程的反馈信息，学习国内外的先进教学经验，优化教学方法，顺应软件工程行业的发展，培养具有国际竞争力的高水平实用型、复合型软件人才。

参考文献

[1] SHAFFER C A. Data structures and algorithm Analysis in C++ ［M］. 3rd

ed. 北京：电子工业出版社，2013.

[2] 严蔚敏，吴伟民. 数据结构：C 语言版 [M]. 北京：清华大学出版社，1997.

[3] 朱元秀. "以学为中心"教学模式的内涵特征与本科教学范式改革 [J]. 科教文汇（中旬刊），2019，473（10）：53—55.

[4] R. M. 加涅，W. W. 韦杰，K. C. 戈勒斯，等，教学设计原理 [M]. 5 版. 上海：华东师范大学出版社，2007.

[5] 容梅，彭雪红. 翻转课堂的历史、现状及实践策略探析 [J]. 中国电化教育，2015，342（7）：108—115.

[6] 姚丽芬，高宏. 基于学情分析的高效课堂策略探讨 [J]. 教育现代化，2019，6（86）：263—265.

[7] 唐翠芳，张仁津. 用案例教学法指导数据结构与算法教学 [J]. 计算机教育，2011（8）：91—95.

[8] 王晗. "数据结构"课程中算法可视化教学的探索与思考 [J]. 现代信息科技，2019，3（23）：95—97.

专业史学课程教学中提高学生课堂关注的手段探索

杨　林

（四川大学经济学院）

【摘要】专业史学课程是各学科普遍开设的课程。这类课程具有理论性不强、学生相关知识储备参差不齐、学生学习兴趣不足等缺点，导致课堂上难以调动学生的学习热情，因此，在教学中采用了充分利用现代设备与手段、让学生参与教学环节和为学生提供形象资料等手段。实践表明，这些方法能够调动学生的学习热情，实现"把头抬起来，坐到前面来，提出问题来，课后忙起来"的目标。

【关键词】专业史学课程；教学技巧；课堂关注

一、引言

在四川大学 2018 年国家级教学成果奖特等奖的"以课堂教学改革为突破口的一流本科教育川大实践"研究中，一个重要的目标就是在课堂上要让学生"把头抬起来，坐到前面来，提出问题来，课后忙起来"，只有这样才能提高课堂效率，使学生真正提高自己的能力和专业水平。

要达到这样的目标，一方面要依靠学校提供的各种硬件设备，以现代技术为依托；另一方面，要以一定的方式和课堂技巧提高学生的课堂学习兴趣，让他们自觉主动地参与到教学环节中。如果只是用强制的方式让学生上课时抬起头，那么只能表面上形成上课认真听讲的状态，学生精力还是难以真正集中在课堂上。

专业史学课程由于自身的特点导致学生学习兴趣不足，笔者在教学实践中探索了一些方法，达到"把头抬起来，坐到前面来，提出问题来，课后忙起来"的效果[1]。

二、专业史学课程在本科教学中的重要性

专业史学课程不是指历史学科的专业课，而是指除历史学以外其他专业所开设的史学课程。专业史学课程的学习是提升各专业学生专业素养的基础，因此，很多专业史学课程都是各专业的必修课，如笔者在经济学院开设的经济史课程就是经济大类学生的必修课。

根据调查，几乎所有专业都会开设本专业涉及主题的史学课程。如学习经济学的学生必须学习经济史课程，除此以外，还有其他学科开设的专业史学课程，如医学史、管理思想史、中国新闻传播史、声乐艺术史概论、外国景观史等近 40 门专业史学课程。这也说明，专业史学课程是理、工、农、医、文、史、哲等学科普遍开设的课程。专业史学学习也是各专业学生必备的学科素养之一。

三、专业史学课程的特点

各专业都会给学生开设本专业的史学课程，专业史学课程与专业理论课程相比，有自身的一些特点：

（一）理论性不强

专业史学课程研究的是与本专业相关主题的发展历史，如经济史研究的是人类社会经济发展的历史过程。通过对经济史的学习可以使学生了解人类社会经济发展的轨迹，了解经济由简单到复杂的发展过程，从而对当前的经济结构和经济形态有更深入的了解，为学习经济学理论打下基础。其他的专业史学课程均有类似的特点。

但是经济史学课程和专业课程相比，理论性不强。特别是对理工农医等学生来讲，这类课程没有公式、定理，也没有理论的分析，学习和研究的是属于文科范畴的内容，与本专业其他课程相比，理论性不强[2]。很多学生在学习时会感觉这类课程对提升自己的专业能力所起的作用不大，因此，不愿意把时间用在这类课程的学习上。

（二）需要学生有较好相关知识储备

对于一些文理兼收的学科，学生对专业史学课程的知识储备参差不齐。如经济学专业就是典型的文理兼收的学科，笔者曾经在学生中做过调查，在一个有 72 名学生的班级中，文科生 37 名，理科生 35 名，文理科的学生几乎各占一半。

学习专业史学课程，文科生具有专业优势。因为不论哪一类的专业史学课程，在学习中如果有历史、地理知识的储备，就可以以学习内容的历史背景为支撑，更好地理解和掌握所要学习的内容。

这种情况也造成不同专业的学生在学习兴趣与关注度上的表现不同[3]。有时候会出现课堂秩序混乱、缺课较多的情况。或者有的学生上课不够专心，课堂上做与本课程无关的事情，课堂的表现就是不会抬头，不认真听教师讲课，更不会主动坐到前排。

四、专业史学课程教学中提高学生课堂关注的探索

在经济史课程授课的时候，笔者发现学生的课程关注度不够，这与在上其他经济学专业课程时学生的表现完全不同。因此，针对专业史学课程的教学，笔者采用了以下方法，提高学生的学习兴趣，构建活跃的课堂氛围。

（一）充分利用现代设备与手段

课程设计时充分考虑现代设备提供的功能，安排相应教学环节。

第一，手机签到。这可以起到督促学生到课的作用。学生来到教室首先要用手机签到。签到的同时，也使学生的手机与课堂教学系统联结成了一个整体，无形中促使学生开始自我调整，进入上课前的准备状态。

第二，课堂测试。这对督促学生认真听讲和吸引学生注意力起到了很好的作用。对于刚讲过的内容，用选择题、判断题等形式编成题目，让学生手机作答并提交答案。提前告知学生，所有课堂测试的题目均是课堂上刚刚讲过的内容。这样，一方面，学生要正确回答问题，就必须认真听课，若上课思想不集中，很多题目难以正确作答。另一方面，如果学生上课做其他的事情，如做其他学科作业、看小

说、背英语单词或玩手机，也会因为经常出现的课堂测试而中断，强迫学生把精力集中到史学专业课程学习中。

手机测试可以为教师提供两个指标：参与率和准确率。这就使学生不能放弃回答，否则会影响参与率，也使学生要努力保证回答的正确性，否则会影响准确率。

课后，教师可以通过分析学生回答问题的准确率，了解学生对课堂内容的掌握情况，这对完善教案也有重要的参考价值。

第三，随机选人参与互动并由学生评分。为了形成活跃的课堂氛围，需要师生互动，很多教师都会在课堂上设计一些问题由学生回答。有时候学生会踊跃地主动参与，但遇到学生不主动时，这个功能就可以在到课的学生中随机选择，学生回答的水平和质量，可以通过学生评分功能予以评价。这也是能够吸引学生课堂注意力的一种很好的手段。

总之，充分利用已有的硬件设备，在教学环节通过科学设计，能够极大提高学生的课堂关注度，使学生在上课时自发地做到"把头抬起来，坐到前面来"。

（二）学生参与教学环节

专业史学课程让学生感觉乏味，一个重要的原因是过去"填鸭式"的教学方式，单纯的教师讲授、学生被动听讲难免让人感觉枯燥。如果改变这种方式，把某些内容的讲述机会交给学生，就能够极大地提高学生的课堂兴趣。

专业史学课程教学中，很多时候要做历史背景的铺垫。这部分内容既是不可缺少的，又不涉及教学内容的核心。这些知识完全可以由学生来讲授，教师进行点评和补充，因此，专业史学课程与理论课不同，更适合学生参与教学环节。

由学生参与讲授，需要让学生有准备和查找资料的时间，因此必须提前布置任务。任务明确以后，要让学生主动地争取讲授机会。在课前要确定讲授的学生，并与学生沟通讲授这部分内容的时间控制、涉及的范围，并提供一些讲课技巧等。

实践表明，学生对参与教学环节兴趣十足，这是展示学生才华的舞台。每次讲述内容布置以后，学生都非常踊跃，如 2018 年 6 月笔者的邮箱中收到的学生参与教学有关的邮件就达 42 封[1]。这种教学方式提高了学生的课堂关注度[4]。

（三）为学生提供形象资料

学生中存在文科、理科不同类型，他们的知识储备各不相同。文科学生有着一定的历史、地理知识储备，在学习经济史中，对经济事件发生的历史背景较为熟悉，但是理科生这方面相对欠缺。因此，在教学中应当适当补充一些相关知识。通过一些形象资料的提供，可以起到这样的作用。这些资料可以作为学生课后的学习资料，不一定占用有限的课堂时间。形象资料主要包括专业论文和影像资料两种类型。

1. 专业论文

学校图书馆存有海量数据文献资料，通过对教学中相关主题的检索，可给学生提供学习中所涉及内容的相应论文。学生通过对论文的研读，既能补充知识，又能提高科研能力，激发撰写专业论文的热情。

2. 影像资料

很多机构拍摄了一些专题纪录片或资料片，教师可提前把这些资料搜集起来。当学习到某一环节时，把这些资料发给学生，供学生课后观看。这样可以使学生形象地了解经济史的历史背景。如中央电视台曾拍摄过大型纪录片《世界历史》（共 100 集）。该片涉及人类社会发展的重大历史事件，这些历史事件有些与经济史相重合。如讲到工业革命时，可以让学生课后看其中的《英国工业革命》《西欧北美工业革命》等内容。

虽然这些资料学生都可以自行在网络上搜集下载，但是要花费他们很多时间和精力。作为教师，提前做好这些工作，直接向学生提供相关资料，可以减少学生花费的时间。更重要的是通过论文和影像资料，可以调动学生的学习热情，培养学生对专业史学课程的学习兴趣。

---

① 因学校邮件服务器问题，在教授这门课程期间，仅这个月的邮件还完整保留。

五、实施效果分析

教学的经验是在实践中不断积累的，在提高学生课堂专注度的长期探索中，笔者总结出前面所列的三种方法，在课堂上应用发现其效果明显，主要表现在以下五个方面。

（一）课堂秩序变得更好

首先，利用现代设备，使学生上课时精力更关注于课堂。学生都有上进心，如果上课不认真学习，那么在课堂测试环节就不能取得好的成绩。当不认真学习的学生多次在课堂测试中回答错误，他就会自觉地在课堂认真起来。其次，学生参与教学环节对提高学生上课专注度也有很大作用。有些内容由学生站在讲台讲解，改变教师一贯的风格，会使学生更有兴趣。而且很多学生对此跃跃欲试，也希望自己能够尝试展示才华，因此会更加认真听讲，也会思考如果这个问题自己去讲会怎么讲。再次，课后提供的各种资料对提高学生的学习兴趣起到了重要作用，有了兴趣自然上课就会更加专注。

因此，在实施这些方法以后，学生对学习更有热情，上课更加认真，抬头率、前排率方面做得更好。虽然没有定量的指标说明这种情况，但在教学实践中，笔者有最直接的了解和明显的感受。

（二）提高了学生的动手能力

学生的动手能力有显著提高，主要表现在学生参与教学环节的操作实施过程中。传统的文科课程不要求学生动手，学生以被动接受为主，这种教学模式会使学生产生惰性，而惰性的不断发展是导致学生学习热情不高的重要原因。

在学生参与的环节中，很多学生都会努力在讲台上向自己的同学展示个人独特的风采，因此在准备环节特别用心。各方面查找资料，搜集数据，对数据和资料进行分析、加工和整理，形成一定的思路，并用 PPT 或其他软件制作课件，甚至还有些学生准备了文字稿。这些实践中的操作，无形中提高了学生的动手能力和研究问题的水平，也提高了学生对这门课程的学习兴趣。

（三）提高了学生的参与意识

在教学实践中，笔者发现学生课堂参与意识很低，对一些互动环节并没有什么热情。但是在让学生走向讲台以后，笔者发现学生的参与意识逐步提高。刚开始的时候，几乎没有学生愿意主动报名参与讲述，但是在有几位学生做出表率以后，学生的参与热情渐渐提高，以至于到了后期，学生之间为了争抢有限的讲述机会而进行激烈的竞争。因为一个话题有很多学生抢着来讲，所以最后只得规定，先用电子邮件报名的学生有优先权。经常会出现当下次课要学生讲述的内容公布以后，就有学生立即发电子邮件的情况，其热情令人振奋。

（四）学生自觉形成团队合作模式

学生在校学习期间，很少有团队合作的机会，这对培养学生组织能力、协调能力、相互配合等素养不利。在让学生走向讲台以后，学生会自发组成团队进行合作。因为要讲好一个内容，必须付出大量时间和精力，包括查找文献、分析资料、数据加工与整理、制作课件、美化与加工、组织语言等。有时候一个学生拿到课题以后，在有限的时间内不能够完成这些工作，就主动与其他同学合作，分工配合，组建团队，共同完成任务，并力争使自己做得更完美。

自觉形成的团队合作意识，是学生在未来科研或工作中不可缺少的重要素养[5]。

（五）为学科成绩评定提供了更科学的方式

四川大学在教学中一直强调过程考核，学科成绩不以期末考试为唯一依据。利用现代教学设备和让学生参与课堂讲授等方式，为科学评定学生平时成绩提供了依据，使成绩更能显示学生课程学习的情况，使每个学生的课程分数更加客观公正。

六、总结

专业史学课程是各学科普遍开设的课程。由于这类课程具有理论性不强，学生学习兴趣不足等特点，使学生的学习热情难以调动起来，因此，笔者在教学中采用了一些方式和手段。实践表明，这些方法能够调动学生的学习热情，使学生在课堂上"把头抬起来，坐到前面来，提出问题来，课后忙起来"。

参考文献

［1］杨林. 翻转课堂教学方法在"中外经济史"课程教学中的应用探索［M］//张红伟. 探究式 研究性 多样化：四川大学课堂教学创新实践. 成都：四川大学出版社，2018：144—150.

［2］杨婷. 论新闻传播史学课程教学困境与突破［J］. 传媒论坛，2019，2（11）：103，105.

［3］王保星. 教学价值·教学理念·教学策略：我国大学教育专业本科课程的"教学之道"——以《外国教育史》课程教学为例［J］. 河南大学学报（社会科学版），2019，59（2）：125—128.

［4］车菲菲. 西方史学史课程教学方法的创新研究［J］. 艺术科技，2018，31（11）：52.

［5］覃振华. 浅议史学教育在中国美术史课程教学中的重要性［J］. 美术教育研究，2018（11）：133—134.

AI 辅助更新慕课的探索与思考

——以在"马工程"《民法学》教材配套慕课群的运用为例①

王　竹　吴秋月

（四川大学法学院）

【摘要】 在推行在线教育的教学模式背景下，慕课已成为在线教育的主要方式之一。在 2020 年新型冠状病毒肺炎（简称"新冠肺炎"）疫情期间，慕课的作用更是凸显。但在慕课教学过程中，由于知识更新、科研进展等因素，滞后于学科发展的慕课内容也需要同步作出调整，如因部分内容的更新而重新制作整门课程将耗费巨大的资源和成本。因此，我们转变传统制作思路，依托高校现已建成的慕课资源，通过人工智能辅助的方式，对课程中部分选定的内容进行修改调整。这一做法不仅可以建立一个动态的知识更新模式，还能实现更新内容的及时化和课程制作成本的最小化。本次利用 AI 技术对"马工程"《民法学》教材配套慕课的更新正是对这一创想的实践。本文介绍了AI 辅助更新慕课的操作流程，以期对慕课的可持续、智能化更新提供有益的思路。

【关键词】 人工智能；辅助；"马工程"《民法学》教材；配套慕课群；更新

---

① 本文系中国高等教育学会高等教育科学研究"十三五"规划课题子课题"中国特色社会主义法治理论在线课程群（民法学）"（16ZG004－38）中期成果。

一、AI辅助更新慕课的实践背景

近年来，慕课教学在创新教育理念、先进信息技术和社会实际需求的共同作用之下已经普及[1]。在新冠肺炎疫情期间，线上教学的作用也得到凸显。可以预见的是，慕课在未来的教学中将有更广阔的需求和前景，也必将受到教育技术领域专家、学者的重视[2]。但目前慕课的制作仍是一项非常复杂的系统工程，包括前期课程选定、课程脚本设计、课程录制、后期剪辑等一系列工作。开发一门优质的慕课需要在上述各环节花大量时间、精力[3]，制作成本高昂。因此，如何统筹安排人力、物力、财力的投入以制作一门高质量的慕课，一直以来都是一个现实且重大的问题。由于慕课在我国的发展和推广已持续数年，现国内各大在线学习平台内已有大量的慕课教学成品呈现。以超星慕课平台为例，截至2021年该平台已发布近13万集学术视频，其中不乏精品课程。大量的慕课成品由于知识的更新也需要进行改进。如果因部分知识的更新而重新制作整门慕课，一方面重复讲授未变动部分的内容并无实际意义，另一方面课程全部重新录制产生的时间成本和资源耗费都将是巨大的。因而，在促进现代信息技术在教学中的应用的背景下，我们转变传统制作思路，通过AI辅助技术仅对筛选出的需要修改的授课片段进行智能修改或通过补充录像的方式直接替换，并将经过修改的片段进行剪辑衔接，最终在保留原课程结构和框架的基础上达到选定内容更新的效果。本次利用AI技术对民法总则、侵权责任法、人格权法慕课的更新正是对这一想法的尝试。未来，如果能进一步运用人工智能技术基于对信息源深度学习的结果自动筛选出前沿科研成果、知识点动态变化等进行机器自动更新，并结合课程讲授者对授课内容的人工调整增删，将会对慕课的可持续更新提供又一种创新且便捷的思路。

二、AI辅助更新慕课的总体思路

我国民法典的编纂，涉及大量现行法律条文的变动和调整，因而也涉及法学慕课内容的更新。本次"马工程"《民法学》教材配套慕课民法总则、侵权责任法、人格权法的更新正是主要基于2019年12月16日全国人大法工委公布征求社会公众意见的《中华人民共和国民法典（草案）》的总则编、侵权责任编、人格权编条文的变动进行的相应调整和修改。因可推定最终的民法典文本和该草案文本较为接近，所以，首先依据该草案条文的规定对讲授内容进行修改；然后再比对后续更新的新草案文本和最终颁布的民法典正式文本，对变更之处再进行调整和完善；最终达到课程内容与 2020 年 6 月 2 日全国人大公布的民法典正式文本完全匹配的效果。以民法典与原民法总则、侵权责任法及人格权相关理论相比较的变化及变化程度的大小为标准，我们为三门慕课选择了不同的更新策略。

以民法总则为例，在法律条文方面，草案总则编与民法总则的内容相比较仅有少数条文存在表述方式、条文号、标点符号等细微变动，另外，课程所涉的其他相关法律法规等条文变动也不大。在法学理论方面，基础性内容相对稳定，并未随着法律的修改而发生太大变化。总而言之，所需更新的部分其实并不多，仅对原慕课涉及因新法修改而需调整的部分进行替换和改动即可。落实到课程建设上的具体工作包括：第一，课程中所有民法总则的"字幕—语音—画面"都改为民法典·总则编或者民法典·附则等；第二，因部分条文内容有调整，对应的"字幕—语音—画面"均需修改；第三，原有授课关于民法总则、民法通则和民法典的表述，需要作出相应的调整。这样的部分修改一方面节省教师的时间和精力，另一方面将已有的人工智能技术创新性地用于慕课更新，不仅为前沿的技术提供了全新的应用场景，同时小范围的片段重制也能节省费用和资源。最为关键的是，该做法能够及时实现课程内容的补充和更新，第一时间为学生带来最新、最前沿的教学资源。

人格权法课程的修改较为特殊。因在民法典编纂之前我国并无独立的人格权法，故本次民法典编纂使人格权独立成编意味着除了课程本身内容的修正外，新法条也会大量注入慕课的讲授内容。我们采用了智能修改、保留可用片段和重新录制的三段组合方法，区别于侵权责任法重新录制之处在于增录了教师讲授和评析法条的内容。

民法典·侵权责任编在原侵权责任法的基础上变动较大，涉及条文体系和结构的变动，因而该门慕课的调整方法也就较之民法总则不同。我们采取智能修改、保留可用片段和重新录制新片段的三段做法：第一，对于细微如语句、标点符号、图片等变化，仍通过人工智能和后期编辑修改；第二，对未变动的可继续使用的片段进行剪辑保留；第三，对变动较大的片段和章节重新录制。最终，将该三部分组合填充至课程相应位置即完成了该门课程的更新。另外，因民法总则课程与人格权法、侵权责任法课程内容的相关度较高，所以对于人格权法和侵权责任法智能修改调整的部分，可以直接借鉴民法总则已修改发布的课程片段。

三、AI 辅助更新慕课的具体操作和进程

因侵权责任法和人格权法两门慕课的更新存在需重新录制的部分，受新冠肺炎疫情的影响，线下录制工作有所延误，且线下录制与传统慕课制作方法相似，因而本部分将着重介绍民法总则慕课的更新全过程。

在正式进入更新工作前需完成的准备工作是助教团队总结出民法典·总则编较之民法总则的变动情况，该项工作是完成后续更新工作的前提。AI 辅助更新民法总则的工作共分为五轮。第一轮的工作任务是由教授根据草案内容来修改课件讲义，再由助教团队对照草案和修改后的课件讲义找出慕课视频需要修改内容的点位并将其按照"慕课章节标题""所需修改内容的时刻时段""原内容文本""对应修改建议"的格式汇总至 Excel 表格内。标记完成后，助教团队成员交叉检查标注成果，以提高修改的准确性。随后，我们携第一轮人工标注的初步成果与慕课制作公司、人工智能公司对更新标准和具体技术方法进行商议，三方明确各自可提供的技术支持并衔接工作范围，人工智能公司提供语音、人像合成技术，慕课制作公司提供音频视频替换、字幕、图文等后期编辑技术，教学团队（含助教团队）提供学术支持并统筹协调推进更新进程。第二轮的修改工作是在教授对课件讲义修改进行最终版确认后，参照所确认的讲义内容再对已汇总的视频修改项进行微调，并基于前述三方商议的分工结果由助教团队对 Excel 表内的修改项进行分类：将需要更改语音和人像的条目划归给人工智能公司，其余划归给慕课制作公司，这一步骤使各方工作内容完全明确、落实。另外，本轮还对视频弹题、章测试试题、期末测试试题的题库进行了更新标注，后期慕课制作公司参照标注修改题目即可。至此，民法总则慕课更新的法律层面工作基本完成。第三轮的工作即人工智能公司通过对原视频中教授的音频和人像进行替换，生成更新后的授课内容。该轮对音频的修改方法是通过构建讲授者个人的 TTS 模型，将讲者过去 10 年拍摄的总时长超过 3000 分钟的"民法

学"慕课群的各个版本录像作为训练数据集以形成新的语音。最终达到的音频效果是，输入更新内容的文字，模型就能输出相应的具有教授真人声音特征的语音供以替换。视频人像（主要是将人脸嘴型与语音相配合）的修改，是基于已生成好的音频，重构三维人脸建模，不断调整参数进行优化，最终由数帧图像合成连续的人脸视频。在人工智能公司完成以上音频、视频的重制工作后，慕课制作公司就在此基础上根据标注的点位，用生成的音频、视频替换原有片段，并对该音频、视频所涉及的以及整个 Excel 表内标注的所需修改的字幕、图像等后期工作进行完善，形成内容更新后的慕课初稿。接下来第四轮工作即以更新后的视频初稿为主体，由助教团队进行检查、反馈和再次修正，达到预备发布的标准。由于民法典在正式表决通过前仍存在内容调整的可能，所以第五轮的工作就是持续关注提交全国人大审议的民法典（草案）以及最终发布的民法典相较之前版本的变更之处，并及时进行相应慕课内容的修改。民法典一经颁布，更新后的民法总则慕课即可第一时间在各学习平台上发布。至此，民法总则的慕课更新工作全部完成。操作流程如图 1 所示。

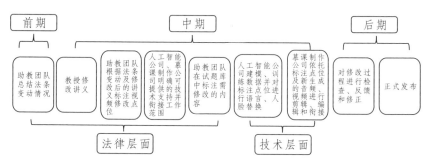

图 1　AI 辅助更新慕课操作流程图

　　而对于侵权责任法和人格权法慕课的更新而言，在民法总则慕课更新的前述步骤基础上，在原视频标注的点位插入重新录制的授课片段即可，其余操作无异。

四、AI 辅助更新慕课的实践成果

　　现借助 AI 辅助更新的侵权责任法、民法总则、人格权法三门课程已全部制作完毕，课程均通过"学习强国 APP""中国大学 MOOC""智慧树 WEMOOC"和"学堂在线"等主流在线课程平台进行发布，确保了推广的权威性。侵权责任法课程在各平台累计访问量达 500 万次，选课人数为 16 万人次；民法总则课程累计访问量达 23 万次，选课人数为 5 万人次；人格权法课程累计访问量达 4 万次，选课人数为 3 万人次。随后物权法、婚姻家庭继承法和合同法三门课程也将在各大平台推广，届时 6 门课程将共同组成完整的"马工程"《民法学》教材配套慕课群。

五、AI 辅助更新慕课的实践意义

当下我们已经进入一个智能化不断发展和渗透的时代，随着人们对事物、规律认识的不断深化，知识与信息的更新速度也相应提升[4]。法律因其作为一种社会规范必然会伴随社会的发展而调整和变化，法学课程的授课内容也因此会受到诸如法律法规修改、前沿理论研究的深入等因素的影响进而相应地需要调整和完善。法学之外的其他学科亦是同理，也会受到社会发展或是科技进步伴生的知识的更新和延拓的影响。因此，在新旧事物更迭频率加快、知识半衰期缩短、现代科技手段进步的背景下，充分发挥 AI 技术的作用，让慕课讲授者根据授课需求，随时对外界的变化作出反应，对需要更新的授课片段进行智能修改或补充录像，并通过剪辑等后期编辑技术无缝衔接，建立一个动态的知识更新模式，才可以实现更新内容的及时化和课程制作的资源成本最小化[5]。我们可以看到，人工智能是一个不断发展、日趋成熟的新兴科技领域，该领域的研究包括机器人、语言识别、图像识别、自然语言处理和专家系统等[4]。人工智能提供的技术支持与慕课制作的需求刚好部分重合，充分利用人工智能技术助益慕课教学的更新是一种可行的、有益的尝试。本次慕课的更新全过程便是探索慕课智能更新的实验室，期待能为高校相关部门、院系提供参考和决策依据[6]，激发教育者们去寻找更有创造性的、更连贯的、共同学习的新模式[7]。

参考文献

[1] 高雪微，吕冬梅. 对"慕课"的发展现状与前景的探究 [J]. 黑龙江科技信息，2017（7）：152.

［2］孟祥增，刘瑞梅，王广新. 微课设计与制作的理论与实践［J］. 远程教育杂志，2014（6）：24—32.

［3］侯志才. 关于慕课教学实践的思考［J］. 教育现代化，2019（A5）：200—202.

［4］王竹立. 面向智能时代的知识观与学习观新论［J］. 远程教育杂志，2017（3）：3—10.

［5］王竹. 慕课的制作与运行指南——以"中国大学 MOOC"首门法学类课程"侵权责任法"为例［M］. 北京：高等教育出版社，2015.

［6］张轶，曹莹. 大数据背景下数字化教学资源的多元化共建与共享［J］. 江苏高教，2017（11）：71—73.

［7］吴万伟. "慕课热"的冷思考［J］. 复旦教育论坛，2014（1）：10—17.

慕课在跨校跨地区医学教育联盟构建中的作用①

姚　洋　陈彦赤　李依玲　黄麟洋　郑　巧　宋　健

（四川大学华西口腔医学院）

【摘要】随着医学教育改革的不断发展，"构建跨校跨地区医学教育联盟"的新医科理念逐渐登上时代舞台。在"互联网＋教育"的时代背景下，慕课成为实现这一改革的主导方式。本文通过对早期跨校跨地区医学教育联盟的构建与慕课时代的分析、对比，结合人卫慕课"口腔种植学"在构建教育联盟中的实例，突出在教育方式多元化的当下慕课对于构建跨校跨地区医学教育联盟的优越性和必要性。

【关键词】慕课；医学教育联盟；口腔种植学

一、背景

（一）医学教育联盟的诞生——应时代之召唤

自 20 世纪 90 年代后期的重大医学教育改革以来，全国各大医学院校与综合性大学的合作、合并引领着我国医学教育办学形成多元化的新格局。多元化新格局的教学形式突破了传统学科之间的局限性，但在新格局带来诸多优势的同时，医学教育资源分配不合理、医学教

---

①　本文系四川大学新世纪高等教育教学改革工程（第八期）研究项目（SCU8373）研究成果之一。

育授课形式较为传统等方面的问题仍亟待解决。在这种情形下，迫切需要一种新的途径带来改变。

以口腔种植学为例，目前大多数医学院校的授课方式仍停留在传统的以讲授为主的"单向输出"教学模式。此种授课方式在趣味性和互动性上都稍显不足[1]，较难达到预期教学目标。而作为我国现代口腔医学高等教育发源地，四川大学华西口腔医学院借助其雄厚的教学资源及师资力量对口腔种植学应用了以案例为基础的学习（CBL）教学法、以问题为基础的学习（PBL）教学法，并融入了高清多媒体示教系统以及临床实践教学，有效提高了学生的积极性，优化了教育效果，解决了以往授课方式中"索然无味"的问题。但囿于空间和时间无法充分分享教学方法、无法实现向兄弟强校的借鉴学习，使得"医学教育资源分配不均、区域性教育资源发展水平差距明显"的矛盾在教育改革中越发突出。

因此，构建医学教育联盟的任务迫在眉睫，以期共享优质学校的优质资源、缩小区域性教育资源发展水平。

（二）医学教育联盟的发展——百花齐放

在《国务院办公厅关于深化医教协同进一步推进医学教育改革与发展的意见》中提到，为"促进区域医学教育协调发展"，应"发挥高水平医学院校的辐射带动作用"，从而全面优化医学人才的培养机制。医学教育联盟的建立顺应了国家和社会的需求，目前正稳步进行。

2019年，三大医学教育联盟——"北京卓越医学人才培养高校联盟"（6所高校），"长三角医学教育联盟"（10所高校）和"中国西部中医药高校联盟"（12所高校）分别在北京、上海、成都顺利建立，将我国的医学教育发展又向前推进了巨大的一步。这些医学教育联盟的建立旨在实现医学教育资源的共享与提高各校医学教育水平，响应"培养大规模卓越的医学人才"的"新医科"的号召，同时推动学科交叉融合，对区域医疗的合作具有深化作用。

（三）慕课与医学教育联盟——不谋而合

慕课（Massive Open Online Course，MOOC），即大规模开放的在线课程，核心为"互联网＋教育"[2]。作为一种将线上平台途径和开放教育资源相结合的新型授课方式，慕课在互联网的不断普及以及教育资源的逐渐平均化过程中应运而生。近年来，随着"中国大学MOOC"等国内慕课平台的建立，慕课在我国正以其新型的教育形态快速发展[3]。慕课以其独特的教学方式，突破了传统教学所受的时间、空间上的限制，与医学教育联盟创建的理念和目标不谋而合，有望为医学教育联盟的开展提供有力的技术支持。

本文将以口腔种植学为例，对慕课在跨校跨地区医学教育联盟中的作用进行探究。

二、早期跨校跨地区医学教育联盟构建中采用的教学方式

（一）传统线下教育

传统线下模式下，教师一般直接向学生传授知识，主要通过将知识教给学生来进行教学，是一种单向关系[4]。采用这样的方式能够很快地完成教学目标，对学生的应试有很大帮助，能够快速将大量重点知识与难点知识教给学生。但是，这样的教学方式下，没有办法很好地保证学生学习的积极性，在提高学生学习兴趣，师生共同思考、共同探究等方面仍然存在提升的空间。

（二）翻转课堂

美国林地公园高中是翻转课堂的起源地，我国大部分高校目前对翻转课堂的尝试尚且处在引进的层面[5]，且目前理论分析多于在教学中的实践应用[6]。

翻转课堂与传统灌输式教育的主要区别在于其将课堂的主导权交给了学生，通过学生与学生之间、学生与教师之间的讨论、提问、交流等方式完成学习。

学生学习积极性的提高，师生、同学间的沟通交流增多是翻转课堂产生的积极作用[5]，翻转课堂变"要我学"为"我要学"。高度的学生参与度带来的是更多的思想碰撞和活跃的课堂氛围，对学生学习的积极性有正向激励作用，也鼓励学生将课堂学到的知识更多地运用到实践中。

但所能覆盖的范围以及时空的限制仍旧对翻转课堂构成了一定的约束。一方面，翻转课堂能够承载的学生数量有限；另一方面，翻转

课堂需要学生在统一的时间以及地点进行课上教学，对时间和空间的要求较高。

（三）高校公开课

公开课是由学校安排教师，在有其他教师等的观摩下在指定班级完成教学任务，同时录制全过程，并公开至网上供大众观看的课程。国家精品课程计划于 2003 年在我国实行，并在 7 年内建立了 3910 门国家级精品课程，基本实现教学资源互通[7]。

这些视频内容在当时的条件下堪称精品，也的确达到了该计划设立的初衷，有效地促进了各学校、各地区之间的学习与交流。可以说，这些视频资源为当时教育资源匮乏的地区提供了相当大的助力，发挥了文化育人的作用，促进了文化和知识的网络传播，充分展示了各校的教学风采，为不同学校之间的相互学习进步发挥了积极的作用。

这些视频就是现在的慕课的雏形，同时这些视频公开课的诞生标志着互联网在跨校跨地区教育联盟的构建中开始发挥作用，互联网在教学中的优势逐渐被发现并发扬。这些视频公开课后发展成了今天的慕课。

遗憾的是，受制于当时的网络与通信技术，它们无法在移动设备上进行播放，一定程度上限制了其使用。另外，当时互联网的发展尚不发达，各校通常将自己的公开课上传至自己的网站，一定程度上导致了使用者查找困难。而现今的慕课很好地解决了这两个问题，使互联网在跨校跨地区教育联盟中发挥了更大的作用。

此时期的口腔种植学课程已经开始出现在部分学校的网站上，一定程度上为不同学校不同地区之间的教育资源互通发挥了作用，为学生的进一步学习提供了更多的机会。即使在方便性上仍旧有发挥的空间，但也不失为一种很好的教学方式。

三、慕课在跨校跨地区医学教育联盟中的教学方式

（一）慕课的具体教学方式

借助于网络平台的慕课在教学过程中主要包括内容上传、自主观

看、课后测验和问题讨论四个步骤[8]。

首先，在开课前，教师会对教学内容进行合理的课程设计和布置。授课教师会根据上课的时间和阶段在慕课平台上统一或分段上传相应的视频、文档与测试，并设置好课程任务的截止时间以达到辅助监督的目的。所有课程对于平台用户都是可供选择和完全开放的。如果学生在选择后发现对该学科不适应或对内容不感兴趣，也可随时退出重选。

接着，选择该课程的学生可通过自主观看视频、查阅文档进行学习。与学生完全自主学习不同的是，教师会对学生的学习过程提供关于重难点、学习节奏等方面的建议，对课程内容也会进行相应讲解。学生在教师的指导下通过课前预习、观看内容、课后复习等过程达到更好的自主学习效果。而在学习后，学生还可自行进行相应的课后测验，巩固和检测学习效果。

同时，教师对学生学习中可能存疑的问题或是需要重视的问题还可提前发布并组织讨论，学生通过回帖的方式对其进行探讨和深入思考，从而更好地理解所学内容。

（二）慕课在跨校跨地区教学中的新形式

在跨校跨地区教学中，慕课还有更多的新形式，可以借助互联网便捷的沟通交流优势，在全国各地同时展开教学。

如方式之一的远程网络教学。该教学方式大多以录播课为主，以直播课为辅。就四川大学华西口腔医学院开设的人卫慕课"口腔种植学"而言，该课程以总共 61 个录播视频、超 6 小时的总录播课程时长为课程主体，辅以同步练习及少量直播课程来帮助同学们更好地学习口腔种植学。经过教师精心录制的优质视频可供学生反复学习、观看。这种新方式使得教育资源不再受时空的限制，大大强化了学生的主观能动性。在具备网络的条件下，不论是居住在一线城市还是边陲小镇，全国各地的使用者均能够完成在线学习。这一慕课的存在为全国各地同时展开口腔种植学的教学提供了资源上的便利，也为全国各地同时开展口腔种植学的教学创造了条件。

四、慕课在跨校跨地区教学中的优势和效用

（一）慕课的优势

1. 学校层面

应用慕课构建跨校跨地区医学教育联盟在进一步合理分配教育资源，多元化、平均化教育资源方面取得了开拓性的进展。慕课改变了传统的教学模式，将局限于一所独立院校的授课与听课拓展到了没有学校界限、没有地区限制的师生交流。通过慕课，诸多高校可跨越时间和地理位置的限制而被划为一个整体。在该整体中，师资力量雄厚、具有优质教育资源的高校可通过慕课将其新颖的教学方式、优质的教育资源与联盟中的其他成员进行共享。医学教育资源相对较弱的成员可在吸取了优秀经验后提升自己的教育水平，发掘出更加新颖并适应自身的教学方式，这样各个高校之间相互促进、优势互补，从而为实现教育资源的多元化打下良好的基础。另外，各个高校的学生也可直接通过慕课获得其他高水平高校的相关教育资源，使得优质的教育资源得到合理的分配。在四川大学华西口腔医学院录制的人卫慕课"口腔种植学"中，慕课的报名学生来自浙江大学、湖南中医药大学、川北医学院、厦门医学院等不同省市、不同层次的医学类高校，使得教育资源在一定程度上得到了多方面的利用以及合理的分配。

2. 教师层面

对于录制慕课的教师而言，慕课的录制需要教师对于学科内容、教学重点有一个较为全面的把握。线上课程与线下教学的其中一个区别就在于线上课程时间更短、知识点的传授更加精简，因此对授课教师提出了较高的要求。另外，如何设计课堂、讲授知识以满足不同地区、广大学生的教学需求同样需要教师认真思考。这样的准备过程可使教师的教育理念发生适应性变革，从而提高教师的教育水平与教育积极性。

对于使用慕课的教师而言，慕课在线课堂能有效压缩线下课堂教学时间，有利于教师把更多精力用在课程的创新性活动和研究上，从而使教学设计和质量得到进一步提升[9]。以四川大学华西口腔医学院开设的人卫慕课"口腔种植学"为例，在 2020 春季学期使用了慕课线上教学以后，线下课堂教学时间被压缩了近 2/3。通过慕课，学生

可以进行"口腔种植学"的线上学习，将更多的时间留给师生在线讨论交流以及教师的自我提升。慕课线上教学在整合多元化教学资源的同时对于教学质量的提高有一定的帮助。

3. 学生层面

在慕课教学模式下，传统的以教师为主体的课堂教学逐渐转变为新兴的以学生为主体。以四川大学华西口腔医学院在 2019 年春季开设的人卫慕课"口腔种植学"为例：课程讨论区总发帖数达 1876 条，其中，教师发帖数为 305 条，仅占总发帖数的 16%，剩余 84% 的讨论空间都留给了学生。慕课将学生课堂学习与在线自学相结合，转学生在传统教学关系中的被动为主动。虽然课程的教学内容没有发生较大的改变，但是教学方式的改变使得学生的学习方式得到了优化，降低了课程学习的难度。由于慕课教学模式下的课堂是根据学生在线自学效果的反馈来安排教学进程的，所以课堂编排的互动性、灵活性更强，更能体现学生的主体地位[10]。

另外，慕课的线上教学模式打破了时间和空间问题对于学生获得知识的禁锢。利用"互联网＋教育"的时代背景，学生可以随时随地在慕课的课堂中学习，随时随地遨游于知识的海洋。对于尚有疑问的知识点，除了可以反复观看视频，通过信息手段反复推敲外，也可以借助讨论区与老师、同学的交流加深对于知识点的理解。慕课在拓宽学生知识面的同时也让学生对知识的理解更加扎实。

（二）慕课的效用

通过对学校、教师、学生等多层次的实际调研，我们对慕课的教学方式进行了一个较为准确的评估和研究，从而对慕课的开展以及它在联盟建立中的作用有了更深刻的认识。

慕课的建立为跨校跨地区医学教育联盟的构建提供了一种新的实践思路和可能解决问题的途径。慕课依托于互联网平台的存在形式适用于跨校跨地区的空间范围，而其拥有的众多高校线上课程与教育联盟的诉求又不谋而合。但在医学教育的开展过程中，由于慕课本身与传统教学方式存在较大差异，又是一种新型工具，它的教学质量和收效并不能简单地从课程质量上评判。慕课的形式究竟是否能与高质量、均衡化的联盟建立目标相契合，又是否能较好地达到教学目的，仍需要进一步的调查研究。

五、讨论

在教育方式逐渐多元化的当下，教育水平的稳步提升和教育资源的均衡化需要一种新的教育模式来实现。跨校跨地区教育联盟形式的提出为教育需求的满足提供了新的可能，但如何跨越不同教育对象之间空间和时间的障碍则是联盟建立过程中亟待解决的问题。在以口腔种植学为研究对象时我们发现，慕课从形式和发展方向上都有望与联盟的宗旨达到较好的契合度。这也为联盟的建立提供了新的思路和方向。

在以口腔种植学为例对慕课的教学模式进行实际评估时，我们发现慕课的独特形式使它在教育资源共享、教学质量提升以及学习主动性方面确实有较为积极的作用。它在时间和空间的灵活度上给予了高校、教师和学生更多探寻最优教育方式的可能性。

但同时，由于我国慕课仍处于初始的探索阶段，以互联网为载体、网站平台为形式的模式虽具有创新性和开拓性，但一些地方仍有所欠缺，整体还处在一个不断完善和发展的状态。

首先，在主要授课形式上，我们发现由于其多采用单向上传视频的授课方式，教学效果上可能稍显单薄。以口腔种植学这样一个专业性和操作性要求都较高的学科为例，单一的理论知识的教授可能与线下面对面的直接实践教学在个体针对性上仍有一定的距离。同时考核方式的不够完善使教学结果检验的客观性和可靠性都有值得商榷的地方。这些不足都说明慕课在授课方式上还有较大的提升空间。

其次，在网站本身设计上，精确搜索等功能上的欠缺也是其需要改进的地方。对于庞大的用户群体而言，更便捷的操作体验无论是从使用感受还是从学习过程等来看，都有良性的促进作用。因此，在跨校跨地区医学教育联盟的建设中，网络平台的设计也需进一步完善。

我们认为，慕课未来的发展可以更多地考虑从单一的单向讲授向线上线下互补、理论与实践结合的方向前进。翻转课堂、虚拟实验室都是可以考虑的相互配合的发展方向。在跨校跨地区医学教育联盟的构建中，只有真正让联盟教学收效接近甚至超过线下教育的平均水平，学生的学习成果才更具有保障和可信度。而在这条路上，慕课医学教育建设，还有很长的距离要走。

参考文献

［1］冯智强，陈铁，陈旭锋，等．口腔种植学教学方法改革新思路［J］．现代医药卫生，2016，32（17）：2758－2759．

［2］斯蒂芬·哈格德，王保华，何欣蕾．慕课正在成熟［J］．教育研究，2014，35（5）：92－99，112．

［3］王应解，冯策，聂芸婧．我国高校慕课教育中的问题分析与对策［J］．中国电化教育，2015（6）：80－85．

［4］姚炎昕．教育的理性转向：从灌输到交往［J］．内蒙古师范大学学报（教育科学版），2019，32（3）：72－75．

［5］刘淑雅．"翻转课堂"在大学教学中的应用研究：以《多媒体画面艺术设计》为例［J］．电脑知识与技术，2018，14（14）：207－210．

［6］秘嘉．"翻转课堂"教学模式引起的思考：《隔离与物种形成》教学有感［J］．理科爱好者，2018，18（4）：75．

［7］董榕，许玮，张剑平．高校视频公开课建设及其思考［J］．现代教育技术，2012，22（2）：54－59．

［8］刘莉君．基于MOOC的混合式教学模式改革探索：以高等数学课程为例［J］．教育教学论坛，2017（37）：104－105．

［9］王欣欣．慕课在线课堂：中国传统教学方式的变革［J］．科教文汇（上旬刊），2020（5）：42－43．

［10］惠晶晶．混合式教学模式在高等教学改革中的应用［J］．中国多媒体与网络教学学报（上旬刊），2020（2）：150－152．

"新工科"背景下基于 SPOC 教学模式的探索实践

——以"数字电子技术基础"课程为例①

贾绍芝　陈彬兵　周　群　刘　婕

（四川大学电气工程学院）

【摘要】为响应教育部对"新工科"的建设要求，"数字电子技术基础"课程作为电气类、电子类、通信类、计算机类的专业基础课程，应以培养出"厚基础、宽专业、重应用"的复合型人才作为学科建设的最高目标。为提高该课程的教学质量和学习效果，进一步为学习后续相关专业课程打下基础，该课程尝试了川大定制的基于 MOOC 平台资源的线上线下混合式 SPOC 教学模式，将优质的线上 MOOC 资源与传统线下课堂授课模式进行深度融合，形成了新的课程教学体系，取得了良好的教学效果。

【关键词】MOOC 平台；SPOC；线上线下；教学模式

一、引言

从 2015 年《统筹推进世界一流大学和一流学科建设总体方案》的颁布，到 2017 年教育部、财政部、国家发改委联合颁布我国世界一流大学和一流学科建设高校及建设学科名单，"双一流"建设得到

① 本文系四川大学新世纪高等教育教学改革工程（第八期）研究项目"'电子技术基础'课程创新互联网＋环境下教育教学方法改革举措"（SCU8210）的成果之一。

了广泛的社会认同[1-2]。从 2017 年开始，教育部积极推进"新工科"建设，形成了"复旦共识"等意见，并在 2019 年底发布了《深入推进"新工科"建设》一文，再次强调了"新工科"的重要地位[3]，并要求全力探索具有中国特色、国际领先的教学模式和教学经验，支撑服务高等教育强国目标。四川大学不断强化"教师是第一身份，上好课是第一要务，关爱学生是第一责任"的意识。在这双重背景模式下，本课题组积极响应"川大模式"的教学改革，结合川大提供的硬、软件平台和电工电子实验中心提供的口袋实验室，推动"数字电子技术"课程的教学实验改革，以学生为中心，以"探究式、小班化"为主要特色，把线上 MOOC（Massive Open Online Courses）网络优质资源与线下课堂教学进行深度融合[4]，尝试基于 SPOC 平台（Small Private Online Courses）的线上线下混合式教学模式的深入探索与实践，力争把本课程打造为具有高阶性、创新性、挑战度的"金课"[5]。

二、MOOC 和 SPOC 相结合的混合式教学模式构架

"数字电子技术基础"课程不是一门纯理论的课程，和工程实际密切相关。为切实提高学生学习的自主性，培养学生学习知识、应用知识的能力，创新"互联网＋"环境下教育教学方法，解决膨胀的知识量与有限的学时之间的矛盾，推进信息技术与课程教育深度融合，提高工程教育质量和教学效果培养，我们在课程教学中探索出了一种基于 MOOC 与 SPOC 的混合教学模式，全面构建起面向未来的课程体系。

（一）探索"互联网＋"环境下基于 SPOC 的线上—线下混合教学模式

在该课程的教学活动具体实施的过程中，其思路是借助"互联网＋"的网络环境，以学生为中心，利用川大定制的 SPOC 平台，链接高校优质 MOOC 资源，运用现代教育技术的硬件环境（包括手机互动教室、多屏研讨教室等），使用慕课堂、QQ 群等工具进行线上线下教学活动，将传统教学模式转变成基于 SPOC 平台的大班授课、小班讨论的线上—线下混合式教学模式，创新教育教学手段，增加案例分析

以及项目实训和课程设计，更进一步提高学生发现问题、思考问题和解决问题的能力[3,4]。"互联网＋"环境下基于 SPOC 的线上—线下混合教学模式构成如图 1 所示。

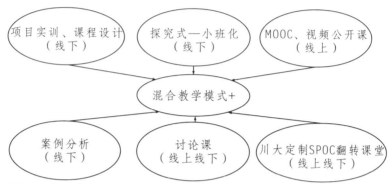

图 1　"互联网＋"环境下基于 SPOC 的线上—线下混合教学模式

为进一步理顺教学内容，兼顾系统性和实用性，突出教学重点和工程实用性，在探索"互联网＋"环境下基于 SPOC 的线上—线下混合教学模式中，我们按照图 2 给出详细的教改框架，明确教改内容与内在逻辑关系，从三个方面进行考虑。

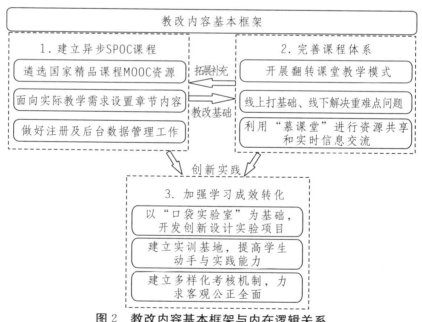

图 2　教改内容基本框架与内在逻辑关系

1. 选用优质的 MOOC 资源，建立异步 SPOC 课程

我们选用国内外同类课程的优秀教材并遴选出国家精品在线开放课程中相关一流大学的 MOOC 视频教程建立异步 SPOC 课程。当学生加入 SPOC 课程的同时也加入这门课程所对应的 MOOC 课程，充分利用和共享相应的教学资源。教师虽然不能对 MOOC 课程的内容进行更改，但是可以根据不同的课程课序号建立相应的慕课堂，在 SPOC 课程的板块中自由设置和调控课程的进度、节奏和测试系统，及时删减和添加课程的内容，使课程满足不同学科、不同类别学生培养方案的要求，发挥其面向学科实际需求，面向学生未来发展，夯实学科基础的作用。在 2018—2019 学年春季学期有 859 名学生加入了 SPOC 课程学习，2019—2020 学年春季学期有 1000 名学生加入了 SPOC 课程学习。

2. 处理好线上与线下的教学关系，建立完整的课程教学体系

为了摆脱"数字电子技术基础"课程知识点密集、课上无暇开展探究式学习的困境，部分内容采用翻转课堂方式开展教学。让线上教学内容承担知识传授任务，而在线下让学生通过教师的课堂设计和个性指导达到高阶学习目的。线上课程以基本知识和基本概念为主，线下课程以重点、难点内容为主，以适应学生初学者的心理，调动学生自我在线学习的积极性。把一些难点和重点知识留在线下课堂来讲解，发挥教师与学生面对面即时交流的优势，让线下课堂更有吸引力。

3. 利用"慕课堂"进行资源共享和实时的信息交流

在实体课堂教学内容设计中，利用"慕课堂"实现课堂电子签到、线上线下互动授课、学生课堂互动参与、学生设计分享、同屏对比、弹幕提问等多种形式，主动把手机变成教师教学和学生学习的工具。手机互动课堂极大地调动了学生的积极性，激发了课堂活力，提升了学生的学习效果。

为解决采用翻转课堂后出现的学生没有课前有效预习、挂视频（只播不看）、抄袭习题等问题，也可设计检测相应知识点的测试内容，利用"慕课堂"的课堂和课外的形式进行提交，加强学习督导、教学视频和课堂设计方面的教学。

（二）采用"大班授课、小班讨论"的课堂教学模式

以授课专题为单元组织大班授课的教学内容，精心设置小班研讨

的教学内容。在具体实施过程中，将基本理论和基本方法放在大班教学中完成，让学生在教师的主导和引导下深化内容理解和问题剖析。而将知识的应用和知识的扩展放在小班讨论中完成，在教师和助教的带动下进行问题导向式教学，要学生"动"起来唱主角，查阅资料、相互讨论、明确内化各个知识点、规范整理讨论资料等。从"要我学"转换到"我要学"，提高学生学习知识过程中的主动性和目标性，要求学生把主观意识行动和客观具体行动紧密结合起来。

先进的硬件设施和教室格局，让教与学变成"启发式讲授、互动式交流和探究式讨论"，学生抬头就能互动，转头就能遇到教师。

（三）加强理论与实践结合

在创新实践教学模式下，开发创新课程设计实验项目，最大限度解决教材内容滞后和新技术发展的矛盾，增强理论教学和应用实践有机结合、抽象概念和主线清晰结合。结合课程工程实践性强的特点，充分利用学校提供给学生的口袋实验室，应用可编程器件，设计合理的实训题目，将设计实验项目融入电工电子中心"超导与新能源双创分中心"的平台里，全面提高学生的创新创造设计能力。通过丰富多彩的课程设计，让学生课外线上线下学习硬件描述语言，编写代码，调试硬件，撰写论文，锻炼动手和实践能力，强化了学生的主体地位，提高了学生的学习兴趣。

（四）多样化考核，对学生的学习能力和学习效果进行全面考核

本课程基于全过程考核的思想设计了课程多样化考核方案（见表1）。课程最后的综合成绩由平时过程考核成绩50％和总结性考核成绩50％组成。其中，过程考核成绩由考勤、课堂表现、平时作业、阶段考核和课程设计五部分构成。依据 SPOC 平台的单元测试数据、"慕课堂"的考核记录数据评定学生的过程考核成绩，更加客观公正。

表 1　课程多样化考核方案

考核模式及比例	具体形式		备注
过程考核 （50％）	慕课堂考勤		线上考勤
	课堂表现	实体课堂参与度	线下考核
		SPOC 的慕课堂参与度	线上考核
		实体小班讨论参与度	线下考核
	平时作业	教材课后习题	线下考核
		SPOC 的慕课堂练习	线上考核
	SPOC 平台阶段考核（按照知识模块进行 5 次考核）		线上考核
	课程设计（设计＋项目实训）		线下考核
总结性考核 （50％）	闭卷考试（70％标准解答题目＋30％开放设计题目）		线下＋线上

三、基于 SPOC 的线上—线下混合式教学模式的创新点和成效

在基于 SPOC 的线上—线下混合式教学改革过程中，四川大学教师团队以国内先进的教育理念为指导，主动更新教育教学观念，注重教学方法和手段的创新，强化实践环节。主要体现在以下六点：一是实施"互联网＋"环境下基于 SPOC 的线上—线下混合教学模式；二是采用贯穿性教学方法，建立口袋实验室，建立覆盖数字电路、信号处理、微机原理等课程的统一技术开发平台；三是利用"慕课堂"平台，提高课堂管理效率，提升课堂教学质量；四是采用"大班授课、小班讨论"模式，提升学生的课堂参与度，提高教学效果；五是注重学习的过程，在教学过程中尊重学生、理解学生、包容学生，让学生有一个愉快的学习体验；六是实行多样化考核，尽量客观、公正地评价学生的学业水平。

在全新的教学模式引领下，经过师生一学期的共同努力，教学成果显著。主要表现在以下三个方面：第一，学生在自主性、灵活性方面有所提高。第二，学生在实践性、开放性、创新性、合作性等方面都明显提高。第三，学生较能完整、系统和全面地掌握知识。图 3 为课程课序号 907025030-05 的班级综合成绩分布的直方图。

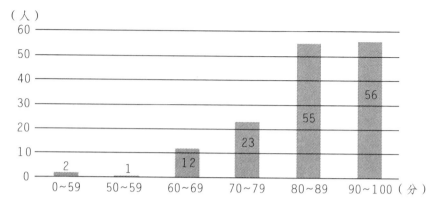

图 3　2018—2019 年下学期"数字电子技术基础Ⅱ"
907025030-05 班综合成绩分布统计图

利用 SPOC 平台，我们制作了一份包含该课程改革方式方法和教学模式的满意度等 10 个问题的调查问卷。通过调查问卷分析，我们发现，学生对课程的改革普遍是持欢迎态度的，认为从中受益良多。持反对意见的学生也有，他们觉得学业负担重、课程难、网上自主学习浪费太多时间且效果差，习惯于灌输式的教学模式。表 2 列出了学生问卷调查部分题目及答卷情况。

表 2　学生问卷调查部分题目及答卷情况

问题	选项	小计	学生选择占比
你对目前课程学习体验的满意度是？【单选题】	非常满意	220	47.31％
	满意	188	40.43％
	一般	50	10.75％
	不满意	7	1.51％
	本题有效填写人数	465	
你对目前采用的中国慕课 SPOC 线上课程的满意度是？【单选题】	非常满意	140	30.11％
	满意	172	36.99％
	一般	118	25.38％
	不满意	35	7.52％
	本题有效填写人数	465	

四、结语

本文是在"新工科"教改背景下进行的基于"互联网＋"环境下"数字电子技术基础"课程教学模式的探索实践。在课程教学活动改革实施中，教师的工作量通常是常规工作量的2倍以上。除常规教学工作外，教师还需要负责构建讨论课内容、设计线上学习问题、培训助教、指导学生口袋实验室调试等工作，整个学期紧张且忙碌，但是成果也是显而易见的。另外，线上模式尚缺有效监督体系，学习模式与考核方式还不够多元化，仅仅以后台数据作为学习成果不足以说明学生的真实情况，如何解决还需要进一步探索与改进，教改任重而道远。

参考文献

［1］岳文果. 坚持立德树人根本任务 构建五育并举教育体系——关于《中共中央国务院关于深化教育教学改革全面提高义务教育质量的意见》的解读［J］. 甘肃教育，2019（23）：12—13.

［2］庞海枫. "双一流"建设中高等教育内涵式发展路径探析［C］//教育部基础教育课程改革研究中心. 2020年课堂教学教育改革专题研讨会论文集. 教育部基础教育课程改革研究中心，2020：3.

［3］郭金妹，张建荣，陈磊. "新工科"背景下面向实践创新能力培养的数字电子技术基础课程教学模式改革与实践［J］. 科教导刊（下旬），2019（12）：113—115.

［4］穆晓彤. MOOC与翻转课堂相结合模式下审计学教学改革研究［J］. 现代商贸工业，2020，41（25）：117.

［5］张帆，孙晓辉. 电工电子技术实验课程MOOC教学探索与实践［J］. 大学教育，2020（8）：30—33.

"纺织与现代生活"SPOC 课程的教学实践

施亦东　周　怡　肖红艳　申　鸿　林绍建　何国琼

（四川大学轻工科学与工程学院）

【摘要】根据课程特点，利用智慧树平台 MOOC 开展了"纺织与现代生活"SPOC 课程的教学实践。笔者通过线上线下课程和实践课程的结合，从课程内容、课程组织进行了再造，对教学实施的效果进行了分析总结。SPOC 课程的建设和实施对教师队伍是很好的培养，也有助于提高和培养学生的自主学习能力、问题思考能力。SPOC 课程的建设将是高校创新教学模式和提升教学质量的有效途径之一。

【关键词】SPOC；纺织与现代生活；教学实践；效果分析

一、课程建设目的和目标

纺织的诞生与人类文明同步，与我们的生活息息相关、密不可分。今天，纺织品已渗入到我们生活的方方面面，在各行各业均可看到纺织品的踪影。"纺织与现代生活"SPOC 课程的开设面向纺织工程专业低年级学生和非纺织专业学生。该课程可以帮助纺织工程专业学生在进入专业课程学习前快速认识和了解纺织服装的行业全貌、上下游的相互关系，为系统的专业学习打下基础；对于非纺织专业学生可拓宽他们的知识面，尤其是当下作为柔性材料的纺织品与电子、机械、能源、环境、健康等领域的结合越来越紧密，各行业对纺织相关人才的需求日益增长。"纺织与现代生活"SPOC 课程的学习有利于学科知识的交叉融合，帮助学生了解和认识纺织科学与各学科的相关性，对他们今后的发展具有积极的影响。

"纺织与现代生活" SPOC 课程从纺织品在现代生活中的应用出发，通过对纤维和纺织品的认识和鉴别，从功能性、时尚性等多个角度展现丰富多彩的纺织世界，以及纺织科学的发展。内容涵盖纺织原料、纺纱织造、染整、非织造、服装等的设计创作和生产过程。该课程以智慧树平台天津工业大学的同名课程作为线上资源进行同步教学，线下由纤维、纺织、染整、服装和艺术设计等不同方向的教师组成课题组开展线下教学。该课程把设计和工艺实践相结合，让学生可听、可观、可操作，在过程中学习和加深对理论知识的理解，在作品中体会学习的快乐和成就感，并从中感受中华文明的魅力和纺织文化的源远流长，从而增进学生对纺织学科的兴趣和探索热情。

二、课程内容和结构设计

依据教学大纲和实际授课计划，并参照线上课程的安排，"纺织与现代生活" SPOC 课程以纤维—织物—服装为教学主线，将纺织与中华文明、纺织服装的设计创作和生产加工贯穿其中进行课程的安排（如图 1 所示），具体内容如下：

（1）文物话纺织。以图片资料的形式向学生展示纺织技术的发展史，尤其是中国灿烂的丝绸文化，将文化自信融入课堂之中。

（2）纤维和面料的认识。通过实验学习基本纤维的鉴别和面料的识别，结合线上学习和讨论认识新纤维和新型纺织品，了解纱线和织物的构成，了解纺织品的实用性和功能性。

（3）纺织品的色彩和图案的设计与创作。学习色彩的基本知识，图案构成的基本原理，以及在纺织品中的应用方法。并让学生自己动手创作扎染作品，培养学生的动手能力，激发学生的学习兴趣和创作热情。

（4）新型和功能性服装。通过视频向学生展示各类新型服装，了解服装功能性实现的基本过程；通过实例向学生介绍智能服装的发展现状。

（5）产业用纺织品的认识。社会发展到今天，纺织已不仅仅局限于穿衣的范畴，纤维和纺织品已有了更广阔的应用领域。通过实例向学生展示现代纺织品，尤其是纺织复合材料在休闲娱乐、医疗、能源、环境、航空航天等领域的应用和发展现状。

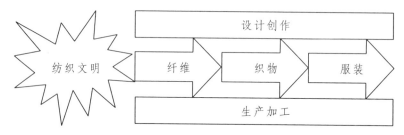

纺织品的染整加工和后期护理。通过视频,结合植物染料染色实验学习纺织品染色原理和工艺过程,以及常用纺织品的日常护理知识,并在此过程中向学生传递绿色生态和天然资源可持续开发利用的理念。

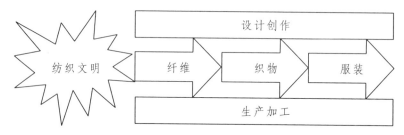

图1 课程内容组成及关系图

三、课程的建设和教学实施

SPOC概念由加州大学伯克利分校的阿曼德·福克斯教授最早提出,即小规模限制性在线课程,是一种将MOOC资源运用于小规模、特定人群的教学解决方案,学生一般有几十到几百人[1]。SPOC将MOOC的教学资源与传统校园的教学相融合,通过MOOC平台高效共享高质量教学资源,为学生提供相对自由的学习时间,同时线下教师团队可结合自身特点和学生需求,利用线下实体课堂,通过总结、交流、讨论等多种形式与学生互动,完成课程的讲授和考核[2-4]。这一教学形式非常适合基础课程和需在课堂教学中开展一定规模实践性活动的课程。

"纺织与现代生活"SPOC课程实施利用了已有的MOOC平台,课前学生进行线上学习,完成在线测试;然后教师结合线上教学进程进行线下课堂教学。课堂上,教师已非传统的布道者,而是课堂的设计者、参与者、合作者和协助者,或对知识进行讲解,或与学生讨论交流,或对重点问题进行答疑解惑,或指导学生进行展示汇报,形式多样,教学相长。同时,利用网络资源,学生与教师在课前课后可进行线上线下互动。借助网络平台教师可较好地掌握每个学生的学习情况和学习进程,对于遇到问题的学生及时给予帮助。

四、课程的效果分析

（一）解决了学时数少而课程信息量大的矛盾

纺织科学涵盖从纤维到纺织产成品和服装一条长长的生产链，包括材料、生产加工、时尚创意等，课程内容相对较多，涉及领域也较多，借助线上优质资源 MOOC 既节省了课程的建设成本，又让学生在较短的时间内获得了更广泛的知识，充分发挥了 MOOC 的优势。

（二）教学形式多样，时间和空间更加灵活

采取"MOOC+SPOC"线上与线下混合式教学，以及与实践教学相结合的模式。做到课前学生通过 MOOC 自主学习主要的知识点，并完成章节测试，对遇到的问题可直接在平台上进行交流互动，也可在班级群中与线下任课教师互动。课堂中，教师依据 MOOC 的内容进行总结或通过案例进一步深化知识点，并与学生进行交流互动。同时，教师通过关键词、图片和情境给出主题，指导学生课后利用互联网平台和线下场景获取更多的知识；通过进行纺织物应用的场景设计，让学生把学到的纤维、织物和色彩等知识灵活地应用其中，并以PPT 的形式在课堂上展示，从而培养学生综合解决问题的能力。学生的学习不再仅仅局限于课堂，教师可做到灵活安排，让学生带着兴趣时时学、处处学；师生交流沟通更方便，不受时间空间的限制。

（三）通过实践教学环节将课程内容融会贯通

由于课程内容具有应用性较强的特点，线下课程安排了实验环节，让学生对所学知识亲身体验，加深认识。课程中进行了多次实践教学。纤维鉴别和面料识别实验帮助学生掌握了纤维和面料的性能特征；传统的染色技艺的实践环节把面料色彩与图案的教学内容与纺织品的染印工艺的教学内容有机结合，让学生直接体验了面料从白坯到成品的制作过程，同时感受了中国传统染印技艺的魅力。而且教师在课程中将中华文明之人与自然和谐共处的理念置入，指导学生用天然植物染料、天然无害的染色助剂完成了实验课程。首先在色彩和图案课程阶段教授学生掌握纺织品图案设计和色彩搭配的知识，并让学生将这些知识运用于扎染纺织品实践试验前期的图案设计和创作，学生

们制作的扎染半成品将在染色知识学习后到实验室完成染色试验，每一个学生都有一块自己亲自设计制作的扎染作品，同时学生们也经历了完整的产品设计创作和生产制作的过程。在这一过程中，学生既加深了对理论知识的理解与掌握，又锻炼了应用知识的能力。学生对此教学和学习方式非常感兴趣，参与热情极高。

（四）提高了学生线上学习完成率

通过智慧树平台的学习进度记录功能，教师可在线了解和督促学生的学习进程，追踪和记录学生的学习过程，这对于学生养成良好的学习习惯有一定的促进作用。整个班级的学习完成率较高，多数学生为100%，最低的也达到了94.4%。

（五）学生的学业成绩达标率较高

学生成绩构成，包含线上测试成绩、课堂表现等过程成绩，最后按比例汇总给出总成绩。通过对学生线上线下成绩分析发现，学生线上成绩普遍较好（见图2）。这是由于线上测试题以客观题为主，加上学生的学习行为习惯成绩，反映选课学生对课程有较高的兴趣，课程完成率较高。同时，学习主动性较强的学生，可通过线上资源反复学习，提升知识掌握度，从而使得成绩较高。另一方面，线上考试是无人监督的限时测试，成绩有时可能会出现失真，因此线上成绩占总成绩的比例不宜过高。线下期末考试以主观题考试为主，要求学生应用所学知识进行综合分析讨论。如题目之一"炎炎夏日，户外活动时，如何选择服装？请从款式、面料、颜色、环境等方面详述理由"，这可考查学生对已学知识的掌握和综合应用能力。图3显示期末考试学生成绩分布正常，80分以上成绩的比例较高，但是出现个别学生考试不合格的情况，说明仍有部分学生在知识的掌握和灵活运用方面存在不足。

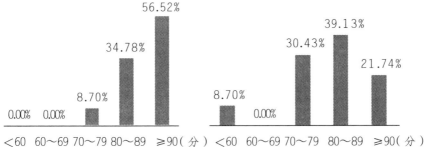

图 2　线上考核成绩分布图　　　图 3　期末考试成绩分布图

（六）学习时间与学分不相匹配

学生对线上线下相结合的教学模式给予了肯定。课程内容丰富，知识面广，学生非常认可，尤其是对开设的实验课程表现出浓厚的兴趣。但是，由于线上和线下同步进行，对于学生而言，实际上课时间和学习时间较常规课程增加，而课程学分仅有 2 分，学生感觉付出与学分不相匹配，这是需要在今后解决的一个矛盾。

五、结语

SPOC 课程的建设和实施对教师队伍是很好的培养。SPOC 课程作为一种新型的教学模式，将网络平台的优质课程与线下课程相结合，有利于课程资源的高效利用，还可跨校共建。线下课堂教师的主要任务和角色发生了较大的转换，对于教师的能力和学识提出了更高的要求。

线上线下课堂的结合，给予了学生自由学习和主动学习的空间，与传统教学相比增加了互动、交流讨论、实验等多种学习形式。这有助于提高和培养学生的自主学习能力、问题思考能力。

SPOC 课程的建设是高校创新教学模式和提升教学质量的有效途径之一。SPOC 课程作为一种新型的教学模式，还有许多地方需要改进。今后我们将在课程资源的建设、课程的教学组织、教学效果的科学评价方面继续不断探索。

参考文献

［1］康叶钦. 在线教育的"后 MOOC 时代"——SPOC 解析 ［J］. 清华大学教育研究，2014，35（1）：85—93.

［2］战德臣."大学计算机""MOOC＋SPOCs＋翻转课堂"混合教学改革实施计划 ［J］. 计算机教育，2016（1）：12—16.

［3］徐葳，贾永政，阿曼多·福克斯，等. 从 MOOC 到 SPOC——基于加州大学伯克利分校和清华大学 MOOC 实践的学术对话 ［J］. 现代远程教育研究，2014（4）：13—22.

［4］张颖，冯从经. 基于 SPOC 的混合式教学模式建构 ［J］. 科教导刊，2020（5）：132—133.

构建基于微课的食品微生物学实验
翻转课堂教学模式^①

张佳琪

（四川大学轻工科学与工程学院）

【摘要】为解决食品微生物学实验教学中"教"与"学"的问题，本文将微课与翻转课堂结合，从教学内容、教学资源与平台、教学过程三方面构建了基于微课的翻转课堂教学模式并对其成效进行了评估。该教学模式可以更直观、生动地展现实验教学过程，解决了其示教难的问题；节约一般性操作占用的课时，拓展了传统课堂教学的时空限制，增加了学生的实操机会；提高了学生的自主学习能力和兴趣，显著地促进了教学效果的提高。

【关键词】微课；食品微生物学实验；翻转课堂；教学模式

一、引言

食品微生物学实验是食品科学与工程专业一门重要的专业实验课，对学生巩固微生物理论知识，深入学习食品卫生学评价方法和现代食品微生物检测技术，培养学生的实践创新能力和严谨踏实的科学态度有着重要意义。传统食品微生物学实验课的教学模式主要是教师讲解，示教后由学生操作并完成实验报告。但是，由于实验人数较

① 本文系四川大学新世纪教育教学改革工程（第八期）研究项目"构建基于微课的食品微生物学实验翻转课堂教学模式"的研究成果之一。

多，学生常常看不清示教；有时需教师讲解的内容、细节较多，学生实际操作的时间较少、机会不多；大部分学生没有课前预习的习惯，学生很难真正理解实验目的，实验操作也是机械性地模仿，实验过程中缺乏思考问题的积极性，存在完成任务式的依赖性思想。这些都造成了师生间缺乏充分的互动，学生对实验提不起兴趣，教学效果不佳[1]。另外，一些实验项目的开展受到生物安全性、实验条件、实验环境、课时等的限制，难以一一实施。这就需要建立一种新的教学模式来提高食品微生物学实验课的教学效果。

翻转课堂教学模式将师生角色、教学时间进行重组，将知识传递过程安排在课外，给学生更多自由，让学生选择合适的方式进行学习；将知识消化过程安排在课内，便于生生、师生之间进行更多交流和沟通，从而提高教学效果[2—3]。微课，是以微视频为核心载体，基于一个学科知识点、技能点等或结合某个教学要素和环节而设计和开发的微型优质教育资源[3]。其具有主题突出、互动性好、短小精致等特点，是现代信息技术和教育教学方法深度融合的新兴产物[4]。因此，本项目将微课与翻转课堂结合用于实验教学中，拟从教学内容、教学资源与平台、教学过程设计三方面构建基于微课的食品微生物学实验翻转课堂教学模式并对其成效进行评估，以弥补传统食品微生物学实验教学中的不足，提高其教学效果。

二、实施方案与内容

（一）教学内容的改革

1. 系列综合设计性实验的形成

在实验操作中，把原来分散的实验操作通过项目组合成为系列综合设计性实验，变单一的验证性实验为综合设计性实验与验证性实验相结合的形式[5]。根据课时合理安排项目，不断增强实验的系统性并且增加学生的动手机会。例如，将"营养琼脂培养基的配制、细菌的接种与培养、细菌的简单染色及革兰氏染色、显微镜观察细菌的形态"形成一个综合设计性实验。先由学生自己做培养基的制备和灭菌，让学生清楚自己所做的培养基是实验的第一步，是为下一步细菌的培养做准备的，而分离、纯化后的菌种又将用于做染色观察实验等。这不但大大增强了学生的学习兴趣，而且使学生对微生物实验操作有了较为系统的认识，知道每步实验的成败将影响后续实验项目的进行，从而增强他们的责任感，提高其实验设计及实践的能力。

2. 创新设计性实验项目的增设

在课时不变的条件下，增设创新设计性实验项目。将学生分成 5～6 人小组，由教师给出实验主题，如"食品中微生物的检测"等。每个小组利用课余时间查阅文献，先初步设计一个方案，通过师生充分讨论后确定该项目的具体实施方案，在课堂上进行方案的实施。整个过程中充分体现"以教师为主导，学生为主体"。

（二）教学资源与平台设计

1. 食品微生物学实验微课的制作

在制作微课视频时，教师要根据教学大纲，梳理教学过程中的重难点、疑问点，结合每次实验教学目标及内容，主要选取课程中较为重要且有一定难度的知识点作为微课主题[6]。例如，食品微生物学实验中的"灭菌锅的使用"这一知识点，是非常基础又必须把握的内容，在操作上经常会耗费很长的时间，导致学生缺少实践操作的机会。所以在选择微课的主题时，把一些重要的知识点制作成视频，将在很大程度上解决食品微生物学实验示教难的问题。再根据主题，依次确定微课的表现形式、每节微课的教学目标、教学顺序、辅助资源，选择适当的制作方法与呈现方式[1,3]。比如表现形式采用实验操作视频、PPT 或"实验操作＋PPT"等；教学顺序采用教学导入、提出目标、实验演示、回顾小结；辅助教学资源有教案、教学 PPT 等；制作方式与呈现方式有视频结合语音讲解或文字呈现等[1]。

目前，制作了 12 个实验操作视频，如培养皿的包扎、斜面接种、革兰染色、平板涂布、血球计数板法计数、高压灭菌锅的使用等，使学生可以在课余进行学习，节约了课堂一般性操作的时间，提高了教学效率。在此基础上，制作了微课，包括食品微生物学实验操作视频、PPT、教学大纲、学习任务单、小论文要求等，为食品微生物学实验教学质量的提高提供了有效的教学资源及保障条件。

2. 信息化教学平台的搭建

微课是为在线学习而生，因此，有了微课后，还需要利用 QQ、微信的普及，建立信息化学习平台[3]。传统教学模式下，学生在课外最大的困难是遇到问题无法及时与教师沟通。因此，能随时沟通并获得帮助是学生最大的诉求。所以，通过该平台，教师可以发布微课资源，便于学生在课余时间学习；更为重要的是，学生可以随时在 QQ 或微信上联系老师，进行师生互动。

（三）基于微课的食品微生物学实验翻转课堂教学过程的设计

微课的应用离不开翻转课堂。有了微课视频和信息化教学平台后，微课结合翻转课堂教学为解决"食品微生物学实验"中教与学的问题提供了解决方案。翻转课堂模式是把知识传递过程放到课外，把知识消化过程放在课内，以便生生之间、师生之间进行更多的互动[3]。而对实验课来说，这种教学模式还给学生提供了更多的动手操作机会，提高了他们的学习兴趣，促进了教学质量的提高。

1. 课前准备

课前准备包括教师对教学资源的准备和学生自主学习两个方面[7]。

一方面，教师要根据实验内容制作微课视频及其他微课资料。明确说明实验的目的、内容、基本原理和具体操作方法，视频演示实验过程，强调注意事项，并根据实验内容列出学习任务单。然后，将学习任务单发到 QQ 或微信上，通知学生。

"学习任务单"是由教师设计的用于使学生明确学习内容和目标的一种表单，包括实验教材上相关内容、信息化教学平台上的教学课件和微课视频，内容涵盖了实验任务、实验原理、操作步骤、注意事项和思考题[3]。

另一方面，学生要根据学习任务单观看视频或学习教师发布的其他教学资源。

这样学生不仅可以根据自己的时间反复学习微课资源，完成学习任务单，而且可以在 QQ 或微信上就学习中的疑问与同学或老师进行交流，也便于老师及时了解学生学习状况。通过课前反复学习，学生可以基本掌握微课中实验的原理、步骤及操作要点。

而对于创新设计性实验，学生结合理论课程学习，5～6 人一组，利用课余时间查阅文献，初步设计一个方案。通过教师审阅与师生充分讨论后，确定具体的实验内容。然后合作实施并完成实验方案。整个过程充分体现了学生的主体地位，能够极大提高学生学习的积极性与主动性，从而提高食品微生物学实验的教学效果。

2. 课堂教与学

课堂上，教师不再花很多时间讲授实验原理和操作步骤，而是结合学生在线学习的反馈情况，提出实验的重难点，对学生课前预习遇到的问题进行解答，着重强调操作中的常见问题和注意事项。在实验过程中，教师对学生进行单独指导，让学生观看微课视频，及时纠正不当操作，解决学生遇到的问题。当然，为了解学生对课前学习的掌握程度，也可以随机提问实验原理和操作要点，尤其是抽查那些自制力较差、知识积累能力或理解能力较差的学生。

学生作为新手，仅仅通过观看视频就直接操作，可能很难达到预期。因此，在操作前，需要增加学生模仿与演练、教师巡视与纠错的环节，直至学生切实掌握操作要领达到熟能生巧[3]。组织学生对其实验中可能遇到的与预期不一致的实验结果进行分析讨论，以培养学生发现问题、解决问题的能力[4]。

在此过程中，教师是课程的指导者，学生是学习的主角，而不再是知识的被动接受者。学生可以根据自身实际情况安排学习时间和地点，以培养实践动手能力，提出问题、分析问题以及解决问题的能力。并且，将课堂时间用于学生的知识解惑以及教师的指导交流，可以最大化地提高学生的学习效率。

3. 课后评价及反馈

实验结束后，教师将学生实验操作中出现的问题进行整理、总结、提出改进意见，与下次实验相关资料一起上传到 QQ 或微信，以便于学生对本次实验进行总结并做好下次实验准备[7]。另外，教师可从各组提交的创新设计性实验的成果中，挑选出优秀的报告整理成册，作为卜届学生学习及参考的材料[7]。

实验课成绩是课后评价的重要组成部分，不仅能体现学生对实践技能的掌握，还能反映学生对理论知识的理解。因此，应全面系统地考核学生的实验课成绩，考核方式力求多元化。针对本教学模式，考核评价体系分为四部分：首先是对创新设计性实验的评价。包括文献查阅、实验方案、实验操作、研究报告（小论文）等方面的评价。其次是实验报告。要求每份实验报告均要写好问题讨论与实验总结。再次是实验操作考核。主要是对操作要点和一次成功率的考核。最后是课堂表现。教师需对学生每次实验的学习状态和效果进行评价。

三、实施结果

评价教学模式的有效性，可从学生的学习过程和学习结果两方面来进行[3]。学习过程包括是否能激发学生的学习兴趣、提高其自主学习能力、减少操作错误率、提高一次性操作成功率等方面；学习结果包括是否提高了学习成绩等[3]。

从学生的课堂表现和实验考核结果来看，学生们的动手操作成功率普遍较高，在一定程度上反映出他们课前对视频的学习程度，以及微课对激发其学习兴趣和提高其自主学习能力的作用。很多学生表示实验操作视频对自己学习实验课程的帮助非常大，综合设计性实验项目和创新设计性实验项目有利于提高学习兴趣。此教学模式下学生的学习成绩也普遍较高。综上，基于微课的翻转课堂教学模式对提高食品微生物学实验教学效果成效显著。

四、结论

基于微课的食品微生物学实验翻转课堂教学模式采用生动、直观的形式，有效激发了学生学习的兴趣，提高了其学习的积极性。该模式使学生不再局限于课堂的学习，而是可以随时随地观看视频，加强了师生间、生生间的交流互动，有效提高了他们自主学习的能力和效率。课堂从教师的理论讲授为主转变为以学生的实践操作为主，教师成为课程的指导者与问题纠正者，学生成为课堂学习的主体。总之，将微课和翻转课堂结合用于食品微生物学实验教学中，增加了学生的实操机会，提高了学生的学习效率和积极性，显著提高了教学效果。

参考文献

[1] 黄荔丰，王元亨，高海闽，等. 基于微课的临床微生物学检验实验教学模式构建策略研究 [J]. 西部素质教育，2017，3 (13)：183.

[2] 张萍，DING LIN，张文硕. 翻转课堂的理念、演变与有效性研究 [J]. 教育学报，2017，13 (1)：46—55.

[3] 王大慧，许宏庆，卫功元. 基于微课的翻转课堂实践在"食品微生物学

实验"教学中的应用［J］. 微生物学通报，2017，44（5）：1230—1235.

［4］王沛珍，赵林静，陈萍. 基于微课的翻转课堂在医学微生物学实验教学中的应用［J］. 卫生职业教育，2017，35（5）：100—101.

［5］邓百万，陈文强，彭浩，等. 基于能力培养的微生物实验教学手段与方法的改革研究［J］. 实验技术与管理，2011，28（2）：7—10.

［6］刘慧. 微课在微生物教学中的应用成果分析［J］. 山西农经，2016（14）：99.

［7］林雁冰，颜霞，邱立，等. 翻转课堂教学模式在微生物实验教学中的设计与思考［J］. 动物医学进展，2015，36（12）：168—171.

新冠肺炎疫情下医学教育模式转变的思考

胡正强　岳新爱　崔亚利　于　凡　江咏梅

（四川大学华西第二医院）

【摘要】突如其来的新型冠状病毒肺炎（简称"新冠肺炎"）疫情使得全世界都受到严重影响，由此也引发了医学教育模式的转变和探索。四川大学华西第二医院的本科生和研究生医学教育坚持"停课不停学，停课不停教"的原则，在开学前采取了网络教学为主的模式，开设了网络课程，所有实习教学均采用线上指导。医学规范化培训学员教学仍然采用现场教学模式。新冠肺炎疫情下的医学教育模式转变须服务于疫情防控大局，并为今后的传染病疫情防控下的医学教育模式提供新的探索和思考。

【关键词】新冠肺炎；医学教育模式；网络教学；医学人文教育

2020 年伊始，一场突如其来的新冠肺炎疫情肆虐中华大地，面对这一重大突发公共卫生事件，广大医务工作者们临危不惧、义无反顾，以实际行动践行了"敬佑生命、救死扶伤、甘于奉献、大爱无疆"的人道主义精神和全心全意为人民健康服务的宗旨，成为最美逆行者，赢得了全社会的高度赞誉。

伴随疫情的发展和防控需求，社会对医学的需求、公众对医疗手段的期待也达到一个新的高度。如何在这样的形势下搞好医学教育，组织好教学、科研，培养好学生，是值得我们思考的问题。四川大学华西第二医院作为医学院校的附属医院，其医学教育模式出现了一些适应性转变，也为未来可能出现的新的传染病疫情下医学教育模式提供了新的思考。

一、本科生、研究生开启网络教学模式

为响应新冠肺炎疫情防控要求，除医务工作者和复工者外，包括大中小学生在内的全国各地居民全部实行居家隔离，减少外出，禁止人员在不同地区流动。因此，在我国，从幼儿园、小学、中学到大学，所有学校的开学时间全部推迟。但停课不停学，停课不停教，对于不能现场接受医学教育或医学实习的学生，医学院校（包括医院）都开启了网络教学为主的新的教学模式。

（一）开设网络课程

当时，医学院校与中小学一样，开学时间预计都推迟到 2020 年 4 月份。那么春节后到开学前这段时间的课程怎么办？所有需要在这段时间完成的课程根据进度安排，全部开设成网课进行网上教学。四川大学华西第二医院医学教学与课程成绩的评定采用"非标准化答案""过程化考核"的原则，注重传统授课模式与网络教学相结合，利用课程中心，"本科生教学"微信公众号等平台共享学习资源，从而增强学生的自学自查能力，提高学习效率与教学质量。教师还利用社交软件共享学习资料，借助直播平台开展线上直播授课，以及采取网络课程资源与线上答疑相结合的方式积极开展网络教学。教学方式主要从传统课堂讲授转变为线上学习，教学资料也从既往的纸质资料转变为电子资料。同时，网络课程结束后，教师会布置相应的线下作业，使得学生们的学习活动更充实，更能提高其自学和独立解决问题的能力[1]。

（二）线上教学指导

对于学生的毕业设计或毕业论文，四川大学华西第二医院的指导老师开展了线上指导。所有的指导与平时一样，都高标准严要求。学生们在没有现场实习活动情况下，可以更加专心地撰写毕业设计和毕业论文。

（三）网上知识培训和疫情通报

我们还专门建立了学生组长群。一是及时发布新的培训知识，组织学生线上学习，及时通知学习和考核要求。二是在疫情期间专门建立了健康状况接龙，及时通报每一个实习和规培学生的健康状况。如有人员异常，要求及时告知科室。

（四）网上小讲课

实习医院每周不定期发布新冠肺炎相关知识或最新诊疗方案供学生们学习，并对学习内容及时进行考核。同时各专业组老师按进度轮流开展小讲课，将小讲课内容发布到学生组长群里，供学生们网上学习。

二、规范化培训学员依然以现场教学为主

规范化培训学员由于长期学习和工作在第一线，无论哪个年级，在疫情期间都要与医务人员一起学习工作。因此，规范化培训学员的学习培训以现场教学为主。但是，规范化培训学员在疫情期间，要根据疫情变化做好个人防护。尤其是面对疑似新冠病例，更应按照三级防护标准进行防护，并严格遵守消毒隔离措施。无论在岗还是不在岗，都应做好网上疫情通报；在学生组长群接受新冠知识培训。规培组长要及时通知规培学员新冠知识培训要求，努力提高规培学员的职业素养和岗位胜任力。加强对规范化培训学员的情绪指引和心理疏导，在做好防护的同时减少规培学员的心理压力[2]。通过疫情健康状况接龙及时通报每一个规培学员的健康状况。如有人员异常，要求及时告知科室。如出现疑似新冠感染症状，应立即进行医学隔离，及时就医并接受新冠病毒核酸检查和影像学检查，以共同战胜新冠肺炎疫情。

三、疫情防控下建立"以教师为主导、以学生为主体"的医学人文教育模式

（一）注重医学人文教育和人文关怀

在新冠肺炎疫情防控中，四川大学华西第二医院医务工作者们心系百姓健康，响应祖国号召，服务国家需求，放弃休假，驰援湖北武汉，成为"最美逆行者"。他们不怕牺牲、勇往直前，展现了我国新

时代医务人员高尚的道德情操、良好的职业素养和精湛的医疗技术，他们的"最美逆行"行为为医学生们树立了光辉典范。全国各地医务工作者和白衣战士们弘扬不怕牺牲、勇于奉献的医者大爱，以实际行动诠释了大医担当的使命与责任。他们众志成城，共克时艰，为医学生们上了一堂生动的爱国主义教育课。

再多的言传都不如这一次身教来得真实，临床教师们用自身行动点燃了医学生们心中的信仰之光。医学生们也积极请战，他们有的春节值班坚守岗位，有的志愿参与心理援助，将人文关怀付诸临床实践，践行了"健康所系，性命相托"的医学生誓言，表现出与医生职业高度契合的使命感与责任感[3]。

（二）注重医学生的心理疏导

2020 年新冠肺炎疫情发生后，全国各地的医学生与他们的家人一起实行居家隔离，并长期待在家里接受网络教学和线上培训，耳闻目睹武汉、湖北乃至全国各地的被感染的患者和医务工作者在这场疫情中所面临的诸多困境、病痛甚至死亡，这或多或少地给医学生们带来了心理阴影和心理创伤。因此，在疫情期间的网课教育中，四川大学华西第二医院增加了心理疏导课程。在前赴后继参与新冠肺炎患者救治的医务工作者的大无畏精神鼓舞下，逐步走出疫情肆虐带来的心理阴影，以全新的面貌迎接即将到来的返校和开学。

（三）建立"以教师为主导、以学生为主体"的医学人文教育模式

传统的医学教育中，在课业压力下，医学生很少选择主动学习人文知识[4]。新冠肺炎疫情防控期间，在举国抗疫众志成城的氛围感召下，在临床教师身体力行的亲身带动下，医学生们亲眼见证了医务工作者们坚守岗位、大爱无疆的品质，一桩桩感人的事迹就发生在平时对他们谆谆教诲的老师和年长几岁的"师兄师姐"身上，医学教育也顺势完成了从"静态式学习"到"沉浸式学习"的转变[5]。新冠肺炎疫情防控为医学人文教育提供了契机，将语言文字的知识世界、临床实践的经验世界和舆情舆论的虚拟世界有机融合，医学生们沉浸其中有助于加深其对医学人文精神的理解和体会，激发其学习热情与主动积极性，此时教师们加以点拨和引导，医学人文教育可以顺利变被动为主动，建立"以教师为主导、以学生为主体"的教育模式。

四、网络教学将成为未来疫情防控时期甚至非疫情防控时期的主要教学模式

通过这次新冠肺炎疫情防控对医学教育模式的影响，我们发现现有医学教育在疫情防控时期须主要向网络教学模式转变，采取网上授课、线上知识培训和线上疫情监控相结合的模式。这种教学模式也给今后的教学培训和学术交流带来重要启示，即不是每一个会议或培训都需要舟车劳顿、长途奔波地去现场参与，不是每一个授课、会议或培训都必须现场举行。网络授课、视频会议、线上培训可以为参与者节约大量差旅、食宿和会务开支。而且，只要有网络覆盖的地方，这些培训、授课或会议就可以覆盖到任何偏远地区，让当地医学生或医务工作者接受优质的医学教育或培训。

五、结语

新冠肺炎疫情下医学模式转变是在疫情防控形势严峻下被迫做出的转变，也是为加强疫情防控做出的不得已的选择。但是，正是新冠肺炎疫情带来的以网络教学为主的教育模式，为今后疫情及非疫情防控情况下的教学、会议或培训机制提供了新的方法和思考。同时，这种新的教学模式也为偏远地区的学生接受优质的医学教育提供了良好的机会。网络教学模式在理论知识传授方面优于传统课堂授课。该方式充分利用现代化网络科技，在传统教学方式上进行改革，使之更顺应医学生学习方式。相信通过不断优化，能够真正提高医学生学习的积极性，培养医学生自学和独立思考能力。相信这种全新的教学模式将为我国培养更多合格的医生，推动我国医疗卫生事业的发展做出积极贡献。

参考文献

[1] 杨璐，唐寅，魏强，等. 新冠肺炎期间医学网络教育方式调查及探索 [J/OL]. 成都医学院学报，2020，15（2）：169 — 172 [2020 — 03 — 24]. http://kns. cnki. net/kcms/detail/51. 1705. R. 20200324. 1346. 006. html.

［2］卞正乾，曹晖. 新型冠状病毒肺炎疫情下如何高质量培养外科住院医师规范化培训学员的胜任力［J/OL］. 上海医学，2020，43（4）：218－220［2020－02－17］. http：//kns. cnki. net/kcms/detail/31. 1366. R. 20200214. 1529. 004. html.

［3］李雁，董潇妮，程彦斌，等. 新冠肺炎疫情防控期间的医学人文教育路径［J/OL］. 中国医学伦理学，2020，33（8）：945－948［2020－03－26］. http：//kns. cnki. net/kcms/detail/61. 1203. r. 20200323. 2114. 002. html.

［4］吕青波，刘翔，邵奇鑫，等. 医学院校医学人文教育现状调查与对策分析［J］. 中国医学伦理学，2015，28（6）：986－989.

［5］李海花，桑新民. 全球文化沉浸式的大学发展新模式：以密涅瓦大学为例［J］. 现代教育技术，2017，27（6）：51－56.

"计算机网络与通信"课程教学模式改革探索与实践

杨 波

（四川大学电气工程学院）

【摘要】"计算机网络与通信"课程组基于传统自动化专业，充分考虑线上线下教学的特点，探寻通过利用中国大学慕课的国家精品课程、在线协作等资源，结合线上线下融合教学、案例探讨、课外实践操作研究加项目任务式的混合教学模式，在引导师生进行线上线下式合作学习等方面进行了初步的摸索，力求解决学习中的教和学偏单一化、学用脱节等问题，力争培养德才兼备、合作协同的新一代人才，以便更好地探索和实践自动化专业的"新工科"人才培养模式。

【关键词】自动化；计算机网络与通信；线上线下融合；混合教学模式；项目式任务学习

一、引言

2020 年，新型冠状病毒肺炎（简称"新冠肺炎"）疫情给高等教育带来了新的考验，各种基于互联网的教学方式和各种教学支撑方案和辅助手段也如雨后春笋般出现，腾讯会议、钉钉、雨课堂、爱课堂等都给出了自己的解决方案。从表里如一这个角度来看，这些方法和手段做到了"表"，而教学的内容和学生的接受程度、学习效果则是我们需要去重点抓住的"里"了。"计算机网络与通信"课程组为此在教学实践改革过程中注重贯彻"以学生为中心""以解决实际问题为导向"的教育理念、力求在"学用脱节""教和学手段方法单一""单打独斗式学习"等问题上找到合适的解决办法。

二、"以学生为中心"的混合教学模式探索与实践

基于互联网的线上线下融合的教学方式，相对于传统的以教师为中心的教学方式有了很大的不同，教和学都有了更大的自由度。当然也就更加考验教师和学生的学习活动控制能力和师生合作学习的能力。四川大学电气工程学院自动化专业在"计算机网络与通信"课程的教学设计开发中，始终坚持把握住教学目的和教学目标，利用各种新兴的技术和手段，将重点放在学生学习能力素质的培养和改善上，开展"新工科"人才培养模式的探索。

（一）思政助力、以德为先，促学生有效成才、有德成才

任何课程的教学，教师以身作则、潜移默化、言传身教的作用不容小觑。教师完成课程的基本教学内容和教学目标的同时，师风师德或多或少都会对学生产生积极或消极的影响。2016年12月在北京召开的全国高校思想政治工作会议上，习近平总书记指出，高校的思政工作要"因事而化、因时而进、因势而新"。我们在"计算机网络与通信"课程教学中适当引入思政案例，对学生进行潜移默化的引导。

在课程进行中，教师们注意结合国内国外形势，把加强思政教育建设，爱党爱国，共抗疫情教育做在实处，在课堂上和学生共同学习、相互鼓励。在网络项目的设计实施中，引导学生多思多学，在掌握网络技术的同时严格要求自己遵纪守法，不利用技术做违法的事情；提升学生协作精神和服务精神，在项目设计实施中，每一组学生能有合理的分工，所有学生均能在项目设计实施中得到锻炼，均能在其中发挥自己的才干和作用，使项目实施能在时限内达成更佳效果；注重培养学生的工程思维和创新意识，在项目设计实施中，使其能创造性设计出新的功能，或者使用较新的工具完成项目功能并允分考虑网络安全的职责，做到有效有益的技术创新。在项目设计、实施的全过程中，贯穿工程理念，收集过程文档，形成格式规范、文字通顺、易于理解、可读性强的项目文档。

例如，一次实验课中，教师带领大家安装路由器交换机配置软件"Cisco Packet Tracer"。在安装配置过程中，教师会介绍软件的研发过程、版本更新等部分。一个软件从无到有、从简单到复杂，从功能单一到模块众多，凝聚了开发者们大量的心血，以此引入了知识产权保护的意义，也教导学生要遵守专利保护、知识产权保护的规则，从我做起，拒绝盗版行为。再如，在利用"Wireshark"软件进行数据抓包分析的课程中，教师就网络中的黑客活动跟学生进行了探讨，让学生们了解互联网不是法外之地，任何基于互联网的学习和研究也必须遵从国家的法律。

（二）充分利用线上资源和技术手段，解决教和学单一化问题

充分考虑线上线下教学特点，利用中国大学慕课的国家精品课程资源，结合爱课堂、腾讯课堂、线下课程教学、案例探讨、课外实践操作研究加项目任务式的混合教学模式，让学生的参与感更强，教和学的模式多样化、多兴趣点化。

从课程的教学内容和要求来看，中国大学慕课提供的多个计算机网络相关课程都能满足基本知识的教学要求，例如国家精品课程有哈尔滨工业大学李全龙老师的"计算机网络"；在实践和实验方面，课程组则引入了思科、华为的实验设备，结合实习实践单位网络项目的方式进行设计、调试和实施；在项目交流协作上，充分利用在线文档、"MindMaster"思维导图软件进行文档编写，利用腾讯课堂进行在线交流等，真正做到学以致用，强化理论和实践教育。

（三）促"拼盘式""填鸭式"为深度融合，打造课程教学、案例探讨、课外实践操作研究加项目任务式的混合教学模式，解决学用脱节的问题

从教学体系上来看，目前大多数自动化专业的"计算机网络"课程是作为一门专业基础课开出的。部分学校以 TCP/IP 协议栈为基础，采用自顶向下方法进行教学，偏重于网络架构和相关理论的学习；部分学校以 WEB、DNS、邮件系统等网络应用为主，重点在各类应用及方法，而理论方面则相对弱化。

从传统的教学方式上来看，教师能讲授的内容是相对比较少的，课堂讲授也大多以应用拼盘式结合、理论填鸭式教学为主，实验大多则是简单的、重复验证式的操作。

在传统的教育模式下，学生学习如何解决教师给出的问题，把课堂上学到的东西应用到各类考试中去。但在如今的互联网时代，知识本身并不具备太大的作用，如何应用知识到新的环境中去解决碰到的新问题才是关键。学生学会如何融合多学科的知识去解决一个个有挑战的问题，从而学会面对困难和挑战的方法和能力，这也是教育工作者所倡导的赋能，体现了四川大学提倡和坚持的跨专业一贯通式人才培养模式。

在"计算机网络与通信"课程混合教学模式中，学生在进入课程理论学习的同时，以四人小组的方式接受一个网络信息化建设的项目。小组内自行分工协作，各司其职，其中由一名学生以小组组长和项目经理的角色组建团队，对整个项目负责。项目任务来源于电气工程学院自动化专业的毕业实训基地四川飞阳科技有限公司，来源于飞扬科技园区的计算机网络系统、办公信息化系统、晶元自动化制造系统。学生需要从基础网络的搭建、应用系统的接入与控制、管理信息系统等多个方面来综合考虑问题，从网络架构的规划设计与实施、路由交换的选型设计配置、网站设计、邮件系统设计、域名系统设计、信息安全系统规划、系统安全架构设计等多环节上进行多方面的学习和实践，期末以报告加实践成果的方式提交项目规划设计及实施报告，作为课程成绩的一部分。

项目的设计、研讨和实施穿插于线上及线下课程教学之中，教师提供项目基本情况、项目场景资料以及需要达成的目标，学生除了需要在课内学习计算机网络相关的理论知识外，还需要把大量的时间用于课外实践，需要充分利用"Cisco Packet Tracer"软件、华为 EVE 平台进行项目的研究和仿真设计。腾讯课堂、QQ 群课堂、钉钉会议、微信群为项目研讨提供了方便快捷的沟通渠道，阿里云的"Teambition"和微软的"One note"提供多用户协作的在线文档合作编辑，学生可以方便快捷地进行思想碰撞。在这样的学习中，学生有更多的自主性和主动性，教师更多以参谋协作的方式参与其中，引导学生如何进行仿真案例的探讨，如何将仿真案例引入到实际的应用场景中，应用到项目式的任务中。另外，课程组充分利用 2020 年网络等级保护 2.0 新规范出台的契机，结合现实案例进行课堂分享讨论，让学生充分了解《网络安全法》并将之实施到课程设计的题目中，用于指导自己的设计和学业甚至成才的道路。

这样的课程教学、案例探讨、课外实践操作研究加项目任务式的混合教学模式下，课程的学习和实践让学生能清楚感受自动化学科的专业知识体系及其主要应用场景，感知自动化学科和信息化学科的交叉融合，感受多学科的相辅相成。教师在课程教学和实践指导过程中，引导学生面向未来立大志、做大事，立足学科前沿，讲清楚本课程和信息科学/系统科学前沿的关系以及和本专业其他课程的关系。学生需要按照项目的具体要求，自主补充相关知识和技能，需要带着项目问题找答案、找方案，学会进行多个方案的判断和选择。教师对学生既要加强交叉和通识教育，又不能弱化必要的专业素养的训练及攻坚能力的培养。

（四）重视合作学习，建立过程把控机制及师生定期交流机制，解决学生学习中单打独斗的问题

在混合教学模式的教学指导上，基于在线及线下融合学习的基本条件，网上信息和资源的共享为学生提供了更为广阔的学习空间，教师需要更加重视控制和引导学生的学习活动，需要从"教"这一角色转变为在线合作学习的引导者，转变为在线合作学习方法和活动的发掘者和设计者。教师需要站位更高，需要指导学生们在各个关键环节和关键时间节点上做好有效的把控，教师和学生都需要搭建好基于实践的交叉融合的专业知识体系。

在混合教学模式的实施过程中，师生们可以充分借鉴毕业设计的过程管理方法，进入项目时充分做好相关文献综述的查阅、撰写和小组讨论，做好项目的交流和进度把控。

在此基础上，学生在教师的指导下建立项目小组交流制度，建立项目在线交流文档制度，对过程文档及方案进行标准化管理。

线上线下融合学习中，教师会更加重视师生的定期交流机制。通过学生与教师在线课堂、微信群等多样化交流，使意见和困惑得到充分反馈，提升学生的参与度并使教师及时掌握学生的学习情况和诉求，有效实现教和学的相互促进，并及时体现到教学辅导过程中，及时改进、解决相关问题。

三、结论

在线上线下融合课程教学、案例探讨、课外实践操作研究加项目

任务式的混合教学模式的学习和实施中，学生可以逐渐学习到"精于学"，项目中的复杂问题都需要掌握更精深的面向实践的课内课外知识才能解决，大量的学习在课程外；学生逐渐学习到"笃于行"，他们需要在学习和实施的过程中做到规范化各类项目文档的编写，学到踏实严谨的治学态度；学生能在实施过程中学会综合运用多学科的知识，把项目任务式的方式融合到自己的规划、设计以及实施中，逐步达到从理论到实践的转化。

经过几年的实践，课程组从期末的考评、督导组检查、学业调查以及日常交流多方面得到了教师和学生的反馈。大多数学生认为课程达到了学以致用的目标，并对课程的进一步研讨产生了浓厚兴趣，在后续的"信息安全"课程中愿意继续跟随教师进行学习。

线上线下混合式教学在颌面外科手术室规培护士教学中的应用

胡莉为　修庆华　杨　晖　何阿嘎

（四川大学华西口腔医学院）

【摘要】颌面外科手术室规培护士教学是临床教学中很重要的组成部分。目前的教学方法较单一，培训学员出科成绩不理想，满意度较低，因此，本文探讨线上线下混合教学在颌面外科手术室规培护士教学中的应用，针对颌面外科手术室教学的特点，提出了线上线下混合教学的实施方法，以期获得更优质的教学效果。

【关键词】混合式教学；颌面外科手术室；规培护士；教学应用

在护理专业院校完成基础培训教育后，正在接受护理专业化培训的护士（简称"规培护士"）[1]在临床护理操作及应急能力方面表现较差，在传统教学下，规培护士学习积极性低，学习效果一般[2]。为促使规培护士尽早适应临床，需要对规培护士教学进行改革，提高其学习能力，挖掘其潜能，提高其岗位胜任力。随着教学改革的深入，借助现代化信息技术开展教学改革是发展的必然趋势。因此，本文结合颌面外科手术的特点及规培护士教学的实际情况，谈谈线上线下混合教学在教学改革中的应用。

一、线上线下混合式教学

混合式教学就是把传统教学和网络教学的优势结合起来的"线上"加"线下"教学。这种教学方式要求教师在教学设计和知识传递中，在教学过程中实现课堂教学与信息技术的有机融合，所以被称之为线上线下混合式教学。通过两种教学组织形式的有机结合，可以把学习者的学习引向深度学习，并根据学生特点达到一个合理的学时分配，提升学生的自主学习能力。

二、颌面外科手术室规培护士教学的现状和特点

目前，规培护士在颌面外科手术室规范化培训的时间为一个月，采用传统教学模式，时间较短，教学方法也较为单一。口腔颌面外科手术室为专业性很强的专科临床科室，手术术式复杂多样，专科器械精细，手术入路常在隐蔽部位或口内，术野较小，操作空间小，而不同层次护理专业学校理论学习阶段均很少涉及颌面外科专业知识。因此，在短时间内既能使规培护士以扎实的理论知识基础和娴熟的操作技能快速处理颌面外科手术室临床护理工作，又能培养规培护士一定的临床思维能力及创新精神，就需要对教学方式进行改革。而线上线下混合式教学能通过线上资源的便利，不受时空限制，具有方式灵活和针对性强等特点，可以针对教学内容去利用和整合线上教学资源，发挥学生主观能动性和激发其创新精神。

三、线上线下混合式教学的制度及教师团队的建立

（一）建立手术室规培护士教学管理三级制度

一级：由护士长主要负责教学工作的统筹安排与规划，包括线上线下教学的进度安排、不定期与规培护士的沟通交流、操作考核、定期问卷调查、督促检查教学各个环节，把控教学质量。二级：由教学组长负责根据手术室规培护士教学大纲要求、计划、进度安排和质量控制标准安排并完成相应的小讲课、操作示范、护理查房、业务学习、读书报告、理论考核、操作考核等，接受护士长的监督与检查。三级：临床一对一指导教师负责规培护士培训内容的具体实施。

（二）规培护士教师团队的建立

由同时符合本科及以上学历、主管护师及以上职称、取得手术室

专科护士资格证的老师（有 8 名老师达到标准）负责指导规培护士的理论授课及一对一临床实践。为提高学生在手术室的自我防护意识，减少学生心理负担，选择科室内有心理学背景的老师担任规培护士的心理导师，进行一对一辅导。规培护士报到当日，心理指导老师给学员进行心理健康问卷调查和广泛性焦虑量表的测定，更好地了解学生的心理状态。

四、线上线下混合式教学的方法与实施

（一）"一对一"导师制在线上线下教学中的应用

导师制起源于英国，是 14 世纪英国高校开始采用的教育和训练学生的一种制度。导师指导并负责学生的教育、行为及其生活[3]。导师制的本质是一种强调"一对一"因材施教的教学形式，它要求教师在充分了解每个学生的基础上，采用启发性的教学方式诱导学生主动学习[4]。护理专业临床导师制是指注册护士作为导师和规培护士在实习期间建立起短期的"一对一"教学关系，主要目的是在实习阶段促进学生主动学习，监督并评价规培护士实习效果，从而最大限度地提高临床教学质量[5]。导师制的实施对于规培护士的临床实践能力的培养至关重要，能够提高规培护士的自信并使其胜任护理工作者的角色[6]。根据科室内规培师资的选拔与心理导师的组建，将为入科规范化培训的护士安排一对一临床带教导师和心理导师。在学习、业务能力、科研能力、生活、情感等方面进行帮扶指导，为学生营造一个和谐温馨的学习环境。一对一临床导师负责向自己指导的规培生讲解在手术室学习期间的巡回护士、器械护士、办公室护士的职责与工作流程，并根据医院安排的少量择期手术轮流安排一对一临床导师和对应的规培护士到科室进行线下实地手术的学习与配合。一对一心理导师给学员进行心理健康问卷调查和广泛性焦虑量表的测定，了解规培护士的心理反应和行为变化，提高规培护士自我防护意识，减少学生心理负担。对于焦虑量表和抑郁量表得分较高的规培护士，心理导师予以专业的心理线上线下减压，例如指导规培护士进行渐进性肌肉放松式练习、正念练习、身心稳定技巧练习等多种心理减压练习。

（二）微信群、QQ 群等在线上教学中的应用

微信是目前一种流行的网络交流方式，可实现实时、高效的文

字、语音、图片、视频等多种形式的信息沟通交流[7-8]。通过微信群可加强带教老师与实习护士间的沟通交流，如设计问题、分析典型案例及不良护理事件，可让实习护士有效扩展思维及视野[9]，充分发挥主观能动性、问题分析能力及自主学习能力，激发学习兴趣，积累临床护理经验[10]。带教老师及时解答规培护士疑惑，激发了规培护士的积极性，使其具有较高的满意度。QQ群可以实现较大容量的视频发送，授课教师也可以将PPT课件的画面与音频同步，使规培护士能更好地适应线上PPT讲课。颌面外科手术室于规培护士入科当日，由带教组长建立相应带教老师与学生的微信群、QQ群，授课教师在上课前后发布相应信息，包括以下内容：手术室的规章制度、劳动纪律、请假事宜；规培护士一对一的导师安排；各个岗位的工作职责与流程；小讲课相关课件；相关操作视频；发布各项通知事宜；颌面外科手术室护理前沿的动态信息。

（三）教学视频在线上教学中的应用

在当今信息化时代下，视频教学模式已经成为教学创新的一种新的媒介和技术，同时也是教育资源建设的一种新趋势[11]。视频作为一种动态的图像数据，视频教学则可将抽象死板的文字转化成生动形象的演示过程，让学生们更直观、生动地理解其内容[12]与传统教学模式相结合会带来更好的效果。教学不应只满足于教师在课堂上灌输知识，医学视频的播放可以把理论与实践联系起来。课堂教学不能拘泥于一种模式，应该向多元化发展[13]。并且有些内容因抽象、逻辑性强而较其他课程难度大，学生们就可以在课下反复观看这些内容的视频，加以复习巩固[14]。颌面外科手术室在各种操作规范与指南标准下，录制了外科手消毒、铺无菌桌、穿无菌衣及无接触式戴无菌手套、铺无菌巾、手术摆台规范等多个视频。根据规培护士的教学计划及进度在相应的时间上传相应视频至微信群及QQ群。规培护士可以在上课之前预习视频内容，上课时结合教师的讲解认真学习视频内容，课后再次将理论实践与视频相结合进行总结归纳。

（四）慕课在线上线下教学中的应用

慕课（Massive Opensonline Courses，MOOCs），即大规模的网络开放课程，它是以互联网为媒介，通过建立远程教学网络平台，达到传授知识的目的。全球有上千万的用户通过慕课教学平台进行在线课程学习[15]。在慕课教学中，教师与学生不用面对面实施知识传播，它是借助于网络的途径（如互联网平台、微信、QQ、邮件等）将知识传递到不同的地方、不同的学生，在线上交流讨论。这种方式使得没有固定时间学习的上班族，随时随地接受新的知识，传播新的理念，更适合现今社会发展的步伐[16]。规培护士入科以后，指导规培护士在手机上下载中国大学 MOOC 软件。并推荐规培学员在空闲时间自主学习 MOOC 软件中的口腔颌面外科基础知识与口腔解剖生理学，以及护理科研中的创造性思维、科研选题、文献检索、护理科研设计、抽样方法、护理论文的撰写等内容。待学生学习后可以通过微信或 QQ 或电话与带教老师沟通请教。这些慕课教学旨在培养规培护士的基础知识及科研能力。

（五）思维导图在线上线下教学中的应用

思维导图是英国学者博赞（Buzan）提出的一种笔记方法[17]，其作为一种可视化的思维工具，可围绕某一主题以树状图的形式将繁杂的知识点串联起来，并突出重点和层次，使学习者能在绘制思维导图过程中逐渐摸清知识脉络，增加了信息之间的逻辑性，能帮助学生更好地发现、分析和总结问题[18]。思维导图已在各类学科中广泛应用，尤其适合医学知识的传授与学习，已在临床、护理、基础医学等相关专业教学中广泛使用[19]。近年来，思维导图在医学教育领域的应用逐步深入，成为促进医学教育教学改革的重要方法，也是提高临床教学质量，深化教学创新的重要依托[20]。在规培护士学习到中期时，以唇腭裂手术配合的器械护士、巡回护士的工作职责为主题布置绘制思维导图的任务。布置任务前，带教老师统一对规培护士讲解思维导图的概念、价值优势、原理、效果及绘制方法。规培护士在完成思维导图的过程中，将器械护士、巡回护士的工作流程及细节的知识点串联起来，并突出重点和难点，增加其中的逻辑性，更好地总结、分析问题，以便更好地掌握学习内容。

（六）翻转课堂在线上线下教学中的应用

翻转课堂起源于美国，于 2013 年被清华大学计算机科学实验班尝试引入[21]。翻转课堂是指重新调整课堂内外的时间，将学习的主动权从教师转移给学生[22]。翻转课堂是近年来新兴的一种教学模式，它将传统的"课堂上教师教授知识，课后学生完成作业"的教学过程彻底颠倒过来，即学生在课前观看经教师筛选过的授课视频、电子课件等教学资料，并积极阅读教材，完成课前任务，教师在课堂上组织学习交流和讨论，并解答学生在课前学习过程中遇到的问题以及指导学生进行相关内容的深层次思考[23]。翻转课堂背后的核心教学理念正是以学生为中心，侧重培养学生自主学习能力。根据颌面外科手术配合的难易程度，选择相对较简单的手术配合流程作为翻转课堂的内容，如唇裂手术器械护士的配合流程。规培护士通过课前对唇裂术式的学习、对老师讲解的器械护士的工作职责与流程的熟悉、对唇腭裂手术配合电子课件的学习，完成课前任务。教学组长在课堂上组织交流和讨论，解答规培护士在学习中遇见的问题，并就唇腭裂手术配合中病人安全方面做更深层次的讲解。

（七）PBL 在线上线下教学中的应用

基于问题的学习（Problem-Based Learning，PBL）是一种以学生为中心的教学模式。PBL 教学模式以问题作为学习的起点，激发学生的学习热情，并使其在问题的引导下学习相关的知识点、寻找答案并解决模拟场景中的问题[24]。学生作为个体或者团队对相关的知识点进行学习、获取解决问题的信息、进行讨论和信息分享，最终提出解决问题的可能方案[25]。相对于传统讲授式教学，这一教学模式更有利于培养学生的学习兴趣和自主学习的热情和能力[26]。因此，PBL 教学模式在医学教育上得到了广泛的应用并获得了一致的肯定，成为国际上流行的教学方式，也是我国医学专业教学改革探索的一个重要方向[27-28]。在规培护士的教学中，颌面外科手术室以颌面外科手术室标本的管理及颌面外科手术体位的管理两个内容作为 PBL 教学模式的起点，借助线上及线下手术配合的过程引导规培护士对此内容的学习，规培护士通过从各种渠道查阅相关资料和文献，以小组为单位，经过共同学习与讨论做出两个内容的 PPT 护理查房。在规培学习的中后期，护士长及各带教导师组织并参与规培护士的 PPT 护理查房。最终肯定规培护士正确的相关内容，纠正错误的概念，并指出应努力的方向。此教学模式很好地培养了规培护士的学习兴趣和自主学习的热情和能力。

五、总结

线上教学近几年发展迅速，和传统的线下教学相比，线上教学打破了时间和地点的局限性，学生可以更加灵活地学习。但是线上学习过程中，学生的主动性无法保证。线上和线下相结合的混合式教学能够发挥二者的优势，提高教学效果。颌面外科手术室建立规培护士教学管理三级制度，通过选拔方式建设规培护士教师团队；在规培护士教学中应用"一对一"导师制、微信群、QQ群、教学视频、慕课、思维导图、翻转课堂、PBL等多种方法。在最后一周所有带教老师及规培护士一起分析线上线下带教效果、成绩，总结经验。颌面外科手术室针对不同规培护士采取不同带教措施，并对规培护士做出总结及鉴定；通过问卷星征求规培护士对教师线上线下带教的意见和建议，并在下一批次规培护士培训中改进。

教学模式的转变对于临床带教老师来说更是一种挑战。带教老师需不断学习和应用新的基于互联网的线上教育技术，最大限度地利用网络课堂的功能进行线上教学，还应该建立合理的考核评价制度，以适应诸多线上线下混合教学模式的实施。此方法受到了规培护士的欢迎，对其岗位胜任力的培养具有促进作用，对颌面外科手术室规培护士教学改革具有积极作用。

参考文献

［1］张川林，牟绍玉. 我国新毕业护士规范化培训体系的现状及发展［J］. 中华护理教育，2014，11（8）：631—633.

［2］孙雪莲，梁潇，张娜芹，等. 视频案例联合情景模拟教学对急诊规培护士岗位胜任力的影响［J］. 护理实践与研究，2018，15（21）：140—142.

［3］姚启和. 高等教育管理学［M］. 武汉：华中理工大学出版社，2000.

［4］付轶. 我国大学本科生导师制研究：以华中师范大学为例［D］. 武汉：华中师范大学，2013.

［5］JINKS A M. Methodological considerations of undertaking research with clinical mentors in the UK：a critical review of the literature［J］. Nurse education today，2007，27（7）：667—676.

［6］MYALL M，LEVETT-JONES T，LATHLEAN J. Mentorship in contemporary practice：the experiences of nursing students and practice mentors［J］. Journal of clinical nursing，2008，17（14）：1834—1842.

［7］付洁. 微信平台在小儿心内科临床护理带教中的应用［J］. 中西医结合护理（中英文），2017，3（12）：172—174.

［8］廖红，秦寒枝，金慧婷. 微信群在急救 ICU 护生带教中的应用［J］. 护理实践与研究，2017，14（7）：132—133.

［9］杨丹，郑力，张江辉，等. NVivo 软件在护理质性研究资料分析中的应用体会：基于临床护理教师在实习生带教中微信应用体验案例［J］. 护理与康复，2016，15（7）：697—700.

［10］仇成华. 基于微信平台的混合式教学在手术室护生实习带教中的探索［J］. 卫生职业教育，2017，35（22）：51—52.

［11］杨欢，吴琼. 微课教学模式在护理教育中的研究进展［J］. 护理研究，2017，31（16）：1927—1930.

［12］董敏，刘雪梅. 医学电子期刊视频栏目出版现状及规范化调查［J］. 中国科技期刊研究，2018，29（2）：153—158.

［13］刘静，刘言训，薛付忠，等. 医学统计学课堂教学的多元化改革实践［J］. 中国卫生统计，2017，34（1）：150—152.

［14］郭健，全贞玉. 某高校硕士研究生对医学统计学的认知情况分析［J］. 中国卫生统计，2018，35（4）：605—606.

［15］AZIMI S，FAZELIAN P. New trends and approaches in instructional design and technology［J］. Procedia：social and behavioral sciences，2013，82：525—528.

［16］CONOLE G. MOOCs as disruptive technologies：strategies for enhancing the learner experience and quality of MOOCs［J］. Revista de educación a distancia，2013，39：1—17.

［17］龙富立，王娜，王秀峰，等. 思维导图在国内医学教育中的研究现状［J］. 教育教学论坛，2018（30）：213—214.

［18］王红艳，杨玲娜，钟晓利，等. 思维导图在护理教学中的应用研究现状［J］. 护理实践与研究，2017，14（9）：28—29.

［19］杨光，郑曼. 医学院校非麻醉专业学生的临床麻醉教学探讨［J］. 临床医学研究与实践，2019，4（4）：194—195.

［20］徐芳，刘颖. 病理生理学教学中思维导图的应用［J］. 基础医学教育，2014，16（9）：702—703.

［21］陈澜玲，付娜. "翻转课堂"在护理本科生临床带教中的应用［I］. 中国实用护理杂志，2016（z1）：137—138.

［22］曾贞. 反转教学的特征、实践及问题［J］. 中国电化教育，2012（7）：114—117.

［23］LONG T，CUMMINS J，WAUGH M. Use of the flipped classroom instructional model in higher education：instructors'perspectives［J］. Journal of computing in higher education，2017，29（2）：179—200.

［24］DEMIRÖREN M，TURAN S，ÖZTUNA D. Medical students' self-efficacy in problem-based learning and its relationship with self-regulated learning

[J]. Medical education online，2016，21：30049.

[25] POIKELA S. Learning at work as a tutor：the processes of producing，creating and sharing knowledge in a work community ［M］//POIKELA E，POIKELA S. PBL in context：bridging work and education. Tampere：Tampere University Press，2005：177—194.

［26］ BARRETT T. Understanding problem-based learning ［M］// BARRETT T，MAC LABHRAINN I，FALLON H. Handbook of Enquiry and Problem Based Learning. Galway，Ireland：AISHE and CELT，NUI Galway，2005：1—25.

[27] 周芳明，王振钹. PBL 在美国药学教育中的研究现状 ［J］. 药学教育，2003，19（1）：58—60.

[28] 杨巧媛，雷毅雄. PBL 教学法在非预防医学专业《预防医学》实习课教学中的应用 ［J］. 实用预防医学，2006（5）：1345—1346.

混合式教学模式的实施与研究[①]

李 琳

［四川大学计算机学院（软件学院、智能科学与技术学院）］

【摘要】混合式教学摒弃了学生被动听课的模式，推崇自主学习、互助学习的格局，以此增强学生主动学习的动力，并培养多元化、多角度学习的能力和兴趣，鼓励学生在此过程中独立思考，从而使学习收效最大化。本文针对混合式教学模式的特点、实施过程以及收效等几方面，客观记述了笔者采用该教学模式的心得和体验。

【关键词】自主学习；互助学习；实体课堂；慕课

当今我国高校教育主要包含两种教学模式，即传统面授模式和互联网教学模式。在传统面授模式中，教师与学生在教育实施过程中是主体与客体的对立关系，学生水平的参差不齐被忽略，并且学生从始至终处于一种被动学习的地位，其自主学习能力未得到培养和锻炼，这种传统模式难以满足不同水平学生的个性化需求。伴随着"互联网＋"热潮的兴起和蓬勃发展，MOOC 教学作为一种新兴的互联网教学手段，正在被全面推广。这种完全在线学习模式便于受众灵活自主地掌握学习节奏，高效利用碎片时间。但由于缺乏教师的引导与管理，受众的学习收效往往与期望值有一定的差距，甚至差距很大。在这样的背景下，线上线下混合式教学模式针对前两者进行取长补短，既兼顾了教育的个性化，又融入了科学合理的引导和监管，因而逐渐被人们重视并采纳。

---

① 本文系四川大学教育教改专项的研究成果之一。

　　两门课程、四个完整教学周期的实施，使得线上 MOOC 与线下课堂有机结合，一方面允许学生利用课堂以外的业余时间学习MOOC，掌握课程的主体知识框架。另一方面，通过线下课堂组织多种形式的教学活动，实现不同教学模式和学习模式的交融，也针对不同层次水平的学生，提供更加适应个体的灵活多变的解决方案。这在很大程度上弥补了线上教学的不足。与此同时，开放性的课堂讨论环节，提供不同层次学生之间交叉讨论互学的氛围，借此开展以学生为中心的高效学习活动。事实证明，学生经过一个学期的学习，能够比传统课堂更深入地理解和把握重难点知识，掌握更扎实的编程技能。

　　本文将对混合式教学模式的特点进行分析，并结合实际的教学心得与收获，详细记述课程的实施过程，最后列举学生对该教学模式的反馈意见，以此客观反映混合式教学模式的收效成果。

一、混合式教学模式的特点

　　需要阐明的是，混合式教学模式并不是把实体课堂转换到互联网上进行教学，也不是简单地将"网络"与"实体"进行机械的结合，而是一个涵盖了从课前引导预习、在线 MOOC 视频自主观看与思考、在线基础习题分析与解答到实体课堂面对面重点难点诠释、实体课堂分组练习以及此过程中的讨论互学，然后再次回归在线深度讨论、过程性考核的螺旋式的认知过程。它摒弃了传统的学生被动听课的模式，推崇学生主动互学的格局，以此增强学生主动学习、多元化、多角度学习的能力和兴趣，鼓励学生在此过程中独立思考，从而使学习收效最大化[1]。

　　过去，学生很难养成课前预习和思考的好习惯，在上课前对下节课要学习的内容比较盲目，能在上课前 5 分钟先自主浏览一遍新章节的目录就算不错了，更别提专门花时间看视频学习和思考新内容了。所以学生在课堂上听课时，往往是被动麻木的，有些知识点听到耳朵里，还没来得及思考消化就跳过了，这样一节课下来，收效往往大打折扣。现在，由于混合式教学模式强制要求学生在课前先观看教学视频，学生开始系统地自主学习新知识，而且课余也有充足的时间针对视频内容进行思考和吸收，没听懂的地方还可以回放。这样不仅有效地自学了新的知识单元，还可以在思考后提出一些有质量的问题。带着这些问题去实体课堂，聆听老师对重点难点知识的诠释，往往收到茅塞顿开的效果。即便是自学时的问题没有马上得到解答，还可以通过分组编程讨论，同学之间互学互助这个环节得到帮助，或者课后通过在线上发帖征集答案的方式获得帮助。毋庸置疑，简单的知识点通过观看MOOC的视频学生就可以轻松掌握，如此便把教师解脱出来；而与此同时，由于学生带着疑问有的放矢地学习，教师在广度和深度上就拥有了更大的空间来铺展新的知识和技能；再者，分组编程讨论和分享认知心得等活动也让学生对新知识掌握得更加清晰和牢固。

二、混合式教学模式的实施

借助学堂在线平台提供的学堂云软件，笔者对混合式教学模式进行了两年时间的探索和研究。在线上线下模式融合的过程中，需要依托学堂在线平台，按照语法难度的不断递进将课程的知识体系逐渐铺展开来[2]。

教师在开设课程之初，在软件平台上为学生预先导入与教学相配套的MOOC资源包，并做好相关的数据载入。对于新课而言，在面授之前，教师将MOOC相关内容资源发布给学生，同时设置少量简单练习，用以检测学生自学掌握程度，以此督促学生有效地完成课前预习工作。在线下课堂面对面授课的过程中，教师首先将MOOC资源中的知识框架进行精炼式地回顾，在此过程中做到不求面面俱到，只为突出重难点知识；然后进入相互切磋讨论环节，主要是鼓励学生彼此解答线上MOOC学习过程中遇到的问题。接下来，教师提供典型性案例，让学生分组讨论学习。整个过程中，学生被鼓励畅所欲言，发言即可加分，言之有物则可翻倍加分，由此学生的学习热情空前地高涨。线下课堂结束以后，教师在学堂在线软件平台中设置有一定深度或难度的编程习题，用以巩固学生掌握的核心知识，并培养他们的编程技能，真正实现由理论到实践的升华。

在整个教学过程中，教师也充分利用了雨课堂的优势，有效记录线下课堂面授实况，使学生获得宝贵的复习资源。在课堂中，教师还多次使用该软件进行随堂小测验，学生直接在手机上作答，完成答卷后马上反馈给教师，而教师预先在系统中设置好答案，系统自动评价学生的答题情况并将结果实时反馈给学生。同时，教师凭借该软件，还可以实现作业的实时发布，并观察与监督学生的完成进度；而学生则利用微信的优势，接收教师刚刚发布的任务并及时完成。所有这些教学活动由于借助了先进的网络软件，而变得更加方便灵活甚至小有乐趣。

除了布置课内任务，教师还可以利用学堂云或雨课堂不定时地推送扩展学习资料，以供掌握程度较高的学生进行自主学习。对于扩展学习，学生既可以独立地进行，也可以强强联合、协同完成——实际上，后者是多数学生较为青睐的方式。为了鼓励良好的分享氛围，学生被要求参与到软件平台的发帖回帖活动之中。在这里，学生能够分享到更多的学习经验与心得，其中不乏被教师赞赏为精华帖的精彩内容。

网络和实体课堂原本是截然不同的两种模式[3]，但教师通过混合式教学这种方式，利用精巧的构思和设计，把两者有机地融合到一起。所有这些都促成了以学生为中心的翻转课堂这一新型教改模式的施行。

三、混合式教学模式的收效

在每个教学周期结束后，笔者都对参与了混合式教学过程的学生进行问卷调查。调查结果显示，多数学生认为在这种教改模式下学习收效大。通过课堂交流与辩论，锻炼了口头表达能力；通过小组合作编程，锻炼了人际沟通与协作能力。同时，半数以上的学生对平台采集相关数据实时更新课程分数这种模式表示满意，认为这种在学习过程中及时了解评价结果的方式更加透明化和人性化。以上调查结果既是对混合式教学模式的肯定，同时也是高校教师研究和推广该模式的动力。

四、结语

通过观察近几年来教育改革的众多实例不难看出，依托在线教学资源推行的混合式教学模式，是对传统面授式教育和学习模式的一次变革[4]，是在众多教育改革模式中冉冉升起的一颗新星。在这种教学模式下，只要有精心的设计和大胆的实践，教师就能够更高效地调配有限的课堂资源和潜力无限的互联网络，让学生取得更佳的收效。相信在不久的将来，混合式教学模式经过不断的摸索和总结会在高校教育中绽放出更加绚丽的光彩。

参考文献

［1］覃银辉，成洁筠，黄太华，等. 信息化 2.0 时代下"基础工程"课程改革探索研究［J］. 工业和信息化教育，2021（3）：64—68.

［2］于歆杰. 论混合式教学的六大关系［J］. 中国大学教学，2019（5）：14—18，28.

［3］冯锦艳，于志全. 突出实践和创新的地基与基础工程教学改革［J］. 高等建筑教育，2018，27（4）：58—61.

［4］严浩云，张晓红，许圣良. 应用型本科院校经管类专业管理信息系统课程教学研究［J］. 中国管理信息化，2013，16（7）：53—54.

以提升学生能力为核心的混合式
教学改革探索与实践①

段海英

（四川大学经济学院）

【摘要】混合式教学改革是将传统课堂教学和在线网络教学的优势整合，尝试翻转课堂、慕课、微课等教学模式，注重课内与课外、线上与线下相结合，在教师主导下倡导学生自主探究的一种教学改革。在教学设计中笔者注重分析学生学习需求，通过多维度评价指标体系的设计引导学生自主选择案例分析选题，倡导团队合作，鼓励学生进行知识分享，教师通过线上讨论群提供即时辅导。笔者将两门课程合计1191个样本进行统计分析，结果表明多维度评价指标体系缩小了学生总成绩波动的方差，但期末闭卷考试成绩的区分度高于过程考核成绩。建议学业考核将期末考试和过程考核放在同等重要的位置，用过程考核引导学生自主学习，用期末考试检验学生的学习效果。为做好过程考核，教师应根据课程特点和自身实际情况进行混合式教学模式的设计，让教学设计回归到提升学生专业素养、学习能力和团队合作能力这一教改本质。要让改革不流于形式，需要教师做好及时反馈并进行学习管理。教师应注重与学生的教学互动，倾听学生的建议，将教改理念和课程思政落实在日常的教学细节中。

【关键词】混合式教学；以学生为本；教学互动；课程思政

日前，高校学生选择教学资源出现自主化和多元化的趋势，传统

---

① 本文系四川大学新世纪教育教学改革工程（第八期）研究项目"数字时代的混合式教学改革研究与实践"的研究成果之一。

的教学方式亟待变革。在"互联网+"背景下，国内外各个高校"翻转课堂""校名师课堂资源共享""碎片化学习方式"等各种教学方法如火如荼地开展。但这些教学模式在很多高校推进得并不顺利，有些学生认为增加了学习负担，换了包装的应试教育仍停留在 PPT、flash 动画以及音视频文件等多媒体演示层面的应用，学生缺乏主动参与互动的意识。为推动教学质量的提升，真正实现"以学生为中心"，高校教师应该思考在数字时代针对大面积出现的"00 后"学生群体如何推进课堂教学的创新性设计和结构性变革。笔者在完成教改课题中，实施了知识分享、小组案例分析、无领导小组讨论、情景模拟等多种方式教学改革，形成了多维度学业评价指标体系，全面考核学生的学习效果。现将自己积累的教改经验在本文进行分享。

一、混合式教学以学生为本，重视引导学生进行自主探究

高校教师应将以教师讲授为中心的知识课堂向以学习者需求为导向的高效课堂转变，推进课堂教学的结构性改革[1]。作为主要的教学形式，"慕课"和"微课"只能是课堂教学的补充而不是主流，翻转课堂也只是一种教学方式和流程的创新，混合式教学应以线下教学为主[2]。在教学改革中，教师应根据课程特点和自身实际情况，推出混合式教学模式，实施课内与课外、线上与线下相结合的混合式教学模式，实行"有意义的传递与教师主导下的自主探究相结合"为标志的教与学活动[3]。

经过对线上学习、课堂讨论和考试等教学环节在时间上和形式上的配置模式的探索，得出相对固定的最优组合模式。在教学设计中，教师随时都在关注学生的学习需求，结合课程教学内容提供教学案例或布置任务。通过提供角色扮演式的课程体验增强生师之间的互动，提高学生的学习热情；通过布置任务引导学生主动参与学习，培养其自主学习能力和批判性思维与创新能力；由学生自主组队，自由选题完成案例分析，在考核指标上引导学生通过团队合作完成任务；加大非标准答案方式的考查，将结果导向型教学考核转向过程考核，帮助学生在吸收有用知识的同时快乐学习。在"财政学"课程教学中，教师提出各种与时事政治相关的问题，例如"人民的名义"电视剧中如何修改预算，"两不愁三保障"是什么，如何评价精准扶贫政策效果，

如何建立公平的社会保障体系等。学生在回答这些专业知识的同时，教师为学生讲授与时事政治相关的专业知识并引导学生形成正确的价值观。

为获取学生学习需求，笔者开展了多种方式的调查活动。开学初，笔者一般会通过手机互动系统或设计问卷星调查问卷了解学生学习需求。每学期小组案例分析的得分评价来自教师评价和学生他评两个维度，笔者会经常使用手机互动系统以及 QQ 投票表决功能获取信息。在 2020 年新型冠状病毒肺炎（简称"新冠肺炎"）疫情期间的线上教学活动中，学生们对小组案例分析的评价均是通过问卷来获取的。课程结束后，教师征求对教学改进建议时，也是通过问卷调查的方法获取信息。此外，笔者经常通过与学生小组访谈以及与学生一对一访谈，获取学生对教改和教师授课质量的建议，并将之用于教改设计和教学方式的改进。

自主探究式的教学改革获得了非常好的成效。每节课例行的小组展示方面，学生们利用课下时间与队友积极分工，相互配合，充分查阅大量的资料和数据，编制了许多图表和曲线，严谨地论证讨论主题。在这一过程中，学生提升了独立思考、查阅数据、分析推导的技能。通过对案例分析的锻炼，很多学生参加社团比赛的水平有所提高，获得了各项学生大赛的好成绩。"好文分享"的作业，使学生们平时注意搜集与课程相关的信息并尝试与同学以专业、学术化的语言进行互动，提高了学生的专业素养。

2020 年新冠肺炎疫情袭来，混合式教学模式的优势得到了充分体现。以"人力资源管理"课程为例，笔者设计了超星录播和 QQ 群课堂直播两套教学方案。开学前安排了 20 分钟试播课，由学生们投票选择教学方案，最终确定了"QQ 群＋超星平台＋腾讯会议"多平台的教学方案。教师和助教在 QQ 群进行实时答疑互动，学生们在超星平台完成签到、学习教学录播视频、作业检测、回答教师安排的专题讨论等教学任务，从第五周开始，在腾讯会议组织全班学生进行线上的小组案例讨论。案例分析小组展示时间的挑选，是根据学生们向老师发送指定信息的先后来产生选择时间段及话题的先后顺序。案例分享结束后，教师通过 PPT 切换的小功能产生"幸运"发言人顺带随机点名。过程考核中有一项作业是由学生们设计招聘测试文案，学生们将文案上传到 QQ 群进行知识分享，由学生们票选出质量最高的前五项作品获取加分奖励。通过这项活动设计，使学生们增加了在招聘面试经验方面的交流，也增强了学生们的参与感。教师在超星学习通平台，推出每周的测试、课程作业、期中考试、线上学习效果检测等多种考核方法，每种测试都给学生反馈，使其知道知识点错误处，从评语中知道自己写作的有待提升处。正是因为这些教学设计不是单纯考核学生，而是帮助学生进步，提升学生的综合能力，课程结束后，学生们对教师的教学设计很认可，课程的满意度很高。

二、推行一"荐"二"审"三"指导"的小组案例分享模式，提高学生自主学习质量

设计了学生自选题目进行小组案例分享模式，实行一"荐"二"审"三"指导"的管理流程。教师推荐案例分析选题方向，在过程考核中审查学生展示内容的规范性和专业性，通过教学反馈给予教学指导。以"财政学""人力资源管理"课程为例，第一次导论课上，任课教师会将课程学习要求告知每位学生，其中就有一项自主学习要求。学生们自行组队，选择队长，在教师推荐的案例分析选题中选择题目或是自主命题，组员们带着任务进行资料查询和案例分析设计，将小组分析成果进行课堂分享。

学生们形成的分析成果按抽签顺序在课堂上展示，接受老师和学生的打分和点评。该模式得到学生认可的最关键因素是任课教师提供实时辅导，提升课程展示质量。案例展示前两周，组长按要求向教师提交文案。教师通过审核提纲、分析重点等内容把控案例分析的思想内容和分析方向，帮助学生打磨亮点，给学生提供具体修改建议。展示前一周，教师审核 PPT，要求学生们展示前要进行充分演练，确保展示的效果。批阅文案和 PPT 的时候，教师通过组长与组员们进行多次沟通交流，指出文案中需要提升的细节知识点。通过这一细节设计，从制度上保证了小组学生有充裕的时间进行展示内容的修改、润色以及演练，提升了案例分析的质量。

简而言之，一"荐"二"审"三"指导"的管理流程包括了推荐选题、审核提纲及 PPT、进行多次在线指导，确保学生案例分享时提供高品质作品，帮助提升分享者的案例分析能力和演讲能力，生动有趣的分享也让听众参与进来有收获。每个学生都有机会在课堂上交流自己的思想，让学生成为学习的主人。从这两门课程的学生反馈情况来看，混合式教学模式对学生能力进行了全方位的考查和提升，受

到学生普遍欢迎。由于这种教学方法操作简单易行，教学者如果精心做好教学案例的准备和教学环节的设计，就容易取得较好的教学效果。混合式教学方法，帮助学生在吸收"有用"知识的同时能够得到"愉快"的享受。

对学生的实时指导能够给教师带来课程思政的好时机。例如，在给学生制定教学辅导资料的时候，针对有学生在群里分享盗版书籍的行为，笔者会对分享者予以制止和教导；学生们在案例分享时用错了地图，使用了具有特定意义图片和符号的时候，笔者第一时间进行指正；对学生询问的普遍性问题笔者尽可能分享到群里，用实际行动倡导大家乐于分享知识。在与学生课后互动时，要求教师发现问题就立刻解决问题，课程思政体现在指导学生点点滴滴的活动中。由于这样的思政课没法备课，任课教师在政治敏锐性和专业素养等方面都将面临挑战。总之，混合式教学的设计，使课程思政更具有灵活性和挑战性。

三、构建多维度学业考评体系是有效实施混合式教学改革的关键

尽管打破"标准答案考试、60分及格"的课堂教学评价评估体系在学校已经推行多年，但重视分数评估轻视对学生进行学习管理的现象并不少见。笔者在"财政学""人力资源管理"课程中进行了大力度改革，除了提高过程考核的成绩占比以及在期末试卷中加大非标准答案考试成绩的占比之外，还通过强化课堂教学过程评价、堂下课程任务完成情况考核等改革举措，增加同伴互评等方式，引导学生自主学习。学生的作业不仅能得到教师的指导，更能接受到其他学生的建议，反馈形式的多样化有利于学生更全面地了解自己的学习情况，改变了重评估轻指导的现象，通过教学管理将教学重点落实到了提升学生学习能力和学习绩效方面。

笔者搜集三个学年自己选课学生在"财政学""人力资源管理"课程的考试成绩数据，剔除遗漏值（缺考、缓考样本）和离群值之后，"财政学"课程有789个样本，"人力资源管理"课程有402个样本，相关的描述性统计数据见表1和表2。

表1 "财政学"课程样本描述性统计[①]

变量	样本量	均值	标准差	最小值	最大值
过程考核成绩	789	90.8	6.1	53.8	98.2
期末成绩	789	78.1	12.3	31	98
总成绩	789	84.4	8.1	53.9	96.8

表2 "人力资源管理"课程样本描述性统计

变量	样本量	均值	标准差	最小值	最大值
过程考核成绩	402	89.7	5.7	54.8	98.3
期末成绩	402	81	9.6	31	96.5
总成绩	402	85.4	6.7	55	96

从表1和表2可见，"财政学"课程的期末考试的标准差达到12.3，成绩的波动幅度较大。多维度过程考核修正了学生考试总成绩的波动幅度，将标准差缩小到8.1，将平均分从78.1分提升到84.4分。"人力资源管理"课程期末考试的标准差达到9.6，多维度过程考核修正了学生考试总成绩的波动幅度，将标准差缩小到6.7，将平均分从81分提升到85.4分。

将两门课程过程考核成绩[②]与期末成绩进行对照分析，以横轴为期末成绩，纵轴为过程考核成绩，将两者关系绘制成图1和图2。从图1和图2可见，过程考核成绩和期末成绩呈现大体一致的正相关关系。

从图1和图2可知，样本总体呈现对称分布，低分段比较发散，高分段比较密集。样本总体分布在45度线之上，说明学生过程考核成绩的分值大多高于期末考试成绩值，"财政学"课程这种状况尤为突出。样本密集分布区域的横纵坐标值均在85~95分的区间范围，且高分段样本分布很集中，这说明大多数过程考核成绩好的同学，期末考试成绩数值也高，各维度测评指标的测试结果一致性较好。从学生的过程考核成绩总体高于期末考试成绩这一特点以及前面统计性描述中出现的过程考核成绩方差小这些关键信息，可推断期末考试对于

---

① 本文的图表均由笔者自行绘制。
② 过程考核成绩是包括考勤及课程互动、多项课程作业、期中考试、小组案例分析等多指标在内的加权平均成绩。

客观评价学生学习能力和学习效果的重要性。在一个固定时间和相同的考试环境，以多种题型考察学生的记忆能力、理解能力和推理能力的期末考试方式，信度和效度都很高，其重要性不容撼动。从图1和图2还可看出，过程考核成绩或期末成绩80分以下的样本也不少，且这些样本偏离45度线的幅度比较大，说明过程考核成绩不理想的学生，比较重视期末考试；而期末考试不理想的学生，靠平时成绩提升了总成绩。多维度的学业成绩考核体系缩小了考评误差，对学生的学习态度、学习参与度都有很大程度的提升。

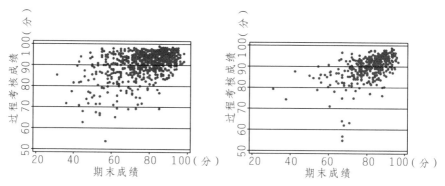

图1 "财政学"课程过程考核成绩与期末成绩对照图

图2 "人力资源管理"课程过程考核成绩与期末成绩对照图

从以上分析可知，对学生的学业考核需要将期末考试和过程考核放在同等重要的位置。过程考核重在引导学生自主学习和培养创新思维，以及评价学生的学习态度、学习参与度；期末考试重在检验学生的学习效果以及对学生的学习能力进行评估。构建多维度指标体系并进行准确评估，是有效实施混合式教学改革的关键。

四、混合式教学有助于在课堂上打造学习型组织，推行知识共享

混合式教学通过教学设计强调学生自主学习，既引导了学生主动思考和参与教学，也鼓励学生展开小组合作和同伴交流，在合作中形成共识求得共享，从而营造出师生之间轻松、合作、和谐的学习氛围。通过智慧教学云平台，学生可在课堂上通过手机端与老师和同学进行实时互动，学生手机客户端的课堂参与内容也可以实时传到讲堂投影上与大家分享。这种互动方式可调动因性格内敛而不主动发言的

学生的学习参与性。教师引入讨论的小视频或话题后，请学生们在线上或线下表达自己的观点看法。通过手机互动的云平台，教师可设置抢答人数与倒计时，这些贴近生活的"拼手速"方式，能很好地调动学生参与互动的积极性。

课程设计中的知识分享环节，改变了传统的教师向学生分享的单向模式，学生之间的知识分享越来越活跃。例如，学生在回答课堂问题时，通过实时传输可显示到教室大屏幕上，学生们的回答可以互相分享；通过在微信朋友圈或者 QQ 空间分享好文章，获取好友的评价和点赞，能达到"1＋1"大于 2 的知识分享结果；优秀作业在课程 QQ 群里上传，可以让学生们互相学习。小组团队成果的课堂展示，更是为学生分享研究成果与心得提供了一个广阔的平台。通过这样的交流方式设计，让师生都能进行不同形式的思想交流，达到自主学习和快乐学习的学习效果。

五、总结与展望

混合式教学改革作为将多种方法组合起来运用到一门本科课程教学的教学设计，对于提升高校教学质量具有一定的价值。在设计课程和教学项目的时候，教师需要根据课程特点和自身实际情况进行混合式教学模式的设计，根据学生的特点精准提供高质量的教学内容，探索更弹性化更多样化的教学效果。要让混合式教学改革得到学生的认可，应该让教学设计回归到提升学生专业素养、学习能力和团队合作能力这一教改本质。要让改革不流于形式，需要教师在教学设计时做好及时反馈并帮助学生提升能力。教师要注重与学生进行教学互动，倾听学生的建议，将教改理念和课程思政落实在日常的教学细节中[4]。

不过，互动教学客观上导致了学生课后学习时间增多，削弱了一部分学生的学习意愿，教师需要在烦琐的考核方式与多样化方面找到平衡，通过探索新教学方式让翻转课堂新颖有趣。此外，过程考核方案需在规范性和灵活性方面寻找平衡，在保护学生隐私和实现知识分享方面实现平衡，更好地体现对学生多元需求的尊重。

相信在将来，混合式教学方法可以得到更多教师的推广并探索出更多形式新颖受到学生喜爱的考核方式。只要教师能充分关注学生需求，用心推陈出新，四川大学的教学改革将会更上一层楼。

参考文献

［1］樊丽明. 财政学类专业课程思政建设的四个重点问题［J］. 中国高教研究，2020（9）：4－8.

［2］袁辕. 以循证教学理念推进应用型本科经济学课程教学改革的思考［J］. 大学教育，2020（10）：135－138.

［3］廖宇航，郑小芳.《经济学原理》混合式教学改革成效分析［J］. 中国教育信息化，2020（3）：80－84.

［4］靳卫萍. 经济学原理课程思政的初步实践［J］. 中国大学教学，2020（2－3）：54－59.

新冠肺炎疫情防控背景下在线教学的实践与思考

——以"中国古代美术简史"课程为例

董华锋

［四川大学历史文化学院（旅游学院、考古文博学院）］

【摘要】新型冠状病毒肺炎（简称"新冠肺炎"）疫情防控背景下，在线教学成为重要的教学方式之一。本文对"中国古代美术简史"课程的在线教学情况进行分析后认为：在线教学遇到了课堂互动不充分、现场参观及教具演示等教学环节受到严重冲击等方面的挑战；但同时，在线教学在提升课堂参与度及充实教学资源等方面取得了一定的成效，可为疫情之后的线下教学提供借鉴。

【关键词】在线教学；新挑战；新收获；中国古代美术简史

2020 年初，为有效防止新冠肺炎疫情向校园蔓延，教育部下发通知要求各级各类学校充分利用网络平台开展在线教学，做到"停课不停学"[1]。各高校均积极响应号召，快速调整教学安排，为学生居家学习提供支持。面对师生教学时空和教学行为分离的特殊情况，在线教学成为最有效的应急措施[2]。这一教学方式与传统的课堂面授存在巨大的差异，师生均面临诸多新问题。本文以"中国古代美术简史"课程为案例，分析在线教学过程中遇到的挑战和取得的收获。

一、课程运行的基本情况

"中国古代美术简史"是四川大学文物与博物馆学专业的专业必

修课，同时也作为选修课向其他专业的学生开放，另有少量研究生旁听，有 3 个学分。疫情发生之前，该课程的授课方式以课堂面授为主，课堂上采用专题讨论、分组研讨、教具演示等方式与学生形成互动，条件允许的情况下，还会安排 1~2 次博物馆、美术馆现场参观活动。

在疫情防控期间，本课程充分利用腾讯 QQ 等网络工具开展在线教学。课前通过"QQ 文件"传输自主学习资料，资料包括课程要点和教材参考文献，要求学生在线下完成自主学习。课堂上首先由教师就重要知识点做重点讲解，然后由助教收集学生在自主学习和重点讲解过程中遇到的问题，授课教师汇总后进行解答。重点讲解通过"QQ 电话"配合"屏幕分享"PPT 的方式进行，其间穿插播放视频等教学资料，并通过"QQ 群投票"布置课堂小测试。随后，助教利用"QQ 群收集"功能进行签到以掌握学生出勤情况。课后，教师通过"QQ 作业"、推荐与课程相关的阅读资料等方式帮助学生巩固课堂所学知识，并利用 QQ 群进行即时答疑交流。

本课程采用"全过程考核"的方式，成绩由过程考核、课程论文、期末考试三大板块组成。过程考核主要考察学生的出勤情况、课堂互动、线下学习等；课程论文以提交论文的形式考核；期末考试则采用在线开卷考试的形式。通过上述多个教学环节，本课程努力做到课前、课中和课后学习相结合，教师讲授和学生自学相结合，线上教学和线下学习相结合，日常学习与全过程考核相结合，全方位提升学生的学习质量。

二、在线教学过程中的新挑战

在疫情防控期间，大规模的在线教学被选择成为最重要的教学方式。对教师和学生而言，这一教学方式带来了不少前所未有的挑战。这些挑战涉及网络环境和硬件设备、教师信息技术水平和应变能力、课程资源和平台等方面[3]。除了这些较为宏观的方面之外，在本课程的在线教学过程中还遇到了不少影响教学质量的具体挑战。本文就其中较为突出的两个方面进行简要分析。

（一）课堂互动不充分

在教学过程中，有效的课堂互动是必不可少的，是保证教学质量的重要方面[4]。应该说，在众多方式中，面对面互动无疑是最基础、最有效的方式。但疫情防控的特殊情况，造成了师生之间教学时空和教学行为的分离，这一点致使传统的师生面对面互动无法实施。虽然通过网络技术，师生之间仍可以形成互动，甚至是网络上的"面对面"，但相对而言，仍然存在不少问题。其中最突出的一点是，课堂互动不充分，教师较难及时、准确、全面地掌握学生的学习情况。

在传统的课堂面授情况下，学生集中在一个相对封闭、安静的环境中听课，受到的干扰较少，教师可通过与学生之间的现场问答、观察等多种途径与之形成互动，从而及时掌握学生的学习动态。但是，在线教学的情况下，学生分散的差异化居家环境本身就影响注意力的集中；同时，由于学生的网络流畅程度不一，部分同学无法正常开启摄像头，教师开启摄像头也会使部分网络状态欠佳的学生在上课时遇到图像卡顿的现象；此外，为了保证学生的收听、收看效果，教师在线讲授过程中一般会要求学生关闭各自的话筒。在上述因素的影响下，一方面教师讲授过程中常会产生短暂的无听众之感，无法准确获知学生的听课状态，或者会担心网络连接是否正常；助教的辅助工作可在一定程度上缓解这一问题，但仍然会或多或少影响教师讲授内容的连贯性，也不利于教师临场延伸和发挥。另一方面，对学生而言，他们在教师讲授过程中产生的灵感或问题也无法得到即时的表达或回应。

面对上述问题，我们在"中国古代美术简史"的在线教学过程中对教学方案做了较大幅度的调整，充分利用网络平台加大课程互动环节。除讲授外，我们重新设计了针对重要知识点的多种在线教学环节。　是课堂小测试。例如，"佛教美术"是本课程第五讲"魏晋南北朝美术"的重要内容，故而在讲授完这一内容后，我们就其中的一幅重要绘画作品通过"群投票"工具发布课堂小测验，要求学生根据自己理解选择相应的选项。随后，主讲教师邀请不同看法的学生打开自己的话筒，在线分享自己选择相应选项的理由和相关思考。二是布置作业。例如，"汉代雕塑"是第四讲"秦汉美术"的重要内容，故而我们就其中最具代表性的雕塑作品布置作业，要求学生在课后进行思考，并在课上邀请部分给出代表性答案的学生分享自己的想法。通过让学生投票及完成作业，教师不仅可较好地了解学生对重要知识点的掌握情况，同时也帮助学生加深了对该知识点的理解。

（二）现场参观、教具演示等教学环节受到严重冲击

"中国古代美术简史"课程的基本目的是通过对中国古代各个时期美术现象和美术作品的学习，掌握各个时代的审美意识、文化特征及美术发展的基本脉络。为了达到这一目的，除讲授外，实地参观和教具演示是必要的辅助手段。但在线教学对这些教学环节造成了很大的冲击。在疫情发生之前，本课程会有 1~2 节课带领学生到就近的博物馆、美术馆进行参观，教师挑选重要的美术作品向学生进行现场讲解，使学生获得更为直观、深刻的认识。但在线教学无法实现这一点。幸运的是，疫情期间，很多博物馆在官方网站或微信公众号上推出了线上"云展览"，主讲教师可选择部分与讲授内容相关的网络资源推荐给学生，一定程度上弥补了这方面的不足，但这一做法的教学效果与现场参观存在较大差距。

除外出参观外，疫情前，本课程的教师还会携带一些重要美术作品的高清印刷品到课堂作为教具，在讲解到相应知识点时，组织学生进行观摩并展开专题或分组讨论。但在线教学的情况下，教具演示的内容只能糅合到 PPT 展示、讲解和讨论之中，其所能发挥的教学功能被削弱。

三、在线教学过程中的收获

虽然在线教学给师生带来了一些新的挑战，但在这一过程中，师生所作出的调整和努力也为疫情之后的课程建设带来了一些可资借鉴的收获。就"中国古代美术简史"课程而言，以下两方面尤其值得讨论：

（一）在线教学在一定程度上提升了学生的课堂参与质量

在传统的课堂面授教学模式中，如何提高学生的课堂参与质量是教育工作者长期以来探索的问题。在线教学过程中的一些做法为我们提供了极好的参考，特别是借助技术手段，我们取得了一些新的收获，例如课堂测验。

一般而言，课堂测验是教师掌握学生学习情况的重要依据，更是学生知识体系建构及课堂参与的重要手段。相对而言，在线测验是学

生乐于接受的方式，不仅节约时间成本，而且所得测验结果更为精准。在"中国古代美术简史"的在线教学过程中，我们通过"QQ群投票"等网络工具进行课堂小测验，要求学生在5~10分钟内完成答案并提交，投票发起者可及时观察每位学生的投票情况，这就促使尽可能多的听课学生参与到测验过程中，大大提高了学生课堂参与的积极性。同时，最终的投票结果可辅助教师精准地把握学生对重要知识点的掌握程度，这一做法无疑提升了课堂建设的深度和广度。

（二）在线教学期间形成的一些教学资源可充实疫情之后的线下教学方案

如前所述，为有效应对在线教学带来的新挑战，切实提高教学质量，主讲者在"中国古代美术简史"的教学过程中对关键知识点和主干知识体系做了进一步提炼。围绕这些关键知识点，除PPT、教案、参考文献等传统的教学资源外，在一学期的在线教学实践中，我们又积累了随堂测验题目、课程作业、视频资料、网络资料等一批新的教学资源。例如，"洛神赋图"是第五讲"魏晋南北朝美术"中的一个重要知识点。针对这一知识点，我们设计了作业，要求学生在课前进行比较思考；课上做重点讲解后，我们又发布了课堂小测试，进一步加深学生对这一知识点的理解。此外，我们还筛选了高质量的网络视频资源，推荐有兴趣的同学在课后做进一步了解。最后，可将"洛神赋图"的在线教学资源充实完善后，应用到疫情之后的线下教学方案之中。

四、结语

综上所论，在疫情防控的背景下，在线教学成为重要的教学方式之一。虽然这一方式使师生均面临新的挑战，但从另外一个角度来看，若能积极面对，加以调整，也可在教学方式和教学资源等方面取得一些新的收获。"中国古代美术简史"的在线教学实践和思考为深入探讨这一问题提供了可参考的案例。

参考文献

［1］中国教育科学研究院课题组. 用屏幕照亮前程，用技术跨越障碍——"停课不停学"的中国经验［N］. 光明日报，2020－04－21（14）.

［2］穆肃，王雅楠. 转"危"为"机"：应急上线教学如何走向系统在线教学［J］. 现代远程教育研究，2020（3）：22－29.

［3］付卫东，周洪宇. 新冠肺炎疫情给我国在线教育带来的挑战及应对策略［J］. 河北师范大学学报（教育科学版），2020（2）：14－18.

［4］肖川. 高校有效教学的目标和特征［J］. 高等教育研究，1999（3）：56－59.

以教学竞赛引导教师教学能力提升

何晓清　杨立为

（四川大学教务处）

【摘要】加强教师队伍建设，提升教师教学能力是一流大学建设和一流人才培养的关键。教学竞赛是促进教师教学能力发展的有效方式，通过赛前教学设计、赛中课堂教学与赛后教学反思三个阶段集中、系统地强化与锻炼，有利于提升教师教学理念、教学设计、教学方法、教学组织等方面的能力。

【关键词】"探究式—小班化"；教学竞赛；教学能力

教师教学能力是影响本科人才培养质量的重要因素。教育部2018年9月《关于加快建设高水平本科教育 全面提高人才培养能力的意见》和2019年10月《关于深化本科教育教学改革 全面提高人才培养质量的意见》中均强调了加强高校教师发展中心建设，提升教师教学能力。促进教师教学能力发展的方式和路径很多，教学比赛就是一种行之有效的手段。四川大学从2015年开始以"探究式—小班化"教学竞赛为抓手，推广以学为中心的教育理念，激励和支持教师们能真正重视本科教育，加强教学的投入，顺应时代的变化，不断提高课堂教学能力和水平，从而推动本科教学质量不断提升。

一、高校教学竞赛的意义

高校教学竞赛主要是指由教育行政部门或高校自发组织的涵盖多类学科课程的教师讲课比赛。以四川大学为例，近年来，开展了许多针对教师教学能力提升的教学竞赛，其中最有影响和示范效应的就是"探究式—小班化"教学竞赛。

（一）教学竞赛是教师提升教学能力的有效手段

教学竞赛的主要目的在于营造教师善教、学生乐学的良好氛围，展现教师的教学风采，推进教学改革，促进教学水平的整体提高。教学竞赛有助于提升教师教学能力。这一方面表现在教师教学基本功方面的成长，通过赛前教学设计、课件等材料的不断打磨和细化，赛中教学展示过程中的精益求精，赛后教学反思的回顾与思考，他们各项教学基本能力在短期内得到集中强化锻炼，从而快速提升；另一方面表现在教师思想和理念上的升华，他们对教学有了新的认识和理解，从而在教学行动上做出与之匹配的响应。"探究式—小班化"教学竞赛注重将"以学为中心"的理念贯穿其全过程中，通过设计和评价指标体系引导教师们实施启发式讲授、互动式交流、探究式讨论，践行全过程的学科评价及非标准答案考试改革，进而推动学校的课程教学改革。

（二）教学竞赛是促进交流、搭建社区的重要平台

教学竞赛促进了教师间的良性交流，为搭建一个互助互利的教学成长社区提供了平台。在竞赛的过程中，教学技艺的切磋、思想的碰撞会促进教师不断丰富和更新高等教育理念、方法与策略，提升教师教学基本素养和内功，教师教学社区也随之而生。赛前的教学设计阶段，资历较深的教师会给予竞赛教师指导和帮助，最大限度地发挥传帮带的作用；赛中的展示、观摩和反思，给了教师相互学习的机会，让他们能够从横向和纵向思索自己教学中的优势和不足，互促互进；赛后是社区成员关系纽带的巩固和升华期，通过一系列线上线下研讨交流活动，巩固竞赛成果。

（三）教学竞赛是以赛促教的重要示范平台

首先，竞赛对凸显学校教学工作的中心地位起到示范作用，显示了学校对教学工作的重视和对教学改革的决心。其次，通过教学竞赛，一大批教学理念先进、教学功底扎实、教学效果突出的教师会脱颖而出。这些教师和其所授课程通过在全校范围内参加经验分享、互

动研讨、课程观摩等活动，让竞赛的成果得以巩固，带动学校本科教学水平的全面提升。

二、顺应时代的高校教师教学能力分析

要胜任新时代大学课堂教学工作，高校教师需要在实践中不断积累教学经验，从教学理念、方法、设计、资源、考核及评价等方面进行系统、全面地训练和提升，从而促进教学能力的发展。

（一）教学理念和方法从传统的以"教"为中心向以"学"为中心转变

传统意义上，人们所理解的教学就是教师教课，学生学习，教师在这个过程中是主体，学生为被动的接受者。随着高等教育的不断发展，信息化技术在教育中广泛应用，"以学为中心"的教育理念得到广泛认可。在以学生为本的教育理念下，教育教学改革应该着眼于学生学习质量的提升，倾听学生声音，关注学生学习经历和感受，让他们真正参与进来[1]。教师在思考课程目标、选择课程内容、设计课堂活动、考核评测等重要环节，需要更多地站在学生的角度去思索。

（二）课堂设计从传统的"灌输式"向"启发式"转变

教师要注重在教学过程中设计活动，以增加学生的参与度，激发学生探索和获取知识的兴趣。教师可以借助手机互动、网络互动、多屏互动、多视窗等智慧教学工具，开展"混合式教学"、项目制学习、任务学习等多种教学方法，加强师生互动、生生互动，让学生融入课堂、深入思考，提高学生学习成效；利用"翻转课堂"，调整课堂内外学习内容和时间比例，让学生在课前课后充分自主学习。

（三）课程教学资源从"教材"向"互联网＋教材"复合型资源转变

传统的教学中，一门课程一本教材，教师基于教材的内容进行讲授。在信息化时代，教师在夯实学生知识基础的同时，还要让他们获得最新、最前沿的知识，因此要善于挖掘和利用互联网资源进行拓展和补充。

（四）课程考核从"一考论"向"全过程考核—非标准答案"转变

川大目前已实现"全过程考核—非标准答案考试"的全覆盖。课堂小测、手机投票、弹幕、课后问卷反馈等基于智慧教学环境的各种随堂检测方法不仅能让教师及时了解学生的学习情况，也可帮助教师更好地反思教学。非标准答案考试的广泛应用改变了学生传统死记硬背的被动学习状态，让学生能够深度思考、学以致用。

三、高校教学竞赛与教师教学能力提升

为适应新时代的变化，培养面向未来的复合型人才，学校通过不断完善和丰富竞赛主题、标准以及赛制，以期提升教师教育教学能力。从"探究式—小班化"教学竞赛整个赛程来看，教师教学能力的构建与提升主要体现在赛前教学设计、赛中课堂教学与赛后教学反思三个阶段。

（一）教学设计

教学设计是教师根据教学对象的特点，确定教学目标，合理安排教学内容，以此确立实现教学目标的方法和步骤的过程。教学设计的好坏直接影响课堂教学质量的高低。

结合"探究式—小班化"教学竞赛的评价指标，一份优秀的教学设计应该要做到以下几点：一是深刻理解并贯彻"以学为中心"的教学理念，通过对教学目标的思考，明晰学生在学习结束后应该掌握的知识和能力；二是基于学生的发展需求设计能激发兴趣的教学环节和活动；三是教学内容的选择既要符合教学目标，又能反映学科前沿，同时聚合互联网资源；四是探索智能教育新形态，充分利用智慧教学环境，推动课堂教学改革。教师在对参赛教学设计不断打磨、优化的过程中，能充分理解"探究式—小班化"教学的精髓和要义，深入探索教与学的关系和实质，不断夯实自己的学识基础与素养。

（二）现场授课

现场授课是课堂教学的展示，是教学过程的关键环节。前期教学设计确定的目标、准备的教学内容和活动在这一阶段得到集中体现。因此，

教师在这一阶段的表现对学生学习产生的影响也是最直接的。现场授课能力主要从教学内容、教学方法、教学组织、教学效果四个方面衡量。

教学内容针对学生实际，重点难点突出，注重学生的高阶学习能力培养，保证足够的学业挑战度。教学方法在"探究式—小班化"教学中主要是指教师利用智慧教学和"信息＋"手段开展的启发式讲授、案例教学、小组讨论等多种教学方式打造探究式、互动性课堂。教学组织能力主要体现在教师是否能合理安排教学时间，是否能有效调动学生学习的积极性，启发学生的思考。教师要实施过程性考核，对学生的课堂表现、学习情况进行主动的计划检查、评价反馈和控制调节，以此了解教学效果并适时调整教学策略。现场授课过程中，教师聚焦以上要点进行课堂呈现，同时得到竞赛评委的反馈与指点，可以让其课堂组织与监控、教学表达与交往能力得到提升与进步。

（三）教学反思

赛后教学反思是对教学设计、现场授课阶段的整个流程进行回顾，将最初的教学设计和教学实际进行对比，对突发的问题进行思考的过程。从而对教学的理论进行重建，形成一套自己风格的教学体系。在教学后进行批判反思，某种程度上是教师对教学工作的主动学习和自觉改进以及对情感状态的更清晰的自我意识[2]。这一过程促进了教师将教学工作作为分析对象，对理念、内容、方法、组织、效果等教学系统各要素展开持久且全面的批判与审视，同时，也不断丰富了他们教与学的思想内涵，让他们能理性思考教学如何既促进学生的学习，又助力自己的职业发展。

参考文献

［1］史静寰. 走向质量治理：中国大学生学情调查的现状与发展［J］. 中国高教研究，2016（2）：37—41.

［2］许迈进，章瑚纬. 研究型大学教师应具备怎样的教学能力？——基于扎根理论的质性研究探索［J］. 浙江大学学报（人文社会科学版），2014，44（2）：5—15.

PDCA 循环法在以结果为导向的美学区全流程数字化种植教学中的应用①

张　陶　文钰婷　蔡潇潇

（四川大学华西口腔医学院）

【摘要】美学区种植修复效果与患者面部形态和美观密切相关。在前牙美学区采用全流程数字化种植技术可实现有章可循的治疗理念，获得以结果为导向的、可预期的种植修复效果。全流程数字化技术涉及口腔种植学、口腔修复学及𬌗学等多学科及多种数字化设备和技术，因此，在理论教学和临床教学中存在诸多难点。本研究应用 PDCA 循环法，通过分析美学区全流程数字化种植教学中存在的问题（Plan），制定并实施全流程数字化种植规范、临床实习管理及临床教学管理等多项制度（Do），并通过诊疗质量的评估、对学生诊疗操作规范性的评价、病例汇报、数字化技术专题汇报等形式进行考核（Check），最后对查出的问题进行及时改正（Act），将留下的问题继续转入下一个 PDCA 循环周期。PDCA 循环法的实施，提高了临床教学质量，深化了临床实习学生对以结果为导向的美学区全流程数字化种植的理解，同时有助于提高诊疗质量。

【关键词】PDCA 循环法；美学区种植；全流程数字化技术；临床教学；教学管理

---

①　本文系四川大学研究生教育教学改革研究项目"阶段性考核制研究生 PDCA 汇报"的研究成果之一。

一、引言

随着计算机技术的迅猛发展，数字化诊疗技术正逐步引领口腔种植医学从传统的单纯经验性诊疗模式向经验与结果可预期的数字化诊疗相结合的新型模式转变[1]。这种新型诊疗模式在前牙美学区的种植治疗中更具优势。前牙美学区种植修复效果直接影响到患者的面型和美观，因此一直是种植治疗的难点[2]。术前如何预测并设计修复后的美学效果，并以该结果指导前牙种植修复治疗流程，实现以终为始的目标，是近年来数字化技术在前牙美学区种植的应用方向。目前，通过数字化信息采集和处理、美学分析和数字化微笑设计（Digital Smile Design，DSD)[3]、面部口内及模型扫描技术[4]、数字化诊断与治疗方案设计[5]、数字化印模[6]、数字化辅助的临时和最终修复等技术，可实现贯穿全程的以结果为导向的美学区数字化种植诊疗方案。该诊疗流程不仅可有效提高医患沟通效率，实现美学修复效果的可预期，还可在发现问题后根据数字化信息的整理，实现对诊疗偏差进行有章可循的原因分析[7]。然而，前牙美学区数字化技术涉及多学科领域，对操作的规范性和熟练性要求较高。因此，在口腔实习医学生的理论和临床教学过程中，由于缺乏标准化诊疗规范和教材、缺乏完善的临床实习和带习指导等管理制度，教学工作存在较大难度。

PDCA 循环法是一种科学的、具有明确计划性和目的性的工作方法。PDCA 包括四个步骤，分别是分析临床教学工作中存在的问题，即"Plan"；根据问题提出提高教学质量管理的方法并实施，即"Do"；对实施效果进行评估，即"Check"；根据评估结果制定对策，即"Act"。此周期中末能解决的新问题将继续转入下一个循环周期，由此不断总结已经实施的工作计划中的成功经验与失败教训，提高临床教学质量。目前，PDCA 循环法已在口腔临床护理质量管理、口腔住院医生全冠修复质量管理及口腔实习带教管理中取得良好效果[8-12]。因此，本研究根据美学区全流程数字化种植教学中存在的问题，采用 PDCA 循环法进行管理，以提高口腔种植学临床教学质量，加强实习医学生对前牙美学区种植治疗技术的深入认识，提高诊疗质量。

二、美学区全流程数字化种植教学中存在的问题

（一）缺乏标准化教材或讲义

由于数字化技术在近年来才被应用于种植治疗，全流程数字化技术在前牙美学区种植诊疗中更属于前沿技术，因此，目前尚缺乏标准化流程的教材或讲义。这导致在对口腔实习医学生开展的临床教学工作中，很难让学生对整个治疗流程中涉及的多种数字化仪器和软件的原理、具体操作步骤和流程有全面系统的认识，教学效率得不到显著提高。

（二）缺乏完善的临床实习管理制度

美学区种植修复效果直接影响到患者的面型和美观。因此，要获得良好的前牙修复效果，治疗流程需要更系统化、精确化和具体化。全流程数字化技术涉及多个设备、软件和器械，要使用该技术顺利完成美学区种植修复治疗，需要临床医生在诊疗前对相关理论知识、常见问题和解决方法等有全面深入的认识。此外，前牙美学区种植修复涉及多学科内容，包括口腔种植学、口腔修复学、口腔颌面外科学、口腔内科学等，这就对临床医生的主观能动性、独立思考、独立分析以及解决问题的能力提出了更高的要求。然而，目前尚缺乏有效的临床实习管理机制，带习教师无法及时知晓学生对数字化技术的掌握程度。

（三）缺乏系统的带习指导管理制度

全流程数字化技术的顺利实施对团队协作的要求也更高。医学生如何在带习老师的指导下更精准地完成治疗操作，提高医疗质量，及时发现问题并解决问题，是目前临床教学中的难点。因此，目前尚需一套系统化的带习指导管理制度正确地、及时地引导学生，提高学生自主学习的积极性，促进学生间良性竞争意识的形成。

三、PDCA 循环法在美学区全流程数字化种植教学中的应用

在前牙美学区全流程数字化种植教学工作中，运用 PDCA 循环法可以有计划、有目的地持续改进教学质量，让实习医生就发现的问题，有章可循地分析并核查原因，提高自身独立思考和解决问题的能力，加深对全流程数字化的认识，提高临床操作技能（如图 1 所示）。

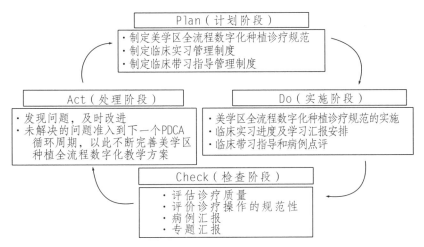

图 1　PDCA 循环法在美学区全流程数字化种植教学中的应用

（一）计划阶段（Plan）

根据美学区全流程数字化种植教学中存在的问题，制订具体的改进计划，包括制定美学区全流程数字化种植诊疗规范、制定临床实习管理制度及临床带习指导管理制度三个方面。

1. 制定美学区全流程数字化种植诊疗规范

根据现有经验，建立系统的、标准的以结果为导向的前牙美学区全流程数字化种植诊疗规范。目前，全流程数字化技术包括术前数字化信息的采集和处理、美学分析与数字化微笑设计（DSD）、数字化种植外科中的静态和动态导航技术的设计和实施、数字化骨增量技术、数字化印模技术、数字化辅助的种植临时和最终修复技术等。该标准化流程主要包括全流程数字化技术的适用范围、数字化设备及软件的工作原理和操作流程等。该规范化流程的制定有助于教师在理论

教学及临床实习过程中加强口腔医学生对治疗方案的整体认识。

2. 制定临床实习管理制度

对于刚进入临床实习的医学生，第一阶段带习教师要安排他们学习美学区种植相关理论知识、美学区全流程数字化诊疗规范及已完成的临床病例的回顾总结。第二阶段，在带习教师和高年制学生的指导下，让他们积极参与美学区种植诊疗工作。在每次诊疗前，学生应对即将实施的数字化临床技术的理论、操作注意事项等进行认真预习，提前与带习教师沟通诊疗过程中可能出现的问题及解决方案。在完成每次诊疗后，学生应及时对诊疗效果进行评估，针对可改进完善的部分进行分析总结。第三阶段，引导他们定期总结汇报参与的临床病例，并对相关数字化技术的进展进行系统回顾，以加深他们对数字化技术理念在美学区种植中的应用认识，不断改进提高诊疗质量。

3. 制定临床带习指导管理制度

带习指导教师应在诊疗前、诊疗中及诊疗后对实习学生进行积极指导。诊疗前，考查学生对美学区全流程数字化诊疗规范的熟识程度。根据临床诊疗中可能遇到的常见问题，进行提问考核，帮助学生对整个治疗流程有大体认识。诊疗中，带习教师通过示教指导，培养学生的临床动手能力，让学生从实践中加深对理论知识的理解。诊疗后，通过提问方式梳理诊疗操作中的问题和解决办法，并指导学生进行病例回顾与经验总结；通过统一标准考核学生对于数字化相关新设备、软件的操作方法是否规范，同时，带习教师根据反馈和通过总结，及时调整和规范带习管理方式。

（二）实施阶段（Do）

1. 前牙全流程数字化种植诊疗规范的实施

学生对规范化流程理论基础进行认真学习后，在带习教师的指导下开展数字化诊疗技术。在评估患者心理接受度、全身及口腔情况后，为满足适应证的患者设计个性化全流程数字化诊疗方案。首先，可以采用口内扫描、模型扫描及患者面部扫描完成面部整体及口腔局部的信息采集，通过 CBCT 获取颌骨的三维影像，根据患者年龄性别、面部特点、缺牙区范围、缺牙数、邻牙牙冠形态等信息设计修复体形态，完成数字化微笑设计；经过电脑虚拟排牙或人工美观蜡型的制作后，医生和患者共同确认修复体数量、形态、位置等，再根据该理想修复体的位置进行种植方案设计、手术导板设计、骨增量方案设计及基于数字化骨增量的钛网预制并完成种植手术；骨整合后采用数字化印模、数字化辅助的临时修复及最终修复等技术，实现以结果为导向的美学区全流程数字化种植治疗。

2. 临床实习进度及学习汇报安排

（1）开展基础理论及规范化流程的自学汇报：在参加临床诊疗操作前，实习学生认真学习美学区种植基础知识、美学区全流程数字化诊疗规范、数字化设备、仪器及软件的工作原理等理论知识。完成自学后对前期临床病例进行回顾，总结该病例采用数字化全流程的诊疗思路；对诊疗前的预期结果与诊疗完成后的实际美学效果进行对比，通过数字化信息对出现的偏差进行溯源核查，找出原因并进行分析，提出可以改进的方法。

（2）进行数字化仪器、软件等实操训练：完成基础理论学习后，参与临床诊疗工作前，先进行数字化仪器设备和软件的实操练习。例如，使用已完成病例的颌骨 Dicom 数据、美观蜡牙模型扫描数据等信息在种植手术设计软件上进行种植治疗方案和手术导板的设计练习，并同已完成方案进行对比，以检查数字化设计过程中的错误，及时改正。

（3）临床诊疗过程中的病例汇报：在每次诊疗前，实习学生对即将实施的数字化临床技术的理论、操作注意事项及实操练习中的体会等进行学习汇报，与带习老师及临床小组成员沟通诊疗过程中可能出现的问题及解决方案。在每次诊疗后，及时对诊疗效果进行评估，判断当次诊疗效果是否与预期一致，如有偏差，借助数字化信息优势进行原因分析，对可改进完善的部分进行经验总结。在完成整个临床病例后，将预期结果与最终修复效果进行对比，总结经验，不断提高诊疗质量。

（4）数字化技术前沿进展汇报：实习医生定期查阅数字化技术在美学区应用的相关文献、书籍、会议资料，不断加深和扩大数字化技术在美学区种植的应用潜能，提高全流程数字化技术在以结果为导向的美学区种植中的诊疗效率和修复质量。

3. 临床带习指导和病例点评

临床技能指导：带习教师在整个诊疗过程中应对实习医学生进行积极指导。通过示教指导、提问等方式考查学生对美学区全流程数字化诊疗规范的理解，强化学生对数字化流程中的临床操作要点的掌握，逐步培养学生的独立动手能力和医患沟通能力。

病例汇报点评：对学生病例汇报过程中的错误和不足进行点评，并提出相应的改进方案。

（三）检查阶段（Check）

1. 诊疗质量的评估

在每次诊疗完成后，实习医学生需对诊疗预期效果和完成效果进行对比评估，及时发现问题，与带习教师沟通并充分利用数字化信息进行原因分析。例如，当进行前牙美学区种植支持式临时义齿修复时，发现螺丝孔并非和预期设计一样在舌隆突上方穿出，而是位于切端偏颊侧。针对此问题，实习学生需从数字化信息采集、数字化微笑设计、数字化诊断和种植设计、数字化手术导板设计及手术过程等方面进行分析，找出种植体位置不理想的原因（如图 2 所示）。

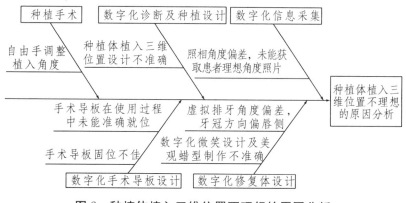

图 2　种植体植入三维位置不理想的原因分析

2. 对学生在诊疗过程中的操作规范性进行评价

（1）定期对实习医学生进行临床技能考核检查。

（2）在临床诊疗过程中，带习教师对学生每个动手操作关键环节进行检查和评价，及时发现问题并提出修改意见。

3. 病例汇报

实习医学生应对负责病例进行定期整理汇报，总结诊疗过程中的难点和关键点，提出尚未解决的问题和自己对该病例的思考，由指导教师和临床小组成员点评。

4. 专题汇报

对前牙种植相关的数字化技术进行系统性专题汇报，以加深对数字化理念在前牙美学区种植中的应用认识，通过文献回顾及病例学习，提出在现有流程上可以改进的技术。

（四）处理阶段（Act）

（1）及时改正检查出的新问题。例如，在检查阶段发现的种植体位置不理想，根据分析结果，在此阶段可做相应改进处理。无法在本次 PDCA 循环中解决的问题，将转入下一个循环周期，以此不断完善以结果为导向的美学区种植全流程数字化教学方案，并提高前牙种植美学效果。

（2）记录此循环阶段实习医学生的教学管理实施情况、考勤情况、考核成绩和带习教师的评价等，以完善对学生基本信息和教学情况的管理，这样有利于资料保存及对教学改革后的效果分析。

（五）PDCA 法运用于临床教学中的优势与不足

PDCA 法是循环进行、阶梯上升的科学管理模式，有利于提高学生积极性和竞争意识，也能帮助学生在理论和实践相结合的演练中真正掌握美学区全流程数字化种植的临床技能要义，在学习过程中获得反思进步。但由于人员、资源的限制，难以对每位学生实行更精细化、个性化的管理，还需要进一步探索能兼顾细节完善，提高诊疗效率和教学效果的管理制度。

四、结语

全流程数字化技术的应用实现了有章可循的治疗理念，有效提高了前牙美学区的修复效果，真正实现了可预期的、以结果为导向的种植修复治疗流程。在理论和临床教学工作中，PDCA 循环法的应用，一方面深化了口腔临床实习医学生对以结果为导向的美学区种植技术的认识，提高了临床教学质量，另一方面也充分发挥了学生的主观能动性，提高了其自主学习的积极性以及发现问题并解决问题的能力，同时建立和完善了管理实习医学生的量化考核标准，及时保质落实每一步骤，根据考核结果及相关反馈更新及完善管理机制，开启了数字化、现代可视化、可循环化、多元多视角化的种植教学新模式。

参考文献

［1］JODA T，FERRARI M，GALLUCCI G O，et al. Digital technology in fixed implant prosthodontics［J］. Periodontology 2000，2017，73（1）：178—192.

［2］SONICK M，HWANG D，DWORKIN J. Implants in the aesthetic zone：clinical guidelines［J］. Dentistry today，2017，36（1）：91—92，94—95.

［3］COACHMAN C，CALAMITA M A，SESMA N. Dynamic documentation of the smile and the 2D/3D digital smile design process［J］. The International journal of periodontics&restorative dentistry，2017，37（2）：183—193.

［4］HARRIS B T，MONTERO D，GRANT G T，et al. Creation of a 3-dimensional virtual dental patient for computer-guided surgery and CAD—CAM interim complete removable and fixed dental prostheses：a clinical report［J］. The Journal of prosthetic dentistry，2017，117（2）：197—204.

［5］TIAN T，ZHANG T，MA Q，et al. Reconstruction of mandible：a fully digital workflow from visualized iliac bone grafting to implant restoration［J］. Journal of oral and maxillofacial surgery，2017，75（7）：1403. e1—1403. e10.

［6］MONACO C，EVANGELISTI E，SCOTTI R，et al. A fully digital approach to replicate peri-implant soft tissue contours and emergence profile in the esthetic zone［J］. Clinical oral implants research，2016，27（12）：1511—1514.

［7］蔡潇潇. 美学区数字化种植策略与流程［J］. 国际口腔医学杂志，2019，46（6）：621—630.

［8］黄嘉妮，徐诸凤，郁玺玺，等. PDCA 护理模式在口腔恶性肿瘤患者行股前外侧皮瓣修复术围术期护理中的应用［J］. 中国口腔颌面外科杂志，2019，17（5）：440—443.

［9］陈璇君，欧阳嘉杰，朱文珍，卿安蓉. PDCA 循环护理管理模式在种植体周围黏膜炎治疗中的应用及效果分析［J］. 口腔疾病防治，2019，27（8）：527—530.

［10］郝鹏杰，刘莉，柳忠豪. PDCA 循环结合 Mini-Cex 量表监控口腔住院医师全冠修复的质量管理［J］. 口腔医学研究，2020，36（3）：302—304.

［11］刘佳，张瑞涵，李伯琦，等. CBL 教学法联合 PDCA 循环在儿童口腔医学实习教学中的应用［J］. 新疆医科大学学报，2018，41（10）：1322—1324.

［12］曾素娜. PBL 联合 PDCA 循环教学法在口腔科实习带教中的应用效果分析［J］. 全科口腔医学电子杂志，2019，6（17）：149—150.

专业与课程建设

Zhuanye yu Kecheng Jianshe

构建以提高学习力为目标的"口腔解剖生理学"进阶式教学体系

李中杰　余丽霞　岑　啸　刘　洋　李晓箐

（四川大学华西口腔医学院）

【摘要】"口腔解剖生理学"是口腔医学基础教育中的一门核心课程，是口腔医学生进入专业学习与临床实习前重要的奠基性课程。传统的教育模式下，学生学习时间短、内容及技能掌握不足，难以有效建立适应口腔医学的专业学习方式，往往在临床实习后需要反复学习相关知识与技能。基于对学习理论的新认识，笔者所在教研室开始了以提高学习力为目标的教学改革，经过十年的探索，建立起了多年级、多层次的"口腔解剖生理学"进阶式教学体系。本文就"口腔解剖生理学"的现状与挑战、课程体系的具体内容、相应的教学理论支撑，以及未来发展方向展开综述。

【关键词】口腔解剖生理学；专业基础教育；教学体系；手部技能；提取训练

一、"口腔解剖生理学"课程的现状与挑战

（一）"口腔解剖生理学"课程的目标

"口腔解剖生理学"课程是以讲授口腔颌面部、颈部解剖结构的正常形态、生理功能及临床应用为主的专业基础课程。由于口腔医学极强的实践特性，掌握正常的解剖知识对于口腔医学生而言极其重

专业与课程建设

要。在掌握解剖的基础上，学生还需要理解相关结构参与的口腔颌面部功能，尤其是不同结构之间的相互协同关系，从而为后续的临床应用打下基础。

口腔医学是一门专业属性很强的医学分支，而"口腔解剖生理学"课程又是学生最早接触的专业课程；学生经过该课程学习后应具备口腔医生的专业素养，其中最重要的就是通过绘画、雕刻等学习解剖的方式，提高学生对手部精细操作的掌握程度。手部技能训练，是口腔医学教育的一项核心内容，贯穿于学生学习的各个阶段。在"口腔解剖生理学"课程中的手部技能训练具有重要的奠基性作用。

要实现上述目标，不仅需要教师进行课程及教学设计，也需要学生转变学习方式，适应口腔医学本身的专业特点，为以后的临床学习和实践打下坚实基础。同时，在这一过程中，学生还要逐渐培养起对口腔医学的职业认同感，完成由学生到专业人士的转变。因此，"口腔解剖生理学"不仅是一门专业基础课程，而且在口腔医学生的成长过程中还具有承上启下的重要作用。

（二）传统教学面临的挑战

传统的"口腔解剖生理学"课程，通常在大学第三年开展，教学时长仅一个学期。学生在毫无经验的情况下，需要快速掌握专业器械的使用、理解主要结构的解剖形态，完成绘画、雕刻等训练，进而理解空间位置关系及相应的生理功能。既往的教学经验表明，学生虽能完成规定的学习任务，但大多是对课本和教师指导的模仿，缺乏对解剖形态的深入理解，更难以与其他知识产生联系。此外，短时间内同时要完成上述学习任务，也会对学生造成较重的学业负担。本科学生往往在高年级阶段，即临床前培训与临床实习阶段，还要不断地重新学习相关解剖知识，也出现过因牙体解剖知识不足所致的工作失误。

如何有效提升学生的手部操作技能，是传统教学面临的另一大挑战。口腔解剖教学方法中的绘画和雕刻，本身具有学习形态与训练手部技能的双重作用，长期以来都是学生学习口腔医学专业操作的启蒙课程。传统教学模式下，手部技能较差的学生，在学习中花费大量精力在如何提高手部操作上，对主体内容的学习反而不得要领。

近年来，新技术、新材料的广泛应用，对于口腔医生的技能要求也在发生改变。以牙体修复为例，医生从单纯恢复牙体外形，转变到兼顾美学、功能，并协调牙与口颌系统整体的关系。新技术应用，使得医生的操作变得简单，但是对治疗方案的设计提出了更高要求。这种转变要求"口腔解剖生理学"课程中需要将不同结构的相互关系，以及解剖与生理功能的联系作为主要讲解内容。因此，传统的教学模式需要重塑教育理念、改变教学思路，以应对当前挑战。

二、课程体系教学改革

自 2009 年初开始，笔者所在教研室着手进行"口腔解剖生理学"课程的教学改革，以提高学生的学习力为核心，以进阶式的课程设计为主要思路。经过十年的摸索和改善，一个贯穿整个本科阶段的"口腔解剖生理学"进阶式教学体系已经建立，大大夯实了学生的专业基础能力。

（一）教学改革的初衷

教学改革之前，教研室与多位教育专家进行了讨论。一致认为当前的主要问题是"口腔解剖生理学"承载的教学目标过多，而且教学时间完全压缩在一个学期内，学生来不及对所需各项技能进行充分训练。因此，改革的思路是如何有序分拆当前过于压缩的课程内容。

首先，分拆的是牙体绘图。因为绘图是学习解剖的重要方法，且相对于雕刻更容易上手。在多方协调之后，教研室在大学第一学年第二学期面向口腔医学院本科生开设了"口腔素描课"，讲授牙体及口腔颌面部解剖的基础知识，并对学生进行牙体、面部、颅颌骨绘图等训练。首轮学生学习之后，反馈良好，绘图作品质量也较高。然而，在该轮学生进入大学第三年"口腔解剖生理学"课程后，授课教师发现，学生在间隔一年半以后遗忘过多，需要从头学习，教学工作量并未减轻。经过调研后发现，"口腔素描课"与"解剖学"开设在同一学期，学生在没有系统性解剖知识的前提下学习口腔颌面部局部解剖，是遗忘过多的主要原因。由此，在学院教务部门的再次协调下，"口腔素描课"调整到大学第二学年第二学期，解决了课程前后衔接的问题，教学效果得到显著提高。

其次，分拆的是手部技能训练。这一步改革酝酿已久，因为手部技能的训练不足，不仅影响当前教学质量，还会影响后期临床前培训的操作部分。然而，如何开展相应教学，在国内尚属空白，国际上也乏善可陈。由此，教研室与相关专家组成改革小组，一方面设计教学内容、推动课程的建立，另一方面着手编订教材。最终"手部技能训练"课程开设在大学第一年，后来借助四川大学国际实践周的平台，又开设了两门两周的短期课程。于 2013 年出版了教材《口腔医学临床前技能训练》。

（二）多层次、多年级的课程体系

经过前期的探索与完善，至 2014 年起，教研室建立了一套"口腔解剖生理学"进阶式教学体系，贯穿整个本科教育阶段。该体系既包括多门专业课程，也包括短期培训、教师支持的学生学术社团、校级及校际的技能比赛（见表 1）。以下将对各个部分展开逐一介绍：

大学一年级的"手部技能训练"课程，以提升学生手部操作灵活性为目的，着重依靠常见生活物品进行训练，例如筷子训练、捏橡皮泥、十字绣、打毛衣、镜面操作等。让学生的训练能够从课堂上转移到课后，使得训练效果从短期提升发展为长期持久性进步。

大学二年级的"口腔素描课"课程，以牙体素描为主，兼顾面部主要骨、肌及面部素描。该课程讲授基础的口腔解剖知识，并发放标准的仿真牙体模型，最后组织学生对牙体和口腔颌面部主要结构进行绘图。目的是让学生掌握观察和描绘解剖结构的方法，同时设立加分机制，鼓励学生自学并尝试依据绘图结果进行牙体的立体雕刻。

暑期社会实践周是为期两周的学习平台，有简单的考查要求。教研室利用该平台，针对低年级本科生开设"手部技能训练"的进阶课程。目的是引导学生掌握口腔医学专业工具如牙科各种手机的使用方法，为日后的课程做准备。

从大学三年级的"口腔解剖生理学"课程开始，教学内容开始转向，即从传授记忆性知识转到以讲授知识之间的联系为主。实验课堂提供更多的动手机会，教师从主动指导为主转变到给予及时反馈为主，从而调动学生的学习积极性。

在临床实习阶段，教研室开设与"牙列咬合"相关的知识讲座，着重于口腔解剖与生理功能、口腔疾病之间的相关性，一方面引导学生回顾解剖知识，另一方面强化此类基础知识在临床工作中的应用。

此外，华西口腔医学院传统的"林则杯"本科生口腔技能比赛由学院内部比赛，转变为邀请国内外各大高校学生的国际口腔本科生口腔技能比赛，针对口腔解剖专门开设了比赛项目，如牙体绘画、雕刻鸡蛋壳等，培养了口腔解剖学习的良好风气。近年来，全国范围内有更多的口腔医学院校开展各类口腔技能比赛，极大提升了整体的学习风气。

几乎在课程体系建立的同时，学生中自发地形成了"口腔解剖生理学"的学习小组，并主动联系教研室教师对其指导。后来，该小组的活动质量、影响力得到快速提升，演变为学术社团，内容从教学扩展到相关科研领域。

表 1　多层次、多年级进阶式教学体系的组成部分

课程名称	教学对象	教学目标	教学内容
手部技能训练-I	大学一年级学生	提升手部操作灵活性，培养手部技能训练的习惯	筷子握持训练、橡皮泥牙塑、蜡片雕刻、石膏雕刻、镊子十字绣、打毛衣、镜面操作等
口腔素描课	大学二年级学生	培养学生对牙体、口腔颌面部解剖结构的观察能力，掌握对相关解剖进行素描的能力	口腔颌面部解剖基础内容、牙体素描、颌骨素描、颞下颌关节素描、面部素描。
手部技能训练-II	大学二、三年级学生	提升手部操作灵活性、协调性，熟悉口腔医学专业工具的使用方法	口腔科手机的使用、仿头模基本操作、虚拟牙科模拟训练机（MOOG）的训练
口腔解剖生理学	大学三年级学生	掌握口腔颌面部主要解剖结构的特点与功能，掌握口腔颌面部主要生理过程，掌握牙体绘画与雕刻技能	口腔颌面部解剖、牙列与咬合、口腔颌面部主要功能、牙体雕刻、牙列与咬合绘图、口腔颌面部局部解剖标本观察
牙列、咬合知识讲座	进入临床实习的口腔医学学生	掌握牙列、咬合的基本知识，在口腔医学临床工作中应用咬合知识	咬合的主要概念、检查方法、颞下颌关节病专科检查方法、咬合板的制作与调改等
口腔技能比赛	大学四年级学生	展现手部技能，培养学习风气	以牙体绘图、鸡蛋壳雕刻等为主的手部技能比赛
学生学术团体	大学本科各年级学生	引导学生完成主动学习，培养学习风气	指导解剖素描、牙体雕刻、手部技能的联系，指导相关研究课题的设计

三、总结与展望

在课程体系建立、完善、运行的过程中，改革小组与教研室多位老师不断总结经验，为课程体系发展做出了贡献。站在教学改革十年之后的节点上回望，我们发现有许多经验值得分享，也有更多改革方向值得探索。

（一）教学改革的理论支撑

四川大学华西口腔医学院的"口腔解剖生理学"课程，历来重视学生的主动输出，从绘图、雕刻到后来的技能比赛，都是要求学生通过动手来完成学习，而不是仅仅停留在记忆与复述上。该理念符合认知科学上关于"提取训练"（Retrieval Practice）的研究成果[1—2]。提取训练强调在学习的三个阶段，即记忆、储存、提取中，练习提取信息最有利于学习效果的巩固。这种"提取"包括回答简短的问题、依据学习的信息进行操作，或者简单写下能记住的内容，其中最重要的是要区别于测验，即不计分数、与课程成绩无关[3]。实验证实，提取训练对口腔医学的专业学习同样有效[4]。教学改革中，我们充分利用绘画、雕刻等方式进行提取训练，且课堂上只反馈、不打分。教学改革前，受课堂时间所限，仍以讲授为主；教学改革之后，课堂时间相对充裕，课上变成讲授与提取训练相结合，教师更主要的作用是提供反馈。具体来讲，一名学生完成"口腔解剖生理学"课程，对一颗牙至少要雕刻三遍，分别在课前、课上、课后，前两次雕刻作品均不打分，学生在期末时上交最满意的作品即可，有充分的练习时间。

课程中多次主动练习的另一个好处，即符合认知科学关于"间隔学习"（Spacing）的研究结论[5]。间隔学习是在最初学习之后的一段时间，再次学习相关内容，可促进长期记忆。核心是利用早期的遗忘，为再次学习创造适宜难度[6]。教学改革的初衷是分散教学内容，由此形成以学年为间隔的学习。但是，过长的间隔会形成过多遗忘，无法形成适宜难度，效果反而变差。因此，教学体系中有学期内的理论课与实验课的"小间隔"，也有跨年级的"大间隔"，从而有效提高学生的学习成效。有研究表明，"间隔学习"加上"提取训练"会增强学习效果，该局面在课程体系建立后得到了良好的实现。

教学改革后，我们还利用了认知科学的另一个研究成果，即"混合学习"（Interleaving）。混合学习强调在一段时间内将相似的学习内容放在一起，引导学生分辨相似内容的不同之处，从而产生更好的学习效果，可以被看作另一种形式的间隔学习[7]。手部技能训练课程的设计，采用了混合学习的策略，将支点、眼手协调、距离感知等内容融入不同形式的练习中，后期还应用仿真模拟学习机训练真实场景下相同的练习内容。研究表明，把提取训练、间隔学习、混合学习放在一起，可以产生更好的学习效果[8]。这一点在口腔技能比赛和学术团体的活动中得到了充分体现。

（二）未来展望

该教学体系建立后，学生给予了良好的反馈与评价。经过十年的运行之后，我们在思考未来教学改革的方向。其一，充分利用现在的技术进步，具体而言就是虚拟现实、增强现实技术。四川大学华西口腔医学院已经拥有基于触觉和虚拟现实技术的虚拟牙科模拟训练教学设备（MOOG），在手部技能训练课程上已得到部分应用。MOOG本身具有多种功能，如何更好地实现与传统教学的对接，将是未来教学改革的一个新方向。其二，口腔解剖生理教学虽是专业基础课程，但是与临床工作联系极其密切，对牙体牙髓治疗、牙周治疗、修复治疗、正畸治疗都具有关键性影响，如何更好地与临床各个专业契合，将是未来教学改革的另一大方向。

参考文献

［1］KARPICKE J D, BLUNT J R. Retrieval practice produces more learning than elaborative studying with concept mapping ［J］. Science, 2011, 331 (6018): 772—775.

［2］BOUTIN A, PANZER S, BLANDIN Y. Retrieval practice in motor learning ［J］. Human movement science, 2013, 32 (6): 1201—1213.

［3］FIECHTER J L, BENJAMIN A S. Diminishing-cues retrieval practice: a memory-enhancing technique that works when regular testing doesn't ［J］. Psychonomic bulletin & review, 2018, 25 (5): 1868—1876.

［4］SENNHENN-KIRCHNER S, GOERLICH Y, KIRCHNER B, et al. The effect of repeated testing vs repeated practice on skills learning in undergraduate dental education ［J］. European journal of dental education, 2018, 22 (1): e42—e47.

［5］CEPEDA NJ，VUL E，ROHRER D，WIXTED JT，PASHLER H. Spacing effects in learning：a temporal ridgeline of optimal retention［J］. Psychological science，2008，19（11）：1095—1102.

［6］ROSNER T M，DAVIS H，MILLIKEN B. Perceptual blurring and recognition memory：a desirable difficulty effect revealed［J］. Acta psychologica，2015（160）：11—22.

［7］ROHRER D，DEDRICK R F，STERSHIC S. Interleaved practice improves mathematics learning［J］. Journal of educational psychology，2015，107（3）：900—908.

［8］AGARWAL P K，FINLEY J R，ROSE N S，et al. Benefits from retrieval practice are greater for students with lower working memory capacity［J］. Memory，2017，25（6）：764—771.

"新工科"建设背景下多学科交叉专业的"现代控制理论"课程教学体系探索与实践

钟苏川　　刘文红

（四川大学空天科学与工程学院）

【摘要】"现代控制理论"是一门基于数学分析、方法分析与设计控制系统的学科，理论性强，学生理解掌握比较困难。探讨"新工科"建设背景下多学科交叉飞行器控制与信息工程专业的专业必修课"现代控制理论"的工程化教学方法是教学改革的重点。本文从课堂教学的教学内容、教学方法和教学模式等方面探讨工程化教学方法。

【关键词】"新工科"；现代控制理论；教学内容；教学方法；教学模式

一、引言

开展"新工科"建设是深入学习贯彻习近平新时代中国特色社会主义思想和党的十九大精神，写好高等教育"奋进之笔"，打好提升质量、推进公平、创新人才培养机制攻坚战的重要举措。本文所依托的飞行器控制与信息工程专业作为国际航空宇航科学与技术学科发展前沿，是典型的多学科交叉的"新工科"专业，于 2016 年首批设立，瞄准国家和国防科技发展对空中交通管理、低空探测与引导、飞行器控制与仿真、卫星定位与视觉导航等相关领域技术的重大需求，是航空航天领域极具发展潜力的特色专业。"现代控制理论"作为飞行器控制与信息工程专业的专业基础课，在专业课体系中占有重要地位。

该课程内容较多、概念抽象，对数学基础要求较高，同时课程具有多学科交叉、理论性和实践性并重、技术手段更新快的特点。基于飞行器控制与信息工程专业的"新工科"人才培养要求，该课程也必须更具有针对性地做一些调整和变化。因此，依据我们对飞行器控制与信息工程专业人才培养目标与定位的理解，参考我们对国内外相关院所的培养计划的调研，结合自身历年课程教学中积累的经验，并参考相似课程教学改革先进教学经验[1—5]，本文针对"新工科"建设背景下飞行器控制与信息工程专业"现代控制理论"课堂教学的教学内容、教学方法和教学模式进行了探索。

二、教学内容

（一）教学内容的主次把握

"现代控制理论"是一门以线性代数为数学基础的工程控制理论课，教学内容包含大量概念及烦琐的数学分析和定理证明，核心概念抽象，学生的学习难度较大。此外，该课程理论性极强，虽有具体的工程背景，但在有限课时情况下很难让学生建立课程知识与工程实际的联系，授课内容枯燥抽象，学生学习效果不尽如人意。如何在课程教学中将课程脉络厘清，提高学生学习积极性和学习效率，高质量地完成教学大纲内容，是任课教师亟待解决的主要问题。

该课程理论性强，对于教学大纲给出的教学内容一定要有主次之分。对课程重点，如状态空间模型的建立，状态转移矩阵的重要意义及计算，能控性、能观性定义及判据的应用，李雅普诺夫稳定性判据的理解和运用等要精讲、细讲、重点讲；对于大纲中要求了解性的内容可以选讲，或者要求学生课后自学，这样既锻炼了学生的自学能力又分解了一些课堂教学的压力。

（二）教学案例的具体结合

教师的课堂教学应积极地和自身科研工作挂钩，这样才能碰撞出新的火花。飞行器控制与信息工程专业的教师团队有着丰富的学科背景，专业包括数学、航空航天、力学、信息工程等，在教研室集体备课过程中，应充分利用好教师的多学科的背景优势，在规划教案时，综合安排基础理论与应用实践的教学内容。此外，还应考虑大多数学生已有的学科背景，将现代控制理论在航空航天、机械工程领域的应用案例作为组织教学的主要内容穿插在基础理论的讲授中。实际上，现代民用飞机飞行控制系统是整个飞机机载系统的核心，也是整架飞机最复杂的系统之一。飞行控制系统的作用是保证飞机的稳定性和操纵性，提高飞机飞行性能和完成任务的能力，增强飞行的安全性和减轻驾驶员的工作负担。从最简单的控制应用案例和问题（如调节器、PID 控制等）入手，从控制现象、需求分析入手，深入到问题的物理本质及其在现代控制框架中的模型、分析、设计，从而建立实际控制问题与现代控制理论的关联，帮助和加深学生对现代控制理论的基本概念、基本方法与算法实现的理解。同时，作为飞行器控制与信息工程专业的学生，后续还要学习"飞行控制系统"这门课。结合飞行器控制和信息工程"新工科"专业的新培养目标，在"现代控制理论"的教学过程中适当铺垫介绍相关内容。例如，自动驾驶仪与飞机组成的稳定回路，通过敏感元件测量飞机的姿态角来实现稳定飞机姿态，或者稳定飞机的角运动等。这样，通过实际案例扩展学生视野，提高学生的学习兴趣。

（三）注重现代控制理论及其 Matlab 编程实现

Matlab 应该可以说是目前学习现代控制理论中各种理论算法的最好编程平台，课程教学过程中应积极将"现代控制理论及其 Matlab 实现"编程引入课程教学，增加计算机辅助教学的功能，由易到难，由局部控制到整体控制，演练各类分析系统的方法，完成系统控制律的设计编程，增强学生对理论知识和控制优化案例的理解[6]。借助 Matlab 软件的相关函数或者软件包为"现代控制理论"教学提供有利的辅助验证。例如，在进行能控性、能观测性秩判据的应用、系统稳定性判定的教学过程中，可以指导学生在课后利用 Matlab 进行设计及验证来强化学习效果。

三、教学方法

相同的教学内容可以采用不同的教学方法。对于本科教学，应尽量简化理论推导，突出重要的概念、公式和方法，在保证现代控制理论完整性和科学性的基础上，用尽量通俗的语言深入浅出地讲解现代控制方法，避免像专著和研究生教材那样追求理论严谨。

（一）简化理论推导，重点阐述本质机理

实际上，该课程许多结论推导涉及大量数学知识，学生理解掌握起来有难度。传统的教学是以教师讲授为主体，学生始终处于被动状态，容易产生畏难心理，很难把握课程的理论知识，也很难推行该课程的实践。那么教师在备课的过程中，就要首先将教学内容进行有效的切分，尽量简化理论推导，重点阐述本质机理。对于不能省略理论推导的内容，有重点、多方面进行阐述；对于可以略过理论推导的内容，从理解、应用展开教学。例如，涉及控制理论中的能控性、能观测性秩判据的得来，就没必要给出详细的证明。直接把定理介绍给大家，强调好定理的内涵、应用的限制条件、定理的优点和不足，再通过适当的练习巩固，让学生先掌握该定理的应用。对于有余力的学生或者后续有进一步深造需求的学生，可以引导他们通过课后查资料学习其证明过程，若有问题，单独和教师沟通。

（二）引导式、启发式、类比式、归纳总结混合教学

针对传统教学中学生缺乏学习主动性的问题，在"现代控制理论"的教学中采用"引导式、启发式、类比式、归纳总结式混合"的教学模式。通过教师在课堂上的牵引，培养学生探究问题、分析问题和解决问题的能力，激发其求知欲，做到对知识点的真正理解和掌握，改变学生的惰性和对教师的依赖。由于现代控制理论涉及的概念、定理繁多复杂，若只是平铺直叙地讲授这些知识会过于僵化，因此，课程讲授应采用问题启发的方式，帮助学生分析问题，在对问题透彻分析后，再由教师依据思路进行讲授，让知识点的出现不那么突兀。同时，在"现代控制理论"中许多问题之间及问题本身的条件与结构之间存在一些同与异矛盾的分析和转换，因此，应通过对概念之间的类比，寻求突破和建立联系，让学生学习更游刃有余。最后，"现代控制理论"的学习要注意各知识点的衔接，适时让学生做归纳总结，帮助其构造完整的知识体系。

（三）结合工程应用，展现真实案例

将实际应用案例适当融入教学内容中。作为高校教师，不能仅就教材完成教学，应与时俱进地将科研工作中的相关案例有机融入。将

科研工作中涉及现代控制理论的内容融入课程中，结合专业培养要求，强化有特殊专业背景的应用方面的教学内容。"现代控制理论"课程大部分在经典控制理论基础上，着重介绍以状态方程为数学模型的状态空间分析与设计方法，包括系统的状态方程数学模型、李雅普诺夫稳定判据、动态性能分析、系统能控性和能观性等分析、状态反馈控制与状态观测器设计、极小值原理、线性二次型最优控制方法等。这是现代控制方法的理论基础，这些现代控制方法已经在空间技术、机电设备等控制中广泛应用。现代控制方法有许多非常成功的工程应用，因此，可以针对每种方法选择一些能够让学生理解的控制工程实例进行讲授。例如，简单实用的最小二乘系统辨识方法，这是建立系统数学模型的重要方法，因此，可以简要介绍系统辨识的基本概念、最小二乘参数估计方法和系统结构辨识等基本内容。通过工程控制案例分析，将工程控制问题引入"现代控制理论"课程的教学中，纠正大多数学生此前认为这门课主要是数学问题的错误认识，使学生对现代控制理论的认识回归到解决工程问题上，从实际工程系统的角度来全面把握现代控制理论的工程本质，增加学习感性认识，从而让学习过程更为轻松。

四、教学模式

多媒体和各类信息技术的广泛运用能够有效提升课堂授课效率和授课节奏，但数学推导较多的"现代控制理论"仅通过课件形式展现出来，学生接受和理解还是吃力。一方面，我们计划在以后的教案中增加更多的现场视频及图形和图像资料，使学生更容易理解和记忆，增强抽象理论的可接受性。另一方面，涉及数学理论推导的部分建议讲授时采用传统的"黑板板书＋PPT 展示"的混合教学方式，对关键的、必不可少的数学推导回归传统，用粉笔在黑板上进行推导，推导过程中既体现了思路又能引导学生思考，大有裨益。此外，还可以考虑将一些优质的在线课程（如雨课堂等）引入课堂教学过程中，提升授课效果。将国家级慕课资源纳入教学体系，通过课前下发预习纲要、课中重点讲授和关键问题研讨、课后辅导，提高教学水平和学生的掌握情况。

五、结语

　　以专业建设为抓手，聚焦"工科的新要求"和"新的工科专业"，全面推进新工程教育改革，持续优化"新工科"专业体系。本文从着力提升专业建设水平，持续推进课程内容更新，纵深推动课堂革命角度出发，探讨了典型的多学科交叉"新工科"专业飞行器控制与信息工程的典型专业基础理论课程"现代控制理论"教学的改革思路。从更新教学内容、改进教学方法和改革教学模式等方面进行分析研究，实践了该课程课堂教学的"知识—能力—实践"新思路，有助于实现"新工科"人才培养目标，对开展课堂革命起到了积极的探索作用。

参考文献

　　[1] 谭跃刚，陈国良. 面向全日制硕士专业学位研究生的"现代控制理论"课程教学探索与改革 [J]. 学位与研究生教育，2010（8）：14—17.

　　[2] 王斌，李斌. 《现代控制理论》实验教学探索 [J]. 教育教学论坛，2013（17）：264—265.

　　[3] 丁李，孔政敏，杜富滢. "现代控制理论"教学改革与实践探索 [J]. 教育现代化，2017（22）：42—44.

　　[4] 郑志强，翁智. "现代控制理论"课程教学改革探索 [J]. 实验室研究与探索，2013，32（11）：381—383.

　　[5] 肖小庆，周磊. 现代控制理论课程工程化教学改革 [J]. 高师理科学刊，2018，38（1）：82—84.

　　[6] 朱永红，李蔓华，王建宏，等. 基于 MATLAB 研究生"现代控制理论"课程教学模式改革与实践 [J]. 景德镇学院学报，2014，29（6）：13—15.

一流课程建设视域下跨专业基础课课程组建设的探索

王晓芳　姜小雨　邓清华　曾晓东

（四川大学电气工程学院）

【摘要】 本文聚焦承担跨专业基础课的基层教学组织——跨专业基础课程组的建设，论述了一流课程建设背景下课程组存在的必要性和重要性，系统分析了课程组建设中容易出现的问题，借助美国著名心理学家谢里夫关于群体性组织竞争与合作的社会心理实验及其结论，提出了以一流课程建设为目标跨专业基础课程组建设的路径与方法。

【关键词】 基层教学组织；课程建设；课程组建设

近年来，教育部以新时代全国高等学校本科教育工作会的召开为契机，坚持"以本为本"，推进"四个回归"，出台了一系列措施，引导高校聚焦深化本科教育改革，切实提高人才培养质量。课程建设是深化本科教育改革的基础和核心，"课程是人才培养的核心要素，课程质量直接决定人才培养质量。"[1]在本科教学实践中，跨专业基础课区别于外语、思想政治理论课等全校学生都要修读的公共课，又区别于与所修专业知识、技能直接联系的专业课，它们是学习专业基础课、专业课的基础与铺垫，因而是"基础的基础"。同时，正因为其处于基础地位，学习的时间一般是在大学一年级，即学生逐渐适应大学学习规律的阶段，课程建设质量、教师教学质量、学生学习的质量直接关系到学生以后的专业学习。因此，跨专业基础课理应成为一流专业、一流课程建设关注的重点。

跨专业基础课课程组是具体承担基础课建设、教学改革、教学运行的基层教学组织，其建设质量直接影响着人才培养质量。

一、跨专业基础课课程组存在的必要性与重要性

第一，跨专业基础课修读学生多，授课教师人数多。跨专业基础课是全学院各专业学生都要修读的基础课，学生人数多，客观上要求有较多的授课教师。这注定此类课程的教师来自全院各系、各教研室，需要打破日常行政管理关系，每一门课成立一个专门的课程组，于是，对教师们进行组织和管理就成为必然选择。笔者所在的电气工程学院，根据需要组建了"C语言""微机原理与接口技术""计算机网络与通信"等课程组。

第二，跨专业基础课的基础地位决定了其课程组的重要性。跨专业基础课是"基础的基础"，是教学管理的"重中之重"。作为教学组织和教学研讨的物理载体，课程组的重要性不言而喻。教育部《关于深化本科教育教学改革　全面提高人才培养质量的意见》中指出，"高校要以院系为单位，加强教研室、课程模块教学团队、课程组等基层教学组织建设"。课程组是最基层、最直接的基层教学组织，其建设质量直接影响着基础课教学质量。

第三，课程组成为不同专业教师知识交叉碰撞的有效平台。来自不同教研室、不同专业的教师以教学研讨为契机，结合自己的科研项目，将最新研究成果融入课堂教学。教师们的充分交流极大丰富了理论教学的实践内容，也保证了教学内容不断更新。

第四，课程组成为教育教学改革的重要驱动力。在工作实践中，由于跨专业基础课要不断满足各专业人才培养的要求，它们就成为各专业改革的最基本的着力点，因此，课程组成为不同专业教师研讨专业和课程改革方向的有效组织。课程组围绕人才培养目标，深入研讨，调整课程内容，甚至更换新的课程，助力于教育教学改革。

二、课程组建设中容易出现的问题

跨专业基础课课程组具有非常重要的作用，也是学院日常管理关注的重点。一般说来，课程组的特点导致了其在日常管理中容易出现以下问题：

第一，日常管理松散。由于教师们来自不同的系、教研室，存在

多头管理。同时，教师承担着繁重的教学、科研任务，致使课程组难以形成强有力的组织，出现组会出勤率低、课程组布置的任务一拖再拖等现象。

第二，人员流动性大。因基础课很重要，理应选择最优秀的教师授课。但在实践中，最优秀的教师往往教学、科研压力都很大，而教师们总会根据自己的教学科研任务调整所承担的课程。因此，每一年、每一个学期都可能出现组员大变动的现象，导致新教师备课压力大，教学质量难以保证。

在日常管理中，校、院领导应坚持问题导向，从根源上努力解决课程组存在的问题。

三、以一流课程建设为目标强化课程组建设

2019 年 10 月，教育部出台了《教育部关于一流本科课程建设的实施意见》（教高〔2019〕8 号），提出了一流本科课程建设的标准，要求突出高阶性、创新性、挑战度等，这为跨专业基础课的建设提供了目标。客观分析，在一流课程建设中，跨专业基础课课程组自身特点如剑之两刃，既有优势又有劣势，如何突出其优势、抑制其劣势正是值得研究的课题。

美国著名心理学家谢里夫（M. Sherif）关于群体性组织竞争与合作的社会心理实验及其结论对一流课程建设视域下跨专业基础课课程组建设提供了有益的启示。该实验重点探讨组织成员间、成员与组织间及组织与其他组织间的关系，揭示了组织的归属感给予个人情感的寄托，组织的认同感给予个人能力和价值的肯定，组织的支持则是个人力量的源泉，使其充满斗志[2]。以教育部一流课程建设标准为目标，以谢里夫实验及其结论为指导，本文认为可以通过以下途径强化跨专业基础课课程组建设。

（一）学院进一步提高对该类课程组建设的重视程度

教育部教高〔2019〕8 号文件指出，"高校要以院系为单位，加强教研室、课程模块教学团队、课程组等基层教学组织建设，制定完善相关管理制度，提供必需的场地、经费和人员保障，选聘高水平教授担任基层教学组织负责人，激发基层教学组织活力"。从总体看，不同的学校和学院对课程组建设的重视程度差别很大。如前所述，跨

专业基础课课程组本身特点决定了其容易出现管理松散、人员流动较大的问题，需要所在单位强有力的管理和支持。鉴于基础课的重要地位，学院应在工作量认定、绩效考核等关键环节对承担基础课的教师予以更大的倾斜，形成基础课择优选聘教师的局面，从而增强基础课教师的荣誉感；选派业务能力强、管理能力突出、具有奉献精神的教师担任课程组负责人；等等。学院真正将课程组建设列入重要议事日程，并将其作为建设一流课程、一流专业的基础性工作，课程组的建设质量才能真正提高。

（二）强化知识交叉平台作用，增强课程组的凝聚力和课程内容的创新性和挑战度

强化课程内容的创新性和挑战度是教育部主导的教育改革中课程建设的核心指向，这也是课程组在课程建设中发挥作用的立足点。

知识交叉是跨专业课程组先天具有的优势。为了彰显这一优势，学院应积极依托跨专业课程组，举办多种形式知识交叉的活动，有条件的、课程适合的可以建设有针对性的课程实验平台，鼓励教师们带领学生从事探索性实验，以有形的活动与载体强化课程组的凝聚力。同时，依托教师们的知识碰撞，不断增强课程内容的创新性。

来自不同专业、教研室的教师可以从自身承担的课题出发，将最新科研成果融入教学内容，同时将课题中的知识点细化成课堂讨论题目和课后作业题目，有效推进开放式讨论和非标准化答案改革，同时增强课程的吸引力。学院可每年开展将科研成果、科研项目融入教学的案例比赛，营造教育教学创新的良好氛围。

（三）强化课程组组织文化建设

一个组织的文化集中体现该组织的共同价值观和目标追求，是凝聚组织成员思想和行动的"粘合剂""驱动力"。在学院内，正式的行政管理机构是教研室和系，课程组是因教学需要而组建的教学组织机构。教研室、系对教师而言是强关系，课程组是弱关系，这种结构类似于跨国企业的矩阵式管理结构，一个教师既隶属于纵向的系、教研室的管理，又要服从于课程组的管理。因此，课程组要努力营造强势的组织文化，用软约束弥补强关系的不足。学院应在全院强化一流课程建设的浓郁氛围，并强化跨专业基础课的重要性，将更多的资源配置在课程组。课程组负责人是课程组文化的设计者和大力推行者，应

旗帜鲜明地将"建设一流课程、培育一流人才"作为课程组的初心和使命，充分利用学院分配的资源条件，引导教师们积极献计献策，将更多精力投入到课程组建设和课程建设中。

在文化建设中，应积极吸取谢里夫实验的有益启示，一是突出协作性建设。通过课程组的吸引力激发教师们强烈的归属感和能动性，强化成员之间的相互合作、优势互补，增强组织的凝聚力。二是突出稳定性建设。依靠课程组的强势文化，增强组织凝聚力和担任基础课教师的荣誉感，将优秀教师牢固地吸引在组内，增强成员稳定性，确保教学质量持续提高。三是突出统一性建设。为了弱化组内成员由于身份、角色一致而形成的相互戒备、不信任现象，学院可以通过开展课程组之间的评比和竞赛，提升成员对课程组的集体荣誉感，从而提升凝聚力。四是突出交叉性建设。谢里夫实验结论表明，当不同组织间出现"共同需要"，就会尝试联合以实现共赢。学院可以组织课程组、教学团队之间的合作、交流，甚至可以跨出学院界限进行合作，使教师们不只了解该课程对于学院内的相关学科的支撑，思考随着专业的调整改革如何进一步改革、调整、完善，同时注重通过跨学院相关课程之间的交流，更加丰富该课程的内涵。

跨专业基础课课程组是学校最基层的教学组织，又因为承担的课程的独特性而更加突出了其重要性。高等教育改革的成败在很大程度上取决于基层教学组织的活力是否得以充分激发。因此，学院应高度重视，进一步统筹谋划，使课程组在一流课程建设中发挥更大作用，成为学院建设一流专业和一流学科、培养一流人才的坚实基础。

参考文献

［1］中华人民共和国教育部. 教育部关于一流本科课程建设的实施意见（教高［2019］8 号）［EB/OL］.（2019－10－30）. http://www.moe.gov.cn/srcsite/A08/s7056/201910/t20191031_406269.html.

［2］张宏婧，林周周. 基于谢里夫实验的高校基层教学组织建设研究［J］. 当代教育科学，2015（13）：49－51.

"世界史与外国语"跨学科培养的课程体系设计反思

石 芳

［四川大学历史文化学院（旅游学院、考古文博学院）］

【摘要】 鉴于世界史专业对外语能力要求的提高，世界史与外语专业的跨学科联合培养是世界史一流学科建设的大势所趋。首都师范大学与北京大学作为世界史与外语跨学科联合培养的先行者，十几年来积累了极具参考价值的经验。四川大学历史文化学院与外国语学院开展合作，创立"世界史＋外国语"试验班，开展"跨学科专业—贯通式"人才培养。本文在总结本项目的缺陷，吸收其他高校经验的基础上，提出应对该跨学科培养项目的课程体系进行适当调整，适当降低外语的听说能力要求，调整世界史专业课程设置，改革通史的教学方式与课时，增加外文原始资料、史学著作的研读课程，强化历史语言的训练，并增加学术史、国际研究前沿动态、数据库等课程，以顺应新时代本科教育改革创新的需求。

【关键词】 世界史；外国语；"跨学科专业—贯通式"；课程体系

历史研究的基础是原始资料，优秀的、创新性的研究成果都必须依据传世文献或档案等原始资料进行分析研究。按照现代历史研究的学术规范，原始资料的基础地位和作用是无法用任何手段替代的。因此，随着近十几年的发展，中国学术界对域外历史的研究水平逐渐增高，越来越重视史料的发掘和运用。对所研究国家、地区的本土语言的掌握，已经成为世界历史研究的基本要求。然而，中国基础教育基本以英语为第一外语，学生普遍没有其他语种的语言基础。对于非英语国家地区以及上古中古时期的历史研究来说，语言问题成了从事世界历史专业学习和研究的第一道障碍。

有鉴于世界史专业对外语能力要求的提高，近年来国内各高校在世界史专业学生的外语能力培养方面进行了有益的探索。或是利用本校学科资源，建立世界史与外语的跨学科培养项目，或是鼓励学生利用培训机构等教育资源进行相应外语语种的学习，并适当给予补贴或奖励。总而言之，世界史与外语专业的跨学科联合培养是世界史一流学科建设的大势所趋。四川大学历史文化学院与外国语学院也于2018年开展合作，创立"世界史＋外国语"试验班，开展"跨学科专业一贯通式"人才培养。本文在总结项目的缺陷，吸收其他高校的经验的基础上，提出应对该跨学科培养项目的课程体系进行适当调整，以顺应新时代本科教育改革创新的需求。

一、四川大学"世界史与外国语"跨学科培养的项目方案

2018年，在四川大学"跨学科专业一贯通式"人才培养专项项目的支持下，历史文化学院与外国语学院合作，创立"世界史＋外国语"试验班。试验班将世界史专业教育与外语专业教育相结合，希望能够培养对主修国家和地区的历史知识、文化传统、国情现状有深入认知，拥有全球眼光和国际视野，通晓国际事务和规则，熟练运用主修外语进行听、说、读、写、译等的人才，使他们能够胜任政府机构与教育、出版、跨国企业等行业的涉外交流、管理工作。同时，为世界史、外国文学、国际政治、外交等相关学科输送高质量的研究型人才和专业的学术翻译人才。

按照项目设计，每学年结束时在历史专业和外语专业的一年级学生中选拔对外国历史和文化、国际事务有浓厚兴趣且学有余力者，组建虚体的"世界史＋外国语"试验班。历史专业学生根据个人意愿选择英语以外的一门外语作为第二专业，从秋季学期开始跟读外国语学院一年级课程，外语专业学生则跟读历史专业课程。当然，与试验班配套还设有班主任和学业导师，指导学生的日常学业，并以学术社团为依托，指导、鼓励学生参与学术研讨、读书会等学术交流活动。每学年结束时对学生进行考核，外语或历史专业能力不胜任者应退出试验班。

这个项目方案的优点很明显：操作简便易行。入选该培养项目的学生不涉及学籍、学院管理关系的变动，只需按照专业课程计划的要求选修课程即可。学生的学习自由度也很大，可以根据自身学习情况、兴趣方向选择课程。不过，从施行情况来看，项目也面临一些问题，尤其是课程体系值得进一步反思和改进。

首先，外语是一门需要大量日常练习的专业，尤其是在入门阶段，学生必须保证足量的口语、听力、词汇、语法、阅读等基础训练，这些会占用大量时间；而历史学也是需要学生通过大量阅读吸收知识的专业。这两门专业的跨学科培养，给学生造成的课业负担非常重，对学生的学习能力、自我管理能力都有很高的要求。部分学生无法坚持、半途而废；也有些学生历史、外语两门专业学习效果都不佳；另一些学生，由于外语专业的日常练习较多且教师管理严格，从而有意无意地忽视或放松了历史专业的学习。对于这些问题，延长学制似乎是一个选择。然而，由于此项目目前仅为虚体的试验班，延期毕业意味着学生放弃保研机会，不是一个最优选择。

其次，目前中国高校的外语专业普遍以文学为培养方向，兼有语言学和翻译学方向，因此与世界史的外语培养需求不能完全吻合。以四川大学法语系的培养方案为例，除基础、进阶、高级三个层次的法语听力、会话、语法、写作课程之外，还设有外国语文导论、语言与社会、口译、法国文学、翻译理论与实践等课程。这些课程对于以历史学为专业方向的外语学习而言，必要性不高。此外，外语专业的学习特别强调语言的输出能力，比如口语交流和书面写作，在口语交流中还非常重视语音语调的精准，课程体系中阅读训练所占比重并不高。反过来，历史专业对语言输入能力更为重视，需要学生看懂各类历史文献。这些文献来源广泛、种类繁多，语言表达方式也各不相同，且绝大多数都不会像外语专业教学中通常使用的文学作品或现代期刊作品那样具备流畅、规范、优美的语言水平。此外，这些文献还涉及特定历史背景和特殊用法，阅读理解的难度很高。

再次，本跨学科联合培训项目涉及两个学院的历史、法语、日语、俄语、西班牙语等多个专业，每学期总有多门必修课出现时间冲突，给学生选修课程、安排学习进度造成很多不便。

二、先行者的经验——首都师范大学、北京大学

在国内，首都师范大学是最早开始推行世界史与外语联合培养的高校，在提高教育质量、促进学科建设等方面都取得了良好成效。随后北京大学跟进，依托元培学院这个特殊教学单位开设"外国语言与外国历史"专业。这两个先行者的经验对于四川大学的"世界史与外国语"跨学科培养项目具有极高的参考借鉴价值。

首都师范大学的历史学院与外国语学院有长期的合作历史。早在1980年代初，历史专业的教师就曾为外语专业学生开设世界通史和美、法、俄等国的国别史。自2001年起，两院整合师资力量，开展世界史与外语联合培养。依托该校外国语学院的日、俄、德、法、西等外语专业，每年春季学期结束时，从历史专业一年级中选择专业成绩最为突出且喜爱外国史的学生，从下一学期开始跟读外语专业的课程，每个语种限选两人。

2018年，根据多年积累的经验以及世界史专业教育的新趋势，首都师范大学对世界史专业的培养计划进行了修订，对课程体系进行了大幅修改。根据这份培养方案，世界史专业学生需在历史学院修读137个学分，其中专业必修课共37学分；在外语学院修读60~70学分。这次课程体系的修订中，专业必修课的最大变化是，在传统的世界通史、中国通史、史学史等课程之外，强化了英语历史文献研读课程"世界古代中世纪文献选读""世界近现代史历史文献选读"课程，增加了英、俄、法、日、西、德语种的"世界历史要籍选读"课程，增加了"世界史工具书与数据库"课程，培养学生搜索、利用外文原始资料的能力。此外，还设置了"中古拉丁语""古典希腊语"等课程供世界古代史、中世纪史方向的学生选修[1]。对于这种变革，首都师范大学世界史专业负责人刘城教授解释道："学习外语通常学的都是生活用语和文学用语，但历史研究还需要历史用语，因此需要开设这样一门课程，老师选择史学名著带着学生读。帮助学生的外语学习从通用语言向专业语言过渡。"[4]

作为北京市属师范类高校，首都师范大学未进入"211工程"，但在这一套世界史与外语联合培养体系下，其世界史学科的发展却取得了有目共睹的成就。首先，本科教育质量得到极大提高。以推荐免试研究生数据为例，2015—2020年，首都师范大学推荐免试至北京

大学攻读世界史硕士学位学生共 7 人，而四川大学仅 1 人[3]。2014 年以前，首都师范大学基本每年都有 1~2 人推免至北京大学。由于这些年份北京大学公布的录取信息不够全面，或不公示生源，或不公示录取学生的专业方向，难以判断这些推免生的具体专业方向，不过除了极个别例外，都是世界史方向。另一方面，由于这些学生在本科阶段具备了良好的外语和历史专业基础，部分学生毕业后又可前往英、法、美、澳等国继续深造。

与此同时，学科建设也取得斐然成绩。首都师范大学世界史专业于 2005 年成为国家重点学科，2012 年在教育部学科评估中世界史排名位居全国第四，2019 年则成为国家级一流本科专业建设点。在已取得的优异成绩的基础上，首都师范大学世界史专业打算继续推动世界史与外语专业在教学和科研方面深化合作，比如优化双方课程、强化院系两级跨专业联合培养新文科人才的机制、将本科生的联合培养模式扩大延伸至研究生培养阶段、试点历史—外语双导师制度等，并打算就世界史专业人才培养模式申报教学成果奖进行深度培育[6]。

2012 年，北京大学增设"外国语言与外国历史"专业作为该校的特色本科专业。该专业依托元培学院，每年春季学期面向元培学院、外国语学院和历史系的一、二年级学生招生。入选学生同时修读世界史和英语以外的一门外语。北京大学的外国语言与外国历史专业依托元培学院，入学时不分专业，最终根据学生选课重点和个人意愿，授予学生文学或历史学学士学位；且该专业学生都可以参加外语专业八级考试，这是其他学校辅修外语专业的学生不具备的优势。北京大学外语专业实力不俗，语种覆盖范围广，除日、俄、德、法、西等各高校开设较为普遍的语种之外，还设有阿拉伯语、梵语、乌尔都语、印地语等语种；北京大学世界史专业同样覆盖范围广，除欧美之外，在拉丁美洲、亚洲、中东、非洲等地区的历史研究中也居全国前列。北京大学外语专业与世界史专业都是"双一流"学科，两门学科强大的实力、良好的互补性为跨学科的联合培养创造了良好条件。

根据该专业的培养方案[2]，学生需修读必修专业课程不少于 61 学分，其中历史学不少于 27 学分，外语不少于 34 学分。学生需修读专业选修学分 22 分，其中历史学不少于 8 分，外语不少于 6 分，其余专业选修学分不少于 4 分，比如中国史课程、第二外语课程、拉丁语与希腊语等古典语言，还需选修部分高级专业课程，例如本科生与研究生合上的专业课程、为本专业高年级开设的学术研讨课等。在课程的具体设置方面，以法语与法国史专业为例，语言课程方面的必修课仅为六个学期的"法语精读"和六个学期的"法语视听说"。其中，第五和第六个学期的"法语视听说"为选择性必修课，可以以其他法语选修课替代；选修课则为四个学期的"法语写作"、三个学期的"法语泛读"以及一门"法语国家及地区概况"。在历史学专业方面，设置了18门共计49学分的选择性必修课，按照不同类别组合，学生需修读不少于27分，例如，"古代东方文明史""古希腊罗马史""中世纪欧洲史"3门课程至少选修2门；"亚洲史""欧洲史""美洲史""非洲史"4门课程至少选修2门。在选修课方面，除各地区国别通史、断代史、专题史，还设有多个学期的"外文历史史料选读""外文历史名著选读"等以外文史料、史书为对象的研读课程。除此之外，还设有与研究生合上的拉丁语、希腊语等古典语言课程。从课程设置可以看出，外语方面培养重点在于学生的外语阅读能力，对听说写作方面则有所弱化；历史学方面则凭借着强大的专业师资实力，以模块化组合式的课程设置，给予学生充足、个性化的选择，并且以研读外文史料、著作的方式培养历史语言能力和分析解读史料的能力。

三、四川大学"世界史与外国语"跨学科培养的课程体系调整方案

根据目前四川大学"世界史与外国语"跨学科培养项目遇到的实际情况，吸收其他高校的经验，在不能单独设立"外国历史与外国语言"专业、延长学制的情况下，有针对性地设计合适的课程体系应该是目前更加现实的选择。

第一，在世界史与外语的跨学科培养中，语言课程可以适当降低语言输出能力方面的要求，将高级阶段的听力会话课程和口译课程从必修课程改为选修课程，只供学有余力的学生修读。而历史专业则应该开设专业外语课程，比如各语种的历史文献研读类课程，提供前现代时期的外语资料、档案、书信等原始资料指导学生阅读。这门课类似于中国古代史训练中的古代汉语课程，让学生能够适应前现代时期不规范、不一致的拼写方法，已经废弃不用的表达方式和语法规则，以及语言表达能力不强、表达不规范的各类文字材料，如受教育程度不高的人所留下的信件等；可以作为史料学课程，引导学生认识世界史研究所依赖的史料类型、来源，寻找史料的途径，并在阅读的过程中

逐渐习得分析、解读史料的方法，为从事世界史研究打下坚实的基础。

第二，历史研究中所利用的语言并不仅限于各国家或地区现在使用的现代语言。比如，西方古代史的研究一定会运用到古希腊语和拉丁语（古典拉丁语与教会拉丁语），上古史的研究还会涉及苏美尔语、古埃及语等死语言，而全国绝大多数高校的外语专业都没有开展这些语种教学培养的能力。即便是一些现代语言，比如英语、法语、德语，经历了长期的历史演变，中世纪晚期的古语与现代语言也有很大不同，外语专业的教学培养通常也很难兼顾这些方面。因此，这些语言的培养，也需要由历史专业的教师根据自身的语言能力和研究领域，对学生开展入门培养，为此后的深造做准备。在四川大学历史文化学院主办的两届"世界史外语教学改革研讨会"上，来自国内各高校、长期从事世界史教育工作的与会教师们共同认为，历史语言的培养无法假手于人，需要世界史专业的教师承担起来。

语言培养方面的第三个问题，是需要提供基础的多语种培养，适时推动第三外语的培养。随着研究的深入，只掌握单一外语语种对于现代历史学术研究的局限就会越来越明显。这种情况有时是特定的历史背景造成的，比如冷战是两个超级大国之间的对抗，其间又卷入中、日、朝、越、波、德、法等许多国家。只通晓英语或俄语，会对史料运用范围和研究广度深度造成极大限制。有时则是学科发展史造成对多语种的需求，比如启蒙运动的研究，尽管它的中心地带在法国，但对它进行了大量理论总结并产生大量优质研究成果的却是德国学者，因此掌握德语对于启蒙运动的研究同样十分重要。此外，多语种能力对于研究选题的扩展有十分重要的意义。比如，研究英国史，如果同时掌握西班牙语或荷兰语，就可以对近代早期英国与西班牙或与荷兰的争霸历史进行研究，在中国学术界这依然还是研究空白。再比如，美国有源自世界各地的移民，西班牙语、德语等语种在美国也有广泛的使用，掌握西班牙语等也可以极大地扩展美国史的研究领域。

在世界史与外语跨学科培养的课程体系中，历史专业课程同样存在调整的必要。目前中国高校在本科阶段基本都没有独立的世界史专业，并且由于按大类招生，一年级学生不仅需要修读很多中国史的专业课程，还有很多考古学、文物与博物馆学的专业必修课程。对于二年级才组建的"世界史＋外国语"试验班来说，来自外语专业的学生在修读中国通史、考古学概论、博物馆学概论等其他大类专业课程之外，还有一些与世界史关联不大但专业性极强的课程，这些课程可以改为选修课，比如古代汉语、中国考古学等，或者仿效北京大学设置选择性必修课也是一种合理的方式，这样能够给跨专业联合培养的学生减去部分负担。

世界史的专业核心课程同样存在调整的必要。目前，四川大学世界史专业的核心必修课程主要包括世界通史和史学概论、西方史学史等，其中世界通史课程长达五个学期，分为世界上古史、中古史、近代史、现代史和当代史五个部分。一方面，这样漫长的通史课程，使得授课内容既无法像国别史、专题史那样详尽，也无法真正起到贯通历史、讲授世界历史演变大趋势的效果，最终的课程效果既不"通"也不"透"，反而与中学阶段学习的世界通史重复，令学生失去兴趣。另一方面，学生直到三年级还没有完成通史课程的学习，严重影响了更加专业化的国别地区史、断代史和专题史的授课，不利于世界史专业的深入、专业化培养。参考国内各高校世界史本科教育方案，世界通史应该缩短为两个学期的课程，讲授全球历史演变、文明发展的大趋势，突出"通"的特征。同时，开设多层次、多样的国别地区史、专题史供学生选修，如美国史、英国史、法国史、德国史、日本史、文艺复兴史、女性史、外交史等，使学生对主修国家和地区的历史、文化、社会、国情等有比较深刻的认识，为进一步的学习和研究工作打下坚实基础。

此外，高校在开设传统的世界史专业必修课程基础上，还应该学习北京大学、首都师范大学等世界史一流学科建设点的经验，补充世界史学术前沿、世界史专业文献检索与利用、各语种历史文献研读、西方史学原著选读等专业必修课程。引导学生学会使用世界史研究所必需的文献检索工具、数据库等原始资源，了解世界史研究的基本方法、学术史和国际前沿动态，学会分析、解读原始资料。

经过课程调整，再增加世界史与外语培养方向性、目的性明确，且更加适应当代本科教育的课程，希望能够使学生在有限的四年时间中完成世界史和外国语两个专业的培养任务，达到试验班培养通晓主修国家或地区的历史文化、掌握主修语言的跨学科人才的目标，并为学生的进一步深造打下良好的语言基础和专业基础。

四、结语

扎实的外语功底在世界史的学习和研究中的重要性不言而喻，反映在学科建设上，外语实力强弱影响着世界史人才培养的质量，而外语专业与世界史专业的合作，也为外语专业开拓出国别地区研究等方向，为外语专业拓展出更加广阔的发展空间。"世界史＋外国语"的教学模式将同时有利于世界史专业和外国语专业的发展，两个专业的协作是新时代本科教育改革与发展的大势所趋[5]。在首都师范大学和北京大学的探索之后，四川大学、天津师范大学等高校也开始以主修加辅修的方式推行世界史与外国语的跨学科联合培养，聊城大学则效仿北京大学开设了外国历史与外国语言专业。预计今后会有更多的高校运用世界史与外国语联合培养的模式，培养出质量更高、基础扎实、适应力强的国际文化交流人才，并为相关领域输送高质量的研究型复合人才。

参考文献

［1］首都师范大学. 世界史专业本科人才培养方案：2018级［Z］.

［2］北京大学. 北京大学本科生教学手册：2014年版［Z］.

［3］北京大学历史系. 历年推免硕士生录取公示名单［EB/OL］. ［2020－06－15］. https://www.hist.pku.edu.cn/zsxx/index.htm.

［4］四川大学历史文化学院. "世界史外语教学改革研讨会"在四川大学顺利召开［EB/OL］. （2018－11－06）［2020－06－16］. http://historytourism.scu.edu.cn/detail/5be28d5937a9e80afe8a5107.

［5］四川大学历史文化学院. "新时代本科教育改革与发展大讨论"系列："第二届世界史外语教学改革研讨会"在四川大学顺利召开［EB/OL］. （2019－05－28）［2020－06－15］. http://historytourism.scu.edu.cn/detail/5ced0ac9020b21711745d9f6.

［6］首都师范大学历史学院. 历史学院与外国语学院在线举办跨院系合作会议［EB/OL］. （2020－05－25）［2020－06－16］. http://history.cnu.edu.cn/xwzx/xyxw/174817.htm.

学科交叉、校企结合的教学创新实践

——以"服装产业供应链管理"跨学科课程建设为例①

张皋鹏

（四川大学轻工科学与工程学院）

【摘要】根据服装产业的现状和发展趋势以及服装企业对高级管理人才的需求，四川大学整合"服装与服饰设计"和"工业工程与工程管理"两个独立学科专业的科研与教学资源，依托校外相关企业的技术支撑，通过学科交叉、先进技术引用、虚拟现实教学和以学生为中心的教学模式等措施开展了跨学科专业"服装产业供应链管理"课程建设的创新教学实践。目前，已完成了跨学科课程建设，完善了专业教学体系，探索出以学生为中心的教学模式，践行了虚拟现实的教学方法。新建课程项目成果表明，高等教育教学应与相关产业紧密结合，通过学科交叉，协同发展，才能不断提高教学质量，培养和输送产业和社会真正需要的优质人才。

【关键词】跨学科；课程建设；虚拟现实；教学创新

一、引言

　　服装产业供应链根据职能划分可以分解为原材料供应、产品设计开发、服装生产以及商品流通和销售等环节。这样的产业结构使我国

---

① 本文系四川大学 2018 年"跨学科专业—贯通式"人才培养专项跨学科课程建设"服装产业供应链管理"的研究成果之一。

高校服装专业的教学体系形成了由"艺术设计""生产工艺与工程技术"和"市场营销"三大板块的基本课程群所构成的专业教学体系。随着现代数字信息技术的发展，消费市场的日趋国际化，同行竞争的加剧以及网络消费模式的兴起，传统条块分割的服装产业结构和信息流单向线性流通模式已不再适应当代服装消费市场发展的需要[1]。为促进服装产业结构的转型升级，满足行业对现代高级综合型管理人才的需要，我国高等院校服装专业的教学体系急待进行创新改革。其中，本科教学课程设置和教学内容需适时引进最新的科学技术和学科理论，同时在教学形式上进行改革创新，通过提高教育教学质量，使高校在人才培养和为社会服务方面具备更强的实力，发挥更大的作用。

根据服装产业的现状和未来的发展趋势以及服装企业对高级管理人才的新要求，四川大学"服装与服饰设计"和"工业工程与工程管理"两个独立的学科专业通过跨学科整合，依托校外相关企业的技术资源和支撑，开展了跨学科专业"服装产业供应链管理"课程的创新教学实践。该教学创新实践项目深度融合服装工程与设计和现代化工业与工程管理的专业知识，借助企业应用技术的支撑，创建了跨学科专业课程"服装产业供应链管理"，形成了系统的课程教学大纲和教案，通过双语课堂教学实践，取得了良好的教学成效和显著的教学成果。项目的实施为充实和完善"服装与服饰设计"和"工业工程与工程管理"两个专业的本科教学体系，促进学科交叉、整合跨学科专业优势，培养具有综合知识和能力的高级管理人才发挥了积极的作用，做出了重要的贡献。本文就"服装产业供应链管理"跨学科课程建设项目（以下简称"项目"）开展的教学创新实践所制定的教学规划、实施方案和取得的成果和经验进行分析和总结，以为将来开展更加广泛和深入的教学创新改革提供借鉴，为促进高等教育教学质量的提高做出更大的贡献。

二、产业及学科背景

因历史的原因，我国服装产业属于以生产为核心的劳动密集型产业，我国高校的服装专业大多是根据这样的产业格局制定服装专业的教学体系的，即将服装专业课程按知识属性和产业特性划分为服装艺术设计、生产工艺和工程技术以及市场营销等三类课程。这三类课程分别与服装产业链上的服装设计、产品生产和市场营销相对应。随着计算机和互联网等信息技术的迅速发展，服装产业的运营模式发生了根本变化。互联网技术的普及和应用使国际时装流行趋势的信息传播更加迅速、及时和方便，服装消费市场的国际化程度日益提高，消费者的购物方式从传统实体店购物向网上购物转变；生产能力的大幅度提高使服装市场日益饱和，产业内部同行之间的竞争加剧，市场瞬息万变加剧了市场的不确定性。这样的产业发展趋势要求传统的以"生产为中心"的线型服装产业链向以"消费者为中心"的网络型产业链模式转型。

以"生产为中心"的服装产业供应链中按职能划分的服装设计、产品生产和市场营销等三个重要环节是按照价值创造的先后顺序依次相对接的。各环节的功能和运作是相对独立的，信息流通也是从上至下单向流通的，存在信息传递速度慢、价值流通周期长等缺点。这样的产业供应链运行机制固化，对市场变化的快速反应能力差。而以"消费者为中心"的服装产业供应链则是以消费者为核心，将产业的各环节组织成职能互补、信息交叉流通的平面化网络结构。以"消费者为中心"的服装产业供应链结构能够突破传统线性产业链结构中各环节之间的壁垒，使整个产业供应链以经营项目为导向，供应链各环节信息互通，互动协作。这不仅能够提高产业链的运作效率和质量，还能够及时响应市场变化，增强企业抗风险的能力[2]。

现代化服装产业供应链的现状和发展趋势对我国高校服装专业的教学也提出了新的要求，教育教学创新改革势在必行。我校服装专业现有的教学体系其专业课程是根据传统的以"生产为中心"的产业供应链为基础进行设置的，面对服装产业新的发展格局，现有的教学体系主要存在以下三个方面的问题：第一，专业教学目标注重知识体系的分解，强调对学生进行专业化知识和技能的传授和培养，对知识要点的整合教学与综合应用能力的培养缺乏足够的重视，各课程之间的衔接不够完善，相对独立的知识要点得不到整合，知识结构体系存在缺陷。第二，教学所涵盖的知识范围未根据产业的发展得到应有的扩展，教学内容没有得到及时更新，不能充分满足学生对新概念、新知识和新技术学习和掌握的需求。第三，教学形式主要采取以教师为中心、以知识传授为主的教学方式，理论教学与社会实践得不到有机结合，学生学习的主动性不够高，影响了教学效果和教学质量。

针对上述问题，服装专业的教学体系在教学内容上需要进一步扩展、更新和优化整合,教学方式需要改革和创新,理论教学与社会实践需要更加紧密地结合,从而完善服装专业教学体系和课程结构,以满足在新形势下服装产业对具备综合知识和管理能力的人才的需求。

三、跨学科课程建设方法

基于对我国服装产业发展的现状以及四川大学服装专业的教学体系的认识,项目提出了"服装产业供应链管理"跨学科课程建设的教学创新改革方案。该教学改革项目的建设目标是:新建课程在教学体系上能够串接其他专业课程所包含的相关专业知识要点;教学内容能够引入最新的技术研发成果,体现服装产业的发展趋势,理论教学与实践能够有机结合;教学形式能够有效利用现代虚拟现实技术,营造生动现实的教学氛围,提高教学效果和教学质量;采用以学生为中心的教学模式,激发学生学习的主动性和积极性。为实现上述目标,项目制定了以下课程建设措施。

(一)学科交叉建立课程教学体系

从学科的属性而言,服装专业是一门涉及艺术设计、材料、工艺技术、生产管理、市场营销、物流管理、计算机辅助设计、计算机图形学、网络信息技术等多学科交叉的综合型学科。其教学和研究领域极为广泛,从与人们日常生活密切相关的服装与服饰设计到高精尖的宇航员服装材料、服装 3D 计算机成像技术等知识和技术领域,因此,对从事服装不同领域的工作人员所要求的知识领域、知识结构以及知识难易深浅度都有很大的差异。项目所创建的课程"服装产业供应链管理"主要针对现代服装产业急需的高级供应链管理人才,以"工业工程与工程管理"学科相关的理论知识为指导,从服装产业供应链综合管理的角度,通过整合服装专业学科内的相关知识构建课程的教学大纲和教学体系。课程的建设既能够夯实"服装与服饰设计"专业有关产业供应链综合管理的理论基础,同时也为"工业工程与工程管理"专业的学生提供了将本学科理论知识与具体行业应用相结合的学习、实践和研究的途径[3]。

(二)引用先进技术保证教学内容的先进性

"服装产业供应链管理"课程教学内容引进 RFID(Radio

Frequency Identification，射频识别）和 ERP（Enterprise Resource Planning，企业资源计划）等先进的数字信息应用技术，结合服装产业的特点，传授国内外最先进的供应链管理理论和产业运营策略，以实现服装生产、物流配送及市场营销管理的现代化、信息化和智能化为教学目标，使学生能够掌握现代服装产业供应链管理的理论、原理和方法等理论基础，并且能有效地应用在服装产业供应链管理中，以提升服装产业对市场的快速反应和应变能力，增强服装企业的竞争力，保持产业的可持续健康发展的活力。

（三）校企合作创建虚拟现实教学实践平台

在"服装产业供应链管理"的课程建设实践过程中，授课形式采取了理论教学与实践体验与探索相结合的方式，课程的教学实践分为三个部分。第一部分是理论教学环节，通过课堂讲授形式，讲授服装产业供应链的基本概论和综合管理的基础理论和原理，使学生了解和掌握课程的基本理论框架，对服装产业供应链及其管理形成一个全面而系统的认识。第二部分主要介绍服装产业供应链管理理论在具体实践应用过程中所依赖的 RFID 和 ERP 等技术，使学生真正具备将理论知识应用于实践的能力。第三部分是体验和实践环节，即利用校外企业所提供的 ERP 服装产业供应链管理系统，借助于系统所提供的虚拟现实综合管理平台，使学生能够通过模拟操作体验和验证前面两个教学环节所学习的理论知识和应用技术。由于 ERP 系统操作所涉及的数据来自现实服装企业供应链运营的真实数据，学生在实践过程中能够身临其境地体验、学习和掌握服装供应链管理程序和具体的操作方法，从而加深对相关理论知识的理解，并积累一定的实践经验。

（四）践行以学生为中心的教学模式

"服装产业供应链管理"课程在教学实践过程中采用了以学生为中心的教学模式，即在通过课堂讲授基本理论原理的基础上，指导学生虚拟设计若干个服装经营项目，对原材料的采购、服装设计管理、商品搭配组合方案的规划、生产进程的计划、商品流通渠道的选定以及仓储和物流管理等服装产业供应链各环节的整体协调和管理方案进行综合设计，并通过 ERP 系统进行虚拟运行，最终对运营结果进行评估。整个实践过程均由学生独立设计操作完成，教师只做引导、答疑和辅导工作。通过这种教学模式，培养学生主动学习的意识和独立

专业与课程建设

探索的自主学习能力[4]。

四、教学实践成果

"服装产业供应链管理"跨学科课程建设项目的完成为四川大学"服装与服饰设计"和"工业工程与工程管理"两个专业新开出"服装产业供应链管理"专业课程，为两个专业的高年级学生提供了完整的教学和实践条件。项目形成了完整的课程教学大纲和教学讲义。该课程的教学内容引入了国内外最先进的科学技术和研究成果，并开展了中英文双语教学，使学生能够及时了解和掌握国内外相关领域的最新动向和应用技术。该项目还通过校企合作，借助企业提供的服装产业供应链管理网络平台，实施了以学生为中心的虚拟现实探索性教学与实践。"服装产业供应链管理"跨学科课程建设项目的完成充实和完善了"服装与服饰设计"和"工业工程与工程管理"两个专业的教学体系，实现了通过新建课程串接服装学科专业相关知识要点的目标，其教学改革成果已经过学校验收通过。该课程已正式列入服装与服饰设计专业2020年版本科教学计划中，成为常年为"服装与服饰设计"和"工业工程与工程管理"两个专业固定开设的专业课程。

五、结论

"服装产业供应链管理"跨学科课程建设成果表明，高校各学科专业应当密切跟踪相关产业的现状和发展趋势，使教学、人才培养和产业能够协调一致，同步发展，这样，学科专业才能始终保持可持续发展的原动力。产学研结合能够促进高校各学科专业教学不断吸收新思想、新知识和新技术，保持高等教育教学的先进性和前瞻性。高等院校各专业的学科教育应当树立以学生为中心的教学理念，在充分激发出学生主动学习潜力的前提下，才能有效地提高教学效果和教学质量，进而培养出具有独立探索和创新能力的优质人才，提高为产业和社会服务的水平和能力。

参考文献

[1] KEISER S, VANDERMAR D, GARNER M B. Beyond design：the

synergy of apparel product development ［M］. 4th ed. New York: Fairchild Books，2017.

［2］HUGOS M H. Essentials of supply chain management ［M］. 3th ed. New Jersey: John Wiley&Sons，2011.

［3］KOLODII N A，LATYSHEVA E V，RODIONOVA E V. The integrative-modular approach in design of modern educational standards in the tourism sector ［J］. Procedia: social and behavioral sciences，2015 (166): 364—368.

［4］HENNESSY E，HERNANDEZ R，KIERAN P，et al. Teaching and learning across disciplines: student and staff experiences in a newly modularised system ［J］. Teaching in higher education，2010，15 (6): 675—689.

专业与课程建设

服装专业的数字化课程的建设与实践①

冯　洁　赵　武　李晓蓉　徐　波　刘望微

（四川大学轻工科学与工程学院）

【摘要】本文分析了服装专业的数字化教学趋势，讲述了四川大学服装专业近年在数字化课程建设中的探索与实践举措，以及在疫情期间借助在线教学平台，力图构建数字化课程群的思路与方法，希望对高校各专业今后的数字化课程的建设与可持续发展建设有指导借鉴和推广价值。

【关键词】服装专业；数字化；课程建设

一、服装专业的数字化教学趋势

（一）服装专业的数字化课程建设趋势

数字化课程建设是教育部近年课程建设的重点。随着数字化技术的不断进步，服装产业与教学中的数字化技术应用的层面有更加扩散与深入的趋势。由于新型冠状病毒肺炎（简称"新冠肺炎"）疫情的发生，线上教学的需求从另一个层面推动了教育理论和数字化教学模式的探索与实践，数字化课程教学已成为今日今时必备的教学手段，

---

①　本文系四川省2018—2020年高等教育人才培养质量和教学改革项目（立项编号：JG2018-95）、四川大学新世纪高等教育教学改革工程（第八期）研究项目（立项编号：SCU8278/SCU8279）"与项目制相结合的服装专业数字化课程建设与创新实践"的研究成果之一。

数字化课程建设对高校教学质量改善和教学效率提升将起到至关重要的作用。服装专业的数字化课程建设是在计算机软硬件设备与技术支持下，将服装教学中各种成果以数字信息的形式存储，建立数字化课程档案，为教学提供服务。

（二）数字化课程群建设的重要性与思路

在数字化时代，服装专业教学中数字化课程体系的加强，有助于提升服装专业整体的科技含量，使其向艺术与科学结合迈进，适于更广泛的社会实践。服装课程从大类上可以分为设计与结构工艺两个版块。传统服装教学中设计类与结构类的制图以手写手绘为基础，其优点在于锻炼了学生的动手能力，但同时存在着作业与教学成果不易携带、不易复制与制作制图效率低的问题。以计算机软件为基础的服装设计与结构的数字化，计算机辅助服装 CAD 应用服装类软件根据服装设计、服装结构、服装管理的大类，构建服装 CAD-设计、服装CAD-结构、参考化服装 CAD、服装供应链管理等数字化课程，运用相应软件完成可编辑再修改服装设计、服装结构、服装管理的源文件，利于快速高效完成相应作业。

服装 CAD 设计与结构的数字化课程为服装专业其他的基础课程到专业课的教学进入数字化提供路径与支持，使服装专业课的教学，学生课程学习、设计作品以及完成作业，均可以通过数字化方式呈现。数字化的教学内容及优秀的作业的建立易于保留、归类与再利用，进而为教学提供生动的案例与教学优势。

二、服装数字化课程建设的举措

（一）从服装 CAD 出发的数字化课程建设

依托服装设计与服装结构这两个版块的基础软件应用类课程服装CAD-设计与服装 CAD-结构课程，为服装专业的数字化课程群建设奠定了基石。从服装 CAD 课程的教学出发，通过服装 CAD 设计与服装 CAD 结构软件进行服装设计与服装结构设计。在此基础上，通过项目或主题课程形式打通服装课程间的壁垒，以服装完成体系中的知识架构为框架，配置从基础课程到专业课的教学数字化课程群进行数字化建设。

专业课程的数字化建设可从服装专业的主干课程出发，建立课程的数据库。例如，与课题组教师沟通协商，选出该课程的代表性设计作品进行数字化呈现，同时将学生作业中重要或优秀的手绘作品，转化为数字化作品，为教学提供便捷生动的数字案例。

提升服装专业的数字化课程的应用级别，将常规的服装专业二维平面软件教学，提升至更复杂的三维数字教学，将革制品鞋设计中的三维软件犀牛介绍给学生学习与使用，提升学生的三维视野的设计能力，将作品的数字呈现形式提升至三维多角度。

（二）建立数字化课程档案

数字化的课程档案，意味着按一定逻辑关系建立相应的数字化教学资料库。服装专业的数字化夜明星档案，从数字化的服装设计与服装工艺结构课程角度进行大分类，结合各服装专业课特点，再进行相应的版块或模块分类，建立相应的服装专业课程（如图案与设计构成、纺织品设计、服装结构设计与制作工艺等）的作品与资讯的数字档案库。在建档过程中，除了合理的版块分类，文件名的命名尤为重要。为方便查询，首先信息应包含必要的关键词，其次命名次序以重要性依次排序并根据不同情况调整。对重要的教学与文献资源、优秀的作品作业等进行数字化建档。对相关的课程资讯来源与路径也应进行标记与整理，作为数字化档案的组成部分。例如，通过访问图书馆的电子数据库收集参考资料，对电子资料进行收集、归类与整理，为课程建立数字化资源档案，将其运用于课程教学与作品再设计中，提升教学水平与学生的设计创作力。

（三）构建数字化课程群

服装专业的数字化课程群建设，首先是数字化课程群的体系构建（如图1所示）。以服装完成体系中的知识架构为框架，构建从基础课程到专业课的教学数字化课程群。从服装专业课程时装画技法与展示、图案与设计构成、服装设计原理、服装结构设计与制衣工艺、服装立体裁剪等出发，使服装专业课的教学，学生学习课程、设计作品以及完成作业，均可以通过数字化方式呈现[1]。

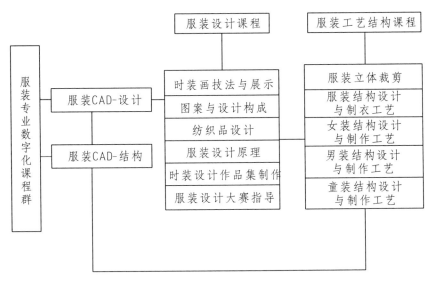

图1 服装专业的数字化课程群的体系构建

其次，数字化的教学内容及优秀的作业，为教学提供生动的案例。通过服装 CAD-设计、服装 CAD-结构、参数化服装 CAD 等服装数字化课程群启动，使学生在具备设计能力的同时具备数字化创作的能力。

服装专业的课程体系中运用数字化的二维平面软件进行设计已较普及，运用三维软件进行设计表现与创作在高校设计专业中也越来越受重视。在四川大学轻工学院领导的支持下，服装专业与革制品设计专业相融合，在制订的 2020 年的教学计划中，融入了革制品这门 3D 课程，课程命名为"服饰品三维建模与效果渲染"，同时开设了虚拟仿真在线服饰配件 3D 设计课程。适合于服饰配件的数字化软件，可使服饰配件这种小结构的设计立体而丰富，锻炼了学生三维的设计思考能力，使他们毕业后能适应更广阔的天地。

（四）教育共享与线上平台教学

线上教学是时代发展的趋势，5G 时代的来临为大规模课程同时在线教学提供了可能。线上教学需要课程的数字化形式，从教学方式、教学内容、教学互动环节、作业内容与提交等都不同程度地对课程数字化提出了要求。数字化课程群的建立为迎接线上教学打下了基础。

线上线下混合式教学的 SPOC，引入学校自建 MOOC 或国家精品在线开放课程到专业课程教学中，推动了数字化课程群建立的探索与实践。教学资源的共享为课程注入新鲜的血液，不同的思维模式与知识信息多样化的课程形式，为课程带来了更多的活力，同时也丰富了课程的数字化教学手段与教学资源。在课题组教师努力下，服装专业已有多门课程成功申报了 SPOC 课程。例如，时装人物画课程引入了学堂在线上的慕课"中国工笔人物画赏析与创作"，形象设计课引入了中国大学上的慕课"现代礼仪"，"纺织与现代生活"课程引入的是智慧树上的同名课程"纺织与现代生活"，这些课程均取得了较好的教学效果。

因为新冠肺炎疫情，服装专业 2020 年春的专业教学中全面实行了在线授课。得益于数字化课程建设的前期准备，课程内容与教学方式能够快速适应在线平台的教学且教学效果良好。例如，为适应服装在数字化时代的 3D 应用，服装 CAD-结构课程通过 SPOC 课程教学方式，引入北京服装学院的慕课"服装 CAD 应用"，让学生通过视频学习运用三维服装 CAD 软件，并通过 3D 服装源文件模拟成品进行服装虚拟试衣的在线教学，取得了较好的效果。

三、结语

数字化课程群与课程体系建设，有利于提升服装专业教学效果、教学质量与教学效率。在全球遭遇新冠肺炎疫情背景下，远程与线上教学对服装专业的数字化课程建设提出了进一步深入的要求。服装专业的数字化课程建设适应于 5G 时代来临对新教育模式的挑战与社会需求[2]。它为教育的数字化提供了基础，为教学的深入与课程间的联系提供了技术支持；为今后线上课程与服装类课程平台建设打下了基础；亦为新形势下服装专业的混合式教学，进而建设在线慕课提供了基石。

参考文献

[1] 冯姣媚. 服装数字化技术在"女装结构设计"课程教学中的应用与实践 [J]. 2019, 34 (5): 437—439.

[2] 冯洁，李晓蓉，赵武，等. 服装与服饰设计专业的课程建设思考：基于国家级大学生创新创业项目的选题分析 [J]. 服装设计师，2020 (4): 99—103.

推动"近代基础化学"金课建设的加减乘除探索①

赖雪飞 龙 沁 廖 立 周加贝 何菁萍 鲁厚芳

（四川大学化学工程学院）

【摘要】教育部要求振兴本科教育，淘汰"水课"，打造"金课"。本文针对"近代化学基础"课程的特点，从融入课程的全过程考核、精炼教学内容、依托智慧教学环境、运用游戏化教学四方面探索"金课"建设。

【关键词】金课；过程考核；精炼内容；智慧教学环境；游戏化教学

一、引言

在 2018 年 6 月于四川大学召开的教育部"新时代全国高等学校本科教育工作会议"上，时任教育部部长陈宝生第一次提出了"金课"的概念，随后"金课"被与入《教育部关于狠抓新时代全国高等学校本科教育工作会议精神落实的通知》[1]。全国各大高校就掀起了"淘汰水课，打造金课"的浪潮[2—3]。吴岩司长提出了"两性一度"的金课标准：即高阶性、创新性、挑战度。"高阶性"是指知识能力素质的有机结合，是要培养学生解决复杂问题的综合能力和高级思维（即分析、评价和创新）。"创新性"是指课程内容反映前沿性和时代

① 本文系四川大学新世纪高等教育教学改革工程（第八期）研究项目（SCU8255）的研究成果之一。

性，教学形式呈现先进性和互动性，学习结果具有探究性和个性化。"挑战度"是指课程有一定难度，需要跳一跳才能够得着，对教师备课和学生课下学习有较高要求。

结合多年的教学实践，本文拟对如何推动具有"化工底色，川大风格"的"近代化学基础"金课建设进行探讨，切实丰富课程教学内容，实实在在提高教学质量。

二、教学改革措施

"近代化学基础"是我校化工类专业的一门重要的必修专业基础课，能够为学生构建坚实宽广的化学知识基础，提高学生的化工素养和探求知识的能力，拓展学生的学科视野。为了将来自不同省份、化学基础参差不齐的学生顺利引导进入大学的基础化学学习，教研室全体教师不懈努力，在课程体系、教材内容、教学手段、教学组织及考核方面进行了"加减乘除"的改革探索。

（一）以全过程考核为重点，做好"加法"，完善"金课"评价体系

课程目标之一就是培养学生扎实的专业基础。以过程考核为抓手[4-5]，结合"新工科"思维做好课程难度的加法，让学业挑战度"高起来"，让学生课前课后"忙起来"。

在学生学习的过程中，按照"效果导向，全程评价"的思路，建立"形成性评价+终结性评价"相结合的可量化、可监测、可评价的过程考核评价体系，即"多元微考核50％+期末考试50％"[5]。具体考核评价体系见图1。

终结性评价，即期末考试，是考核中不可或缺的一部分。能够促使学生在系统复习的基础上，接受全面考核。试题紧扣教学内容，既考核记忆性知识，又考察综合运用能力。基础知识占70％，综合提高占30％。还根据课程内容特点，将一部分规律性不强又烦琐的元素化学知识进行开卷测试，占期末试卷的30％。根据我校的考核要求，还要加入非标准答案试题，试题不拘泥于教材范围，让试题更加开放，体现对知识的深层次理解、分析和融会贯通，提升学生的创新意识和能力。

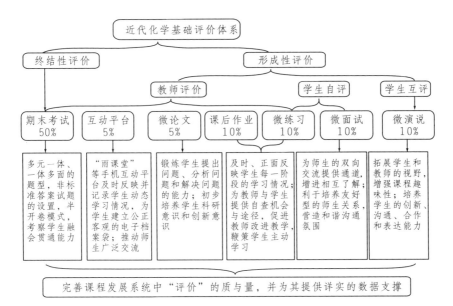

图1 考核评价体系

形成性评价则由六个方面构成：互动平台（5％）＋课后作业（10％）＋微练习（10％）＋微面试（10％）＋微论文（5％）＋微演说（10％）。

（1）互动平台指的是利用现在的各种智慧教学手段（如"雨课堂""艾课堂"以及我校的"课程中心"等），让教师"严起来"，即严格管理好日常教学。在课堂教学进行过程中，根据教学内容的重点和难点，教师不定时准备1~2个微练习，如选择题、判断题、填空题等，让学生当堂完成。这些平台可以帮助学生进行及时自我评价，了解自己的学习效果；教师能及时掌握学生的学习情况，帮助教师快速对学生进行评价，并及时解答学生的疑问。全过程的教学记录还有利于教师了解学生的学习动态，及时发现和解决学生的学习问题。

（2）课后作业是学生巩固知识不可或缺的手段，有利于教师进行评价。学生在做作业的过程中，可以自己检测学习情况；教师在批阅作业的过程中，可以了解学生的学习状态并调整制定下一次课的教学方案。这种考核方式有利于师生的双向交流和反馈。

（3）微练习是学生的随堂测试。在课堂教学进行完一个章节后，教师根据教学内容的重点和难点，利用"雨课堂"等平台或者传统的纸质版试卷进行测试，让学生在课堂上用30分钟独立完成。微练习相对课后作业而言，更能反映学生的真实学习情况，引导学生进行自评，也能引导教师进行教学自查，及时改进。

（4）微面试旨在加强学习过程的检查，教师评价与学生自评同步进行。教师提前 1~2 周为每一位同学在课后的某个时间安排面试，让学生课后"忙起来"准备面试，每个学生每学期至少面试一次，面试次数没有上限。面试的地方可以是教室、教师休息室或者是学校的讨论室，也可以是户外的草坪，目的是营造轻松的交流氛围。面试时，教师让学生先提出自己在"近代化学基础"的课程学习中遇到的各种问题，然后教师根据学生的疑问以及学生在课堂教学中和手机互动平台上的学习情况逐一给予帮助和评价。对于学有余力的同学，再利用一些高难度的题目现场考察学生的高阶性思维，最后由学生自评给予面试成绩。面试成绩不满意的学生可以再次预约面试，期末以最高的成绩进行记录。这种方式在实施过程中虽然非常耗时，但是取得了学生的认可。有个一学期面试了 3 次的学生说："面试太有用了，它能帮助我发现一些自己不知道的学习问题，在老师的帮助下可以及时解决问题。面试的压力就像紧箍咒一样加持在身，随时督促自己按部就班地主动学习，克服拖延症！"

（5）微论文写作考核注重科研启蒙。教师将一些内容烦冗，规律性差但专业性强、难度不太大的内容布置给学生自学，构思一些写作主题，学生自选感兴趣的内容，将之与学科前沿或学科应用结合起来，就某一方面、某一点展开讨论。学生课后在查阅资料的基础上，撰写微论文，篇幅限制在 1~2 页，见微知著，既培养了参阅文献的能力，又锻炼了写作能力。教师根据论文质量予以考核，能较全面地了解学生的研究能力。

（6）微演说考核是教师根据大一学生特点，组织学生开展的"我与化学那点事儿"的演说活动。活动旨在突出日常生活与学习中的化学特色，展现化学风采，传播化学知识，将化学与实际中的现象联系起来，让学生在有趣的事例和化学实验中感受化学的魅力。同时，丰富课堂生活，提高学生对学习化学的热情、增强学生对化学科学的兴趣，让学生更好地认识化学、了解化学、关注化学、支持化学。

由此可见，在课程考核方面做的每一种加法，都应该能促进学生能力素质提升，都是"金课"建设的布局布点问题。考核只要结合"新工科"思维把培养目标"撑起来"，就会向着"两性一度"的"金课"课堂不断前进。

（二）以精炼课堂内容为抓手，做好"减法"，提升课堂含金量

在当下基础课的教学中，贪多求全、面面俱到、泛泛而谈的现象还是存在的。实践证明，这种"眉毛胡子一把抓"的教学方式收效甚微。因此，教师需要利用"减法"思维构建有效的课堂教学模式。教师首先要抓住课程的"重点、难点和突破点"，然后做减法：凡是不合时代的教学方式可以减掉，比如"填鸭式""满堂灌"，可以采用"探究式"的教学模式；凡是学生通过自学能够理解的内容可以减掉，比如"电解"这些在中学已有基础的知识点，可以让学生通过"雨课堂"的练习加以巩固；凡是学生通过各种媒体介质能够感受到的学科发展与精神实质可以减掉，着重强调课程思政思想的引入点予以保留。比如在讲硼烷的结构与性质时，关于硼烷的发展及用途，让学生自己上网查询资料自学，在课堂只保留硼烷用于航天燃料的用途知识点，以便引入关于"航天精神"的课程思政内容。只有学会精心做减法，才能成就扎实高效有深度有难度的课堂教学，提升课堂的含金量。

课堂上减少教学内容，仅仅是课堂教学做减法的"表象"，提升有效课堂的质量才是"本质"，其目的是为学生搭建自主学习的平台，增强学生的课堂主人翁意识。让学生在课前课后将一些知识通过教师在"雨课堂"中发布的课件或者通过慕课自主进行学习，课堂上教师就会留更多的时间给学生练习、思考和讨论，这又有机结合了"翻转课堂"的形式[6]，将我校的特色教育"探究式—小班化"教学方式进行到底。

比如，在学生课后自学"化学电源"部分知识，减掉了占用课堂的时间后，我们会安排一次"水果电池 DIY"的"探究式—小班化"课堂教学，让学生"实起来"，在实践中体验知识的乐趣，加深对知识的理解。环境工程专业的学生会在这堂课的开始以"环境保护从我做起"为主题，从三个方面进行探究式讨论：（1）你所知道的电池对环境的危害性；（2）我们在日常生活中怎样高效地利用电池；（3）处理废旧电池的方法。讨论完成后，开始分组进行"水果电池 DIY"的动手实操环节。由教师提供制作水果电池的材料，比如各种水果、二极管、导线、铜片、锌片、万用表等。在实践的过程中，一位学生负责测量各组学生不同水果组合构成的水果电池的电压，并且记录在黑

板上，供学生们相互探讨怎样才能超过当前的最高电压。于是他们不停地思考、探讨、合作和实践，在思维的深层交流中往"电池"部分知识的深处钻研，向更加有难度的电池挑战，让黑板上的冠军数据一次次被刷新，学生在"做中看""做中学""做中思"，感受到了课堂的魅力。愉悦的成就感激发了学生课堂学习的积极性，学生收获颇丰。减掉繁杂寡味的知识传授，让学生在轻松、和谐又紧张并且充满竞争性的氛围中自主探索学习，培养技能和价值观，课堂就会自然而然地向着具有"两性一度"的"金课"课堂方向发展。

（三）以智慧教学环境为依托，做好"乘法"，营造高效的互动课堂

四川大学"智慧教室"推动着化工类专业本科教学以做乘法的速度蓬勃发展。智慧教室类型包括：手机互动教室、网络互动教室、多视窗互动教室、远程互动教室、多屏研讨教室、灵活多变研讨教室、专用研讨室。"近代化学基础"课程的教师都将"探究式—小班化"教学、"全过程学业"评价在智慧教学环境中如火如荼地开展，精心设计互动环节，引导学生思考，激发学生讨论的欲望。因此，四川大学的"智慧教室"仿佛成了教学创新的孵化器，实现了师生与教学资源、信息技术、教学环境的有机结合，为教师教学模式的开展、教学方式的变革提供了坚实基础，师生的思想碰撞、高效互动提高了教学成效。

"近代化学基础"教研室的周加贝老师在多视窗互动教室首次把微软混合现实（MR）技术这样的"黑科技"引入课堂，第一次在化学课堂实现了 3D 教学，情景学习和理论教学完美结合。他带着 MR 眼镜，一边讲解知识点，一边伸出双手操控着虚拟环境里的讲解对象，或点击、或转换、或拉伸……而与此同时，虚拟环境中的被讲解对象被投影到大屏幕上，教室里的学生能够直接观看到周老师在三维空间所操控的虚拟对象及其在周老师操控中的变化，进而更充分了解三维的物质结构。

（四）以打破课堂界限为出发点，做好"除法"，破旧立新，改善学习体验

现在的高校中，一些教师为完成繁重的教学任务，忙得不可开交；一些学生为了取得高分，学得苦不堪言。在"两性一度"高效要

求下，这肯定不是"金课"课堂体验。相反，教师愉快地教学、学生主动积极地学习才是我们追求的目标。那么怎样改善教与学的体验呢？

"00后"的学生，可谓是数字时代的"原住居民"，他们热衷于"互联网＋"时代的生活和学习方式，其语言、思维和行为方式都与互联网脉脉相通。因此"近代化学基础"教研室与全球第一大游戏化教学平台——PaGamO进行合作，将化学习题上传至PaGamO平台，连续在三个学期的期末组织了三届"海纳杯PaGamO化学争霸赛"。学生可应用电脑和手机APP在这个平台上答题，参与游戏化教学。每一届的比赛都分为初赛和预赛。初赛阶段是个人赛的世界模式，学生可以利用任意时间在线答题获得土地，攻城略地，联合纵横；比赛期间还组织学生参与投稿活动，比如关于"打PaGamO的姿势""晒土地风景""我与PaGamO的故事"等。决赛阶段是以城堡战的模式答题竞技，每个教学班的前三名组队进入决赛，一共18个小组在"网络互动"教室里同场竞技，最后得分最高的组成为本届比赛的冠军；同时决赛还在哔哩哔哩网站上进行了现场直播，第一届决赛就有1324名场外的教师和学生为现场比赛的学生加油呐喊。比赛之后，教师从PaGamO平台拿到学生错误率高的习题数据，对这些题做了详细的解析发到QQ群，供学生复习使用。

每一位学生都作为活跃独立的一分子参与了这场轰轰烈烈的"化学与PaGamO的反应"。教研室老师为第一届8天的比赛准备了600道题目，第一天放出了100道题，可是半夜里学生们在QQ群里表明心声："老师，题太少了""呼唤无限题库""我已经沉迷于学习无法自拔"。为了满足学生们对题目的需求，教师们将题目增加至1000多题，供学生们复习；同时为了防止学生沉迷于"近代化学基础"课程的学习而影响其他课程的学习，教帅只能限制发布题目的时间以及答题的体力值。期末考试之后，通过调查发现，学生们非常认可这样的竞技化教学方式（见表1）。竞技性、沉浸性和互动性的体验过程为教师了解学生的学情、提升执教能力提供了互动通道，为"金课"建设助力扬帆。

表 1　游戏化教学调查反馈表

调查问题	完全同意（%）	同意（%）	不太认同（%）	完全不认同（%）
学习体验更好	46.0	44.7	8.7	0.6
对复习有帮助	42.9	50.9	5.0	1.2
复习效率更高	32.9	46.6	19.9	0.6
继续使用	45.3	41.6	10.6	2.5

三、结语

　　前面的这些探索实践中，教师积极进行教学方法、手段和内容的改革，学生积极主动进行学习，我们的教学在高阶性、创新性、挑战度方面得到了发展。然而我们也深知，这一点点探索还只是建设"金课"的初级阶段，后面还有很长的路要走。作为教学主体之一的教材是我们进行教学活动的基石。因此，教研室正在启动《近代化学基础》第四版的修订工作，拟把《近代化学基础》打造成具有工科发展特色的新形态教材，紧跟时代课学科发展的步伐，为打造"金课"奠定坚实的基础。另外，教师在教学能力方面的不断成长才能助力"金课"建设，因此，我们还会通过教学竞赛激励教师，通过各种能力培训发展教师，以期为"金课"建设奠定人才保障基础[7,8]。同时我们也知道，线下的"金课"是其他4种金课（线上金课、线上线下混合式金课、虚拟仿真金课和社会实践金课）的基础。因此，如何去"水"淘"金"还需要我们用科学性、发展性、可持续性的思路积极探求，让教学更加饱满丰富，具有高水平的内在张力，让课程表达出教与学的创新性、解决问题综合能力的高阶性、课程深度的挑战性，让教师、学生和课程在"金课"建设过程中都得到意义深远的发展。

参考文献

　　[1] 中华人民共和国教育部. 教育部关于狠抓新时代全国高等学校本科教育工作会议精神落实的通知 [EB/OL]. [2018—08—27]. http://www.moe.gov.cn/srcsite/A08/s7056/201809/t20180903_347079.html.

　　[2] 陆国栋. 治理"水课"打造"金课" [J]. 中国大学教学，2018（9）：

23—25.

[3] 刘静. "文化走出去"背景下英语"金课"探索与创新：以英语口语教学内容为例 [J]. 机电教育创新，2019 (1)：116.

[4] 于剑锋，曾景斌，刘大鹏，等. 非化学化工专业"大学化学"课程考核方法改革实践与探索 [J]. 化学教育（中英文），2019，40 (4)：87—92.

[5] 赖雪飞，谢川，龙沁，等. 结合形成性与终结性评价的化学课程评价探索 [J]. 大学化学，2016，31 (6)：16—20.

[6] 高峻，陈彦逍，李万舜，等. "SPOC＋翻转课堂＋传统课堂＋全过程考核"混合教学模式：以近代化学基础（有机化学）课程教学实践为例 [J]. 大学化学，2018，33 (11)：47—52.

[7] 张新启. 打造"高职"金课的理念与举措 [J]. 中国职业技术教育，2019 (2)：8—10.

[8] 郑春. 以评促建视角下打造新时代民办高校"金课"课堂 [J]. 中外企业家，2018 (14)：172—173.

"跨国企业管理"金课建设的几点思考①

邓常春

（四川大学经济学院）

【摘要】"跨国企业管理"是国际经济与贸易专业的核心课程。在全面提高本科教学质量，打造金课的背景下，本文探讨了"跨国企业管理"的金课建设，并提出可以从四个方面推进该门课的金课建设，包括：融入社会主义核心价值观，践行课程思政；注重案例教学；加入学科前沿研究动态；提升课程的挑战度等。

【关键词】"跨国企业管理"；金课建设思考

一、引言

当今世界，科技日新月异，国家间的竞争空前激烈，竞争的根本在于人才，人才的培养在于教育。高校是人才培养链条上的重要环节，高校本科教育更是直接关系到人才培养的质量。金课建设旨在提升课程的高阶性、创新性和挑战度，是提升本科教学质量，建设一流课程和一流大学的重要举措。

"跨国企业管理"课程，是国际经济与贸易专业的核心课程，也是一门承前启后的课程。往前看，这门课中涉及的贸易、投资、全球资源寻求、跨文化沟通等，在其他课程中都有涉及，算得上是专业课

---

①　本文系教育部高等学校经济与贸易专业教学指导委员会"经济与贸易类专业核心课程'金课'建设研究"教学研究项目"'跨国企业管理'金课建设研究"研究成果之一。

程的一个总结；往后看，这门课开在大三下期，这门课期末的课程论文，正是毕业论文的预演。"跨国企业管理"基本不涉及数理模型，而是依靠大量的鲜活案例，引发学生们对于现实问题的关注和思考，是一门有趣的课程。

那么，在全面提升本科教学质量，打造金课的今天，如何把"跨国企业管理"建设为金课？这是本文想要探讨的问题。

二、融入社会主义核心价值观，践行课程思政

在培育和践行社会主义核心价值观的过程中，青年具有特别重要的地位。正如习近平总书记所说，青年的价值取向决定了未来整个社会的价值取向，而青年又处在价值观形成和确立的时期，抓好这一时期的价值观养成十分重要[1]。大学是探索真理研究学问的地方，大学也是优秀青年聚集之所在，因此，在大学里培育和践行社会主义核心价值观，具有特别的优势和便利。

当前正在全面推进的课程思政建设，就是要寓价值观引导于知识传授和能力培养之中，帮助学生塑造正确的世界观、人生观、价值观，这是人才培养的应有之义，更是必备内容[2]。

"跨国企业管理"课程，富含人文精神，涉及爱国、富强、法治、敬业和诚信等主题，且有诸多案例，生动形象，易于与社会主义核心价值观融合，特别适合课程思政。

（一）找准课程与社会主义核心价值观的契合点

"跨国企业管理"课程，在许多方面涉及价值观的讨论。譬如，华为、大疆等中国企业的崛起，很自然地就蕴含爱国、富强等核心价值观。而关于埃隆·马斯克与电动车、可回收火箭、太阳能，王玉锁与新奥集团及煤制气的探讨，可以让学生们感受到创新与敬业等企业家精神；对全球商务环境的探讨，会涉及法治的观念等，这些就是"跨国企业管理"课程与社会主义核心价值观的自然契合点。找准这些契合点，在契合点上着力，就将让社会主义核心价值观自然而然地融入课堂教学和思考，如春风化雨，不知不觉深入人心。

（二）加强学理分析，予以合理引导

涉及价值观的案例分析，容易引起人的情绪化的反应。尤其是人

生经验不足、学术修养尚待提高的大学生，更是如此。这就需要教师用冷静客观理性的学理分析来加以引导，避免学生们陷入情绪化的讨论和认知。

譬如，在讨论美国制裁中兴公司的案例时，学生们难免义愤填膺，怒不可遏。此时，教师应该从两个方面来引导学生：一是企业的合规管理。中兴公司在合规管理方面存在哪些不足，这些不足导致了哪些后果，这一事件对其他企业的合规管理有何启示等。二是持续的技术创新，占据技术高点，对于企业，对于国家的意义。青年学生如何培养创新意识和创新习惯。由此把案例讨论引向理性的思考。

加强学理分析的另一个好处是，培养学生们的理性思考习惯。当今世界正面临复杂深刻的变化，各种信息相互激荡，而青年学生面临学业、情感、职业等多方面的考量与选择。如果他们养成理性分析的良好习惯，就能做到习近平总书记所说的"善于分析、正确抉择"，从而"稳重自持、从容自信"[1]。

三、注重案例教学

管理是一门科学，一种系统化的并到处适用的知识；同时，管理是一种实践，其本质不在于知而在于行；其验证不在于逻辑，而在于成果。管理是和人打交道的，需要资历和经验来支撑。对于 20 来岁的青年学生，学习"跨国企业管理"这门课，最大的短板在于缺乏经验，缺乏阅历，难以体会跨国企业管理中的痛点。要克服这块短板，最好的方法就是广泛学习案例，从别人的经验中总结规律吸取教训。因此，在"跨国企业管理"这门课中，案例教学是必不可少的内容。

（一）选择恰当案例，而且时时更新

案例要为教学服务，体现教学目标。这是选择案例的重要标准。一般而言，选择案例时要考虑两点：一是价值观，二是知识点。

"跨国企业管理"的案例，应该尽量选择积极向上、符合社会主义核心价值观的案例。诚信是"跨国企业管理"课程中的重要议题。义与利是跨国管理面临的道德挑战之一。这方面的典型案例有雅芳行贿案和葛兰素史克行贿案。对这两个案例的分析，能让学生们体会到为人做事，诚信为本，必须坚守道德底线，永远对法律保持敬畏之心。

另外，案例选择还应该契合教材的重要知识点。譬如，对全球化的理解，可以选择阿里巴巴集团；许可贸易，可以选择迪士尼公司；全球资源寻求，可以选择苹果公司；跨国企业的组织结构演变，可以选择宝洁公司或者海尔公司。中国企业的国际化，可以选择华为公司或者中国中车或者新希望集团。产业的例子可以选择"汽车产业的中国路"，或者成都第一个万亿级产业——电子信息产业等。

中国经济的崛起，中国企业的国际化，为"跨国企业管理"课程提供了无数鲜活的案例，而且每年都会有新公司涌现，案例可以时时更新。

（二）以视频案例为主

当代青年学生，成长于电子产品广泛应用的时代。他们普遍的特点是，更善于读"图"，而不善于读"字"。他们习惯了碎片化阅读和碎片化思考。他们更善于捕捉蕴含于视频中的信息。比起纯文字，视频有图像、有声音、更生动、更形象，也更容易引起学生的兴趣和关注。因此，跨国企业管理的案例教学，应以教学视频为主。

视频长度以 30~40 分钟为宜，既能完整地讲述一个案例，时间又控制在一个课时以内。在视频播放之前，教师应该有恰当的导读，并为学生指出观看视频时主要的关注点。

四、加入学科前沿研究动态

一般而言，本科阶段的教学注重基本理论基本原理，但也可以视情况加入学科前沿研究动态，以拓宽视野，培养研究兴趣。"跨国企业管理"课程开在大三下期，绝大多数专业课学生们都已学过，具备了必要的专业基础。部分学生毕业后还要读研，所以有必要在课程中加入学科前沿研究动态。

（一）选择部分内容予以拓展

"跨国企业管理"涉及进出口管理、跨国投资、跨文化沟通等，对于这些主题，学界都有大量的前沿研究成果。教师可以选择其中的优秀期刊论文，推荐给学生们做拓展阅读。教师如果自己正好有相关的课题研究，也可以将研究结论或研究心得和学生们做分享。

（二）重点介绍学术前沿研究的背景、方法、贡献与不足

在加入学科前沿研究动态时，考虑到学生们的学养，教师应重点介绍该研究的背景、方法、贡献与不足。这样，便于学生们从整体上了解学科的发展脉络，掌握有效的研究方法，并且有兴趣去弥补既有研究的不足。

五、提升课程的挑战度

"跨国企业管理"课程，不需要记住许多专业术语，更倚重理解力而非记忆力。与其说是让学生回答问题，不如说是让学生提出问题，引发思考。因此，很多学生在学习过程中，觉得这门课不难，没有什么挑战度。其实不然。这门课的挑战度可以体现在以下三个环节之中。

（一）分组讨论案例

在开学之初，即把全班学生分成若干小组，每小组负责选择一个与教材章节主题相关的案例。学生们围绕该案例，设计框架，搜集资料，制作课件，然后在课堂上做展示。展示完毕，教师和学生都可以提问，做进一步的讨论。这样可以促进学生们对教材主题做深入的探究和分析，形成自己的观点，并努力表达出来，以理服人。同时，学生参与课堂，积极互动，教师也可以更直观地对学生进行学业评价。

这个环节的挑战度在于：要熟悉和领会教材某一个章节的主题，并找到恰当的案例。对案例的分析，要具体、详细、图文并茂，在 PPT 展示中，语言表达要流利，微表情和微动作要恰当。

（二）写视频观后感

整个学期要播放 10～12 个教学视频，每一个都对应不同的主题。学生们从中选择，写 6～8 篇观后感。观后感字数在 300～1000 字，但要有感而发。

这个环节的挑战度在于：40 分钟左右的视频，信息量很大，只播放 1 遍。学生们必须聚精会神地观看，捕捉和筛选信息，抓住视频中的亮点，形成初步观感。课下还要查阅相关资料，写成文字版的观后感。

（三）写作期末课程论文

"跨国企业管理"课程以阅读和思考为主，所以期末考试一般要求写一篇 3000~5000 字的课程论文。

这个环节的挑战度在于：教师只给出宽泛的选题方向，具体题目要学生自拟。这就要求学生们对于整个课程的教学目标、教学内容和扩展资料，有一个全面的把握。在此基础上，结合自身的兴趣点和知识储备，才能拟定出一个符合课程要求、领会课程意图、大小合适、简明凝练的题目。拟定题目之后，要搜集资料，尝试用学术语言（而不是媒体语言或口水话）来表达观点，做到主题明确，思路清晰，结构合理，语言通顺，符合基本学术规范。这些对于尚未开始写作毕业论文的大三学生，都是很有挑战度的。当然，这也有助于培养学生的学术写作能力，为大四写作毕业论文奠定基础。

以往的教学经历表明，相当多的学生能抓住教材主题，选择恰当的案例，流利地演示精彩的 PPT，写下很有真情实感金句频出的观后感；但是在期末论文中却有折戟沉沙之感。

六、结语

"得英才而育之"，这是教师无上的荣光。时代在不断地前进，大学课堂迎来一代又一代风华正茂各具特色的年轻人。如何让课堂永葆青春，吸引每一代的年轻人，使他们在课堂上有所得、有所思，使教学内容教学场景能留在他们的记忆里，多年后还能被想起，还能在某一个人生路口影响他们的选择，这是大学和大学教师永恒而又常新的话题。金课建设的意义正在于此。

参考文献

［1］习近平. 青年要自觉践行社会主义核心价值观：在北京大学师生座谈会上的讲话［N］. 人民日报，2014－05－05（2）.

［2］教育部. 教育部关于印发《高等学校课程思政建设指导纲要》的通知［EB/PL］. （2020－05－28）. http://www. moe. gov. cn/srcsite/A08/s7056/202006/t20200603＿462437. html.

俄语专业贯通式人才培养平台建设①

邱　鑫　池济敏

（四川大学外国语学院）

【摘要】为将国际国内形势变化对高等教育发展带来的新问题、提出的新要求融入四川大学"双一流"建设，四川大学外国语学院俄文系开始构建贯通式人才培养模式平台。本文从新时代俄语专业人才培养定位入手，探讨了贯通式人才培养工作的核心及其纵向拓展和横向拓展，综合分析了平台建设工作取得的成效与不足。

【关键词】俄语；平台；人才培养

一、引言

大变局之下，影响现有国际秩序稳定性的因素日益增多，导致国家间竞争日趋激烈。如何抢占国际地位制高点，成为各国最为关心的关键问题，而人才培养是作答时必须涉及的部分。长期以来，我国高等教育界对此的讨论从未间断。2018 年新时代全国高等学校本科教育工作会议期间发布的《一流本科教育宣言》（《成都宣言》）强调："培养堪当民族复兴大任的时代新人是高等教育的核心使命。"[1]

外语专业因其专业特性，对全球范围内的信息流动十分敏感，特定语种教学的发展势头深受世界局势，特别是经济全球化进程的影

① 本文系四川大学"俄语＋"贯通式人才培养平台建设项目（JG2017－80）和四川大学研究生教育教学改革研究项目（YJSKCSZ2019002）的研究成果之一。

响。俄罗斯是国际政治大国，是"一带一路"的重要节点。中俄关系升级为"新时代全面战略协作伙伴关系"后，新型大国关系的"新时代"特征进一步突显。在此背景下，四川大学外国语学院俄语专业结合四川大学的特色和优势，开始构建贯通式人才培养平台。

二、新时代俄语专业的人才培养定位与贯通式人才培养平台

目前，"双一流"建设稳步推进，"六卓越一拔尖"计划 2.0 已经启动，新文科建设如火如荼。外语类专业也顺应形势，开始了"大外语"转向。具体到人才培养定位，吴岩司长已经做了清晰的勾勒："要大力培养具有全球视野、通晓国际规则、熟练运用外语、精通中外谈判和沟通的国际化人才，要有针对性地培养'一带一路'等对外建设亟须的懂外语的各类专业技术和管理人才。"[2]进一步强调国际化的同时，外语专业同其他专业的边界也进一步模糊，其人才培养定位与非外语类知识和技能发生了深度接轨。据此，全国俄语专业纷纷开始在复合语种、"俄语＋"等方面深化探索。

四川大学国际化办学的传统由来已久，"把学生国际化培养作为一件带有根本性、全局性和长远性的大事抓紧推进……充分利用国际优质教育资源，加强国际化培养人才的力度，打造高素质创新人才，使培养的人才拥有国际意识和全球视野、懂得国际惯例、具有国际交往能力"[3]。俄语专业遵循了四川大学的办学特色，坚持专业人文性和工具性的统一，着力培养俄语语言综合运用能力强、人文素质佳、具有批判性思维和跨文化沟通能力、能适应未来社会发展的高素质、国际化、创新型人才。"大外语"转向提出之后，为顺应新时代趋势，满足新时代需求，俄语专业修订了人才培养目标，加入了"充分了解某一个或者某几个非外语类专业领域，拥有一定社会实践经验，具有良好组织能力和交际能力"等相关内容，并开始着手搭建贯通式人才培养平台，以适应我国经济社会发展对"懂俄语的各类专业技术和管理人才"的需求。

所谓"贯通"，《辞海》释义有二，一为"全部透彻了解"，二为"连接、沟通"。"贯通"之义，符合贯通式人才培养平台在纵向及横向上的两大拓展方向。所谓纵向，关乎"全部透彻了解"，包含两个方面：第一，构建课程群落，强化课程内容的相互渗透；第二，打通

各个学段，弥合学业与职业之间的壁垒。所谓横向，关乎"连接、沟通"，同样包含两个方面：第一，多措并举，导入其他相关专业的内容，引导学生有步骤、有计划、有组织地修读非语言类学分，增加相关知识；第二，利用既有的国际化优势和各类校际交流机制，提升学生的国际交往和组织协调能力。横向与纵向的交叉节点，是贯通式人才培养平台的核心——立德树人，这也是各层次、各阶段教育教学所共同承担的中心任务。

三、贯通式人才培养平台的核心

2018年教育部发布了《关于加快建设高水平本科教育全面提高人才培养能力的意见》，明确提出要"坚持立德树人，德育为先。把立德树人内化到大学建设和管理各领域、各方面、各环节，坚持以文化人、以德育人，不断提高学生思想水平、政治觉悟、道德品质、文化素养，教育学生明大德、守公德、严私德"[4]。《中国教育现代化2035》更进一步强调要"全面落实立德树人根本任务，广泛开展理想信念教育，厚植爱国主义情怀，加强品德修养，增长知识见识，培养奋斗精神，不断提高学生思想水平、政治觉悟、道德品质、文化素养"[5]。由此可见，外语类专业的人才培养工作必须以德育为先导，学生只有在形成了正确的世界观、价值观和人生观后，才能持身守正，沉着应对外界庞大而繁杂的信息流，塑造出客观且广涵的全球视野，才能达到"信念坚定、人格完善和专业卓越"[6]。

俄语专业将"立德树人"作为贯通式人才培养平台的核心，紧跟四川大学思政进课堂的相关部署，结合实际情况，遴选并组合出相对完整的"思政＋专业"课程模块。发挥党员教师先锋模范作用，由他语种支部书记和系主任共同牵头修订教学内容，革新授课形式。此外，俄语专业还将思政教育的理念导入了毕业论文、实习实践、评奖评优、文体活动、公共服务等领域，在本科阶段实现了思政教育全覆盖。

四、贯通式人才培养平台的横向拓展

"与传统文科相比，新文科背景下各学科之间的界限不再泾渭分明，学科之间的交叉融合成为必然趋势。"[7]外语类专业，特别是英语之外的语种，因其学科特点，与其他学科的交叉融合会产生一系列新的问题。以俄语专业为例，招收学生均为零起点，专业课时量大，可供灵活腾挪的空间有限；俄语同非语言类专业直接相加，会极大增加学生的课业负担，且极易形成"相加而不相容"的局面，两个专业分别构建两套相互独立的知识与技能体系，无法发挥"一加一大于二"的效果；在选择所加专业时，还要考虑是否能真正有利于学生的发展与成长。探索解决这些问题，也是俄语专业构建贯通式人才培养平台的重点工作。

所谓横向拓展，在现阶段的工作集中于增加通向经济类专业和国际关系类专业的接口，主要包含两个方面的措施：

其一，优化培养方案，改革选修课教学内容。一是在四个年级分别遴选出 4～6 课时专业选修课（经贸俄语、俄罗斯国情等），组成新课程群，将授课重点进一步集中到俄罗斯经济、金融和对俄外交。二是邀请经济学院和国际关系学院的专家参与授课，为本专业学生定期开展讲座。三是参照四川大学经济学和国际政治学专业的培养方案，划定在线课程清单。如果学生修读其中 5 门并取得认证证书，将在评奖评优和留学选派时获得等同于参与省部级项目的加分。四是鼓励并引导学生辅修双学位。2018－2020 年本专业选择辅修双学位的学生人数在总培养人数中的占比逐年提升，且九成集中在经济学院。五是鼓励学生撰写学年论文和毕业论文时跨专业选题。2019 年，选择非语言类题目的学生人数占总人数的比例已经达到 45％，同比增长25％。2019、2020 年度俄语专业学生获得的大学生创新创业立项项目也体现了"俄语＋"特色。选题包括"长江中上游地区与伏尔加河沿岸联邦区投资与产能合作研究""探索中国企业如何'走出去'——对贝加尔湖开发问题及俄民众态度的调查""成都对俄旅游发展现状与对策研究"等，与经济、文旅等领域紧密相关。

其二，依托国家留学基金委资助项目（与莫斯科大学、圣彼得堡大学互换奖学金项目，赴俄罗斯专业人才培养计划等）、四川大学校际交流项目（包括圣彼得堡大学、喀山大学、下诺夫哥罗德大学等俄罗斯名校），为学生出国修读非语言类专业提供便利。从 2019 年开始，国家留学基金委专门为常设在四川大学的"长江—伏尔加河"高校联盟中方秘书处预留申报端口，委托其作为单独的受理机构，负责受理联盟中方成员高校人员赴联盟俄方成员高校非语言类专业留学研修的申请。这也是俄语专业的学生实现自主"俄语＋"的新渠道。此外，本专业鼓励学生参与"大川视界"项目与"国际课程周"的活动。以 2019 年为例，二、三年级本科生同时与来自 30 余个俄方高校的 70 余名师生对接，组织并参与了包括中俄大学生圆桌论坛在内的丰富活动，接待了来自俄罗斯莫斯科大学、高尔基文学研究院、美国科罗拉多大学的 4 名专家，圆满完成了该年度"国际课程周"的参访和活动日程，学生的组织、协调和沟通能力都得到了有效锻炼。

五、贯通式人才培养平台的纵向拓展

所谓纵向拓展，在现阶段的工作集中于强化各年级、各阶段的联系，同样包含两个方面的措施：

其一，梳理课程网络，改革必修课教学内容。以"国际化"为聚合核心，重组各模块课程的教学内容，令各年级课程"互联互通"，落实培养信息甄别、搜集、归纳、整理、分析和总结的能力；将"中华文化""国际关系""区域合作""对俄经贸合作"等方面的内容贯穿进所有必修课程的教学计划，在俄语"主干道"的周围形成多条"复线"，以"点滴汇流"的方式塑造国际视野，培养对外传播中华文化的能力。

其二，深化课堂教学同实习实践、择业就业的接驳。俄语专业每年均邀请不同领域的校外专家来蓉授课，开办讲座，组织优秀毕业生返校开设系友论坛。目前已有来自外交部、商务部、中央电视台、新华社、清华大学、北京外国语大学、海南航空、四川博览事务局、珠海蔚蓝医药有限公司、语言家翻译公司等单位的 20 余名出身俄语，又在某一领域取得一定成就的专家和系友前来川大，分享对所处行业的理解以及行业对人才类型、素质和知识体系的真实需求。在四川大学教务处、国际合作交流处和外国语学院的支持下，俄语专业还与俄罗斯喀山大学等知名高校联系，共同建设海外实习基地，让本专业学生能有机会到俄罗斯实地观摩俄罗斯政府机构的运作机制。此外，俄语专业同四川省内各级机关单位保持密切联系，为学生提供大量实习实践的机会。以四川省外事办为例，每年在外事活动频密期间，本专业学生均会被轮流派至省外办坐班，深度参与所有四川省及省内市、州对俄语地区的外事、经贸及文化交流活动。仅 2019 年一年就有 68人次参加了近 50 项活动，总覆盖比达到俄文系全体在校生的 83%，有效配合了四川省及省内各市州的对外合作。

六、结语

建设俄语专业贯通式人才培养平台的工作已取得一定成效，也遇到了一些问题。因为"俄语＋其他专业"的教学模式并非是一蹴而就的，在逐渐修改教学计划的同时，需要有针对性地编纂系列教材，将其他专业的基础性知识融入俄语专业本身的课程内容中，以形成知识系统的平滑连接。此外，俄语专业教师缺乏其他专业知识背景，无法独立完成教材编纂和编修，需要广泛借助其他专业教师以及俄罗斯同行的力量。要实现这一点，根据深圳北理莫斯科大学、哈尔滨工业大学、黑龙江大学等高校的经验，应在学校内部建设有效的协调机制。尽管在线课程能在一定程度上弥补课堂时间不足带来的缺憾，然而其缺乏实时互动也是外语类专业慕课推广一直裹足不前的原因。推进"俄语＋"时，我们同样面临着坚守外语类专业阵地的压力，语言、文学、文化、翻译类课程群组如何"减时增效"也是急需论证和解决的问题。

参考文献

［1］中华人民共和国教育部. 一流本科教育宣言："成都宣言"［EB/OL］.（2018－06－22）［2020－04－18］. http://www. moe. gov. cn/jyb _ xwfb/xw _ fbh/moe _ 2069/xwfbh _ 2018n/xwfb _ 20180622/sfcl/201806/t20180622 _ 340649. html.

［2］吴岩. 新使命 大格局 新文科 大外语［J］. 外语教育研究前沿，2019，2（2）：3－7，90.

［3］谢和平. 四川大学国际化的探索与实践［J］. 高等教育发展研究，2007，24（4）：1－5，17.

［4］中华人民共和国教育部. 教育部关于加快建设高水平本科教育全面提高人才培养能力的意见［EB/OL］.（2018－10－08）［2020－04－18］. http://www. moe. gov. cn/srcsite/A08/s7056/201810/t20181017 _ 351887. html.

［5］中华人民共和国教育部. 中共中央、国务院印发《中国教育现代化2035》［EB/OL］.（2019－02－23）［2020－04－18］. http://www. moe. gov. cn/jyb _ xwfb/gzdt _ gzdt/201902/t20190223 _ 370857. html.

［6］姜智彬，王会花. 新文科背景下中国外语人才培养的战略创新：基于上海外国语大学的实践探索［J］. 外语电化教学，2019（5）：3－6.

［7］张俊宗. 新文科：四个维度的解读［J］. 西北师大学报（社会科学版），2019，56（5）：13－17.

实验与实践

信息管理专业本科实践教学研究①

董凯宁[1]　孟　津[2]

（1. 四川大学公共管理学院；

2. 四川恒嘉汇商务服务有限公司）

【摘要】实践教学是本科教学的重要组成部分，学生需要通过实践学习巩固专业知识，提高动手能力，实现理论与实践相结合，紧跟社会信息化应用发展。目前不少信息管理专业本科教学在课带实验、实验课程、科研训练、毕业实践等实践教学环节存在着一些不足，教学方式滞后、实践环节薄弱、实践教学模式和考核方式亟待创新。因此，在信息管理专业人才培养定位的基础上，应优化实践教学条件，做好实践教学安排，构建实践教学评价体系；实践应分阶段推进，前期夯实实践基础技能，中期积极参与创新创业项目，后期依托高校产学研机制培养学生实践技能。

【关键词】信息管理；教学；实践

一、信息管理本科培养概况

从高校本科专业角度看，信息管理与信息系统专业（以下简称"信管专业"）是由原来的科技信息、信息学、管理信息系统等专业合并而成，是管理科学与工程下的二级学科，是目前本科培养的热门专

---

① 本文系四川大学新世纪教育教学改革工程（第六期）研究项目"校企共建实习基地的长效机制研究"的研究成果之一。

业。2017 年全国计算机信息管理类毕业生已经达到 60 万人。在信息技术高速发展的今天，信息技术是当今世界经济发展的一个新兴引擎。信息技术的发展推动了信息管理人才培养的发展，高等教育必须根据社会的需求，培养符合社会要求的合格信息处理人才，如信息系统维护人员、信息系统开发人员、信息系统工程实施人员、电子商务人员。但信管本科毕业生往往知识面有余，实践能力不尽如人意。即使是四川大学培养的信管专业毕业生，就业找工作压力也很大[1]。因此，如何提高信管专业学生的实践动手竞争力，急需高校教育工作者去系统研究。本文以四川大学信管专业本科实践教学为研究对象，研究改善和提高实践教学的方法。

二、信管专业实践教学组成

首先，信管专业最基础的实践教学是配套理论课的课程实验。课程实验关联理论课程教学，是为培养学生掌握本课程的实际动手操作技能而设置的实践环节。一般由任课教师根据教学计划要求，确定课程的实验内容、实验要求和实验时间。

其次，在二至四年级本科学习期间，学生有机会申请科研项目，参与科研训练。科研训练是学生在完成公共课、专业基础课和部分专业课学习后的一个实践环节，是学生归纳融合已学到的理论知识的综合科研活动。目的是检验学生在专业学习中的效果和收获，培养学生实际运用知识和获取资料的能力，培养学生理论创新的能力，并为学生撰写毕业论文奠定基础。

最后，本科学生将参加为期 4 周的毕业实习。毕业实习是教学计划中非常重要的实践性教学环节，毕业实习的目的是检验和提高学生的专业学识水平和综合素质。这个实践教学内容希望本科生通过毕业实习提高软件开发、管理信息系统设计等方面的专业水平，熟悉实际项目运作的规律，锻炼信息系统算法编制水平。

三、实践教学存在的问题

其一，课程结构不合理。专业课程设置跟不上信息技术的发展，一些与信息技术发展密切相关的前沿专业课程，如移动互联网开发技术、ERP 的原理与实施、物联网技术、大数据与云计算等都没能系统化开设，更不会安排与前沿技术课程配套的实践教学、项目实习等环节。而正是具体项目实践对增强学生的实际动手能力、提高学生的技术竞争力起着非常重要的作用。

其二，实践没有专业特色。信管专业学生的管理知识一般弱于学管理的，计算机动手能力一般不如网络、计算机专业的学生。这样的员工，用人单位只能安排从事非技术性的工作[2]。如何办出专业特色，是信管专业教师应该深思的问题。本文认为，必须要用企业信息化实践项目来淬炼学生，把学生头脑中的知识碎片用一个个有价值的项目来融汇成有效的大脑信息树，有结构、成体系。

其三，实践教学环节是为加强专业训练和锻炼学生实践能力而设置的教学环节，实践教学和理论教学有很大的区别，仅仅讲授、念书是完全不够的。另外，长期的应试教育，使学生养成了酷爱标准答案的习惯，不习惯探究未知领域。就是在实践中，有的学生也只喜欢做固定的、重复过无数次的技术陈旧的东西，不喜欢尝试新兴的技术。更不要说一般课程体系内的实验内容本身就偏陈旧无聊，落后于当代技术。总之，实践教学方法已不能适应当今技术的发展要求。

四、信管专业实践教学的优化对策

针对信管专业实践教学存在的问题，本文提出四个方面的优化对策。

（一）优化实践教学条件

构建现代化的校企联办实训实践基地。实训基地建立后，对基地统一管理，开放使用，把开放的实验室作为本科生的实践场所，引入实际项目，为学生提供真实的操作环境，为本科生提供创新活动的场所，提高实训基地利用率。

要让实训基地可以长期发展壮大，关键是双方都要明确这是一个可以长期做下去的事情，互相都有兴趣，互利互惠。在互相都有兴趣的基础上，要有一个稳定的发展计划，稳定才有发展，稳定才能深入研究，逐步提高。效果良好的实习基地不是靠一时冲动和一点临时资助建起来的。明确把握双方的兴趣点，有问题就改正，校企共建实习基地自然就能获得长效。

学校对实习基地要有长期监管的机制，深入合作的规划。教师要去现场指导，因为企业对学生不熟悉，也不对学生负责，同时学生本身胜任短期内的实习也有一定困难，这需要实践指导教师带着详细的实践计划来实施。另外，企业有很多低技术的重复工作内容，没有必要让学生去参加这些无意义的重复"锻炼"。因此，学校必须有专门的负责人与企业一起来监管实践过程，制订实践计划，审核实践方案。这样才能把企业的新技术、新项目、商业运作方式和学校严谨的教学作风、高水平的教学方式结合起来[3]。

提升实践教学条件还体现在紧跟前沿技术上。目前，智能移动终端、社会性软件和云端学习资源为真实社会情境中的学习创造了条件，因此可以因地制宜地构建云端项目实践教学环境。比如，在网上学习社区中，指导教师提供项目实例，教师和学生在社区中共同建立一些规则，让有项目经验的学生担任组长，为其他学生提供指导和帮助[4]。学生可以在教师的引导下，对项目实践中遇到的真实问题进行讨论交流，不断积累有价值的实践知识和经验。如果学生能进一步主动分享经验，实践效果更好。

互联网教学不受时空的限制，学生在任何地方、在任意时间都可以自主学习，随时随地与指导老师和学习伙伴保持联系。互联网教学克服了以往在实习期间师生分离、学生向老师请教问题极不方便、教师对学生指导监督十分困难的空间障碍，极大地方便了教师与学生的交流，提高了实践教学效率。

（二）合理安排实践教学

首先，项目实践中不确定因素很多，实践教学要做好准备工作。指导教师必须非常熟悉相关实践内容，要求学生完成的，指导教师要事先完成，对可能出现的问题要有解决方案，清晰把控学生操作所耗费的时间、学生能做到的程度。比如在开发安卓蓝牙传输的实践项目课中，多线程、后台服务管理、流式数据接收与硬件模块通信结合在一起，内容较为复杂，实践指导教师应该尽量通过实物直接演示，还可以进行示范性演示。比如演示与多个蓝牙设备进行 Socket 通信，演示消息的具体传递流程，这涉及无线传输方面的知识，容易出错。实习教师应自己反复测试，确保实训演示的内容稳定可靠，科学合理地安排讲授计划，准备实训教案，撰写重要知识点、软件功能点、难点、问题点、关键点，准备实习要用的开发环境、实习记录表、实习报告等。实训教案多是计划、安排、标注等，与理论课教案在形式上有很大的区别。实训教案只是一个概要框架。

其次，要安排好实践教学流程，内容包括合理制订操作计划，安排操作时间，明确先做什么、后做什么，在实践教学之前就把知识点、技能点按合理顺序串联起来。实践课要讲授的细节内容多，其中理论内容讲授一定要简明扼要。实训指导教师必须熟悉操作过程，明确操作重点，控制讲授节奏，仔细删减冗余。把清晰的知识体系传授给学生，细节内容应该放在巡回指导过程中，切忌实训课堂教师一直讲，把实践教学课上成理论课。软件开发技术可以在学生操作过程中进行介绍。

再次，要合理安排需要演示的内容和时间，不能始终演示使学生没有机会动手，也不能取消演示让学生瞎做。要尽快让学生参与进来。本文认为，分阶段演示效果较好。比如在实训项目"基于 GIS 的智慧农业管理系统"中，教师可以先演示电子地图制作方法、大数据分析方法、NB-IOT 物联网农田信息数据传输方法、以太坊区块链可信模型构建方法等，然后在学生的好奇中演示整个软件运行效果，这时学生会迫不及待地要做出这样的效果。接着安排学生配置开发环境，待学生完成程序安装调试之后，再演示具体开发电子地图如增加图层的方法，web 通过 js 和区块链数据交换方法等。同时，教师可以给出故障排除思路，以便学生进行自查，最后演示典型故障的排查过程。教师不要一股脑儿地把要演示的内容全都演示下来，这样学生会失去兴趣。

最后，信管专业本科实习生已经有两三年系统的理论和基础知识学习，加上实验课等初步的动手能力训练，对自己研究的方向已经有一定的认知，因此在实习生的分配上可以实行双向选择的方式，学生可以自己找实践指导教师，教师也可以选择学生。这种双向选择的方式有利于实践指导教师找到自己满意的实习生，学生也可找到自己满意的实践指导教师和自己感兴趣的研究项目进行实习。在此基础上实施研究实践型教学方法，即教给学生如何学习的方法。实践指导教师不把现成结论告诉实习学生，而是让学生通过具体实践，在教师的指导下自主发现问题、研究问题、解决问题、获得结论。而且实践指导教师可在适当的时候刻意安排实验障碍，由实践指导教师提出问题或设想，学生根据所学的知识，综合网上查询的资料，进行研究分析，设计多套方案来解决或验证。由于学生没有固定的思维框架，他们的设想可能真的成为解决某些问题的关键思路。这种经历对实习生获得科研锻炼很有益。

（三）完善实践教学评价体系

再好的措施也必须有评价考核的监督，提高实践教学水平必须构建实践教学评价体系。该体系应关注实践过程和实践效果两个因素，保证实践活动得到有效监控，应提高实践教学的有效性，使实践教学质量切实得到改进，提高学生自身操作能力。建立实践教学评价体系的思路是：一方面，必须真实反映实践教学环节的实际状态，并通过对实践教学环节质量的评价，把实践教学环节隐藏的问题和薄弱环节暴露出来。另一方面，实习教学质量评价体系要全面、有效，不走过场，不讲废话，以切实提高实践教学质量为最终目标[5]。

首先，信管专业实践教学质量评价体系的建立应该遵循全面原则。信管专业培养的是企业信息管理技能型人才，实践过程中要让学生将理论知识运用到实际项目中，培养他们应具备的技能，同时提高他们的综合研发素质。因此，评价体系不仅覆盖实践教学的各方面，还应该包括学生应达到的素质目标；体系中应包括一级指标、二级指标，要全面系统，要体现知识、技能、素质相结合的程度和深度。

其次，信管专业实践教学质量评价体系的建立应遵循可行性原则，要求评价体系切实可行、可操作，评价方式定义要明确，一级指标、二级指标之间要有递进关系，评审标准应客观、全面，符合信管专业实践教学的总体目标。制订评价指标体系应既能对实践过程进行度量，又要简便易行。

最后，信管专业实践教学质量评价体系的建立应遵守闭环原则。通过毕业生的反馈对指标进行调整完善，以过程控制为关键，保证实践教学可自我完善。

信管专业实践教学质量评价体系在一定程度上完善了实践教学质量控制措施，加强了实践教学管理。这一评价体系有助于增强教师的教学意识与教学责任感，有助于实践教学管理的科学决策，确保实践教学质量提高[6]。

（四）有侧重分阶段实践

信管专业属于偏管理的理科专业，是计算机学科和管理学科的交叉领域，不能将该专业等同于计算机专业来办。该专业课程结构应是：管理学＋信息技术。该专业在制订本科教学计划时应当有所侧重，要做到"有所为，有所不为"。对管理学，可使学生掌握基本原理，由于这些学科偏文，学生以后可以根据具体单位的情况进行适当的自学，而信息技术发展快，也有一定的难度，所以要重点加强[7]。对于信息技术的学习应紧跟当前信息技术最新开发内容。对于信息技术可分四个阶段进行实践教学，每个阶段用不同的场所、不同的教学手段逐渐提升学生的综合技能。第一阶段，学习基础的程序设计结构化语言，如选用 C 语言、C++，主要使学生在程序设计上入门，掌握结构化程序设计方法；在课带实验中多用实际案例实践数据结构的各类算法，让学生建立技术和实际世界的广泛联系，培养点点滴滴皆可实践的思维模式。这个阶段的实践主场是课带实验。第二阶段，MySQL、SQLserver 学习，使学生学会可视化编程及数据库应用，HTML/ASP/ASP. NET/PHP/Java，掌握 web 前端开发方法；专门安排实验课让学生动手编程，熟悉项目开发全过程，让学生掌握独立开发的能力。这个阶段的实践主场是独立的实验课程。第三阶段，多语言和技术学习，语言如安卓、Xcode、Delphi、C♯、AIR、Go、Solidity、Swift、Objective-C、Python，结合大数据、物联网、移动端、区块链等有生命力的新技术，用大学生双创项目进行引导培养，让学生向能力成熟又兼具创新性的新型技术人员发展，用最新的工具来提升学生的实践能力。这个阶段的实践主场是大学生创新创业项目。第四阶段，在毕业实践阶段引入接近于商用或者真实实用的项目，让学生融入实际锻炼中。如果说前三个阶段都是学校内的实践，缺乏真实度，这一阶段的实践真实度大大提升。学生会体会到与在学校做开发作业完全不同的感受，如客户的偏执和催促，任务的复杂多变，这一阶段应结合软件工程培养学生的软件项目管理能力，为学生步入社会打下基础。这一阶段的实践培养工作应依托高校的"产学研"机制。这个阶段的实践主场是高校"产学研"基地。

五、结语

在实践教学中，实践指导教师要以全新的教育理念重新定位教学内容，多准备前沿知识，多与实习学生互动，多教学生如何自学，增强学生从网络上获取知识的能力、信息分析与综合能力、创新能力等。实践教学应该突出学生的主体地位，培养学生的主动性，激发学生的创造潜能。通过实施实践教学优化，学生的动手能力得到明显提高。随着信息科学的发展，众多传统行业需要更多更快地引进高新科技，以促进自身的迅速发展，这对信管专业的人才培养提出了很高的要求。信管专业的教学也应与时俱进，充分认识并实践好具有创新性的、优秀的实践教学方法，为社会培养优秀的信管专业人才。

参考文献

［1］冼广铭. 基于协同创新的国际化软件工程人才培养模式研究与探讨［J］. 教育教学论坛，2018（13）：161—164.

［2］张素莉. 应用型软件工程人才培养的改革与实践［J］. 现代计算机（专业版），2018（18）：68—70，33.

［3］崔燕. 面向大数据分析的信息管理实践教学体系构建［J］. 课程教育研究，2017（18）：21—23.

［4］杜浩. 关于提高软件工程实践教学质量的几点思考［J］. 西部皮革，2017（8）：202.

［5］王丽华. 以提高课堂教学质量为导向的评价体系研究［J］. 中国外贸，2011（6）：261—262.

［6］衣智平，黄凤远，侯嘉，等. 转型背景下高校实践教学信息化管理平台建设［J］. 鞍山师范学院学报，2018（4）：46—50.

［7］李鑫，申红，贾斌. 高校实践教学中综合设计性实验和研究讨论性实验的设计与实施［J］. 教育现代化，2018（2）：107—108，46.

"微电子科学与工程"实践教学体系改革的探索

高 博[1] 龚 敏[1] 赵 新[1] 黄铭敏[1] 李晶莹[2]

(1. 四川大学物理学院；2. 四川大学教务处)

【摘要】为培养高水平集成电路工程型人才，探索解决我国集成电路快速发展过程中遇到的"卡脖子"问题，四川大学实施了"微电子科学与工程"教学计划的改革。在实践教学环节构建以"项目"贯穿课程的教学与考核体系，制订以问题为导向的本科教学计划，引领学生从"学"到"用"。将研究项目整合到专业理论和实践类课程中，提炼以项目研究为核心的教学内容，实施专题、专才"探究式—小班化"教育。借助《成都市政府支持集成电路产业高质量发展的若干政策》挖掘优质企业资源，辅助实践类教学环节。通过新版教学计划方案的实施，将枯燥的理论学习转换为问题驱动的自主学习，有效提升了学生的工程实践和创新能力。

【关键词】微电子科学与工程；实践教育；项目；科学研究

　　拔尖创新人才培养是高校开展"双一流"建设的五大重点任务之一，这给高校教师教学提出了更高的工程人才培养要求——培养理论基础扎实、实践能力突出、研究能力强、工程特色鲜明的创新人才。传统教学活动中课程体系采用"知识点"教学法，教学目标通常以学生掌握各知识点涉及的概念和定理，会应用公式进行精确计算为主。这种教学法培养出的学生在实际毕业实践项目中对指导教师的依赖度高，缺乏独立解决实验实践项目的研究能力。培养一流的创新型人才需要不断优化的专业教学体系来构建学习环境[1]。社会心理学家库尔特·卢因的"场论"指出，一个人的行为取决于个人和他的环境的互相作用。将此理论运用在教育上，则体现在优秀学生的培养必须依赖于优质的教育平台和教学体系。为进一步推进一流本科建设，四川大学在 2018 年对本科教学计划实施了改革。新版教学计划将实践教育课程从原教学计划的专业课程中分离出来形成独立的课程体系，重新划分为通识教育、专业教育、跨学科教育和实践教育等四大课程体系，同时设置理工科实践教育类课程的学分比重为总学分的 25% 左右，保障了实践教学的"量"。在针对微电子科学与工程专业方向的本科教学计划改革中，四川大学开展了校、政、企协同培养模式的探索，采用了将科研项目贯穿到本专业实践教育课程体系的教学方式，推动了拔尖创新型微电子专业人才的培养。

一、"微电子科学与工程"专业实践教育模式的探索

传统实验实践类课程和专业理论课程相对独立，且在理工科专业教学体系中思维训练模式单一、片面。理论课教师更注重课程教学知识点的体现，而实践课教师则侧重于实验手段和方法。学生的实验课是为"掌握知识点"而"做实验"，这种为学而学的方式，缺乏积极的问题导向，导致学生不感兴趣，难以达到理论与实践相结合的教学目的和培养学生独立思考和动手能力的教学效果。虽然学生通过课程，掌握了部分理论知识和实验技术方法，但遇到设计课题还是会感到无从下手，不能做到融会贯通、学以致用[2]。而利用校、政、企协同培养模式，将现实中的科研项目引入实践类课程，建立以问题为导向的且与专业必修理论课程相辅相成的实践类项目体系课程，是解决此问题的一种有效方式。

（一）"微电子科学与工程"实践教学课程体系规划

在四川大学微电子科学与工程专业的最新本科教学计划中确立的人才培养目标是：培养德、智、体全面发展，具有扎实的数理基础和电子技术基础理论，掌握新型微电子器件和集成电路分析、设计、制造的基本理论和方法，具备本专业良好的实验技能，能在微电子及相关领域从事科研、教学、科技开发、工程技术、生产管理和行政管理等工作的高级专门人才。围绕此人才培养目标，四川大学确立了以新型微电子器件、工艺和集成电路设计与分析的理论和实验方法为主的

教学内容，以半导体物理、微电子器件、集成电路原理和微电子工艺技术四门必修课程为主的专业核心课程[3]。依据四门课程理论教学知识点，从中选取新型材料物理性质计算与分析、新一代微电子器件建模、新型半导体工艺技术和集成化设计方法应用开设相应的实践教学课程。以专业教师科研工作和国内、国外文献报道研究成果为支撑，设立实践类课程的课题，实践研究以复现研究课题成果为目标[4]。课程项目指导教师提出课题研究主要内容，将其理论基础融合到必修课程内容中。学生可依据实验室条件和个人兴趣自由选择实践类课题，开展课题研究。整个教学计划从本科二年级下半期开始，为期一年半，分成两个阶段。第一阶段完成实践类课题选题工作和理论课程学习，在专业必修课环节从理论计算分析方面开展研究；第二阶段在实践教学环节，在对应选修课程中采用 EDA 辅助设计、FPGA 原型验证、工艺加工和半导体参数测试手段检验项目工作。在整个教学过程中，让学生以项目目标为导向参与实践课程，激发其创造性思维，培养其积极思考和将理论知识运用于实践的能力。"学"与"思"结合，理论与实践相结合，达到学以致用的教学目的。

（二）实践教学课程中自主学习模型的建立

　　将所提出的实践课程研究项目和项目理论教学内容要求，分解到专业理论教学和实践教学两个阶段内完成，完成理论和实践教学环节融合。每个研究项目课题由一位指导教师负责，全程监督学生学习进度和质量。学生依据兴趣自由选题，认识课题的要点和待解决问题。指导教师需要做到：参与理论课程，讲授学生所选课题涉及的专业理论知识点；指导学生利用企业课程和 MOOC 教学资源开展项目设计所需 EDA 工具和相关仪器操作的自主学习；负责对课题学生进行指导答疑，依据理论课程的进度安排检查学生理论知识掌握情况和项目研究进展；针对学习环节中的问题开展针对性的课题讨论和设计辅导；引导学生查阅文献或工程案例自主设计项目解决方案。学生从项目问题出发，通过理论课程掌握解决问题所需知识点，构建出解决问题的实践方法并实施；学生在实践过程中又会发现新问题，从而进入自主学习的良性循环体系（如图 1 所示），培养了独立解决问题的能力。

图1　问题导向的自主学习模型

（三）教学考核评价体系的改革

合理的考评机制是教学改革的重要保障。实践教学与专业理论教学相融合的过程正适合目前学校开展的课程过程化考核评价体系，适合于一门课程多位教师教授，并为开展小班化研讨课提供便利；以"学"为主的教学改革充分调动学生学习积极性，引导学生主动学习，让学生"忙起来"。学生通过认识项目研究内容，对理论知识的应用点更清晰，在项目计划中主动学习，提高了应用所学解决实际问题能力，逐步做到对所学内容既"知道"，又"会用"。为保障教学质量，新课程考核评价方法分两个阶段进行[5]。第一阶段是专业理论课程阶段，以理论讲授、引导学生开展项目前期准备和结合项目问题实施分析计算为主。此阶段的课程考核实施全过程考核模式，学生期末考试成绩占45%，针对项目开展文献资料收集和阅读，形成的前期文献研究报告占10%，开展项目研究的分析计算占20%，理论教学活动占15%。第二阶段是实践教学环节，依据项目实施过程，以项目组为单位，在指导教师协助下学生独立展开实验工作。以集成电路项目实验环节为例，按照项目建模、电路仿真分析和版图设计设置三个节点，在节点安排小组或个人工作报告汇报总结并评分，占60%；项目结束展示报告占30%。最后，依据实验数据和项目进展情况进行考评。两个阶段依据项目活动节点分别开展两次项目研究汇报答辩，并由相关实践和理论课教师共同考核打分后分别加入理论和实践课程中，各占10%。[6]对于教学工作量，依据教师教学工作量进行分解，体现教师工作的价值。

二、新版专业教学进度中实践教育特点

新版专业教学进度中实践教育环节的改革具有四个鲜明特点。

（一）教学内容上的融会贯通

如果学生能学会将高难度的理论知识与实验实践活动联系起来，

就能使理论学习过程更具有吸引力。例如，在学习理论课程中背记每次课程的知识点、推导理论公式以证明结论的正确性、完成课程作业的过程。

现在通过将实验实践类项目贯穿整个理论学习，学生不再是被动的"得"做，而是在项目问题的驱使下"想"做。在理论课程学习中，学生带着实践项目研究中的疑问，在课程中寻找相应知识点解决问题；采用理论公式推导验证项目设计思路的合理性；想将课程作业更好地完成，落实到项目实践中。通过教学改革学生改变了看待课程学习的方式，从将这些学习行为视为负担转变为视其为机遇，培养了学生自主学习习惯。

通过增加实践类课程，将实践项目内容贯穿到理论课程中，实现了教学内容上的融会贯通。以一个基本的带隙基准源电路为例，涉及《半导体物理》中 PN 结的基础理论知识，《微电子器件》中三极管电压电流关系，《模拟集成电路》中电流源、放大器等知识点；实践环节借助 EDA 软件和工艺库文件实现设计思想。该项目设计中提出了设计指标，学生要达到指标，就会产生各种疑问，例如，如何钳位节点电压，正温度系数、负温度系数产生电路原理，温度系数的曲率问题，等等。在理论课程中，学生主动寻找、设计电路结构、推导公式，更有效地完成了理论课程学习。在实践课程里，学生通过全定制集成电路设计 EDA 软件 Virtuoso，结合 CSMC 工艺库文件完成带隙基准源的工程设计，实现了高阶曲率校正带隙基准源电路和版图设计，最终达到设计指标。一年的训练重建了学生们的学习习惯，突出了问题导向下自主学习过程。这种带问题驱动的学习让枯燥的理论课程变得更具吸引力。

（二）企业参与高校教学活动

企业的长项在于工程实践，在于对工程问题的解决方法上；而高校关注的则是理论基础和创新。企业工程师熟悉工程项目建立和设计流程和技术方法，我们在教改过程中通过教育部产学研项目平台先后和多家公司开展 EDA 软件平台和专题项目开发流程的培训活动。

通过邀请企业有项目开发经验的工程师担任实践类课程教学，指导学生熟悉设计工具和流程。学生主动结合理论课程中相关知识、基于 FPGA 首次构建了单 FPGA 实现光线追踪算法的本科毕业论文研究，该工作还参与了 Intel 国际大赛项目。

合作中各取所长，不局限于教改项目，还和公司开展课程合作。针对项目开展交流探讨，还建立了多个横向项目课题，相关研究过程也在开展中。

（三）教师交流促进的平台

该项改革将更多的教师引入课程教学活动，让教师们对每门课程的设置和教学内容有更清楚的认识，课程内容设置也更加合理。通过项目实践所需问题的理论基础的总结交流活动打破了传统理论课程的封闭模式。一门理论课程是通过多年的教学活动稳定下来的，且课程教师们各自的科研方向也不尽相同，自然而然在课程中带入了不同的要点。要想开展贯穿实践类项目的改革具有较大的阻力。

在新的教改方案中，以问题为导向的学生自主学习能力的培养才是教学目标。通过交流活动，教师们不断认同目标，一起整理项目内容作为理论课程基础，逐步开展多名教师参与同一门课程教学的活动。教师们在教学活动中互相了解和促进，优化教学资源。

（四）师生互识互补平台

教改活动中将项目贯穿到理论课程，形成项目导向教学方式，有利于小班化教学活动的开展。分散学生到教师的课题组，形成了专题、专才教育。项目实施过程中帮助学生形成了对研究方向的认识，提高了学生的研究能力。教师的课题组也补充了新鲜血液，拓展了项目研究内容。

RISC-V 作为一个基于精简指令集的开源指令集架构，由于其没有许可限制，允许任何个体开展 RISC-V 芯片的设计、制造和销售而受到广泛关注。学生通过实践类项目课题加入教师课题组中，开展对 RISC-V 资源的整理和学习，依据课题拓展研究应用系统芯片的开发。这样实现了双赢的局面：不仅培养了学生课题研究的能力，同时增加了教师参与该类课程改革的兴趣。

三、实施成效

为体现 2018 年教学改革实施以来的成效，笔者对 2018—2020 年考研升学情况进行了汇总。与此同时，对专业必修课程实施过程化考核和专题训练开展了学习成果调查。结果如下：

（一）提高了学生自主学习能力

通过文献阅读和整理过程，培养学生信息分类和分析总结的能力。每门理论课程中都设计了文献阅读环节，学生掌握了科技论文的阅读方法，能够熟练提取有效信息。教师带着项目中待解决的问题开展课堂教学，教学过程中注重理论推导和原理分析，鼓励学生针对项目构思解决方案，培养了学生的思考能力。通过实践课程，教师借助EDA软件设计方案并验证方案的可行性，培养了学生的执行能力。教改从信息提取、思考和执行的三方面分解项目研究过程，提高了学生们的科学研究能力。

2020年由工业和信息化部人才交流中心主办，南京市江北新区管理委员会、南京信息工程大学联合承办，示范性微电子学院产学融合发展联盟、IEEE中国代表处、北京电子学会联合协办的第四届全国大学生集成电路创新创业大赛全国总决赛中，由微电子科学与工程专业本科2018级学生组成的队伍在RISC-V挑战杯子赛题二（混合组）荣获全国一等奖，在平头哥杯全国大学生集成电路创新创业大赛子赛题一（混合组）荣获西南分赛区省级二等奖。2018年开始推行本次改革方案，该年级正是课程改革实施的头一年，学生在研究生和本科生混合赛制中获得优秀成绩，验证了该教改的可行性，也加强了教师们实施教改计划的信心。

（二）提高了考研深造率

培养和提高学生的科学研究能力是该教改的目标之一。通过教改的实施，让学生们对科学研究方法和内容有了更多的认识和理解，提升了科研能力，增强了深造意愿，形成不少考研团队。教改项目帮助学生们设立考研目标，分清考研方向和学校。目标性强、动力足，驱使学生在全天开发实验室打卡备战考研。经过努力，在微电子良好的就业环境背景下，微电子科学与工程专业2020年的考研升学率突破了60%。

四、结语

本次教学改革提出了以项目贯穿教学活动的方式开展专业理论和实践类课程的融合；开展了以项目为导向的自主学习实践"探究式——

小班化"教学活动。通过聘请校外专家研讨微电子科学与工程教学计划改革方案，以"解决问题"为目标在"新工科"培养背景下制订了2018版微电子科学与工程本科教学计划。利用教育部产学合作协同育人项目挖掘优质企业资源，参与行业协会，借助地方政府与科研院所和企业更加密切合作，拓展项目课题，建立以工程软件和专项课题培训的实践课时。组织教师针对课堂教学内容开展研讨，建立以问题为导向的自主学习课堂，逐步形成专题、专才"探索式—小班化"教育。通过本次实践教学体系改革，有效提升了学生的科研和创新能力，为培养专业拔尖创新人才提供了可供参考的教育教学模式和经验。

参考文献

［1］盛敏奇，吕凡，李洪玮. "新工科"教育背景下冶金工程专业实践平台建设的探索与实践［J］. 科教导刊（上旬刊），2020（19）：33—34.

［2］钟登华. "新工科"建设的内涵与行动［J］. 高等工程教育研究，2017（3）：1—6.

［3］吴爱华，侯永峰，杨秋波，等. 加快发展和建设"新工科" 主动适应和引领新经济［J］. 高等工程教育研究，2017（1）：1—9.

［4］韦雪明，周茜，韦保林，等. 工程案例对微电子学专业教学实践效果探索［J］. 教育教学论坛，2020（1）：293—294.

［5］高博，李晶莹. 以"学"为中心的集成电路专业教学课堂改革探索实践［J］. 教育教学论坛，2020（33）：232—233.

基于金工实习模式的非电类工科
电工电子实验教学改革

朱英伟 雷 勇 周 群 梁 斌 沈 烨 徐 航

（四川大学电工电子基础教学实验中心）

【摘要】一直以来，我国高校工科的金工实习课程和电工电子实验课程是独立进行的，彼此之间基本没有实训载体关联和融合。在中国工程教育专业认证和"新工科"建设背景之下，针对非电类工科专业的发展需求，本文提出基于传统金工实习模式，结合现代CDIO工程教育理念，将电工电子实验教学改革提升为电工电子实习培训，紧密结合各专业的后续工程实例，构建基于"机、电、控"的综合实训平台和教学体系。这将有助于培养学生的动手实践能力和工程综合素质。

【关键词】金工实习；电工电子实习；工程综合素质；教学改革

近几年来，为适应国家经济社会发展的需求，推动高等教育质量提升和教学改革，教育部积极推进"CDIO"工程教育模式和"新工科"建设，各高校踊跃参与"中国工程教育专业认证"计划[1—3]。2017年2月以来，国内各高校先后形成"复旦共识""天大行动""北京指南"，以及"成都宣言"，大家都在积极探索"新工科"教育和实践的新模式[4—8]。

中国工程教育专业认证要求毕业生能够将数学、自然科学、工程基础和专业知识用于解决复杂工程问题。这对工科培养"目标导向"提出了较高的要求，使得工程训练的培养方案也必须进行相应的调整。建议在现有金工实习或工程训练的基础上，新建电工电子实习基地，新增电工电子实习课程，本着综合性、系统性、先进性、特色性

实验与实践

的原则，进一步改革并优化"新工科"实习实训体系。

一、工科实习课程的思考

我国多数以工科为主的大学都建立了专业化、层次化、模块化的实践教学内容。长期以来，传统金工实习（工程训练）的主要教学内容是车、铣、刨、磨削、线切割、铸造、锻造、焊接等机械加工的基础知识和基本技能[9—11]。传统金工实习未能跳出机械制造技术的范畴，内容覆盖面小，更勿论学科的交叉；而现代工业装备的最大特点是高复杂、高精度、高效率，从传统的切削加工到光、电、声的特殊加工，从普通机电控制到数字程序控制，从单机数控加工到计算机集成制造系统等，都是多学科和多技术的交叉融合。这些特点决定了工科学生实习课程的教学目标，不仅是要学习机械工程这一科目的专业知识，而且还要增加电工电子工程技能，提高综合工程素质，培养创新意识和创新能力。

一直以来，工科金工实习课程和电工电子实验课程是独立进行的，彼此之间的实训载体没有关联，训练内容与实际衔接不够。我国高校的工程训练中心大多数是在原金工实习的基础上建立起来的，其普遍存在的问题是教学内容陈旧、单一，没有全面和先进的教学体系，不能很好地满足学生综合素质和创新能力培养的要求。因此，工科实习课程有待更进一步的改革和发展。例如，某高校基于对现代工程训练的内涵的分析判断，设计出基于"机、电、控"的综合训练平台和教学体系，如图 1 所示。

综合性大学的学生不仅要有坚实的理论基础，更重要的是要具备实践能力、创新精神和创业意识等综合素质。因此，所有教学活动不能仅仅停留在传授学生知识的层面，而应该落脚于培养学生的素质和能力。实习教学让学生直接接触社会，面对实际问题，动脑动手去解决问题。实习教学是理论联系实际的重要教学环节，是培养学生实践能力、创新精神和创业意识的具体实施。

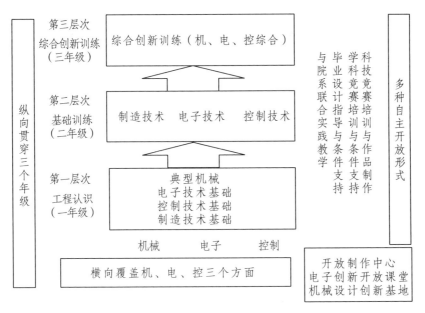

图1　基于"机、电、控"的综合训练平台和教学体系

二、电工电子实验教学改革

电子信息技术知识已渗透到各个学科，电工电子系列课程不仅是电类专业的技术基础课和非电工程类专业的技术基础课，更是培养学生创新意识、创新能力的重要环节。电工电子系列课程建设与改革的总体目标是"厚基础、宽口径、强能力、高素质"，即培养基础扎实、知识面宽、工程实践能力强、具有创新思维与创新能力的综合型科技人才。

电工电子实验教学是综合性大学工科类学生必修的一门专业基础实验课。过去的传统教学模式在教学内容上以验证性实验为主，在教学方法上，以老师讲、学生听为主，学生照实验指导书按部就班地进行实验操作。不兼顾学生个体的差异，一律按一种模式培养学生，激发不了学生的学习兴趣。实验教学改革的意义就在于激发了学生的创造欲望和学习兴趣，活跃了学生的思维，提高了学生的学习效率。经过多年的实验教学改革、探索、实践，我们改变了过去有问题的教学模式，提出了一些有益的改进措施。

（1）将电工电子理论课与实验课的教学大纲统筹规划，有机结合，在内容和时间上相互衔接，建立理论课教师指导实验课制度。

（2）从教师主导改为学生自主，实现实验内容上的复合性和方法上的多元性。变固定教师、班级、项目、时间为学生自行选择教师、实验项目、实验时间和实验室，给学生较大的自主空间。变规定课堂教学时间为开放式教学模式，开辟第二课堂，让课内与课外相结合。

（3）利用先进的信息和物联网技术改进实验教学手段，即虚拟实验（仿真实验室）与实物操作相结合构成丰富而完整的实验项目体系。与校园网相连的电工电子实验教学局域网的数字化网络平台，提供丰富的课件、视频技术资源。作为学生的实验辅助教材，为学生的学习提供了有效的帮助，也为教师与学生提供了另一个数字化教学环境，提高了教学效率和教学水平。

（4）建立多元化的考试、考核办法。电工电子实验总成绩由平时成绩的 40% 和期末考试的 60% 组成。把学生考核重点放到平时的考核当中去，平时考核内容主要包括实验预习（教师课前批改）、实验操作、实验结果（教师当堂验收）、课堂表现、实验报告（网上电子报告或纸制报告）等方面。

三、电工电子实习教学模式

我们面向现代综合工程人才的培养要求和工程教育专业认证的需求，基于传统金工实习模式，结合 CDIO 工程教育理念，将传统电工电子实验教学升级改变为电工电子实习培训课程。电工电子实习是培养学生创新能力和综合素质的重要教学环节。电工电子实习可以初步让学生学会用抽象的专业理论知识去解决工程实践中遇到的问题，将理论学习与实践操作有机联系起来，对学生学习兴趣的培养和学习能力的提高具有深远的意义。

现代工程教育模式强调"实战"体验，该模式区别于传统的灌输式教学，采用项目驱动方式，以工程实践项目贯穿教学整个过程，打通教学各环节，达到"做中学"的教学效果，注重培养学生的工程系统能力、自主学习能力和组织协调能力，以增强人才培养的专业适用性和行业针对性。因而，这种模式非常适用于实习和课程设计等集中性实践教学环节。电工电子实习教学贯彻现代工程教育理念，将科研成果与实习教学结合起来（如图 2 所示），在工程案例的选取、转化方案的制定、教学模式的设计、能力培养目标的细化、教学资源的建设，以及教学效果的评价等方面做了大量工作，解决了当前基础实习系统性不足和专业实践效果不佳的问题。

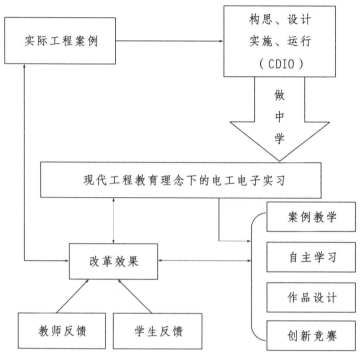

图 2　工程教育理念下的电工电子实习教学模式

四、电工电子实习课程的内容

四川大学电工电子实习基地每年承担水电、制造、材料、化工、轻纺、高分子、核工程、生物医学工程等非电类工科专业的实习任务，其总体设计以培养学生电工电子实践能力为核心。针对非电类学生的电工电子实习，通常安排一周的学时，主要分为实习教学、实习参观、焊接训练、课题选择、设计验收、总结及成绩评定六个环节。根据非电专业的学生所学课程体系结构，紧密结合各专业的后续工程实例，构建基于"机、电、控"的综合实习内容，具体内容见表1。

表 1 电工电子实习内容及实习细则

实习内容	实习细则
了解输配电和安全用电知识	了解触电及其对人体的危害，常见不安全因素及防护；观看关于输配电及安全用电的录像
常用电工电子元器件的识别和电工电子仪表的使用	识别电阻器、电位器、电容器、电感器、二极管、三极管；学会使用万用表、毫伏表、示波器、函数信号发生器、直流稳压电源
学习 PCB 印刷电路板的制作过程，掌握导线的连接和器件的焊接	介绍印刷电路板的制作过程，焊接的步骤及注意事项，以及元器件的成形和安装；练习 PCB 电路板常用焊接方法及工艺
万用表的组装：掌握MF-47万用表的焊接和装配方法	认识万用表的各种元器件，看懂万用表的电路图；焊接组装万用表，校对各项功能，会对简单故障进行处理
学习三相异步电动机的拆卸与组装、测试和使用	对三相异步电动机进行拆卸、检查、维护和组装；学会使用钳形电流表测电动机的工作电流

在为期一周的实习过程中，硬件准备主要包括实习工具箱、实习材料和电工电子常用仪器仪表；软件准备主要包括电工电子实习指导书、实习课件、电工电子器件手册、电路原理图及印制版图制作软件和电路仿真软件等。电工电子实习通过认知实践、装配小仪表、操作大设备、观看录像和下厂参观，让学生了解输配电和安全用电知识，掌握常用电子元器件的识别和检测，掌握电工常用仪表的原理和使用方法，培养学生焊接与装配的基本技能、电气设备的拆卸和组装能力。

学生通过电工电子实习，自己动手设计、焊接、调试、测量数据、观察现象、分析结果，提高了自身动手能力、综合分析能力和解决实际问题的能力，培养了工程师综合素质，为后续的理论与实践教学打下了良好基础，也为将来从事本专业工作创造了有利条件。

五、结语

四川大学工程训练中心（金工实习基地）提供的教学实验项目涉及机械加工、电工电子、自动控制、特种加工、材料成型、先进制造技术等各个工程领域。在国际工程教育专业认证和现代工程教育理念之下，四川大学电工电子实验和实习教育不断改革发展，我们在原有电工电子实验室基础上，新建了"电工新技术双创教育国家示范基地"。当前，高等教育要求"以本为本""打造金课"，实验教学和实习训练也应当积极改革提升。针对非电类工科专业的发展需求，我们基于金工实习模式新建电工电子实习基地，培养学生动手实践能力和工程综合素质。

参考文献

[1] 王香婷，刘涛，程健，等. 电工技术与电子技术实验教学的改革与探索 [J]. 电气电子教学学报，2000，22（2）：51—52.

[2] 罗桂娥，陈明义，杨欣荣，等. 电工电子系列课程改革的研究与实践 [J]. 电气电子教学学报，2004，26（6）：36—39.

[3] 马鹏举，王亮，胡殿印. 构建多学科交叉的现代工程训练平台 [J]. 高等工程教育研究，2009（5）：127—129，160.

[4] 朱玉英，殷艳树. 现代工程教育下的金工实习改革 [J]. 教学研究，2009，32（2）：73—76.

[5] 谷曼. 谈我校的电工电子实习 [J]. 电气电子教学学报，2006，28（1）：78—80.

[6] 李敏. 综合性大学电工电子实验教学改革与探索 [J]. 电气电子教学学报，2010，32：133—135.

[7] 周国平. "电工电子实习"的实践探索 [J]. 电气电子教学学报，2010，32：159—160，166.

[8] 李梅，迟岩. 非电专业电工实习课程设置的探讨 [J]. 电气电子教学学报，2003，25（1）：67—69，72.

[9] 陈新兵，谢斌盛，龙晓莉，等. 工程教育理念下的电工电子实习改革 [J]. 电气电子教学学报，2015，37（4）：93—94，101.

[10] 韩凤霞，郑军. 基于工程教育专业认证的工程训练教学的改革 [J]. 实验技术与管理，2015，32（10）：178—181.

[11] 樊庆文，刘胜青，马济永. 论大工程环境下学生工程素质的培养 [J]. 实验技术与管理，2004，21（1）：5—8.

药学专业实践教学改革的创新与探索①

尹红梅　何　勤　李成容　李　峰
汪　宏　蔡　菁　李　琰

（四川大学华西药学院）

【摘要】针对现有药学专业实践教学中存在教学体系的构成较为单一、实验课程设置缺乏个性化和多样化培养方案、实习实训手段较为单一等突出问题，华西药学院以实践教学改革及质量提升作为突破口，多项改革与创新措施并举：构建科学系统的多层次、多模块实践教学体系；率先开设高等药学系列选修实验；打造高水平校外实践实训基地；开创"科伦班"订单式药学创新人才培养新模式；新编药学实验教程，提升实验教材建设水平；共建双创平台，促进学科交叉等，有力地促进了药学拔尖创新人才的培养，极大地推动了实践教学质量的提升。

【关键词】药学专业；实践教学改革；创新与探索

一、引言

当前，世界形势出现百年未有之大变局，党中央、国务院作出加快推进中国医学教育创新发展的英明决策，国务院办公厅 2020 年 9 月印发《关于加快医学教育创新发展的指导意见》。同时，人口老龄

① 本文系四川大学新世纪高等教育教学改革工程（第八期）项目研究成果之一（项目编号：SCU8392、SCU8394、SCU8397）。

化和全民健康等问题给医药学发展带来重大机遇和新的挑战，大健康产业的蓬勃发展为药学专业人才培养造就了巨大发展空间。特别是新冠疫情以来的抗疫经验，更加凸显了医药卫生事业的重要性，药物攸关国家安全，关乎人民健康。在新的时代背景下，我国医药政策和新业态对药学教育提出了新要求，我们对药学人才的培养目标也有了新的认识。

二、药学专业实践教学的现状及存在的问题

综合目前我国高等药学院校的现状和药学教育发展状况，我们对药学人才的培养还存在明显短板，"医药脱节，原研药物创新不足，创新型药学人才培养支撑不足"。与国际一流药学院校本科专业课程体系特别是实践教学方面相比，还有较大差距，主要体现在五个方面。

（一）药学实践教学体系的构成较为单一

我国大多数药学院校实践教学体系构成较为简单，主要以实验课程教学为主，重课程、轻实习实训，缺乏全方位、多层次、多模块的实习实训、科研训练和竞赛平台等，缺乏贯穿药学生学习全过程的高水平实践活动。

（二）实验课程设置缺乏个性化、多样化培养方案

大多数药学院校药学实践教学主要根据专业培养的目标和计划，"批量"开展实践教学活动，实验课程设置缺乏个性化、高阶性培养方案，不能满足对某门学科有深造要求的人才培养需求。药学实践教学活动缺乏与科研的深度融合，使得创新创业项目持续性差，无法持续吸引学生投入创新活动。

（三）实习实训手段较为单一

由于种种条件的限制和办学水平的差异，不少药学院校实习实训手段单一，实习仅以走马观花地参观药企为主，缺乏系统化、职业化的企业体验与训练，缺失学校教育与企业职业塑造的同步和融合，缺少符合医药行业新形势需求的生产型或管理型人才的培养方案。

（四）忽视实验教材的建设水平

不少药学院校对实验教材的建设重视程度不够，教材内容比较陈旧，缺乏紧跟学科发展的设计性、创新性实验内容。实验教材大多以单一学科的药学实验进行编写，缺乏涵盖药学多学科实验内容的综合性实验教材。

（五）缺乏学科之间交叉融合

药学各二级学科之间缺乏交叉和渗透，学生难以形成完整的知识体系，难以将所学知识融会贯通。同时，实践教学中还存在药学与其他学科之间的交叉融通不够，对行业的变化应变不够，对学生的新药创新能力培养的支撑不足等问题。

三、华西药学实践教学的改革与创新

四川大学华西药学院是全国知名的药学"五老"院校之一，高度重视实践教学和创新能力的培养是华西药学院办学的主要特色之一。2019 年 12 月 30 日，教育部公布"2019 年度国家级和省级一流本科专业建设点名单"，四川大学药学专业首批入选国家级一流本科专业建设点[1]。实践教学作为一流药学专业建设过程中极为重要的环节，在高等药学教育中占据着不可或缺的地位，对培养学生实践能力、创新能力和探索精神具有不可替代的作用[2-4]。

针对目前国内药学院校实践教学存在的主要问题和不足，华西药学院充分调研、潜心聚力，以华西药学省级实验教学示范中心为平台，多项改革创新措施并举，在药学实践教学中不断探索。

（一）构建科学系统的多层次、多模块实践教学体系

学院从实践教学体系的构建入手，结合药学教育培养目标和专业人才培养计划，依据"以学生为本"的原则，梳理理论教学与实践教学的关系，构建科学系统的多层次、多模块实践教学体系，将多元化、高水平的实习实训、科研训练、竞赛平台等实践教学模块贯通于高等药学教育的全过程。开展多层次、内涵丰富的药企和医院实习，拓展高水平校外实习实践活动，鼓励学生早期进实验室、进课题组、

进科研团队。大力实施大学生创新创业训练计划、自主科研训练计划，精心组织、择优选拔学生参加"互联网＋"大学生创新创业大赛、全国药学专业大学生实验技能大赛等极具影响力的国家级学科竞赛，不断丰富和完善实践教学环节。

学院注重对大学一、二年级学生基本技能的培养，主要涵盖专业基础实验、课程教学实习、企业见习和药用植物学野外实习等实践环节；对大学三、四年级学生更注重专业技能和创新能力的培养，专业实验、高等药学系列实验、药学创新实验等在此阶段开设，开展内涵丰富的国内外实习实践，完成毕业实习和毕业课题[5]，并将科研活动与讲座贯穿药学专业学习的全过程（如图 1 所示）。突破传统的以教师为主的知识传授型人才培养模式的限制，优化实践教学资源，建立以学生为主体的开放性实践教学体系[6—7]。

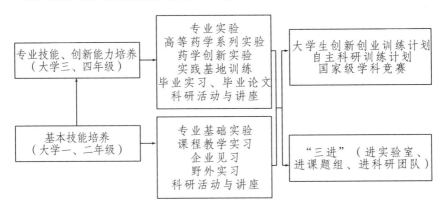

图 1　四川大学药学专业多层次、多模块实践教学体系框架图

（二）率先开设高等药学系列选修实验

学院从实验课程的建设和改革入手，围绕立德树人根本任务，在国内率先开设"高等药物化学实验""药学创新实验""高等药理学实验"等系列创新性、自主性实验选修课程，满足了对某门学科有深造兴趣的人才的培养需求。学生从被动接受向主动探索、创新实验实践转变，有利于拓宽学生的科研思维，提升科研论文的撰写水平，促进创新能力的培养。

"药学创新实验"课的开设，将药学不同二级学科的知识特点有机融合，把药物研发的全局观和整体性思路引入药学本科实践教学体系中，实现了真正的多学科交叉融合，有利于培养学生对于药物研发的全局观和基于学科交叉的创新观念。

高等药学系列选修实验通过教师引导，学生自主探索、查阅资料、设计实验方案，自主完成实验。目的在于激发学生对学科前沿的探索兴趣，使他们体验到科学研究的艰辛与创新的快乐和自信。有利于学生了解学科最新的研究内容和最新的技术方法以及它们在药物研究中的应用，丰富知识、集思广益、拓宽视野，最大程度发挥学生的主体作用、积极性和创造性[8—9]。

（三）打造高水平校外实践实训基地

高水平实习实训基地的建设是学生实践创新能力培养不可或缺的重要平台和支撑。学院持续建设和努力，与龙头医药企业、大型三甲医院等建立联合研究室、实践基地，并加强与西部地区支柱型企业的合作。学院先后与科伦药业、康弘药业、苑东生物、倍特药业等科研实力雄厚、实验设备和管理先进的知名上市药企，与四川大学华西医院、四川大学华西第二医院、四川省人民医院等大型三甲医院共建高水平实习实训基地，为本科生创新人才的培养提供各类实践教育基地和平台。

通过本科生药企实习、医院实习、野外实习等层次丰富、多元化的校外实践活动的开展，实现专业学习与社会需求的初步结合。在实践中培养学生理论联系实际、分析和解决问题的能力；培养学生团结协作、吃苦耐劳的思想品德与实事求是的科学态度；使学生进一步增进对医药领域的了解，丰富拓宽专业视野，提高实践能力，提升就业能力。

（四）开创"科伦班"订单式药学创新人才培养新模式

为推进实践教育教学改革，学院引入校企联合培养创新模式，通过与企业联合，建立面向实践型人才培养的理论教学体系和面向创新能力培养的实践教学体系[10]。学院与四川科伦药业股份有限公司共同合作成立华西药学院科伦班，开创"科伦班"订单式人才培养新模式。该模式充分融合和发挥华西药学院的教育资源及品牌影响力，结合科伦药业的行业龙头地位和用人需求。学院和企业双方根据行业需求、专业学生情况及单位实际情况共同制订课程和实习实训方案。

通过科伦班定制化项目的培养，学生的职业化素养得到显著提升。在岗实习使学生熟悉和掌握了固体制剂的各生产环节，对医药行业的发展及最新政策有更深入的了解，加深了对专业的认知和理解。截至目前，学院"科伦班"项目已顺利运行 5 期，累计培养学生 150 余人，真正实现了学校教育与企业职业塑造同步，提高人才培养质量与提高人才职场竞争力并举。

（五）新编药学实验教程，提升实验教材建设水平

实验教材的水平直接影响学生实践创新能力的培养成效。学院非常重视药学本科实验教材的建设，紧跟药学学科发展前沿，组织编写并正式出版《新编药学实验教程》（上下册）。教程把药学类各门实验课内容科学地、系统地整编为一，涵盖了药学类各门专业核心课程的实验精华。教程还编入了高等药学系列创新设计性实验，可为不同特点和兴趣的学生提供实验的选择和提升空间，满足多样化人才培养需求。教材编写融入现代药学新技术、新思想、新方法、新手段，同时让药物研发的全过程在实验中得以贯穿和体验，有益于培养具备医药理论知识和实践技能的药学创新拔尖人才，全面提升学生的创新思维和创新能力。

《新编药学实验教程》（上下册）获四川大学立项建设资助，于 2019 年 8 月正式出版并全面投入本科实验教学使用，被评为"四川大学出版社 2019 年度好书"。

（六）共建双创平台，促进学科交叉

针对普遍存在的药学与其他学科之间的交叉融通不够，对行业的变化应变不够，对学生的新药创新能力培养的支撑不足等现状，华西药学院与化学学院按照世界一流的标准和"先进性、专业性、课程性、创新性"四位一体的建设理念，共建"绿色化学与创新药学双创实验平台"，打破学科专业壁垒，促进学科交叉，激活源头创新。项目依托药学和化学两大实验教学中心搭建五个平台，为培养拔尖创新人才提供坚实的实验条件支撑，并大力提升实验设备建设和开放共享水平。不仅升级原有的课程体系，同时在不同的训练平台中增设新的课程。通过多学科交叉，充分调动学生的创业创新潜力，拓展他们的国际化视野，推动药学与化学学科的共同发展，使多学科共同培养的大学生具有更好的创新创业能力。

四、实践教学改革创新成效

通过一系列实践教学改革创新举措的实施，华西药学院在人才培养方面取得明显成效。学生的创新创业意识和能力得到了极大的提升，获得了一系列令人瞩目的成绩。本科生参加"大学生创新创业训练计划"或早期科研计划实现全覆盖；本科生 2018－2020 年发表论文 19 篇，获得专利 2 项，"大学生创新创业训练计划"项目获批 168 项；荣获第五届中国"互联网＋"大学生创新创业大赛国际赛道银奖，高教主赛道四川省金奖；本科生连续参加 4 届"全国医药院校药学/中药学专业大学生实验技能竞赛"，获全国特等奖 4 项、一等奖 3 项、二等奖 1 项；师生连续参加 2 届"全国医药院校药学/中药学大学生创新创业暨实验教学改革大赛"，获全国特等奖 1 项、一等奖 2 项、二等奖 1 项；师生连续 5 届参加"全国大学生药苑论坛"，每年均获得创新成果一、二、三等奖。药学实践教学的改革任重道远，有待我们在实践中进一步探索和创新。

参考文献

[1] 我校 33 个专业入选首批国家级一流本科专业建设点 ［EB/OL］［2020－01－03］. http://www. scu. edu. cn/info/1203/13708. htm.

[2] 徐晓媛，吴晓明. 中国高等药学教育模式的改革与展望［J］. 中国大学教学，2008（1）：24－26.

[3] 王鹏，李明，王远红，等. 以药物研究为纽带的药学本科实验教学体系的构建与实践［J］. 实验室科学，2017，20（4）：134－136.

[4] 成丽，王素霞，尹红梅，等. 实验教学体制改革与探索［J］. 实验室研究与探索，2007，26（10）：119－120.

[5] 尹红梅，李成容，汪宏，等. 药学专业实践教学模式的改革与实践［J］. 实验技术与管理，2014，31（5）：183－186.

[6] 林生，狄斌，尤启冬，等. 国家级药学实验教学示范中心创新性实验教学平台研究［J］. 药学教育，2009，25（5）：5－8.

[7] 缪明星，刘李，胡庆华，等. 基于实践能力培养的药学实验教学体系构建［J］. 药学教育，2016，35（2）：112－114.

[8] 齐庆蓉，付春梅，旷喜，等. 药学创新实验的课程构建［J］. 药学教

育，2016，32（2）：58—60.

　　［9］尹红梅，金辉，成丽，等. 高等药物化学实验课程的建设［J］. 药学教育，2009，25（3）：37—39.

　　［10］黄园，张志荣，成丽，等. 以"校企联合培养创新模式"提高药学本科教学质量［J］. 西北医学教育，2012，20（5）：873—875.

虚实结合的智能化自主实验课程教学模式的探讨
——以"实验室安全与环境保护"课程改革为例①

张影红 何 柳

（四川大学实验室及设备管理处）

【摘要】本文对四川大学"实验室安全与环境保护"课程教学中遇到的实际问题进行了分析，找出了提升教学质量的思路。在此基础上，课程团队依托大学生"双创"智能化自主实验平台重新进行了课程体系设计，提出了一套切实可行的教改方案，从实验教学全过程管理、实验考核智能评判、跨学科资源共享等方面，采用线上线下、虚实结合的教学方式，切实有效提升了教学质量，增强了安全教育实效。

【关键词】虚实结合；智能化；实验平台；实验课程；教学模式

一、引言

近年来高校实验室安全事故频发，大多是由于学校实验人员（教师、学生及临时人员）缺少安全知识，安全意识淡漠，不按要求操作等原因造成的。虽然很多高校都意识到了这个问题，也投入了大量的人力和资金编写实验室安全教育教材、开设安保课程、进行各类安全教育等，但是高校实验室安全与环保事故仍然频频发生，实验室活动带来的环境污染形势依然严峻[1]。实验室及设备管理处于 2013 年秋

---

① 本文系四川大学新世纪教育教学改革工程（第八期）研究项目"四川大学实验室安全与环境保护教育课程体系改革创新与探索"的研究成果之一。

季学期面向本科生开设了"实验室安全与环境保护"文化素质公选课，2015 年出版了配套教材——《实验室安全与环境保护》。该课程旨在培养学生重视实验室安全与环境保护，了解安全与环保事故的种类及可能造成的原因，正确掌握实验室设备的操作、物料的管理等，排除和减少实验室安全隐患，减少实验室安全和环境污染事故的发生，从而保障学校师生生命安全与财产安全。课程教学虽然取得了一定的成效，但也存在着较多不足之处。例如，课程偏于理论知识，缺乏技能型实操教学；教学方式较沉闷，主要仍以课程教师授课为主，不能引导学生自主学习，学生大多处于被动接受；考核机制不能更好地体现学生的学习情况；课程涉及 7 大类学科，跨学科教学难度大，学生接受有困难；因课堂及教学质量的限制，每年选课人数有限等。

随着国家对安全的重视，安全教育的要求也越来越高。根据国家相关法律法规及教育部要求，学校所有进入实验室的人员都必须接受相适应的安全教育，这对学校的实验室安保教育提出了新的要求。目前学校现有教师 5000 余人，全日制普通本科生 3.7 万余人，硕博士研究生 2 万余人，其中，外国留学生及中国港澳台地区的学生有 3400 余人，覆盖了文、理、工、医、经、管、法、史、哲、农、教、艺等 12 个门类，原有的"实验室安全与环境保护"课程教学已经不能满足学校实验室安保教育需要，课程教学模式改革迫在眉睫。

二、课程改革思路

课程团队成员对国内外高校及校内先进教学、考核模式进行广泛调研，结合相关法律法规及国内高校机制体制，在原有课程教学的基础上，引入以学生为中心的教学理念。针对学生的特点，借助 MOOC（慕课，Massive Open Online Course 的首字母缩写）、翻转课堂、线上和线下混合学习、虚拟教学平台等形式，让学生参与教学，在做中学[2]；增加实验室安保实践教学环节，关联学生的生活和经历，加强安全技能训练，使知识与现实世界相关；依托大学生"双创"智能化自主实验综合运行平台，通过智能化手段及非标准答案等考核方式，科学、合理地评价学生学习情况等，以达到引导学生个性化学习、主动学习的目的。同时通过 MOOC，让尽可能多的学生都能获得学习机会，达到从根本上规避实验室风险，减少实验室事故的发生概率，降低实验室事故范围与程度，保障学校师生生命安全与财

实验与实践

产安全，维护平安稳定的和谐校园的目的。

三、依托大学生"双创"智能化自主实验平台支撑

2016 年实验室及设备管理处启动大学生"双创"智能化自主实验平台建设，明确提出"先进性、专业性、课程性、创意性"四位一体的建设理念和世界一流的建设标准。课程依托大学生"双创"智能化自主实验平台支撑，以跨学科/专业共建共享的建设模式和智能化的运行管理手段，搭建了多学科交叉的实验室安全与环保智能化实验教学平台，确保课程改革顺利完成[3—5]。

（一）实现了实验教学全过程管理

通过实验平台可以实时自动采集实验教学中的学生、教师、设备等相关信息，完成实验教学的课前、课中、课后的全过程、闭环化管理，实时检查实验教学的情况，统计、分析实验教学的教学效果，实现实验教学工作的智能化、开放化、科学化。

（二）实现了实验考核智能评判

原课程实验部分的考核需要人工进行评判并登记，在实际操作中，不仅工作量大，而且对考核结果的评价主观性较强，因此课程团队利用数字化、可视化、系统化等手段对相关实验设备进行整合升级，构建了一套集成各模块智能传感器的智慧考核系统，在减少工作量的同时客观反映出学生的学习效果。同时提高成绩反馈的时效性，让学生及时获得反馈，查缺补漏，真正掌握相关知识和技能，从而提高整体教学质量和效率。

（三）实现了资源共享

实验教学平台利用互联网络、智能终端设备及先进的视音频通信与协作技术，突破时空限制和技术壁垒，共享优秀的师资资源、教学资源和实验资源，提供更多实验教学服务功能，构建个性化、智能化、数字化的实验环境，实现实验智能互动，确保学生可以全天候预约实验课程，有效解决了学生数量大，教学质量难保障的难题，为学

生开展实验课程学习提供坚实的实验条件保障。

四、课程体系设计

（一）引入以学生为中心的教学理念

课程团队通过对学生进行问卷调研，充分了解学生的需求，在课程教学中引入以学生为中心的教学理念，重点考虑学生急需的知识点。如帮助学生充分认识实验室安全和环境保护的重要性；熟悉各类实验室安全隐患的种类以及如何正确防范；掌握突发事故应对措施和基本技能，如仪器设备装置使用安全技术、防火防爆技术、实验应急处理方法等；提升学生的备灾防灾、应急逃生、自救互救和生命支持等基础应急能力；熟悉实验室危险废弃物的处置办法等。

（二）录制 MOOC 课程视频，开设 SPOC 课程教学

针对学生的特点，课程团队录制了 MOOC 课程视频，开设了SPOC 课程教学。此次疫情期间，课程团队专门录制了实验课程视频，同时结合线上和线下混合学习、虚拟教学平台等形式，满足了全校学生的学习要求。

（三）建设安全应急技能训练中心

课程依托江安校区灾后重建与管理学院，规划面积 1900 平方米，建设了安全应急技能训练中心。一期已建设初期火灾处置实验室、应急逃生及疏散实验室、医学急救基础技能实验室、应急地图识图与绘制实验室，可完成 2 万人/年，10 万人次/年实操课程教学。

（四）新开 4 个虚拟现实实验项目

新开设初期火灾处置实验项目、应急逃生及疏散实验项目、医学急救基础技能实验项目、应急地图识图与绘制实验项目。这 4 个实验项目结合学生的生活和经历，在尽可能还原真实场景的基础上，采用虚拟现实技术手段，使书本知识与现实生活相关。

（五）采取混合式教学形式和综合考核方式提升教学质量

课程学时按"讲授课 16 学时＋实践课 16 学时"进行分配，同时针对学生特点，通过讲授、讨论、案例、实验、实地调研、课堂练习、实验报告等多种方式开展教学活动，通过线上线下日常考核和实操考核相结合的考核方式，科学、合理地评价学生学习情况。

（六）通过跨学科教学团队建设，加强师资队伍建设，提升教师教学能力

课程建设立足于灾后重建与管理学院的安全减灾学科设置，融合了化学工程学院、化学学院、华西公共卫生学院、物理学院和华西临床医学院的优势，是一门跨学科的线上线下、理论实操相结合的课程。团队成员主要为各学院的骨干教师，业务能力强，教改经验丰富。团队中的多名国家级专家，获得国家级教学成果和省级教学成果奖多项，有国家级、省级精品课程多门，出版教材众多，承担多项教学改革项目，在各级刊物上发表教学、研究论文百余篇，同时也有丰富的相关学科科学研究经验。

五、结语

如何切实有效提升大学生的应急安全知识与技能，一直是实验室安全与环境保护课程团队研究的重要内容之一。此次课程改革采用线上 MOOC 学习和线下实训相结合，充分依托大学生"双创"智能化自主实验平台支撑，实现了虚拟和现实、理论和实践有机结合，较好地提升了教学质量。新实验室安全与环境保护课程于 2018—2019 学年（春季学期）上线，取得了一定成效，并获得了校内外一致好评，已有 27 个学院近 9000 名学生受益。"实验室安全与环境保护"SPOC课程 2019 年 5 月在中国大学 MOOC 上线，目前已开出了 5 期，已有13000 余人参加了学习。《实验室安全与环境保护》教材获得四川大学 2018 年度优秀教材奖。学校领导以"集成创新应急技能培训实训，夯实打牢安全稳定工作基础"为题，就实验室安保课程建设和实训基地建设，在教育部维稳工作会上做专题交流发言。四川大学官方微信详细介绍了本课程，参与课程的学生纷纷点赞。

参考文献

［1］骆晶晶，叶义成，曹楷，等. 高校实验室安全教育及实训管理系统构建［J］. 实验室研究与探索，2017，36（11）：297－300.

［2］王建宏，常俊英，梁存珍，等. 以学生为中心的实验室安全和文化建设［J］. 实验室研究与探索，2016，35（6）：288－292.

［3］刘兴华，王方艳. 以创新人才培养为核心的实验室开放模式探索［J］. 实验技术与管理，2016，33（1）：9－12，20.

［4］廖星星，孙胜利，金钢. 实验室智能化水平评价方法［J］. 实验研究与探索，2020，36（12）：255－260.

［5］刘学平，王亚杰，尹航. 开放式实验室数字化智能化建设的研究［J］. 实验技术与管理，2017，35（12）：214－217.

实验与实践

构建电子技术实验交互式教学方法 培养学生自主学习和创新能力

马雪莲 徐 航 张晓东

（四川大学电气工程学院）

【摘要】 电子技术实验作为高校培养学生设计能力和实践能力的重要课程，正在向着综合性和创新性方向发展。由于电工电子实验教学中心电子技术实验课时数较少、实验间隔周期较长、理论课与实验课的内容衔接不当等原因，使得理论和实验不能很好地相辅相成，起不到相互促进的作用，导致学生在实验时过于形式化，这和教育部高等教高司倡导大力培养学生实践与创新能力相矛盾。针对这一问题，我们在实验教学中构建了交互式教学方法，并且经过 2 年的具体实施，结果表明，交互式教学方法确实对提高学生自主学习能力、培养学生的综合设计和创新能力起到了良好的促进作用。

【关键词】 电子技术实验；交互式；自主学习；创新能力

一、引言

电子技术实验是理工科学生不可缺少的实践环节，对学生学习和理解理论知识，增强动手能力、综合设计能力，激发创新思维和掌握工程经验具有重要的作用。随着电子技术的迅猛发展，现代新技术、新器件、新仪器设备在生产和人们日常生活中的广泛应用，促使电子技术实验也向着设计性、综合性和创新性方向发展[1]。由于学生受到电子技术实验内容繁杂、理论和实验衔接不当、实验课时数不足等因素影响，实验流于形式，从而丧失学习兴趣。要想培养学生学习兴趣和创新能力，我们应从根源上改变实验教学方式，构建交互式实验教学方法，由理论教师和实验教师共同制定实验教学大纲和掌控教学进度，让学生共享传统和新型实验平台。把基本实验、设计实验、探究性实验和课程设计有机结合起来。通过科学合理的教学管理和考核办法，让四者在实验课内外交替进行，互相促进，从多方位、多角度激发学生自主学习兴趣，培养学生创新思维和创新能力。

二、电子技术实验教学面临的主要问题

电子技术实验是电工电子实验教学中心面向四川大学水利水电学院、机械工程学院和材料科学与工程学院独立开设的实验课程，学时数只有 24 学时，总共有 6 次实验课，其中包含模电实验和数电实验两部分。由于这两部分理论知识抽象难懂，内容枯燥乏味，如果没有实验教学辅助，学生难以理解和掌握其理论知识。学生来自不同学院和专业，所学理论知识的进度和程度不相同，致使学生对理论知识的理解和掌握亦不相同。而电子技术基础和实验亦不属于本专业课程，有的学生对该课程不够重视，学习的主动性和积极性也不够，从而无法对电子技术基础形成完整的知识体系。要改变这种现状，我们首先从改变实验教学方式入手，构建交互式实验教学方法，通过课堂实验教学和课外辅助实验的交互进行，拓展实验内容的深度和广度，使学生通过实验更好地理解理论知识，从而提升学习兴趣和实践能力。其次，如果采用交互式实验教学方法能够取得较好的教学效果，那么可以将这种交互式实验教学方法以点带面地推广到其他实验教学改革中。

三、构建交互式实验教学方法的具体措施

（一）建立理论教师与实验教师交互式联系

鼓励更多理论教师参与实验教学，成立实验教学研讨小组，与实验教师共同制定实验内容，共同指导学生实验，加强理论教学和实验教学的联系，使实验内容和理论知识衔接恰当，基本做到理论与实验同步。通过理论学习带动实验的顺利进行，又通过实验现象加强对理

论的充分理解，极大发挥理论和实验相辅相成、相互促进的作用，从而一方面大大减少实验教师对实验原理的讲解时间，另一方面激发学生的学习兴趣和积极性，使学生在相同的时间内完成的实验内容增多，增加学生动手操作的时间，使其能够充分观察实验现象，分析实验结果的正确与否，有更多的时间排查实验故障。

（二）共享传统实验平台与新型实验平台交互应用

传统实验平台就是提供实验室，让学生利用实验仪器设备在预置时间内进行实物操作的实验环境，大多数是结合理论的基础性实验。新型实验平台提供口袋实验室给学生，利用口袋实验室和计算机进行设计性实验。由于传统实验场地、实验时间的限制，完全依靠传统实验根本无法满足学生动手能力的培养需求，因此，我们借助口袋实验室弥补传统实验的不足。由于口袋实验室体积小巧、便于携带，功能满足实验需求，学生利用丰富的网络资源，可以在宿舍、图书馆或教室等地方进行实验，这就打破了时空限制，更有利于开展创新设计实验。因此让传统实验平台和新型实验平台在课堂内外交互应用，相互促进又相互弥补，能够最大程度提升学生的动手能力。

（三）确保基础实验、设计实验、探究实验和课程设计交互进行

电子技术实验包含模电和数电两部分实验内容。首先对实验教材进行优化和重新编写，删除陈旧实验，合并相关实验，增添前沿实验。每一个实验题目分为基础实验、设计性实验和探究性实验三个模块，不同模块教学目标不同。基础实验也属于必做项目，教师指导学生规范操作实验流程，由学生独立完成。设计性实验也属于必做项目，但是形式灵活多样，学生可以选择实验书上的设计项目，也可以选择自己感兴趣的设计项目，用口袋实验室和计算机完成。这样可以把实验从固定课堂转移到任何地方，从固定时间改为任何时间，从而使实验从单一性转变成多样性，从灌输学习模式转变成思考学习模式。探究性实验采用必做和选做项目相结合的方式，主要在基本实验的基础上对实验原理或器件的应用进行深层次探索和挖掘，以关键问题为中心展开学术讨论，加深学生运用理论知识解决实际问题的综合能力。

在学期间布置一个综合性强的课程设计，涵盖该课程的主要内

容。学生可以自由组合，2人为一组，共同查阅资料完成该课题的设计、仿真、制作、调试和测试的全过程。学生可以利用课余时间设计和搭接电路，只有调试和测试需要到实验室完成。这样既能培养学生的团队合作精神又能让学生体验产品制作的乐趣，还可提高学生的工程素养和创新实践能力。

（四）建设共享资源交互的信息化平台

电工电子实验教学中心为促进实验教学资源更好地为各学科、各专业服务，投资开发了电工电子实验中心教学网站，包含各科实验指导书、实验课件视频、仪器使用视频、实验PPT、常用仿真软件等，网站可以随时添加和更新的各种资料。只要将学生名单录入实验网站，学生通过输入学号就能进入信息化平台，根据自己的需求共享网站的实验教学资源。该信息化平台给教师和学生以及学生之间架起了沟通的桥梁，师生可以在网络上互通信息，极大地拓展了学生的学习空间。

（五）完善实验成绩交互评分标准

电子技术实验成绩评定与整个实验过程管理相结合，成绩由实验考勤、基础实验报告、设计仿真报告、科技小论文和课程设计五部分组成。其中实验考勤占5%，基础实验报告占40%，设计仿真报告占20%，科技小论文占15%，课程设计占20%，所有成绩进行加权作为该实验课程的最后成绩。细致的评分标准将促使学生重视实验的每个部分，认真完成每个实验的任务要求。这样能极大地调动学生学习的主动性和积极性，为进一步培养学生的综合设计能力和创新能力提供充分必要条件。

四、项目实施效果

经过两年对电子技术实验进行教学改革与实践，参与该项目的教师和学生都亲身经历了实验教改的各个环节。为了检验实验教改的成效，电工电子实验教学中心编制了不记名调查问卷，收集学生反馈意见，现将项目实施效果总结如下：

（1）通过问卷统计，有78%的学生认为采用交互式实验教学方法，对理论学习帮助很大；有69%的学生对电子技术知识产生了浓厚的兴趣；有75％的学生认为电子技术实验对学生动手能力和实验技能的培养效果较好；有72％的学生认为在实验中增加设计实验、课程设计、口袋实验室对学生的实验能力和创新能力的提升效果显著。

（2）虽然大多数学生认为交互式实验教学方法对学生的学习兴趣提升和创新能力的培养确有帮助，但是有54％的学生认为实验内容过于饱满，完成全部实验内容耗时较长；有87％的学生认为要花费很多或较多的时间查阅相关资料来设计实验电路和仿真；还有27％的学生认为课程综合设计实验难度较大，独立完成比较吃力。

（3）通过研究该项目实施的各个环节，我们认为最关键的是实验教材内容是否符合交互进行。如果设计实验和课程设计在书上找不到，学生实验难度太大，实验效果不会理想。要改革就应该从源头改，我们重新编写了电子技术实验教材。在原有实验题目包含的方案一和方案二的基础上，修改方案二中的设计性实验，使设计内容更具应用性和趣味性，激发学生兴趣；增加方案三探究性实验，使实验内容在深度和广度上延伸，拓宽学生的视野。

五、结语

电子技术实验采用交互式实验教学方法，对激发学生的学习兴趣和提高学生的创新能力起到了促进作用，但是仍然存在一些问题和不足，如实验内容过于饱满、学生在设计实验上花费太多时间等。我们还应该继续调整和完善实验内容，既不能把学生逼得太紧，使学生紧张而丧失信心和兴趣，又不能让学生过于轻松，失去实验教学的应有作用。实验教师要做到张弛有度，争取最好的实验效果。

采用交互式实验教学方法进行电子技术实验授课的过程中，其他环节都便于实施，唯独实验内容四个模块交互进行的进度安排要科学合理并不容易实现，应根据不同专业合理选择不同的实验内容，否则会造成实验内容和学生水平不匹配，达不到应有的实验效果。因此实验教师需要认真备课，找到理论知识与实际问题的契合点，依据理论知识合理设置实验难度，调动学生学习积极性，并给予学生充分的思考空间。我们既要鼓励学生大胆创新，也要允许学生失败，创造一个宽松和谐的实验环境。两年的教学改革与实践结果表明，采用交互式实验教学方法，对学生自主学习和创新能力的培养起到了较好的促进作用。

参考文献

［1］　郑志军，胡青春，张木青，等. 现代工程训练教学体系的改革与创新实践［J］. 实验室研究与探索，2018（8）：79－82.

实验与实践

基于深度体验学习的强电类教学实验室改造及教学实践

肖 勇 吴 坚 段述江 曾成碧 李长松

（四川大学电气工程学院）

【摘要】高校强电专业的本科实验教学往往受制于实验设备试验宽容度限制，难于实施开放性实验教学改革。本文在分析电机实验教学中试验宽容度影响因子的基础上，通过电机实验室技术改造，全面升级实验设备的安全裕度和技术配置，打造深度体验实验平台，改革实验教学模式，优化实验项目。教学实践证明，实验教学的硬件环境和教学设计得到同步提升，学生学习的兴趣感和获得感明显提高。

【关键词】强电实验；试验宽容度；深度体验；安全裕度

一、强电教学实验教学现状

电机实验室是四川大学强电类教学实验室的核心代表之一，主要承担电机学、电机及电力拖动等专业基础课程实验。上述课程在电气工程、自动化专业培养计划中占有重要地位，是学分比重最高的课程之一。电机具有"机—电—磁"三维能量变换一体化特征，不仅在电力系统应用中占有重要地位，也广泛应用于新能源技术、运动控制技术领域。因其学习内容涉及面广，具有"强电＋机械运动"的特点，实验教学存在相当的认知和操作难度。四川大学电气工程学院电机实验室每年承担近 400 本科生 9600 人学时的实验工作量，实验平台长期存在安全度低、测试手段落后、实验项目更新不足等问题，成为制约教学改革的瓶颈，学生体验度和收获感难以提升。类似问题在国内其他高校强电类课程实验教学中都有不同程度的存在。

在高校电机类实验教学改革中，顾亭亭提出了虚实结合和反转课堂等混合教学模式[1]，以期弥补设备宽容度的缺陷；李思泽和曲春雨等从实验教学过程管理和考核入手强化教学效果[2—3]；闫俊荣等提出基于课程群理念来提升电机实验的系统性[4]，其重点更多偏重于电机外围的应用系统内容。众多尝试不同程度体现了以电机实验为核心强电类实验教学改革的迫切性和多样性[5—9]。四川大学电机实验室基于电机学强电学科特质，以实验教学天然隔障产生的机理为出发点，寻求提升实验教学效果的新途径。

二、深度体验学习要素分析

实验教学有别于理论课，学生要面对形态各异的学习介质，即各种软、硬件实验设备。强电类实验装置一般包括供电电源、操控元件、测控仪表、测试对象、功率负载等。学生以看、动、测的行为过程与仪器设备实现互动操作，完成"理论—实践—理论"的闭环学习过程，达到巩固知识、训练能力的目的，体现了知识在实践中的经验积累和自我更新。实验教学为学生提供了丰富的体验场景，包括实验方案设计、步骤逻辑流程、仪器设备使用规范、现象观察与甄别、数据测试与透视等，要求感官、大脑和行为高度协调，是学生综合素养和能力的高层次训练，具有"思维—行动—结果"一体化的特征。其过程体验具有独特的、不可替代的属性，实验的体验深度，成为这一教学环节达成教学目标的关键之一。实验教学的特点表明制约学习目标达成度的核心要素有两个，第一个是实验教学设计，第二个是试验宽容度。教学设计取决于教师如何达成教学大纲内容的执行细节，试验宽容度则由实验平台的设备构成、功能配置和操控理念决定。本文将结合实验室建设重点讨论后者对教学的影响。

电机实验主要以单体设备如交、直流电机，变压器为操作对象，完成各类参数及工作特性测试等项目。实验内容的系统性思维较少，受限于强电实验潜在的安全风险，传统的实验项目多以稳态运行测试为目标。数据测试局限于额定参数范围内，相对于其他专业课程，实验缺乏趣味性和挑战性，学生学习体验度往往低于其他专业课实验。

根据电机实验的设备配置和实验项目的边际约束条件，影响试验宽容度的主要因素有三个方面，即设备安全裕度、操控技术水平和测试技术水平。

（一）试验宽容度之一：设备安全裕度

高校电机实验设备的基本配置一般在千瓦级功率、千转每分钟转速工程强度级别，具有强电、高速旋转的工作特点。四川大学电气工程学院原有电机实验系统只配置了一级熔断保护，无法应对学生在升压、调速、加载、励磁等操作过程中可能出现的各种安全操作隐患，容易引发短路过流、设备过热、绝缘老化烧毁甚至"飞车"等危险故障。基于上述担忧，教师和实验技术人员往往倾向于以固定而保守的实验项目和操作方案实施教学，处于"强电"实验不敢"做强"，实验项目不愿更新的窘迫境地，难以响应开放式教学的需求。

（二）试验宽容度之二：操控技术水平

在工程实验的组成要素中，设备的操控性决定逻辑流程合理性和使用效率的体验。如果实验装备的操控配置与工业现场存在明显差距，将导致学生工程经验缺失，毕业后需要花更多的时间适应工程应用现场的情况。原有电机实验台一直延续陈旧的操作配置和模式，通过刀闸开关、变阻器、分档电炉负载等调节电机运行状态。现场设备布局和连线复杂凌乱，仪表堆积，可靠性、时效性差，甚至电机堵转试验要靠人力介入，夏季负载设备的高温辐射强度大，容易分散学生的专注力，教学效果大打折扣。设备的陈旧状况，难以激发学生的专业自信力和兴趣，甚至令学生对实验课产生厌倦。

（三）试验宽容度之三：测试技术水平

试验测试的技术手段和方式是实验室水平主要标志之一，直接影响学生工程实践的深度和收获。电机实验测量内容繁多，电气量与机械量共存，电气量包括交直流电压和电流、功率和功率因数、频率与相位等，机械量有转速和转矩等。原有测量设备以模拟机械仪表为主，测量精度受制于操控人的个人习惯，连线复杂、占用操作台面积大，缺乏完善的机械量测量手段，电机转矩需要通过课下换算间接获取，易产生附加系统误差，严重制约实验数据的同步性和可信度。

三、实验室改造

根据电气工程及其自动化专业最新版电机学课程教学大纲和"新工科"人才培养模式创新要求，四川大学电气工程学院在学校修购计划的支持下，投资约 200 万对实验室设备和电气环境进行了全面升级改造。新建实验室以补齐短板、打造深度学习体验平台为目标，定制了一批具有高标准试验宽容度的电机实验装置平台，其技术特点包括：全象限安全裕度、工业级操控和数字智能化测量环境。

（一）全象限安全裕度

所谓全象限安全裕度，指的是教学试验装置配置的各类保护功能涵盖所有的操作流程，屏蔽学生不确定性操作失误导致的故障于未然之中。新试验台配置三级电气安全保护功能，第一级供电端一级继电保护，第二级所有用户端强电回路独立故障保护——自动电子保护、熔断保护，第三级"记忆丢失"类友情保护，包括调压归零锁定、励磁归零锁定、失速飞车等智能"操作封锁"功能，即便存在恶意操作（如人为短路）也能敏捷地断电保护和报警。全象限安全裕度为实验教改提供了两方面的保障：一是扩大强电实验的自由安全裕度和项目范畴；二是电机实验平台的深度自主开放。

（二）工业级操控配置

实验台全面升级各类操控装置，励磁调节电子化、继电布局指令开关、PWM 技术可逆直流供电、负载自动温控散热等。新操控模式提升可靠性和便利性，无限接近工程现场实际，将课程理论延伸至工业级现场操作水平，学生能力培养与行业需求达到无缝衔接。

（三）数字智能化测量环境

（1）配置三相电路全工作量嵌入式数字测量仪表，实现三相电路全电量参数同步测量，避免观测时序错步产生测量误差。

（2）配置数字式机械量测量仪和智能分析仪。数字式机械量测量能在现场获取电机的机-电工作数据，第一时间评估电机机电一体化能效；智能分析仪提供电机各种电参数的图像化分析结果。

（3）配置有数字式机械量测量仪的实验操控台。

四、实验教学改革

得益于电机实验平台试验宽容度的提升，学院通过新版教学计划的调整，对电机学课程实验教学进行了两个方面的改革。

（一）"实践—理论—实践"的教学设计

教学采用实践引领理论模式。调整实验课与理论课的关系，改变过去课程实验安排在后半学期，实验教学滞后和依附于理论学习的传统，将电机学理论课与实验课剥离。设置独立 32 学时实验课，构建统一的电机实验理论和实验项目教学内容，与电机学理论课在同一学期（大二下学期）并行开课。学生先期进入实验室认识电机、变压器等物理对象，通过基础性实验项目建立初期感性认识。学生以"半盲"方式进入实践环节，必然带着现象和疑问回到理论课堂，以实践问题为导向优化理论教学设计，有助于弱化电机学课程"机—电—磁"核心内容一贯的枯燥形象，对理论课知识的消化和吸收产生润滑和催化作用。学期后半程再进入综合性实验项目，深度磨炼学生复杂实验操作和数据分析的能力。新教学模式的顺利实施，得益于实验平台完善的安全宽容度配置和可操作性，最大限度避免了实验教学超前理论学习可能存在的操作安全风险。

（二）实验项目的延伸拓展

提升实验项目的纵向深度。在教学大纲核心实验项目基础上，增加三种研究性实验项目：（1）非标准工况类实验项目。如变压器三相不平衡工作状态测试评估、同步发电机失磁工作机理研究、直流电动机断磁飞车试验等。电机作为机电一体化能量变换装置，实验教学仅仅研究其常规（额定）运行规律是不够的。极限试验是突破传统认知、实现创新创意的重要途径，这类项目触及设备运行极限和故障状况，过去只能基于理论分析或虚拟仿真进行探讨，新项目不仅扩展学生的研究视野和思考空间，也能收获工程实践的勇气和真实感。（2）电机动态测试项目。如电动机飞升曲线测试、正反转制动过渡过程测试、电机冲击性负载试验等。暂态测试基于工程技术在时间域的微观描述和体验，为精准而复杂的数学分析提供建模支撑。（3）自主性实验项目。在高试验宽容度前提下，放宽实验设备对学生的开放度，在大学生创新创业训练计划、毕业设计等实践环节中，学生将自制的实验对象如变压器、电机装置及控制系统用于该实验平台进行独立测试和研究。

五、结语

四川大学电机学实验室的新型实验装备刚投入使用一届本科教学，初步显现出学生实验现场的活跃度和投入感明显提升，最终的教学成效有待持续实践和评估。我们认为，通过以提升试验宽容度为切入点，扩展实验平台三个核心裕度（即安全裕度、项目裕度和开放裕度），最大限度削弱强电实验安全风险对实验教学设计和实施的约束力，开启了四川大学"实践—理论—实践"的电机学实验课程教改，对营造深度体验学习环境、突破强电实验室面向学生开放的禁区具有现实意义，是"新工科"本科实践教学的一次有益尝试。

参考文献

［1］顾亭亭. 电机学实验教学改革研究［J］. 西部素质教育，2019（6）：195－196.

［2］李思泽，张继红，张富全，等. 电机学实验教学改进与探索［J］. 教育教学论坛，2019（28）：275－276.

［3］曲春雨，王秀平，高阳，等. 基于内容和过程创新的电机实验教学研究［J］. 高教学刊，2015（19）：206－207.

［4］闫俊荣，夏正龙. 基于课程群理念的电机与拖动基础实验教学方法研究［J］. 高师理科学刊，2019，39（12）：83－84.

［5］全瑞坤，黄嵩，韩力. 创新型电机控制实验在"电机学"课程教学中的应用［J］. 工业和信息化教育，2019（8）：58－62，76.

［6］齐文娟，徐青菁，孙佳，等. 电机学实验教学探索［J］. 实验室研究与探索，2019，38（12）：229－232.

［7］胡玮，尹仕，邓春花，等. 三明治教学法和评价量表在电机与电气控制实验课程中的设计与实现［J］. 实验技术与管理，2019，36（6）：37－41.

［8］李月振，袁青鑫，徐圣杰，等. 电机拖动与控制实验教学探究［J］. 才智，2019（34）：119.

［9］冉立，杜鹏飞，肖勇，等. 新时代背景下电气类实践教学的思考与实践［C］//第六届（2019年）全国高等学校电气类专业教学改革研讨会论文集，2019.

金融学专业校外实习基地建设与管理研究①

赵颖岚

（四川大学经济学院）

【摘要】要实现"双一流"建设目标，就要转变人才培养模式，这必然涉及实习基地的建设与改革。为了推动四川大学经济学院金融学专业本科生的实践型人才培养，本文对四川大学金融学专业校外实习基地的现状进行了调研，梳理出四川大学校外实习基地面临的主要问题和困境，分析出背后的具体和深层次原因，并对实习金融机构在校外实习基地建设与管理中的定位、校外实习基地建设与管理工作中的职能分工、金融学专业校外实习基地建设和管理的机制措施提出了建设性的建议。

【关键词】金融学专业；校外实习基地；问卷调研；机制设计

一、研究背景及意义

2017 年教育部宣布四川大学成功进入建设"世界一流大学和一流学科"高校名单。四川大学历来非常重视学生培养工作。学校提出"要提高人才培养质量，就一定要提高学校的学科水平，夯实人才培养工作的基础"。而要实现夯实人才培养工作基础的目标，培养学生实践能力和创新能力，提升人才培养质量，就要让实践教学的重要场

---

①　本文系四川大学新世纪高等教育教学改革工程（第八期）研究项目"金融学专业校外实习基地建设与管理研究"的研究成果之一。

所校外实习基地发挥重要作用。

四川大学金融学专业已经进入国家一流本科专业，但是建设的任务仍然很艰巨。金融学专业目前还缺乏系统的稳定的金融机构实习基地，导致培养出的金融人才不能完全适应日新月异的金融变革和金融创新的需要，培养的学生中复合型、创新型、应用型人才比较缺乏，学生实践动手能力不足，这对金融学专业实习基地建设提出了更高要求。因此，四川大学金融学专业实习基地建设和管理的现状、问题和原因是怎样的，金融学专业校外实习基地建设和管理的机制和措施应该如何制定和完善，都是非常值得探讨的问题。

二、金融学专业实习基地建设研究现状

校外实习基地建设的必要性，尤其是实习对经管类专业人才培养的重要性，在高校教育、管理者间有着广泛认同。陈晨[1]、王杜春[2]等人明确指出经管类专业学生不仅要掌握市场经济的基本理论、基本原理、方法和技巧等基础知识，还要具有运用科学的立场、观点和方法分析解决实际问题的能力，具有写作和适应工作环境的能力，因此校企合作建设校外实践教学基地十分必要。

然而，目前校外实习基地的质量与效果还不能足够好地实现其意义，许多研究者针对高校校外实习基地建设和运作现状、存在的问题做了调查整理。戚晓明发现基地建设中的校地反馈沟通机制不健全[3]，基地建设中的校地利益共赢点不明确，基地建设中的校地双方共建的制度不完善[4]。这将使得校地双方的共建容易流于形式，缺乏实质成效和具有标志性的合作成果展示，双方的合作缺乏持久性和后续合作动力。

金融学专业与金融行业有其自身的特点。赵晋指出，金融学专业学生在毕业实习期间往往存在难以获得实习机会、对市场了解甚少、学校提供的帮助不足、实习效果不理想等问题，金融机构接收实习生的意愿普遍较低，而且金融行业的发展瞬息万变，学校在毕业实习方面能对学生提供的帮助较少[5]。为了突破当前的困境，他建议开设金融学专业的学校与金融学专业学生应树立客观、正确的实习观，不应有不切实际的实习预期，学生应尽量通过正规渠道找到合适的实习单位，同时学校应主动建立实习渠道。

从解决手段来说，以上文献所提出的解决方法不外从增加实习在

培养方案中的权重，拓宽实习、实践渠道，优化实习管理和加强校企连接四个抓手下手。

三、四川大学经济学院金融学专业本科生校外实习基地调查结果分析

本次针对四川大学经济学院金融学专业本科生实习的问卷调查，共回收 198 份有效问卷；由实习经历相关调查和实习满意度打分两大部分组成。其问卷结果的分析，分为问卷题目交叉分析和总结两部分。

（一）问卷题目交叉分析

1. 实习次数与实习效果

在"我在实习中是否接触到投融资、股票证券等金融核心业务"的交叉结果中，可以看到随着实习次数的增加，学生更有可能接触到金融行业的核心岗位和业务。拥有越多实习经历的学生，越认为自己的工作可以为实习单位创造价值。

2. 实习机会来源与实习效果

从实习机会不同的来源分类，可以发现通过"自己投简历"获得实习机会的学生，拥有更大的职业、岗位选择余地，更有机会接触到投融资等核心业务，尝试更核心的岗位。

学校提供的实习机会在综合满意度上，略低于学生自己投简历争取来的实习机会。原因可能在于金融学专业学生数量众多，而学校能够提供的实习岗位、实习单位种类比较有限，也可能在于通过投简历竞争而来的实习机会本身就对竞选者的能力进行了筛选，能够让更有能力的实习生获得更加优质的实习岗位。

3. 学生实习目的与实习效果

将学生最初参与实习的目的与最后的实习收获对比来看，更高的期望一定程度上能够带来更满意的回报。如果实习生仅仅是抱着获得学分、按部就班的期望完成实习，很难调动自身热情与积极性。学生只有在一开始争取更好的实习机会，实习过程中勇敢尝试、思考问题，才能最终得到锻炼。因此，除了学校与实习基地的努力，调动实习生自身实习期望、实践积极性也有助于实习的高效开展与良性循环。

（二）总结

1. 金融机构的实习生管理机制不健全

总体来说，由于金融机构自身管理水平的参差不齐，金融实习机会的来源也多样，金融实习机构对实习生的培养不够标准化、制度化、体系化。这导致学生实习体验的随机性很强，但也存在共性的问题。

金融机构的实习项目管理流程需要优化。实习生管理的主要环节包括提前提供实习计划、培训指导、工作分配、表现反馈、留任计划等。

在实习开始前实习单位普遍提供了实习计划，但内容需要更加细化，需要在时间安排、工作内容、所需技能条件信息上提供更加准确详细的信息，之后按计划执行，否则会造成时间安排冲突、超时工作、实习生技能缺乏，导致工作无法推进。

调研显示，超过 40％的学生认为实习没有做到安排专人带领、管理实习生，反映出各金融机构对实习项目管理重视程度的欠缺。

具有完善的指标性评价标准的实习机构占 66％，这一比例有待提高。计划提供留任机会的金融机构仅占 34％，学生在本科期间试图通过参加企业实习从而被留用任职，确定未来职业的可能性小，反过来对金融机构人才储备的意义也较小。

2. 校企连接需紧密，知行合一要加强

带队教师较好地履行了提前告知学生实习时间、地点、内容安排的职责，但在帮助实习生解决工作难题上不能发挥很大作用，帮助维护学生合法权益的作用也不明显。此外，学生认为带队教师应该更好地承担起学校、企业、学生之间的沟通传达责任，避免出现信息传达不及时导致时间安排冲突的情况发生。

教学与实际的结合程度不够紧密。仅 40％的学生明确肯定了课堂所学一定程度上被运用到了实际工作中，但因实操技能不足而不能胜任工作任务的情况普遍存在；有 23％的学生否认了学校的教学使用了具有启发意义、适合实践运用的案例教学，认为课堂教学方式的更新、优化还有进步空间。同时，本科期间学校有关工作实践中掌握必要的技能知识的相关课程、讲座或其他学习了解机会还不能够满足学生的需求。

实习结束后，超过 60％的学生不认为会考虑将实习所学运用在毕业论文的创作上，反映出课程论文和毕业论文往往都是闭门造车，很少对实际问题进行调研，缺乏现实基础，同时也反映出实习接触的有用信息有限，实习收获在理论领域薄弱。

比较其他实习机会来源，学校的校外实习基地在保障学生食宿、各项权益方面具有优势，但在实习内容的专业相关程度、选择多样性、最终收获方面，与投简历获得实习机会的学生存在差距。

3. 调动学生主动性是突破点

由调查数据得出，对实习的期望、目的更积极的学生，更容易获得较大的实习收获，因此，应通过强调实习在职业发展中的重要性，鼓励学生争取更好的实习机会，提高学生在实践中学习的积极性，让他们在实习过程中勇敢尝试、提出问题、解决问题，最终得到锻炼。

随着实习次数的增加、实习经验的丰富，学生在接触到投融资核心业务的机会、为实习机构创造的价值、实习收获、实习经历满意度上都有显著提升。除此以外，尝试更多的金融机构工作环境，更多样化的岗位、业务，也对明确学生个人职业规划至关重要，学校应该从实习政策、时间安排等各方面鼓励学生多次实习，为学生参加实习创造更好的条件。

要倡导学生在课余时间主动查找、了解金融行业必要的工作技能，积极参加学校组织的相关讲座、分享会，利用课余时间学习、提升自己，尽早做好个人职业规划。

四、金融学专业校外实习基地建设和管理机制设计

（一）实习金融机构在校外实习基地建设与管理中的定位

实习金融机构是校外实习基地的共同承办者，是学生实践金融理论知识、锻炼业务操作能力的引导机构，是推动学生实践知识做到知行合一的助推器，是学生步入职业生涯的开端，是学生未来职业规划的试错板。

因此，金融实习机构要以提升学生实习收获为出发点，完善实习项目的建设和管理。金融机构要发挥自身的资源优势、信息优势，尽可能提供更具专业针对性的实习岗位。通过实习，学生在一定程度上可以加深对行业的理解、对理论金融的理解。同时，80%的实习生表

示工作中必备的沟通、合作能力、解决问题的能力也能够在实习中得到锻炼。

校外的实习机构虽然脱离校园，但为了发挥知行合一的助推器的作用，要与学校建立更紧密的联系，深化沟通。企业要参考学校的要求，建立独立的实习项目管理机制，并不断改进、稳定管理方法，这样既有利于提升学生实习体验，也有利于金融机构最小化实习生管理成本。

（二）校外实习基地建设与管理工作中的核心职能分工

首先，作为实践所学知识的平台，就意味着实践内容要与所学相关，使学生理论与实践相互促进。而在本次学生实习反馈调查中，本科阶段的实习生想要在实践中发挥所学，锻炼金融核心技能的需求并没有很好地被满足。

其次，学生在完成实习任务后，所在实习机构有责任根据实习生的表现提供反馈。此次调研反映出金融机构对实习生表现的反馈机制还有待加强。反馈应该是阶段性的、指标性的、全面及时的，便于实习生总结优劣得失，随时改进。

再次，在提供专项指导，辅助完善院系教学内容的任务上，建议实习金融机构在认识到实习生能力有限的基础上，有规划地由专门的引领者，采取先分享经验，先明确完成任务所需技能，再合理分工的方式，帮助学生有所进步，确保工作可以顺利推进。

最后，实习金融机构要为前往实习的师生提供食宿保障，同时带队教师要发挥作用，在师生遇到困难时及时与所在实习机构沟通交涉，保障实习师生的基本权益。

（三）金融学专业校外实习基地的选择机制

金融学专业校外实习基地需与金融学专业对口，拥有完备的、先进的金融人才培训体系；在指导人员的数量与质量上，能够指导学生完成各项实践内容；同时实习单位各项情况理想、稳定，并能为金融学专业师生提供良好的食宿保障。

专业对口不单体现在金融机构本身的行业定位，更体现在提供的实习岗位是否与金融学专业核心业务相关。然而，从学生实习反馈来看，实习生能够接触到核心业务的机会并不多。学生认为主要原因是金融机构没有合理分工，企业对实习生信任程度、重视程度不足。

对学生而言，丰富简历、提高求职竞争优势是参与实习的重要目标之一。因此，实习机构的选择应优先行业专业度靠前、规模较大、管理水平先进、业务技术水平高、同业认可度高的优质机构与企业。同时，这样的企业也更可能拥有完备的、先进的金融人才培训体系，有益于提高实习生的实践收获。

学校在选择金融学专业校外实习基地时，应考虑该机构或企业吸纳、储备专业人才的意向。增加留任机会有助于激发金融机构对实习生的培养热情。

总而言之，学校要提高在评价、选择实习基地上的话语权、选择权，就要拓宽校外实习基地的选择范围、数量，增加可合作的实习金融机构储备。

（四）金融学专业校外实习基地的考核与激励机制

为保证金融学专业学生校外实习质量，应定期对各实习金融机构进行指标式考察。与考核结果为优秀的金融机构保持长期有效的合作关系，并及时向考核结果为良好的金融机构反馈信息和提出改进意见，对考核不合格的金融机构要终止合作关系。

建议建立指标式考核机制。针对各个合作金融机构的行业地位、专业对口程度、管理水平（是否稳定、成熟、专人专责）、对实习项目重视程度、实习内容、实习收获、食宿保障、安全保障等方面设置统一的评分表，搜集师生评价，也可专人实地考察打分评价。要对考核结果提高重视，并及时反馈给实习金融机构，学校要针对实习机构的薄弱环节着重沟通，监管、督促各实习金融机构改善解决。

要调动实习企业参与人才培养的积极性，鼓励实习生为实习企业创造价值，与金融实习机构建立互惠互利的合作关系，帮助完善金融实习机构的人才引进方式，提高人才供应的数量、质量。如果企业有招聘、留任实习生的打算，提前在实习期间按需、按实习生意愿，有方向性地培养符合企业岗位要求的专项人才，达到节省时间成本、人才筛选成本、人才培养成本的目的。

除了在毕业前到校外实习基地实践，也鼓励开展更广泛的校企交流分享活动，以讲座、论坛、经验分享会等多样形式丰富在校生的业务知识、技能储备。要有方向性地按需改进教学方式，增加有行业实际工作经验的教师，且更平均地分配师资，帮助学生解答在实际工作中遇到的问题。在实习前，增加学生的实践技能储备、行业知识，缓解实习生个人能力与岗位能力不匹配的矛盾。解决实习生与实习金融机构互相不信任的问题，是调动双方积极性，提高实习效果和人才培养质量的关键。

参考文献

［1］陈晨，刘在云，周晓璐. 应用型大学经管类专业校外实践教学基地建设的探索［J］. 兰州教育学院学报，2010，26（1）：116－118.

［2］王杜春，马海鸥，李晴. 校企共建本科教学校外实习基地的思考：以东北农业大学为例［J］. 商业经济，2013（9）：124－126，129.

［3］戚晓明，胡志红. 高校社会学专业校外实践教学基地建设研究：以南京农业大学为例［J］. 中国农业教育，2019，20（6）：92－98.

［4］章泓. 会计专业校内实习基地建设思考：以郑州升达经贸管理学院为例［J］. 智库时代，2020（8）：176－177.

［5］赵晋. 高校金融专业毕业生实习相关问题探讨［J］. 教育教学论坛，2019（14）：43－44.

科研实习教学改革创新与实践

——以四川大学旅游、会展专业为例

罗明志

［四川大学历史文化学院（旅游学院、考古文博学院）］

【摘要】四川大学旅游、会展专业作为应用型专业，建立了"成建制"企业顶岗实习的实践教学模式，但面临着与研究型大学培养目标不匹配、学生实习满意度不高、企业积极性不高等问题。为此，本文提出了科研实习与企业实习相结合的模式，在双向选择匹配、教师深度参与、多种考核结合的机制下，取得了丰富的科研成果，达到了提升学生科研能力、强化专业教师科研团队建设的积极作用。

【关键词】科研实习；教学改革；科研能力

一、本科实习教学模式现状

旅游管理专业、会展经济与管理专业都是应用性较强的本科专业。为了避免理论与实践的脱节，针对应用型本科专业，全国多数高校都常采用见习实习、顶岗实习等方式开展实践教学[1]。四川大学旅游学院的旅游管理、会展经济与管理专业在借鉴国内外高校见习实习、顶岗实习成功经验的基础上[2]，进一步提出以"成建制"的顶岗实习教学模式开展实践教学，并沿用至今。

所谓"成建制"的顶岗实习教学模式，就是由学校或学院牵头与知名企业沟通、对接、安排实习细节，由专业教师全程指导学生实习活动，本年级所有学生作为一个集体全部参与。其根本目的是将实践教学的各个环节标准化，对每一位学生严格要求。无论对实习企业和实习岗位是否有兴趣，学生都必须积极参与，严格考核。这不仅有利于保证实践教学质量，避免分散实习模式的随意性问题，同时也能保障实习过程中学生的安全[3]。

自 2010 年以来，四川大学旅游学院旅游管理专业、会展经济与管理专业"成建制"的顶岗实习教学模式已正常运行近十年。通过不断摸索和改进完善实习教学模式，现行实习教学已经对本科生实现了全员、全过程、全方位覆盖，保障了本科实习教学的质量和水平，对本科学生的职业能力和职业素养提升起到了重要作用。

但随着时代的发展，四川大学办学理念和办学目标不断升级，现有的顶岗实习教学模式也逐渐暴露出一些问题，不再适应新时代学校、学生和行业的发展要求。

二、现行实习模式存在的问题

（一）与学校培养目标匹配度不高

现有的"成建制"的顶岗实习模式虽然有利于应用型专业的实践教学，但与四川大学研究型大学的匹配度不高。作为研究型大学，四川大学的人才培养目标更倾向于培养研究型人才，尤其是在建立扎实的理论基础、孕育创新成果方面对本科学生提出了更高的要求[4]。虽然实习教学能够有利于理论与实践的结合，但需要耗费一整个学期的时间，并投入专业教师的时间精力进行全程管理，实习期间的其他教学活动和科研活动也都需要为实习让路。整体上看，"成建制"的顶岗实习的代价较大，尤其是对研究型大学而言，这种实习模式对学校人才培养的整体安排造成了一定的影响，不能体现对研究型人才培养的倾斜，与学校的发展方向和人才培养目标相偏离。

（二）学生实习过程满意度不高

通过对近年来在企业顶岗实习本科学生的调研可知，学生们在实习结束后都表示顶岗实习的收获是全方位的，学到了许多课本之外的知识，提升了各个方面的能力和素质。但同时也表示，在实习过程中，大部分的学生对"成建制"的顶岗实习的教学模式并不理解，在实习活动之前对即将到来的实习有畏难情绪[5]，对整个实习活动过程的满意度并不高。

这一问题出现的主要原因在于，大三阶段是考研、保研的冲刺阶段，一部分立志未来进一步深造的学生不愿意耗费时间精力在企业实习上，以完成任务的心态对待实习。随着近年来全社会对学历要求的不断提升，越来越多的学生和家长对进一步深造提出了更高的要求，对企业实习不支持的态度更加明显。另一方面，由于顶岗实习意味着企业对学生的要求与普通员工一致，几乎等同于进入社会，大部分学生在实习初期都有能力、心态等方面的不适应，这种不适应在降低学生实习满意度的同时也导致了学生对行业认知的偏差，对行业好感度的下降，从而降低了未来继续从事本行业的兴趣。

（三）合作实习企业积极性不高

在学校、学院牵头与知名旅游、酒店、会展企业沟通安排实习的合作机制下，学生可以优先挑选合适的实习岗位，学校可以充分保障学生在实习过程中的权益。但企业毕竟要考虑自身的投入成本和盈利性需求，企业愿意与四川大学合作的前提是能够获取优质的人力资源，为企业发展储备人才。由于四川大学的本科生毕业后更多选择进一步深造或进入收入更高的企业，在实习过程中投入大量精力的现有合作实习企业往往不能留住四川大学的实习生。在经过若干年的合作后，现有的合作实习企业经常提出四川大学本科实习生对口就业率不高、实习培养成本过大的问题，对未来实习合作的积极性也不如以前。

三、科研实习教学创新举措

针对顶岗实习教学实践模式存在的一些弊端，学院实地调研了国内旅游专业排名靠前的中山大学、南开大学等知名大学的实践教学模式，发现其他高校常见的见习实习、分散实习等模式也不能完全解决四川大学旅游学院面临的现实问题。为此，全院师生和行业合作伙伴进行了多次研讨，结合四川大学"双一流"建设的总体目标，原创性地提出了科研实习的模式，对实践教学进行了探索性的改革创新。

（一）实习方式多元化

为弥补"成建制"的顶岗实习现存的不足，丰富实习方式，促进实习多元化，经过全院教师的多次讨论和与学生的座谈，最终确定以科研实习的形式开展科研实践教学活动。自 2017 年起，科研实习就开始成为顶岗实习的有效补充。科研实习的主要目的是培养学生的学术研究兴趣，并进行初步的科研学术训练，为学生后续深造奠定一定的研究基础[6]。科研实习与顶岗实习相结合的形式，将有助于学生对实习形式的多元化选择，同时科研实习也是与顶岗实习同步进行、统一管理的，整体来看，学院的实习活动还是成建制的[7]。

（二）双向选择匹配

经过近几年的摸索，科研实习的选拔形式已经逐步成型，在流程上首先由学生自愿报名，不设报名人数限制。旅游管理专业、会展经济与管理专业有意愿指导科研实习的教师向所有报名科研实习的学生介绍自己的研究方向和计划。最后由学院组织教师对所有报名科研实习的学生进行面试，并采用双向互选原则，确定科研实习的学生名单。为保证科研实习的指导效果，每位教师指导的学生数原则上不超过 3 名。

（三）全体教师深度参与

在顶岗实习的过程中，往往只有少数专业教师参与学生的实习指导，主要实习活动是由企业开展的，但在科研实习的过程中，大部分专业教师都要参与到科研实习的指导中，并且覆盖从选题、阅读文献、研究方法到论文写作等整个科研过程，这将大幅度提升专业教师的参与程度，在助力自身科研的同时，也让学生更多地与专业教师沟通交流[8]。

（四）过程考核与结果考核相结合

为了确保科研实习有饱满的工作量，提升科研实习教学质量，科研实习的考核采取过程考核与结果考核相结合的形式。过程考核由每个指导教师根据研究内容、进度和强度自行把握，各专业不做统一规定[9]。结果考核以论文形式呈现，每位参加科研实习的学生，在实习结束前，必须提交一篇由指导教师签字确认的论文初稿，才能被认定为完成科研实习。而科研实习的最终成绩由指导教师根据学生实习过程中的表现情况和论文质量进行打分[10]。为了进一步体现科研导向，科研实习指导教师必须认真履行指导责任，对科研训练的过程进行有效指导，并对最终论文成果的质量负责。连续两年科研实习的指导教师带的学生中，有 50％的学生论文修改后投稿，为学校科研做出了贡献。

四、科研实习教学实践效果

（一）为研究型大学建设做出贡献

自 2017 年开始实行科研实习以来，旅游管理专业、会展经济与管理专业总共有 60 余位学生参与科研实习活动，其中大部分都通过保研、考研等形式进一步深造学习。科研实习不仅提升了学生的深造率，更为应用型专业培养研究型人才探索了一条新途径。在参与科研实习的学生中，有不少学生通过参与指导教师的课题，取得了丰硕的科研成果。在 2018—2020 年的科研实习成果中，已有 6 位学生的科研成果获得国家级创新创业项目资助；在面向学术理论的科研成果中，已发表在 SSCI、CSSCI 刊物上的论文有 13 篇，其中发表在四川大学哲学和社会科学 A 级期刊上的论文有 4 篇；在面向行业应用的科研成果中，已有 8 项获得"移动互联＋"旅游创意、会展创意策划大赛等全国竞赛一、二等奖等奖励，科研成果丰硕，科研实习成绩显著。

（二）让学生深入了解学术研究

通过与参加科研实习的历届学生的座谈，我们发现，由于本科生在大一、大二期间基础课程较多，几乎没有接触过科研，大多数学生在科研实习开展之前对科研的理解和认识都是片面的，甚至在不清楚自身是否适合学术研究的情况下，就盲目选择读研。通过科研实习可以让学生充分体验科研过程，评估自身能力与兴趣是否适合在未来进一步深造，达到类似于企业见习实习的效果。

（三）大幅度提升学生科研能力

通过参与科研实习，学生们得到了较为系统的学术训练，不仅对科研有了全新的认识，而且在逻辑思维能力、论文写作能力、数据分析能力、文献查询梳理能力等各个方面都得到了较大的提升，为其进一步深造奠定了坚实的基础，为学术研究储备了人才。尤其是在专业教师的精心指导下，本科学生充分发挥了自身学习能力强、掌握新知识速度快的特点，一边学习科研方法，一边创造新的科研成果，达到了"干中学"的效果。

（四）助力专业教师科研团队建设

指导学生的专业教师也在科研实习过程中实现了科研团队的建设。科研实习的时间是在大三学年，这一学年的学年论文课程可以与科研实习实现有机结合。如果科研实习效果理想，专业教师还可以继续指导学生撰写毕业论文。这就意味着本科学生最长有两年的时间能够参与专业教师的科研活动，成为教师科研团队梯队建设的重要组成部分。

（五）间接提升了企业实习的匹配度

在科研实习逐步推进的过程中，参与科研实习的学生数量逐年增加，但均未超过学生总数的1/3。在学生和教师、学生和企业的双向选择运行机制下，一方面能够让对科研更有兴趣、更具有科研能力的学生参与科研实习，另一方面也间接帮助企业进行了筛选，让企业在挑选学生时更容易发现自己想要的人才，提升了企业实习的匹配程度。学生与实习岗位匹配度的提升使得科研实习与企业实习相辅相成，两种实习形式都取得了较好的实习效果。

参考文献

[1] 杨丽霞. 我国会展人才培养问题研究 [J]. 世界经济与政治论坛，2009 (5)：108—112.

[2] 吴建华. 中德高校会展教育实践之比较研究 [J]. 广州大学学报（社会科学版），2008，7 (8)：56—58.

[3] 李宇昕. 探究国内高校会展人才培养 [J]. 旅游纵览（下半月），2015 (18)：235.

[4] 张俐俐，庞华. 研究型大学会展专业人才的培养模式 [J]. 旅游科学，2008 (3)：55—58.

[5] 肖轶楠. 关于我国会展专业教学模式的创新思考 [J]. 旅游学刊，2005 (S1)：129—132.

〔6〕李岫，王平，陈丽英. 关于旅游管理本科实践教学改革的几点思考〔J〕. 旅游学刊，2007，22（S1）：120－123.

〔7〕侯国林. 高校旅游管理专业实习模式反思与创新〔J〕. 旅游学刊，2004（S1）：143－146.

〔8〕张金梅. 方法课程·科研实习·论文指导：论高师学前教育专业本科生科研能力之培养途径〔J〕. 江苏教育学院学报（社会科学版），2005（6）：33－35.

〔9〕邬适融. 我国高校应用型人才培养模式的思考：以会展专业为例〔J〕. 现代大学教育，2009（1）：104－108，112.

〔10〕王春雷. 项目驱动型会展专业人才培养模式研究：以上海师范大学会展经济与管理专业为例〔J〕. 旅游科学，2010，24（6）：84－92.

468